PHILOSOPHIE ET CULTURE
PHILOSOPHY AND CULTURE

PHILOSOPHIE ET CULTURE

ACTES DU XVIIe CONGRÈS MONDIAL

DE PHILOSOPHIE

PHILOSOPHY AND CULTURE

PROCEEDINGS OF THE XVIIth WORLD CONGRESS

OF PHILOSOPHY

ÉDITIONS DU BEFFROI
ÉDITIONS MONTMORENCY
MONTRÉAL
1986

PHILOSOPHIE ET CULTURE

ACTES DU XVIIe CONGRÈS MONDIAL

DE PHILOSOPHIE

Montréal 21-27. 8. 1983

PHILOSOPHY AND CULTURE

PROCEEDINGS OF THE XVIIth WORLD CONGRESS

OF PHILOSOPHY

Montréal 21-27. 8. 1983

PHILOSOPHIE UND KULTUR

KULTUR

AKTEN DES XVII WELTKONGRESS

FÜR PHILOSOPHIE

Montréal 21-27. 8. 1983

FILOSOFIA Y CULTURA

MEMORIA DEL XVII CONGRESO MUNDIAL

DE FILOSOFIA

Montréal 21-27. 8. 1983

ISBN 2-920449-10-9
© Édité par / Edited by
Venant Cauchy
Université de Montréal
© Société du XVIIe Congrès mondial
de philosophie inc.
Canada 1986
Dépôt légal 3e trimestre 1986
Bibliothèque nationale du Québec
Bibliothèque nationale du Canada

COMITÉ ORGANISATEUR DU CONGRÈS

Président/President: Venant Cauchy, *Montréal*
Vice-présidents/Vice-presidents: Alastair McKinnon, *Montréal;* Guy Lafrance, *Ottawa.*
Secrétaire générale/Secretary General: Adèle Chené, *Montréal*
Membres/Members: Joseph Owens, *Toronto;* John King-Farlow, *Edmonton.*

COMMISSION INTERNATIONALE
Président: Evandro Agazzi, *Fribourg-Gênes*
Venant Cauchy, *Montréal;* Richard DeGeorge, *Lawrence;* Yvon Gauthier, *Montréal;* Kurt Hübner, *Kiel;* Alexis Klimov, *Trois-Rivières;* Jean Ladrière, *Louvain-la-Neuve;* Evanghelos Moutsopoulos, *Athènes,* membre associé; Théodore Oiserman, *Moscou;* R.C. Pandeya, *New Delhi;* Sarah Shorten, *London, Ont.;* Jack Stevenson, *Toronto.*

COMITÉ EXÉCUTIF
Président: Venant Cauchy, *Montréal*
Evandro Agazzi, *Fribourg-Gênes;* Alfred Kosing, *Berlin;* Guy Lafrance, *Ottawa;* Richard T. DeGeorge, *Lawrence.*

Le Comité organisateur du XVIIᵉ Congrès Mondial de philosophie tient à remercier très vivement les organismes suivants pour leurs généreuses subventions:
le Ministère de l'éducation du Québec
le Conseil canadien de recherche en sciences humaines
l'Université de Montréal
le Ministère des affaires intergouvernementales du Québec
le Secrétariat d'État du Canada
l'UNESCO — Paris
la Commission canadienne de l'UNESCO
la Ville de Montréal
la Société du Palais des Congrès de Montréal
le Ministère des affaires culturelles du Québec
The Jackman Foundation, Toronto

LA FÉDÉRATION INTERNATIONALE DES SOCIÉTÉS DE PHILOSOPHIE

COMITÉ DIRECTEUR 1978-1983

Bureau:
Président: A. Diemer, *Düsseldorf*
Président honoraire: S. Ganovski, *Sofia*
Vice-présidents: A.J. Ayer, *Oxford;* C. Perelman, *Bruxelles;* G. von Wright, *Helsinki*
Vice-président honoraire: V. Cauchy, *Montréal;*
Secrétaire général: E. Agazzi, *Fribourg-Gênes;*
Trésorier: A. Mercier, *Berne*

Membres:
S. Avineri, *Jérusalem;* Y. Belaval, *Paris;* K. Bhattacharya, *Santiniketan;* A. Caturelli, *Cordoba,* P. Caws, *Washington;* R.T. DeGeorge, *Lawrence;* H. Duméry, *Paris;* D.V. Ermolenko, *Moscou;* E. deGortari, *Mexico;* J. Hartnack, *Helsingor;* D. Henrich, *Heidelberg;* P. Henrici, *Rome;* J. Hintikka, *Stanford;* K. Hübner, *Kiel;* G.E. Hughes, *Wellington;* N. Iribadjakov, *Sofia;* R. Klibansky, *Montréal;* A. Kosing, *Berlin;* I. Kuçuradi, *Ankara;* G.F. McLean, *Washington;* E. Moutsopoulos, *Athènes;* S.H. Nasr, *Philadelphia;* T. Ntumba, *Kinshasa;* T.M. Padilha, *Rio de Janeiro;* R.C. Pandeya, *Delhi;* J.A. Passmore, *Canberra;* J. Pelc, *Varsovie;* W. Sellars, *Pittsburgh;* V.S. Semenov, *Moscou;* C. Wenin, *Louvain;* B.O. Williams, *Cambridge.*

COMITÉ DIRECTEUR 1983-1988
Bureau
Président: V. Cauchy, *Montréal*
Président honoraire: A. Diemer, *Düsseldorf*
Vice-présidents: R.T. DeGeorge, *Lawrence;* A. Kosing, *Berlin;* T.M. Padilha, *Rio de Janeiro*
Vice-président honoraire: H.D. Lewis, *Londres*
Secrétaire général: E. Agazzi, *Fribourg*
Trésorier: G. Küng, *Fribourg*

Membres
S. Avineri, *Jérusalem;* S. Bachelard, *Paris;* Y. Belaval, *Paris;* M. Bunge, *Montréal;* A. Caturelli, *Cordoba;* P. Caws, *Washington;* J. Cohen, *Oxford;* J. Hartnack, *Helsingor;* P. Henrici, *Rome;* J. Hersch, *Genève;* J. Hintikka, *Tallahassee;* K. Hübner, *Kiel;* N. Iribadjakov, *Sofia;* I. Kuçuradi, *Ankara;* A. Lopez Quintas, *Madrid;* J. Lukács, *Budapest;* V. Mathieu, Turin; E. Mayz Vallenilla, *Caracas;* G.F. McLean, *Washington;* V. Mshvenieradze, *Moscou;* F. Miro Quesada, *Lima;* E. Moutsopoulos, *Athènes;* S.H. Nasr, *Philadelphia;* I. Niiniluoto, *Helsinki;* T. Ntumba, *Kinshasa;* R.C. Pandeya, *Delhi;* J. Pelc, *Varsovie;* K. Schmitz, *Toronto;* V.S. Semenov, *Moscou;* C. Wenin, *Louvain-La-Neuve;* K. Wiredu, *Accra;* J. Zeleny, *Prague.*

AVANT-PROPOS

Le XVIIᵉ Congrès Mondial de philosophie s'est déroulé au Palais des Congrès de Montréal du 21 au 27 août 1983. Près de 2,500 personnes de quelque 75 pays y ont poursuivi une réflexion philosophique sur les divers aspects du problème très large de la culture.

Nous entendons par culture ce que l'intelligence et la sensibilité humaines ont réalisé au cours des âges: valeurs, symboles, mythes, langage, religion, art, sciences, techniques, système de lois, philosophie, structures sociales et politiques... Mais la culture est plus qu'un dépôt de réalisations matérielles et spirituelles; elle apparaît aussi comme une réalité polymorphe et dynamique dans et par laquelle la personne donne forme à ses aspirations et transforme son milieu en se transformant elle-même.

Eu égard à la situation périlleuse du monde contemporain, avec ses famines, ses guerres, ses désastres écologiques, il semble paradoxal que l'humanité ait négligé ou refusé de mettre en oeuvre les puissants moyens techniques, les savoirs et les ressources dont elle dispose, en vue d'apporter des solutions durables ou tout au moins, de pallier les crises qui surgissent ou menacent de surgir dans de nombreux secteurs de la vie sur notre planète.

Le Congrès Mondial s'est fixé comme objectif de susciter une interrogation philosophique sur ce qu'est la culture, sur ce qu'elle devrait être, c'est-à-dire sur ce qui fait défaut à ses réalisations matérielles et spirituelles, en regard des finalités de la vie humaine et eu égard à la nature qui sert de support à nos créations et à nos acquis...

Le premier tome des Actes contient 1) la séance d'ouverture, les quatre séances plénières et la séance de clôture; 2) les deux symposiums ("la référence" et "réalisme et science"); 3) les quatre colloques commémoratifs ("Marx", "Jaspers", "Lavelle" et "Ortega y Gasset"). Les tomes suivants comprennent une quarantaine de tables rondes, une vingtaine de séances spéciales, douze séances de thèses affichées, une dizaine d'ateliers et cinquante-six séances de sections où figurent quelque cinq cents communications libres.

Le XVIIᵉ Congrès Mondial de philosophie aura réussi à poser, croyons-nous, dans une optique proprement philosophique, des interrogations radicales sur ce qu'est la culture, sur la vérité de ses réponses aux attentes profondes des individus et des collectivités et sur son ouverture à un monde plus humain.

Venant Cauchy
Université de Montréal

FOREWORD

The XVIIth World Congress of Philosophy took place in the Palais des Congrès de Montréal, August 21 to 27, 1983. Some 2,500 participants from about 75 countries came together to ponder various aspects of the very broad problem of culture.

We mean by culture that which human intelligence and sensitivity have accomplished throughout the ages: values, symbols, myths, language, religion, arts, sciences, technology, laws, philosophy, social and political structures... Culture however amounts to more than a mere accumulation of material and spiritual accomplishments; it is a complex and dynamic reality, in and through which the person gives substance to its aspirations, and transforms its environment by transforming itself.

Given the perilous situation of the contemporary world with its famines, its wars, its ecological disasters, it seems paradoxical that human beings tend to forget or to refuse to apply the powerful technologies of our age, its knowledge and abundant resources to solving or at least to preventing the crises which arise or threaten in many areas of human life on this planet.

The organisers of the World Congress have proposed a philosophical inquiry on the nature of culture, on what it should be, i.e. on the shortcomings of its material and spiritual accomplishments in terms of the purposes of human life and with respect to nature which supports human creations and traditions in the final analysis.

The first volume of these Proceedings contains the opening session, the four plenary sessions, the closing session, the two symposia (on "Reference" and on "Realism and Science") and the four commemorative colloquia (on "Marx", "Jaspers", "Lavelle" and "Ortega y Gasset"). The following volumes comprise about forty round tables, twenty special sessions, twelve poster sessions, a dozen workshops and fifty-six sessions of contributed papers.

The XVIIth World Congress of Philosophy will have succeeded, we hope, in raising radical questions about the nature of culture, the diversity of its aspects, the adequacy of its responses to the most profound expectations of persons and societies and its capacity to lead to a better future for humanity.

Venant Cauchy
Université de Montréal

VORWORT

Der XVII. Weltkongress für Philosophie hat vom 21. an bis zum 27. August 1983 in der Montrealer Kongresshalle stattgefunden. Fast 2500 Teilnehmer aus etwa 75 Ländern haben philosophische Gedanken über verschiedene Gesichtspunkte im Verhältnis zu den sehr weitgehenden Problemen der Kultur ausgetauscht.

Wir verstehen unter Kultur, was Denken und Fühlen während der vergangenen Jahrhunderte geschaffen haben: Werte, Symbole, Mythen, Sprachen, Religionen, Kunst, Wissenschaft, Technik, Recht, Philosophie, soziale wie politische Strukturen usf.. Kultur ist jedoch mehr als nur die Summe materieller und geistiger Güter, sie ist auch eine vielschichtige und dynamische Wirklichkeit, in welcher der Mensch seinen Wünschen Gestalt gibt und zugleich sich selbst wie seine Umwelt verändert.

Angesichts der gefährlichen Lage der heutigen Welt mit ihren Hungersnöten, Kriegen, schwerwiegenden Problemen der Umwelt, scheint ein Paradox zu sein, dass die Menschheit es versäumt oder abgelehnt hat, mit Hilfe der mächtigen Technik, mit dem Wissen und den Mitteln, die ihr zur Verfügung stehen, eine dauerhafte Lösung hervorzubringen oder zum mindesten Krisen zu lindern, die in vielen Lebensgebieten auftauchen oder aufzutauchen drohen.

Der erste Band der *Akten* enthält die Protokolle des folgenden:

1. Die Eröffnungssitzung, die 4 (vier) Plenarsitzungen und die Schlusssitzung

2. Die 2 (zwei) Symposien, das eine über "Referenz-Probleme" und das andere über "Realismus und Wissenschaft"

3. Die 4 (vier) dem Denken "Marx", "Jaspers", "Lavelle" und "Ortega y Gasset" gewidmeten Kolloquien

Die übrigen Bände umfassen etwa 40 (vierzig) Podiumsdiskussionen, etwa 20 (zwanzig) Sondersitzungen, 12 (zwölf) Poster-Sessions, etwa 10 (zehn) Workshops und 56 (sechsundfünfzig) Sektionssitzungen, in denen etwa 500 (fünfhundert) freie Beiträge sich finden.

Dem XVII. Weltkongress ist — von einem sein philosophischen Standpunkt aus — gelungen, glauben wir, radikale Fragen über das Wesen der
Kultur zu stellen, über die Wahrheit ihrer Antworten auf die tiefen Erwar-
tungen des Einzelnen so wie der Gemeinschaft und über die Ankunft einer
menschlicheren Welt.

Venant Cauchy
Université de Montréal

PREFACIO

El XVII Congreso Mundial de Filosofía se desarrolló en el Palais des Congrès de Montréal, del 21 al 27 agosto 1983. Participaron a eso de 2,500 personas de algunos 75 países en una reflexión filosófica sobre varios aspectos del problema muy amplio de la cultura.

Entendemos por cultura lo que la inteligencia y la sensibilidad humanas realizaron a lo largo de los tiempos: valores, símbolos, mitos, lenguaje, religión, arte, ciencias, técnicas, sistema de leyes, filosofía, estructuras sociales y políticas... Pero la cultura es más que un depósito de realizaciones materiales y espirituales; aparece como una realidad polimorfa y dinámica dentro de la cual la persona da forma a sus aspiraciones y transforma su ambiente al transformarse ella misma.

Al considerar la situación peligrosa del mundo contemporáneo, con su hambre, sus guerras, sus desastres ecológicos, parece paradójico que la humanidad no haya hecho caso o haya rehusado emplear sus poderosos medios técnicos, su saber y sus recursos para llevar soluciones duraderas o por lo menos, para remediar las crisis que surgen o amenazan a numerosos sectores de la vida en nuestro planeta.

El Congreso Mundial tuvo como objetivo el de suscitar una interrogación filosófica sobre la cultura, lo que tiene que ser, es decir lo que falta para que se realice material y espiritualmente, respecto a las finalidades de la vida humana y considerando la naturaleza que sostiene nuestras creaciones y nuestros conocimientos...

El primer tomo de las Actas contiene:

1) la sesión de apertura;

2) los dos simposios ("la referencia" y "realismo y ciencia");

3) los cuatro coloquios conmemorativos ("Marx", "Jaspers", "Lavelle" y "Ortega y Gasset").

Los tomos siguientes se componen de unas cuarenta mesas redondas, veinte sesiones especiales, doce sesiones de tesis ya anunciadas, unos diez talleres y cincuenta y seis sesiones de secciones en las cuales figuran cerca de quinientos comunicaciones libres.

Creemos que el XVII Congreso Mundial de Filosofía logró plantear, dentro de una visión propiamente filosófica, unas interrogaciones radicales sobre lo que es la cultura, sobre la verdad de sus respuestas a las expectativas profundas de los individuos y de las colectividades, y sobre su apertura hacia un mundo más humano.

Venant Cauchy
Université de Montréal

SÉANCE D'OUVERTURE

OPENING SESSION

EROFFNUNGSSITZUNG

SESION DE APERTURA

Sous la présidence d'honneur de M. Jacques-Yvan Morin, vice-premier ministre du Québec et ministre des affaires intergouvernementales

MOT DE BIENVENUE

VENANT CAUCHY

Président du Comité organisateur

Monsieur le Président d'honneur, Monsieur le Président de la Fédération internationale des sociétés de philosophie, Monsieur le Représentant de l'Unesco, Monsieur le Recteur de l'Université de Montréal, Monsieur le Président de l'Association canadienne de philosophie, Madame la Présidente de la Société de philosophie du Québec, Monsieur le Conférencier, chers collègues, Mesdames, Messieurs,

Je vous remercie tous très cordialement de nous honorer de votre présence et de nous faire bénéficier de votre active participation au XVIIe Congrès mondial de philosophie. Un congrès en effet, et celui-ci plus que tout autre peut-être, réunit des participants d'un peu partout, qui appartiennent à diverses écoles ou tendances, mais qui ont la conviction de trouver dans la rencontre et le dialogue une meilleure perception d'eux-mêmes, de la société et du monde où ils vivent. Nous ne sommes pas d'abord des enseignés ou des enseignants, des disciples ou des maîtres, mais des personnes mues par un même souci de recherche et de progrès spirituel.

Un congrès comme celui-ci ne peut s'organiser sans l'appui de nombreuses personnes et institutions. Je signale d'abord les deux sociétés de philosophie qui ont invité la Fédération internationale à convoquer le congrès mondial à Montréal, l'Association canadienne de philosophie et la Société de philosophie du Québec dont les présidents respectifs se joignent à moi pour vous souhaiter la bienvenue. Les membres de ces deux sociétés sont vos hôtes — ils tiennent à s'associer au Comité organisateur du congrès pour rendre votre séjour à Montréal plus fructueux et plus agréable.

Je veux signaler également l'appui du gouvernement du Québec représenté ici par monsieur Jacques-Yvan Morin, vice-premier ministre et ministre des affaires intergouvernementales, président d'honneur de cette séance d'ouverture, du gouvernement fédéral du Canada dont le secrétariat d'État et le Conseil de recherche en sciences humaines nous ont apporté une aide appréciable, de l'Université de Montréal, représentée par son recteur, mon collègue monsieur Paul Lacoste, qui a mis au service du Comité organisateur pendant les longues années d'organisation du congrès et malgré les temps difficiles que nous traversions des ressources importantes et une bienveillance indéfectible.

Un congrès mondial de philosophie doit être une fête, la célébration d'une discipline qui se propose comme fonction une réflexion radicale et critique. C'est dans cet esprit que nous l'avons organisé. Le succès du congrès suppose une ouverture aux autres, une sensibilité aux différences qui traduisent la saisie d'aspects nouveaux, de nouvelles perspectives. Si nous valorisons la vérité comme transparence du réel à l'esprit, nous devons viser à transcender dans toute la mesure du possible les limites de notre expérience particulière, de notre histoire personnelle, les contraintes de nos conditionnements. Nous sommes ici avec une personnalité, des antécédents, une expérience politique, sociale, religieuse, culturelle propre. La possibilité de la philosophie bien sûr se profile sur cet arrière-fond, mais elle consiste aussi essentiellement, me semble-t-il, dans une visée de transcendance qui tend l'esprit vers des formes supérieures d'existence et d'action, dans lesquelles la liberté, l'authenticité, la création pourront s'affirmer davantage.

Avec nos différences, nos convictions et nos préjugés, nous aspirons à la rencontre dans le dialogue et dans une commune recherche de ce que nous sommes, de ce qu'est le monde où nous vivons, de ce que nous pouvons faire pour vivre plus humainement. Plutôt que de nous considérer nous-mêmes et nos collectivités comme des entités fermées sur elles-mêmes, des lieux clos dont il faut défendre à tout prix les accès et les acquis afin d'empêcher ceux qui se réclament d'autres lieux d'y pénétrer, ouvrons les frontières de notre esprit et pénétrons à notre tour ces autres lieux afin d'assimiler des méthodes et des perspectives que nos limites premières nous voilent et nous interdisent.

S'il est permis aux organisateurs de ce congrès de formuler un voeu, nous espérons qu'au-delà des différences, à travers elles même, nous retrouvions toujours puissamment affirmé entre nous un accord fondamental, celui de notre commune humanité et de ses exigences profondes.

ALLOCUTION

JACQUES-YVAN MORIN

Vice-premier ministre du Québec

Monsieur le Président de la Fédération internationale des sociétés de philosophie, Monsieur le Représentant de l'UNESCO, Monsieur le Président Cauchy qui avez tant fait pour que ce congrès puisse avoir lieu ici au Québec, à Montréal, Mesdames, Messieurs les Représentants de quelque soixante-dix pays,

Je voudrais que vous sachiez dès le début de ces assises que le Québec s'honore d'être leur hôte. Votre rassemblement constitue à nos yeux un tribut important au dialogue des cultures. Comment n'en pas attendre quelque diagnostic des temps présents? Vu d'ici, vu de cette presqu'Amérique, comme on l'a appelée, où nous sommes, vu de cette culture française d'Amérique à laquelle nous appartenons, originale par ses sources, par son évolution, par sa situation présente, le dialogue des cultures n'apparaît pas comme une menace. Bien au contraire, il est une quête en commun d'un sens à nos vies d'aujourd'hui. Il est un partage, il est entr'aide. Et quand les philosophes décident de s'en mêler, ce dialogue nous appelle, nous rappelle à nos plus grands idéaux, à nos responsabilités d'intellectuels, beaucoup plus qu'à nos droits et à nos privilèges. Nous vivons dans un monde dont les périls culturels ne sont pas moins nombreux ni moins étendus que les problèmes d'ordre socio-économiques. Les changements les plus imprévus peuvent se produire. L'identité, voire l'existence, de petites cultures peuvent être affectées. Devant tout cela, comment ne pas miser sur l'idéal de sagesse qui vous anime, qui anime les philosophes, et qui a rendu possible ce congrès?

Si nous ne pouvons taire nos inquiétudes, que des cultures s'éteignent ou s'affrontent, ou se refusent, et que le sort de bien des gens en dépende parce que la culture est au coeur des grands problèmes actuels, comme il est réconfortant de constater qu'elle est devenue la préoccupation d'un grand nombre et qu'elle est à l'ordre du jour maintenant, pour cette semaine, de la réflexion philosophique. Plus que jamais, vous le savez, des gens de science, des artistes, des politiques, des industriels, des philosophes et même le commun des mortels s'interrogent sur les conséquences culturelles de la révolution technologique et des soi-disant lois économiques. Il n'y a là bien sûr rien de nouveau. C'est un phénomène que nous avons vu naître depuis les guerres mondiales. Mais depuis quelques années, constatons que nous sommes témoins de l'accélération de ce phénomène qui dépasse les frontières de la science et de la vie industrielle, et qui va toucher toutes les dimensions de la vie en société, mettant en cause, par là-même, les valeurs culturelles, la culture. La technologie n'est pas neutre, l'économie non plus. Heureusement cette révolution, ces révolutions dont nous avons été témoins dans la technologie, dans la vie industrielle, dans les communications, cette révolution permet également de rapprocher les peuples. Entre eux germent des échanges, des échanges culturels notamment, et des réflexions en commun sur nos problèmes communs; des réflexions en commun sur la culture. C'est le revers de la médaille dont les augures sont évidemment meilleures.

Votre tâche n'en est pas moins ardue que stimulante. Lorsque des certitudes séculaires sont ébranlées ou lorsqu'un avenir contrariant paraît de plus en plus prochain, la sagesse elle-même s'en trouve touchée. Nos moyens doivent être revus, repensés, ajustés à de nouvelles conjonctures. La culture et la philosophie, nous le savons, sont des guides sûrs; en tout cas, dans l'arsenal des guides qui sont à notre disposition, ce sont certainement les plus sûrs. Elles ont fait leur preuve. Aussi attachons-nous la plus grande importance à ce congrès. Je ne me trompe pas, je pense, en soulignant que la culture du peuple québécois a bénéficié du dialogue, et c'est pourquoi celui que vous amorcez nous semble présenter toutes les garanties qu'il sera fructueux. Nos institutions sont d'origine à la fois française et britannique; notre culture est française; nos institutions politiques sont d'inspiration britannique, nos institutions économiques sont plutôt inspirées de celles de l'Amérique du Nord; et l'affirmation du caractère français de notre culture va pour nous de pair avec l'attachement le plus grand au dialogue des cultures. C'est parce que nous tenons à notre culture propre, c'est parce que nous voulons la défendre contre vents et marées que nous avons été amenés à nous intéresser aux autres cultures sans lesquelles la nôtre propre ne peut désormais être parfaitement comprise. Alors que notre planète devient de plus en plus perméable aux influences culturelles, et en contrepartie, aux menaces culturelles, l'affirmation de soi n'est plus dans le retrait, pas plus dans le retrait que dans l'agression, elle est dans le rôle de partenaire. Pour une culture relativement petite par le nombre, comme l'est la nôtre, et isolée de surcroît dans un coin d'Amérique du Nord, cela soulève d'importantes questions. Mais je sais que nous sommes nombreux à vivre dans cette situation et à nous poser de semblables questions. Nous ne sommes pas ici au Québec le seul petit peuple de la terre; il en est de plus petits et sans doute de moins bien placés que nous pour affronter les périls culturels du monde moderne. Je vois dans le choix du lieu de la rencontre, ce qui constitue d'ailleurs une première, je vois l'occasion de réfléchir notamment sur la place, dans le monde, des cultures des trois Amériques. D'ailleurs comment ne pas s'y arrêter, car dans nos clichés trop faciles du Nord et du Sud, de l'Est et de l'Ouest, quelle place occupent les cultures des Amériques et celles qui n'étaient même pas dans le coup au moment où l'on se partageait, devrais-je dire au moment où l'on se partage encore, le monde? Nos rapports et notre humanité ne bénéficieraient-ils pas d'une réflexion appronfondie sur l'état de la culture dans le monde, dans laquelle réflexion on ne se contenterait pas de se référer à de grands ensembles, mais où l'on se pencherait sur les cultures petites et moyennes, ces nombreuses cultures qui s'y trouvent?

Ce congrès constitue une occasion exceptionnelle de penser en commun à tout cela. Nous sommes sollicités de faire une place à de nombreuses cultures et de les respecter. Elles ont un caractère vital pour les peuples qu'elles animent. Leur survie, voire leur épanouissement constituent les meilleures garanties de la richesse culturelle de demain, et devrais-je ajouter, d'un monde qui soit vivable pour les petits peuples comme pour les grands. On se souviendra qu'à la conférence mondiale sur les politiques culturelles, qui a eu lieu à Mexico en juillet et août 1982, une déclaration a fait les manchettes: les participants à cette conférence considéraient comme un progrès déterminant des dix dernières années, le consensus qui semblait émerger de leur réflexion sur une acception plus large du terme culture, à mettre désormais en rapport avec les genres de vie et avec toutes les manifestations de la vie en société. Ce témoignage à l'évidence a retenu, et ne pouvait d'ailleurs pas ne pas retenir l'attention des philosophes. La vie, la civilisation, les sociétés et leurs rapports sont en cause. Ainsi confrontés, les philosophes ne peuvent, me semble-t-il, qu'en tirer profit, profit pour la vie de l'esprit bien entendu. Ils peuvent aussi faire profiter les autres de leurs intuitions, de leur compréhension, j'allais dire de leur appréhension des choses. Je dis cela à la lumière des bienfaits que m'ont valus d'assez nombreux contacts avec des philosophes.

L'enjeu, on le sait, est d'un ordre particulier: extraire, si je puis dire, le sens présent du monde des contradictions de l'expérience vécue. Quelle voie pourrait emprunter l'avenir, à en juger par les contradictions de nos habitudes de penser et d'agir, ou à la lumière des changements parfois brusques dans les modes de vie? Pour parler de l'Occident, peut-être un moment, après avoir souhaité un universalisme de civilisation (le progrès ou le développement continu), au moment où nous devons nous ajuster au virage technologique, posons-nous la question suivante: qu'indique le procès de la primauté de l'économie, qu'indiquent les méfiances à l'endroit de l'impérialisme culturel ou le besoin vital de restaurer les héritages nationaux, les héritages régionaux? Je ne veux pas m'étendre là-dessus, M. le Président, mais seulement prendre prétexte de ce congrès et des quelques minutes que vous avez eu l'amabilité de m'allouer, pour vous dire que la réflexion des philosophes est ici ardemment souhaitée, comme elle a été ardemment attendue.

Pour ma part, je vous dirai en terminant que j'admire la fidélité du philosophe à tout le réel, et les manières qu'il a trouvées, qu'il a toujours trouvées, de se renouveler dans les conjonctures les plus troublantes. Et il me semble qu'à revoir en esprit l'histoire de la philosophie, on se rend même compte que c'est dans les conjonctures troublantes et difficiles et dangereuses que la philosophie se renouvelle, qu'elle pose des questions nouvelles, et tente évidemment de trouver des réponses nouvelles. Je me réjouis en conséquence du thème choisi, et au nom du gouvernement, mais aussi au nom de la population du Québec qui ressent parfaitement l'enjeu, je pense, de ce congrès, je suis heureux de vous souhaiter la bienvenue et le plus fructueux des congrès.

ALLOCUTION

PAUL LACOSTE

Recteur de l'Université de Montréal

Monsieur le Vice-Premier Ministre, Monsieur le Président d'honneur,
Monsieur le Président, Distingués invités, Mesdames, Messieurs,

L'Université de Montréal est heureuse d'avoir pu collaborer à l'organisation du dix-septième Congrès mondial de philosophie. Je suis particulièrement heureux, en ma qualité de recteur et d'universitaire qui s'honore toujours du titre de professeur de philosophie, de vous accueillir dans cette ville où cohabitent quatre universités et qui est en quelque sorte au carrefour de deux grandes traditions culturelles, enrichies de l'apport croissant de combien d'autres.

Je remercie la Fédération internationale des sociétés de philosophie du grand honneur qu'elle a bien voulu faire à Montréal. Puissiez-vous trouver ici l'inspiration nécessaire aux échanges fructueux et cordiaux qui doivent marquer un congrès comme le vôtre. Je tiens à remercier et à féliciter M. le professeur Cauchy et le Comité organisateur pour leur excellent travail.

L'université et la philosophie entretiennent entre elles et vis-à-vis de la culture, qui est le thème principal du XVIIᵉ congrès mondial, des rapports profondément significatifs. Nous constatons d'abord que l'une et l'autre, l'université et la philosophie n'apparaissent qu'à un stade fort avancé du développement culturel de l'humanité, et pourtant l'une et l'autre marquent les cultures où elles s'insèrent comme des composantes essentielles, et qui plus est, dont l'avènement s'inscrivait, pour ainsi dire comme un appel, dans les profondeurs de la conscience primordiale. En effet, l'idéal philosophique d'interrogation autonome, ouverte et méthodique, de réflexivité parfaitement déliée et critique constitue le sommet de la conscience, sa pleine affirmation et du même coup la réalisation de l'humain dans ce qui le démarque du monde ambiant et dans ce qui le distingue. L'avènement de la conscience philosophique, bien sûr, en dépit de ses réalisations glorieuses mais partielles depuis l'Antiquité, reste un idéal dont nous tentons constamment, voire péniblement, de nous rapprocher par la pluralité même de nos perspectives. En un sens, nos différences nous opposent mais d'une manière plus profonde elles représentent chacune un fragment de ce tout de la conscience humaine réalisée, à la fois théorie et praxis, auquel, dès l'émergence du premier cerveau capable de pensée, l'humanité a aspiré.

D'une façon en quelque sorte symétrique, l'université elle-même s'inscrit profondément, bien qu'obscurément, comme exigence de la conscience primordiale. Dans la mesure en effet où la réalisation de la conscience par son identification intentionnelle au monde et à elle-même exige l'élaboration de méthodes distinctes, qui entraîne à son tour une synthèse intégrative pleinement respectueuse des distinctions établies, dans la mesure où l'infinie complexité du monde et de la subjectivité appelle non seulement l'instauration de méthodes et d'objets distincts et la reconnaissance de leur unité synthétique dans la conscience et l'action personnelles, mais du même souffle, la recherche c'est-à-dire l'interrogation, l'ouverture à l'inconnu, à la nouveauté, n'est-ce pas la fonction même de l'université que nous avons discernée dans les exigences de la conscience humaine?

Et quel est donc le rôle de la philosophie dans l'université sinon celui de s'interroger sur le monde, sur l'humain, sur la connaissance, sur la nature des autres disciplines, de leurs méthodes, sur leurs rapports, sur l'unité à retrouver entre elles, sur la synthèse enfin qui leur permette de trouver leur lieu légitime dans l'unité de la conscience humaine contemporaine?

Le thème que vous avez choisi pour ce congrès témoigne à lui seul de l'importance de la réflexion que vous allez entreprendre, tant pour la société en général que pour l'université comme institution d'enseignement et de recherche. La culture, en effet, évoque dorénavant un ensemble bigarré de significations et de valeurs. En particulier à la notion classique de culture comme héritage des chefs-d'oeuvre que le génie a su créer s'est ajoutée celle, plus moderne, de la culture comme ensemble des visions du monde et des valeurs qui déterminent les sociétés spécifiques aux divers moments de leur histoire. Si bien qu'aujourd'hui, la culture évoque, à elle seule, un des défis les plus redoutables de l'évolution des sociétés, la coexistence, voire la réconciliation, des idéaux d'excellence et de fraternité, la rencontre difficile de l'humanisme et de la démocratie.

Et si plusieurs s'inquiètent de la gravité des dilemmes qui découlent de cette recherche, il appartient peut-être aux philosophes de leur montrer que leur contradiction n'est que l'envers de la médaille. Il est possible, en tout cas, que la gravité des dilemmes qu'évoquent les notions contradictoires de culture ne soit que le reflet des promesses de société meilleure que laisse entrevoir la recherche de leur réconciliation.

À cette tâche, en tout cas, l'université elle-même a partie liée dans la mesure où son défi spécifique, depuis la démocratisation de l'enseignement universitaire, réside précisément dans la rencontre de l'excellence et du service public.

Puissent vos échanges ouvrir des avenues nouvelles à nos réflexions sur ces thèmes et sur tant d'autres qu'évoque le vaste programme de vos travaux, que j'aurai des raisons toutes personnelles de suivre avec intérêt.

ALLOCUTION

ANDRÉ BERTELS, PARIS

Représentant de l'UNESCO

C'est un honneur pour moi de vous apporter ici le salut du directeur général de l'UNESCO, Monsieur M'Bow, et de vous transmettre les voeux qu'il forme pour le plein succès du XVIIe Congrès mondial de philosophie. En vous assurant de leur respectueux attachement, j'en suis sûr, je me fais aussi l'interprète des meilleurs voeux de Madame N'Kanza, sous-directeur général de l'UNESCO pour les sciences sociales et leur application, et de Monsieur Sinaceur, directeur de la division de la philosophie et des sciences humaines de l'UNESCO.

Le rôle de la réflexion philosophique sur les problèmes mondiaux contemporains est très important dans le plan des programmes de l'UNESCO pour les années 1984-1989, notamment dans ce qu'on appelle, à l'UNESCO, le deuxième plan à moyen terme.

Conformément au principe fondamental énoncé par les conférences générales de l'UNESCO, l'analyse des problèmes mondiaux a été le point de départ du processus qui a conduit à l'élaboration de ce plan. Les résultats de la consultation des États membres et des organisations internationales, gouvernementales et non-gouvernementales, parmi lesquelles la Fédération internationale des sociétés de philosophie, pour l'élaboration des plans de l'UNESCO, ont été d'une ampleur sans précédent.

Je crois bien de souligner dans ce document de synthèse de la pensée mondiale que les préoccupations éthiques ne peuvent être séparées des efforts pour construire la paix, ce qui est bien plus que l'absence de guerre, et qui possède un contenu éminemment philosophique.

Il faut avouer que la déontologie de l'espèce humaine, qui pourrait aider à construire la paix et sauver la vie sur terre, n'est pas élaborée sur le plan d'une réflexion philosophique contemporaine portant sur la communauté internationale. Parmi les sous-programmes du plan de l'UNESCO, le quatrième aura pour objectif de promouvoir les conditions d'une coopération interdisciplinaire pour l'étude de l'homme. Il s'agira par là de réunir les éléments qui constituent la base intellectuelle solide d'une anthropologie philosophique capable d'intégrer les apports des sciences, de rendre compte de l'évolution culturelle dans les sociétés humaines d'aujourd'hui, d'indiquer l'articulation des sciences éthiques et de la promotion du savoir, de préciser les modes d'insertion de l'homme dans le monde actuel.

Ce quatrième sous-programme visera à encourager les recherches animées par l'idée de l'unité de l'homme et de l'universalité des valeurs dans les diversités de ses expressions et dimensions. Il s'agit de l'élaboration des bases d'un nouvel humanisme d'où procéderait une vision unitaire de l'humanité.

L'Organisation des Nations-Unies pose des questions sur les sciences et la culture; l'UNESCO intensifiera à cet égard sa coopération avec les États membres, avec les organisations internationales, gouvernementales et non-gouvernementales, avec la Fédération internationale des sociétés de philosophie notamment, dans le domaine de la réflexion philosophique, d'où l'importance pour l'UNESCO des congrès mondiaux de philosophie convoqués par cette fédération. On peut donc parler d'une coopération étroite de l'UNESCO avec ce congrès.

Permettez-moi de vous souhaiter des débats fructueux au cours de ce XVIIe Congrès mondial de philosophie et de renouveler les salutations du directeur général de l'UNESCO.

ERÖFFNUNGSVORTRAG

ALWIN DIEMER

Präsident
Fédération internationale des sociétés de philosophie

Es ist Tradition, daß der scheidende Präsident in einem Generalbericht die Konzeption seiner Arbeit als Präsident, die konkrete Arbeit sowie einen zugehörigen Rückblick und Ausblick vorlegt. Ich habe dies in einem Rundbrief an alle Vorsitzenden der Mitgliedgesellschaften und die Repräsentanten der FISP getan.

Meine Erfahrungen und meine Sicht der aktuellen Weltsituation einerseits, wie meine Sicht der Funktion der FISP im Zusammenhang mit meiner Sicht des Verhältnisses der Philosophie zu ihren Organisationen andererseits veranlassen mich, die aktuelle Problematik hier vor der Versammlung des Weltkongresses aufzugreifen.

Ich gehe dabei aus von der Entwicklung meiner Aktivität in der FISP, die zugleich meine Sicht der FISP in meiner Legislaturperiode darstellt. Es lassen sich drei Phasen unterscheiden: die erste, die auch heute noch weitgehend bei der FISP bestimmend ist, sieht in ihr nur oder weitgehend die Funktion der Organisation; sie ist weitgehend Identisch mit der Vorbereitung und Realisierung des jeweiligen Weltkongresses. Fast sind beide identisch, Probleme geben nur die Konzeption des Generalthemas sowie die Strukturierung des Kongresses: soll er komprimiert nur auf ein Zentralthema orientiert sein, wie in Düsseldorf, oder soll er — man Erlaube die Bezeichnung — zwar ein Allgemeines Thema haben, aber konkret so etwas wie ein "Jahrmarkt der Ideen" sein, so wie es bei den früheren Kongressen war und wie es auch in Montréal der Fall sein wird.

Dieser Vorgabe stand meine Intention der — wie ich es Nenne — "Vitalisierung" des Lebens der FISP, die ich durch Vertiefung und Verbreiterung der Kontaktierung und Kooperation weiter zu entwickeln Versuchte. Sie hatten vor allem die erste Hälfte meiner Arbeit bestimmt.

Diese zunächst weitgehend FISP-intern orientierte Entwicklung konnte sich auf die Forderung der FISP-Statuten berufen: Förderung der wissenschaftlichen Detail-Forschungen, der Information und der Archivierung. Sie führte aber zunehmend über den Bereich der FISP hinaus in die Dimension dessen, was man das Leben nennen kann.

Es ist der Problemkomplex, den man überschreiben könnte: "Die Philosophie und die Probleme des aktuellen Lebens". Es sind derer vor Allem drei, die man nach der gängigen Terminologie als "Dritte Welt", "Menschen-Rechte" und "Frieden" bezeichnet, es sind die Probleme, die im Innersten des Menschseins gründen und denen gegenüber andere, wenn sie auch für den Menschen zentrale Probleme sind, wie Z.B. die Wissenschaft, die Technik usw., zurücktreten.

Wird dies klar gesehen und eingesehen, dann ergibt sich für die FISP — versteht sie sich als *Organisation der Philosophie* — eine fundamentale Erweiterung des Selbstverständnisses. Der Einstieg in das Leben und der Versuch der Lebensorientierungshilfe durch die Philosophie führt notgedrungen in die Nähe des Politischen. Damit entsteht aber die große Gefahr der Politisierung des Ganzen, sei es der FISP, sei es der Philosophie.

Es ist dies ein Faktum, das sich bei vielen Organisationen, die den Menschen als Menschen thematisieren, findet. Ich Denke aktuell etwa an Organisationen wie die Christliche Ökumene, die Internationale Psychiatrische Gesellschaft, die Historiker-Gesellschaft und ähnliches.

Diese Tatsachen könnten nun zu grundsätzlichen Bedenken und Einwänden führen: Man könnte Darauf hinweisen, daß beträchtliche Spannungen entstehen könnten, die alle möglichen Folgen haben könnten. "Kluge Leute" könnten den alten Philosophenratschlag "Si tacuisses philosophus mansisses" variieren in: "Si tacuisses FISP mansisset".

Doch hier stellt sich die Frage: können die die Menschheit aktuell betreffenden Probleme von der Philosophie — oder sagen wir besser, der FISP als der Organisation der Philosophie — unthematisiert gelassen werden? Ich bin der Meinung, nein. Es ist Aufgabe der Philosophie, die aktuellen Grundprobleme des Menschenlebens zu thematisieren und hierbei Orientierungshilfe zu entwickeln und anzubieten.

Wie aber ist es möglich, die Politisierung der Philosophie zu vermeiden, die aus meiner sicht, wie ich sie in der Zeit meiner Präsidentenschaft gewonnen habe, transkulturell, transnational und transideologisch sein muß. Wie aber kann eine Entpolitisierung erfolgen?

Ein erster Schritt zur Entpolitisierung des Philosophierens ist die Entpolitisierung der leitenden Terminologie: Statt dritte Welt wird vorgeschlagen "Eigenwelt und Fremdwelt" bzw. "Eigenkultur und Fremdkultur", statt Menschenrechte "Das Problem des Menschen", und statt Frieden "globales Miteinanderleben". Es würde zu weit führen, den Vorschlag zu explizieren. Nur einige Bemerkungen und Hinweise seien erlaubt: die Umformulierungen bringen eine Erkenntnis zum Ausdruck, die sich in allen diesbezüglichen Berichten langsam, aber sicher durchsetzt: die Erkenntnis, daß die aktuellen Menschheitsprobleme im letzten weder ökonomisch noch technisch noch militärisch, noch aber auch politisch sind. Es sind Grundprobleme des Menschseins. Das aber bedeutet, es sind philosophische Probleme. Daß das Grundanliegen der sogenannten Entwicklungshilfe für die Dritte Welt weder wirtschaftlich noch technisch, aber auch nicht politisch ist, kommt etwa in dem bekannten von Willi Brandt herausgegebe Bericht der Nord-Süd-Kommission mit dem Titel "Das Überleben sichern" klar formuliert zum Ausdruck.

Dies zeigt sich auch bei der Durchführung der von mir konzipierten und initiierten Symposien-Serie, die vor allem dem Thema der Identität der einzelnen Kontinente gewidmet ist; eine Serie, die mit dem Thema "Afrika und das Problem seiner Identität" 1982 begonnen worden ist und 1984 der Identität Latein-Amerikas gewidmet sein soll.

Daß die Menschenrechtsproblematik letzlich in einer Ontologie des Menschseins gründet, ist eine Erkenntnis, die den Beteiligten nicht ganz unbekannt ist. Leider aber haben sich noch keine entsprechenden Initiativen gefunden, dies weltweit im Rahmen eines gesamtphilosophischen Dialogs zur Sprache zu bringen. Wie notwendig bei allen diesbezüglichen Diskussionen der offene Dialog ist, zeigen eigene Erfahrungen.

Am rückständigsten ist die philosophische Thematisierung des sogenannten Friedensproblems. Zwar ist man dabei einzusehen, daß die technisch-militärische Sicht den Menschen letzlich zum entfremdeten Objekt macht. Das Postulat, die Fragen politisch anzugehen, kommt aber Über den parteipolitischen, d.h. letzlich machtpolitischen Ansatz nicht hinaus.

Das zeigt eine eigene Erfahrung: die Teilnahme an der internationalen Tagung über "Wissenschaft zwischen Krieg und Frieden" in Prag. Die Einladungen waren an alle in Frage kommenden Fachleute ergangen, wurden aber von der einen Gruppe abgelehnt, weil man — wie eigene Rückfragen ergaben — der Meinung war, es handele sich hier um eine reine einseitige Angelegenheit, weshalb sich ein Dialog nicht entwickeln könnte. Umgekehrt war die andere Gruppe, die Teilnahm, aber nicht zu einem offenen Dialog bereit.

Was hier fehlt, ist der echte philosophische Dialog, der transkulturell, transnational und transideologisch ist. Mit diesen Ausführungen, verehrte Anwesende, darf ich schliessen. Sie stellen keine dogmatischen Thesen dar; sie sollen Anstösse für eine zukünftige philosophische Arbeit im Sinne des "Symphilosopheins" im Rahmen der FISP sein.

Als Präsident der FISP eröffne ich in meiner Funktion als Präsident des Kongresses den 17. Weltkongreß für Philosophie 1983 in Montréal und wünsche gute Arbeit und guten Erfolg.

CONFÉRENCE INAUGURALE

OPENING LECTURE

FESTVORTRAG

CONFERENCIA INAUGURAL

MUTATIONS CULTURELLES ET PHILOSOPHIE

FERNAND DUMONT

Président de l'Institut québécois de recherche sur la culture

La culture est l'institution d'un sens du monde dans une communauté des hommes, dans des pratiques et des idéaux partagés en commun. La philosophie est complice de cette institution du sens; elle s'y appuie, ne serait-ce que dans les établissements officiellement reconnus où les philosophes enseignent. Mais elle n'y est jamais à l'aise; elle vise, de toutes les façons, à instituer le sens autrement que la tradition ou l'opinion le proposent.

Si la philosophie trouve ainsi son départ dans la dénégation de la culture où elle travaille, si son ambition est d'en fonder une autre, ne peut-on penser que les mutations de culture constituent pour la philosophie des conjonctures favorables? Les crises de la culture seraient-elles les conditions de l'essor de la philosophie? Cette interrogation, à la fois simple et troublante, surgit naturellement au seuil de ce congrès. D'autant plus qu'elle revêt une particulière acuité dans le contexte des années présentes.

C'est ce contexte que je voudrais évoquer. Par mode d'esquisse, bien entendu. Chacun de vous pourra ajouter des points de repère à ceux que je proposerai, et chacun de vous me pardonnera de dessiner à trop gros traits un paysage.

I

Il y avait, il y a encore des sociétés où la culture ne faisait ou ne fait guère question. Les coutumes s'y enchevêtrent à la vie au point où elles paraissent aller de soi. Les lois qui règlent les conduites y ressemblent aux lois de la nature. De sorte que l'on pourrait poser un postulat sommaire, et même caricatural: il y a crise de la culture quand on s'aperçoit qu'il y a telle chose que la culture; et inversement... Cette émergence de la culture comme sphère spécifique n'est évidemment pas un phénomène nouveau. Attardons-nous un moment là-dessus, pour prendre du champ par rapport à cette crise d'aujourd'hui dont nous essaierons par la suite de saisir les aspects originaux.

La conscience un peu vive, la mise à distance un peu assurée de la culture a été sans doute corrélative à la naissance lointaine des villes. La Cité grecque en demeure exemplaire. M. Pierre-Maxime Schuhl en rappelait naguère les traits essentiels dans les pages liminaires de son beau livre sur la formation de la pensée grecque: "la structure politique de la Cité, qui offre à ses membres la possibilité de réaliser leur rendement maximum; les migrations et les voyages, qui ont détendu le lien trop serré des traditions, et mis en contact des univers mentaux différents; la confluence des apports de grandes civilisations; surtout l'effort pour élaborer et transformer ces apports, pour les perfectionner par des créations nouvelles, pour dominer victorieusement des oppositions internes portées à leur paroxysme".[1]

Aussitôt la culture aperçue comme un horizon, par un renversement prodigieux, s'en est dégagé la cité idéale, la transcendance d'un univers de la pensée: cette "cité intérieure que (chacun) porte en lui-même", disait Platon (*République*, 591c). Selon lui, on s'en souvient, il n'est pas utile de savoir si cette Cité existe "quelque part ou si elle existera dans l'avenir", car elle est "un modèle dans le ciel". Devenue horizon, la culture a été dépassée par la pensée, celle-ci se proclamant seule culture authentique pour ainsi dire.

Ce dépassement a été et demeure notre héritage indéfectible. C'est pourquoi, dans le destin ultérieur de la réflexion sur la culture, ce n'est pas une visée plus ultime qui a fait question. C'est plutôt, à l'inverse, un reflux ou un repliement vers la culture, vers ce qui sert de tremplin à la pensée et qui persiste comme son obstacle.

Dans cette perspective, on comprend l'intérêt pour l'histoire qui est le trait distinctif des temps modernes. L'histoire, telle que la considère Machiavel, ce n'est plus le cours naturel des choses; ce n'est pas davantage ce qui deviendrait intelligible en lui rappliquant quelque monde idéal de la pensée. Machiavel veut résolument habiter l'épaisseur de la culture. Et s'il utilise des modèles, des paradigmes, ceux-ci sont tout relatifs, comme le seront plus tard les schémas explicatifs de nos sciences. L'obsession de l'histoire est, pour lui, fixation du regard sur la culture. Bien sûr, chez Machiavel comme chez n'importe qui, l'histoire implique toujours une méta-histoire par laquelle l'historien dépasse la culture pour en rendre compte; la pensée de l'histoire n'est pas la simple réplique de la culture. Mais tout se passe comme si elle voulait s'y immerger pour en épouser le mouvement.

Machiavel, ce n'est qu'un exemple. On sait à quel point sa tentative se retrouve dans la prodigieuse floraison des sciences historiques au XIXe siècle. Ces disciplines partaient toutes du présupposé plus ou moins explicite que la pensée est produit de l'histoire, de la culture, et qu'en retour la pensée est susceptible de faire l'histoire de la culture. Dans ce cercle, la pensée était l'écho de la culture; en retour, elle en était la garantie. Les philosophies de l'histoire tentaient d'embrasser le cours entier des avatars de la culture; l'ethnologie et le folklore voulaient rendre à l'intelligibilité les cultures étrangères à la culture savante, une intelligibilité qui fût aussi domestication; l'esthétique essayait de faire de même pour l'art, et même pour la religion; la psychologie mettait la conscience à distance. Un peu plus tard, la science affirmait que son entreprise n'était pas la suite du sens commun mais sa contestation. Pour sa part, l'art affirmait une prétention semblable.

Ainsi s'est dessinée, à partir du siècle dernier surtout, et avec une accentuation croissante, une dramatique dont je n'aurai pas la prétention de dénouer tous les fils. Du reste, on en décèle aisément la configuration d'ensemble: la culture est devenue la préoccupation principale; elle est maintenue au lointain comme un objet. Un objet: c'est-à-dire ce qui est relatif; ce qui peut être étudié; ce qui peut aussi être transformé, manipulé.

Deux conséquences s'ensuivirent.

D'abord une oscillation de la pensée sur la culture: la ramener à la nature dont elle ne serait que le sous-produit superficiel; ou affirmer son irréductibilité, en faire une seconde nature génératrice de l'autre.

D'où aussi, et ce fut la seconde conséquence, l'affirmation d'une "culture savante" à l'encontre des cultures communes. Certes, il y a toujours eu des cultures aristocratiques. Mais celle qui s'est élaborée et s'est justifiée au cours des derniers siècles tient moins à des barrières de classes et de statuts qu'à la projection dans l'avenir d'une culture idéale. Elle a quêté caution dans les figures antinomiques de l'enfant, du primitif, du fou. Elle s'est donné garantie par d'innombrables idéologies du *progrès*. Plus subtilement, elle a cherché son fondement dans l'utopie d'un monde à venir, où l'avènement du "dieu Logos", l'abolition des médiations aliénantes, rendraient la culture transparente à elle-même. En attendant, l'expansion des Lumières, la scolarisation de plus en plus poussée, devaient faire leur oeuvre; de même que la relativisation des coutumes et la liquidation des gênantes différences des cultures par la collusion de la raison et de la colonisation.

Pour mesurer, d'un rapide coup d'oeil, comment cette attention à la culture a pu aboutir à une impasse, voyons seulement combien sont compromises ses assises dans des distinctions que nous utilisons toujours. Deux exemples sont particulièrement instructifs.

Le premier vient aussitôt à l'esprit: la distinction entre nature et culture. Elle s'est revêtue de bien des formules: l'inné et l'acquis, le biologique et le social, d'autres encore et plus complexes. Mais, à mesure qu'on avance, cette distinction, cette dialectique de la nature et de la culture prête à tant de variations qu'elle semble devenir insaisissable. L'art, la science ne prétendent plus décrire une nature qu'ils rendent justement hypothétique. Les techniques ambitionnent d'édifier une autre nature. L'ethnologie, l'histoire, la psychologie, toutes les sciences de l'homme s'acharnent à débusquer, sous les idéologies d'une nature humaine qui serait foncièrement la même, tant de variations que les invariants se dissipent aussitôt qu'ils ont été repérés.

La morale, le droit s'appuient de moins en moins sur la nature humaine et de plus en plus sur des consensus précaires. Pour tout dire, la nature déserte le langage savant et le langage commun. Elle se cherche, se reprend et se reperd au sein d'interrogations qui désormais portent primordialement sur la culture.

Au sein même de la culture, cette fois, une autre distinction s'effiloche à force de se montrer conventionnelle.

Depuis longtemps, on s'est habitué à concevoir d'abord la culture par la fréquentation des oeuvres de la littérature, de l'art et de la science; elle consiste alors à se déprendre de l'ordinaire des goûts et des pensées pour accéder à un horizon de la condition humaine. Mais depuis longtemps aussi, on a défini la culture par des manières communes de vivre et d'interpréter la vie, comme civilisation, comme milieu. Horizon et milieu: deux conceptions de la culture, parfois concurrentes, parfois complémentaires, qui servent d'emblèmes aux établissements scolaires, qui servent aussi à confirmer les démarcations des classes sociales.

En dépit des idéologies persistantes, cette distinction s'est de plus en plus brouillée. Sans doute, il est de l'essence de l'homme que d'être éternellement partagé entre milieu et horizon. Force nous est néanmoins de constater que, dans l'état présent des choses, l'horizon n'est plus une construction aisément discernable, qu'il est impossible de tenir sous le regard les oeuvres irrémédiablement dispersées au gré de la spécialisation et de l'industrialisation de l'art et de la science. Parallèlement, les milieux, les héritages s'effilochent; les coutumes ne parviennent plus à donner cohésion aux modes de vie. Du même mouvement où l'horizon se défile, le milieu se défait. Les deux cultures s'entremêlent dans une problématisation extraordinairement fluente.

II

On l'aura compris sans peine: je n'ai pas tenté de résumer une histoire des interrogations sur la culture. Je voulais seulement souligner quelques préalables, qui nous viennent parfois de fort loin, et qui sont toujours sous-jacents, comme leurs strates les plus profondes, à nos questionnements actuels. Retenons l'essentiel: la pensée, telle que nous la définissons, provient de l'émergence de la culture; en retour, la culture est devenue son vis-à-vis le plus inquiétant, son obsession la plus troublante; et quand elle s'est donnée elle-même comme la culture vraie, la pensée s'est trouvée déroutée dans ses stratégies pour instaurer dans la plus vaste culture un ordre semblable au sien.

Gardant ces préalables à l'esprit, risquons-nous (toujours aussi sommairement) à repérer les grandes dimensions du problème de la culture contemporaine. La première, qui est peut-être à la source de toutes les autres, ce me paraît être l'industrialisation et l'institutionnalisation de la culture.

Le déclenchement du processus d'industrialisation remonte à des siècles avant nous. Il n'est guère besoin de souligner à quel point il a non seulement bouleversé la culture mais contribué aussi à en modifier la conception. En détruisant les coutumes qui donnaient aux métiers leurs formes anciennes, en remaniant les habitudes de consommation, en déracinant les travailleurs de leurs terroirs, l'industrialisation a relativisé la culture comme milieu. Et il y faut joindre des phénomènes complémentaires: la scolarisation accélérée, la diffusion de la presse à grand tirage, les affrontements des partis qui ont contribué à créer ce monde de l'*opinion,* nouvelle figure de la culture comme horizon.

Encore une fois, ces transformations ont commencé il y a longtemps. Mais elles se continuent. Je ne prise guère, pour ma part, une expression fort à la mode par laquelle on prétend qualifier l'âge où nous sommes: on parle de "société post-industrielle". Je crois plutôt que nous vivons présentement une nouvelle phase de l'industrialisation, de plus ample portée que la précédente. Par exemple, le travail de bureau se modifie rapidement, selon des critères semblables à ceux qui ont présidé à l'organisation des usines; les professions, longtemps tenues à l'écart de la désintégration des métiers de l'ouvrier, obéissent à leur tour à la même logique de la spécialisation, à la même subordination aux impératifs des vastes organisations. L'informatique, les techniques de l'information engagent dans les voies d'une rationalisation abstraite de la vie collective tout entière. Par ailleurs, il n'y a presque plus d'éléments de la culture qui échappent à la logique de la fabrication et du marché. Les genres de vie, les milieux de culture, deviennent simple matière première pour la production d'une culture qui, en retour, produit aussi des milieux d'existence. On produit même du folklore... Et sur ce terreau, croissent des pouvoirs, des impérialismes semblables à ceux des premières phases de l'industrialisation, mais dont l'emprise est infiniment plus étendue.

Comment qualifier cette nouvelle phase de l'industrialisation? Je parlerais volontiers, pour ma part, d'institutionnalisation généralisée.

Toute société est un héritage d'institutions, c'est-à-dire de formes organisées de la vie collective dont la sédimentation constitue un milieu. Ces institutions sont une sorte de tissu aggloméré par des coutumes, des habitudes, des fils emmêlés de la mémoire collective. Dans toutes les sociétés, fussent-elles archaïques, le tissu se modifie sous le coup des défis brusques ou lents de l'histoire. Ce qui semble nouveau, mais que l'industrialisation des siècles passés avait amorcé, c'est la programmation de plus en plus étendue de l'institutionnalisation, et donc du changement culturel. La science et l'art deviennent des industries dont les mécanismes de développement échappent à leurs artisans. Les apprentissages sont de plus en plus formalisés: l'école étend son empire et les taux de scolarisation font dorénavant l'orgueil ou le souci des États, sans qu'on s'inquiète trop des résultats effectifs; plus encore, de la façon de marcher aux relations avec autrui, des premiers sourires de l'enfant aux séductions amoureuses, de l'art de se trouver un premier emploi à celui de prendre sa retraite, toutes les conduites doivent censément donner lieu à des enseignements, à des cours, à des programmes, et souvent, à des examens. À en croire les prospectus, on peut même apprendre la spontanéité. À ces entreprises diverses, il faut des infrastructures, des organisations, des bureaucraties plus ou moins visibles, des normes explicitement définies.

Aux lents processus d'institutionnalisation de jadis, où les gens avaient le sentiment d'une certaine pérennité du milieu, se substitue une fabrication, une production du milieu. Assistons-nous, en conséquence, à un extraordinaire déplacement de la culture comme milieu à la culture comme horizon? En un sens, c'est ce qui se passe en effet. Mais de quel horizon s'agit-il?

Quand leur milieu est l'objet d'une production incessante, quand la programmation les atteint dans le cours le plus ordinaire de leur vie, comment les hommes peuvent-ils se représenter leur monde tel un horizon, tel un survol? Aux temps où les milieux étaient de plus ferme consistance, aux temps où les changements n'oblitéraient pas les héritages, les horizons des hommes tenaient à une semblable solidité. Des mythes anciens aux utopies modernes, on peut suivre le parallèle entre consistance du milieu et visibilité de l'horizon. Même les idéologies qui prônaient naguère le progrès, s'en remettant ainsi à un futur plus ou moins lointain de la culture idéale, supposaient une ferme emprise de leurs tenants dans le présent de l'histoire. Mais quand, sous nos pas, tout devient relatif, sujet à fabrication, peut-il y avoir horizon autrement que par projection? *Projection:* il faut l'entendre ici autrement que comme délégation de ses désirs dans l'avenir; il faut l'entendre au sens où on présente un film sur un écran. Pour tout dire, à un milieu livré à la production ne peut correspondre qu'un horizon qui soit spectacle de la production.

Je ne suis pas le premier à parler de nos sociétés comme des sociétés du spectacle. Souvent ceux qui emploient pareil qualificatif renvoient aussitôt à l'extraordinaire croissance des médias de masse. Je crains que l'on prenne ainsi l'effet pour la cause ou que, du moins, on méconnaisse une causalité à double entrée. Ainsi, parmi les explications que l'on a proposées de la rapide extension de la télévision, on retient aisément deux grands motifs. D'une part, nous dit-on, s'était établie une relative uniformisation du milieu, de telle sorte que des messages s'adressant à de vastes publics devenaient possibles. D'autre part, suggèrent d'autres auteurs, des milieux dispersés, isolés, ont trouvé dans les produits de la télévision dépassement de leur solitude. Dans les deux cas, on le constate, la défection du milieu culturel a permis la production d'un horizon qui soit spectacle de la culture. Les deux processus se sont engendrés l'un et l'autre, dans un cercle élargi de l'institutionnalisation, de la programmation.

Quelles sont les conséquences de cette culture du spectacle? J'en retiens trois principales.

Un horizon produit, un horizon de spectacle est, par définition, mouvant. Les événements, les modèles, les projets se présentent et se défilent aussitôt. Pour qu'un événement, un modèle, un projet aient quelque consistance, pour que l'on s'y sente compromis, pour que l'on soit tenté d'y prendre parti par un engagement venant de ses intentions et de sa vie, il leur faut un point d'appui dans une histoire dont on puisse espérer de quelque manière modifier le cours. Lorsque, dans son milieu, dans sa vie quotidienne, tout devient relatif, il ne reste plus qu'à voir défiler devant soi cette relativité, qu'à la vérifier dans un spectacle. À mesure que les événements se multiplient et s'entrechoquent, comment y intervenir? Il n'y a d'autre recours que de s'asseoir au bord du chemin de l'histoire pour regarder le défilé des acteurs, des politiciens, des artistes, des scientifiques, et parfois des philosophes.

Une deuxième conséquence s'ensuit. Le spectacle invite à voir; il incite à ne pas croire. Aristote avait déjà remarqué, à propos du théâtre, que celui-ci permet d'éprouver des passions qui sont, par ailleurs, sans dangers pour sa vie personnelle. Pourquoi ne pas élargir cette pénétrante observation à une société, à une culture devenues tout entières spectacles? Ce que proclame le militant, ce que suggère le politicien, ce qu'insinue le spécialiste, ce que représente la vedette s'emmêlent dans une représentation aux cent actes divers où la feinte et la vérité, la comédie et la tragédie ne suscitent que des adhésions superficielles et passagères.

Durant des millénaires, les horizons de la culture ont changé à bien des reprises, au gré des transformations des milieux et des changements des croyances. Mais il n'y a jamais eu de culture qui ne soit que modèle précaire des comportements; il n'y a jamais eu de culture réduite à des techniques de l'agir, du savoir, de l'interprétation. Si on peut produire des moeurs et des idéaux comme on produit la toile et le lin, comment y croire? Ne reste-t-il que le loisir de les voir se produire?

Enfin (et c'est la troisième conséquence que je veux noter), dans un pareil contexte, il ne reste guère d'emplacement un peu assuré pour les médiations et les médiateurs. Entre la culture comme milieu et la culture comme horizon, quelles que fussent les diversités de sociétés et de conjonctures, des médiations et des médiateurs n'ont pas cessé d'exister: le prêtre, le sage, le prophète, le philosophe, le savant, le critique d'art et de littérature, l'instituteur, le professeur... Nos écoles et nos universités, nos Églises et nos partis, nos académies et nos congrès reposent encore sur ce postulat. La distance entre la culture comme milieu et la culture comme horizon, c'était la place de la pédagogie, au sens le plus large du terme. Pensons seulement au métier de professeur, celui qui est le partage de la plupart d'entre nous: quelle que soit la hauteur de nos propos, sommes-nous devenus partie prenante à la foule immense des artisans de l'industrialisation de la culture? Parce que nous nous serions égarés, nous aussi, dans le cycle de la production des milieux et des horizons, dans les dédales de la production...

III

Le tableau que je viens d'esquisser est, je le sais, trop peu nuancé. Il y manque ce qui, chez chacun d'entre nous, et parfois des manières les plus humbles, se défend contre la logique de la production, ce qui donne à nos vies le goût irrémédiable de la liberté. Il y manque, plus simplement encore, le présupposé qui me fait discourir aujourd'hui: à savoir que si, dans nos cultures, milieu et horizon se brouillent, je postule que la conviction me reste que je puis toujours en évaluer les raisons. Nous avons conscience de la crise. D'où nous vient cette conscience, comment en assurer le lieu?

C'est là poser, du même coup, la question de l'emplacement de la philosophie dans les mutations contemporaines de la culture.

Pour poursuivre la réflexion là-dessus, je me garderai évidemment de chercher quelle serait la philosophie qui serait pertinente aux mutations de nos cultures. Les surgissements des philosophies n'obéissent heureusement pas à de semblables recettes. Je ne m'essaierai pas non plus, inspiré par mon métier de sociologue, à analyser les aspects nouveaux de la condition du philosophe au sein de ces mutations. Plus modestement, et peut-être plus radicalement, je voudrais rappeler à quel point la conscience philosophique est, de soi, le prototype de la conscience que l'on peut prendre de la crise actuelle de la culture. En effet, avant de nous demander en quoi la philosophie, discipline particulière à côté de tant d'autres, peut éclairer la crise et indiquer des avenues pour la surmonter, n'est-il pas capital de nous souvenir en quoi la philosophie est, par sa texture pour ainsi dire, pensée des crises de culture?

Je le marquais dès le commencement de cet exposé: la culture n'est pas, pour la philosophie, une sorte d'objet parmi d'autres. Car la culture est la matrice originaire et le vis-à-vis le plus embarrassant de la philosophie.

La culture est déjà philosophie puisqu'elle est présente en moi, devant moi, comme un monde du sens. J'ai beau vouloir redescendre à des fondements plus assurés, construire un horizon plus authentique de mon existence, la culture m'accompagne dans mes démarches. Je ne puis me mettre à l'écart; je dois consentir à débattre avec elle, contre elle, de la vérité et de la pertinence du monde. M. de Waelhens l'a exprimé en une belle formule: "La philosophie est réflexion sur une expérience non philosophique. La philosophie est toutefois assez puissante et assez peu étrangère à l'expérience non philosophique pour qu'elle réussisse à rendre celle-ci consciente d'elle-même *comme* non philosophique, lui permettant ainsi de s'ériger parfois en contestation explicite de la philosophie. Corrélativement, l'expérience non philosophique est suffisamment proche de la philosophie pour qu'elle trouve audience en celle-ci, lui inspire de l'inquiétude et aboutisse à la transformer *comme* philosophie".[2]

N'est-il pas permis d'entendre ces propos selon la dialectique du milieu et de l'horizon qui a inspiré mon précédent diagnostic? À la condition d'y déceler une sorte de réduction du mouvement qui anime la plus vaste culture: le milieu étant le non-philosophique dont la philosophie dégage un horizon, celui-ci éclaire par contre-coup ce qui, dans le milieu, est préparation et contestation de ce dépassement. La philosophie serait donc un microcosme de la culture, bien plutôt que son étude; elle en représenterait, ouvertement avouées, la dynamique et la raison d'être. Dès lors, on comprendrait qu'avant de surmonter les crises de la culture, il lui revient de les représenter par son existence même.

La philosophie est-elle seulement *représentation* des crises de la culture, reproduction des tensions, des antinomies qui l'animent? N'en préfigure-t-elle pas aussi le dénouement? Le dénouement, je dis bien, et non la conclusion. Le problème de la culture, dont elle est la réduplication, la philosophie est impuissante à lui trouver solution puisqu'elle y reconnaît son commencement et sa légitimité. Mais la philosophie n'étale ce problème, depuis ses commencements à elle, que par la vertu d'une espérance qui est aussi de son origine.

Sa singulière histoire le montre bien.

On a souvent comparé le report à l'histoire chez le praticien des sciences et chez le praticien de la philosophie. Le scientifique cherche d'abord à se situer dans le présent de sa discipline: son milieu de départ est d'aujourd'hui. Sans doute les limites de cet aujourd'hui sont mal délimitées, et c'est le mérite de l'histoire des sciences de le faire constater. Il reste que compte avant tout, pour le chercheur, l'horizon de l'avenir. Or, le philosophe, fût-il lui aussi passionnément présent aux tourments de son époque et interrogateur du futur, prend d'abord appui dans le passé philosophique. Platon lui est présent tout autant que Husserl. On devient philosophe, et on continue de l'être, par récapitulation.

Ne faut-il pas reconnaître, dans cette situation singulière, non pas seulement le paradoxe de la philosophie, mais aussi celui de la culture? Celle-ci est une tradition, qui se fait et se refait sous les défis de l'histoire. Ce qui s'y transmet est perpétuellement mis en cause; et le changement y empêche la répétition pour susciter la mémoire, la conscience historique. La mémoire de l'individu comme celle des sociétés ne sont pas l'enregistrement des faits du passé; elles sont leurs aménagements et leurs réaménagements afin que ce qui est passé soit promesse d'avenir. La mémoire est un milieu pour que l'horizon soit possible. Elle est le lieu d'un dialogue, aussi bien pour les personnes que pour les collectivités.

C'est bien ce que représente, dans un microcosme, la mémoire philosophique. Plus que toutes les autres, sans doute, elle se constitue autant par le souvenir des ruptures que par celui des continuités. Faute de pouvoir se doter d'une mémoire selon les modèles du progrès (bien qu'elle s'y soit essayé depuis toujours), elle consent à ce déchirement. Il en résulte cette conséquence singulière: pour se souvenir ainsi de la tradition, le philosophe en est d'autant plus présent à sa singularité à lui. Les opinions sont le rassemblement des idéologies des citoyens; les théories scientifiques sont les convergences idéales des idées des scientifiques. "La vérité, disait M. Paul Ricoeur, exprime l'être en commun des philosophes. La *philosophia perennis* signifierait alors qu'il existe une communauté de recherche, un philosopher en commun, où tous les philosophes sont en débat avec tous par le truchement d'une conscience témoin, celle qui *cherche* à neuf."[3] La philosophie est milieu et horizon de dialogue.

IV

Résumons-nous.

Au regard de la philosophie, le non-philosophique se présente comme culture. Descartes l'a dit admirablement dans un passage du *Discours* que

nous avons tous lu et relu avec ferveur au temps de nos premiers apprentissages: "Pendant que je ne faisais que considérer les moeurs des autres
hommes, je n'y trouvais guère de quoi m'assurer (...) Le plus grand profit
que j'en retirais était que, voyant plusieurs choses qui, bien qu'elles nous
semblent fort extravagantes et ridicules, ne laissent pas d'être communé-
ment reçues et approuvées par d'autres grands peuples, j'apprenais à ne
rien croire trop fermement de ce qui ne m'avait été persuadé que par l'exemple et par la coutume". Au fond, nous pensons tous comme Descartes, sans
l'avouer de la même manière: la culture est vérité et sens pour des sujets
dispersés qui en vivent tout en ignorant le fondement de la vérité et du sens
qu'ils instituent en commun. Pourtant, en retour, la philosophie ne peut
envisager de fondement plus ultime qu'une communauté des esprits; et cette
communauté elle ne saurait la fonder sans le secours de la culture. Cette
réciprocité est tellement évidente qu'elle se retrouve dans le cercle philosophique lui-même où le consensus foncier des philosophies, bien loin d'être
un accord sur des systèmes, est un dialogue ouvert où chacun prend parti
selon des paramètres qui ressemblent fort à ceux de la plus vaste culture.

En somme, par sa présence concrète à nos sociétés et à nos vies, la
philosophie représente une sorte de prototype idéal du débat sur la culture.
Pour autant, — faut-il le répéter? — la philosophie ne devance pas la culture.
Elle n'en est pas le fondement, puisqu'elle se conquiert à ses dépens. Elle
n'en est pas la mémoire, car elle se souvient avant tout des moments où les
traditions ont fait défaut. Elle n'a pas davantage la prétention de réduire la
réunion des hommes aux dialogues où se cherche la vérité des philosophes.
C'est dans les marges de la culture que la philosophie se reconnaît en tant
que telle.

Mais, en retour, n'est-elle pas particulièrement bien placée pour entrevoir les impasses et les promesses des mutations culturelles? Dans cet exposé,
j'aurai surtout insisté sur les impasses, sur l'angoisse que provoque la muta-
tion actuelle. Reste, et voilà évidemment le plus difficile, à pressentir les
voies de l'espérance. Les travaux de ce congrès y contribueront certainement.

La tâche est immense. Car il faudrait faire émerger de la crise une
nouvelle conscience historique, qui soit celle de notre temps. Alors que milieux
et horizons sont devenus si flous, que l'institutionnalisation gagne des empla-
cements de plus en plus diversifiés de la vie.

Nous ne pouvons plus écrire des philosophies de l'histoire semblables
à celles du XIXe siècle. Nous ne pouvons plus rassembler des savoirs qui
seront dispersés à jamais. C'est par le bas, à partir du terreau le plus humble,
que nous devons recommencer. Si les milieux d'existence des hommes font
défection, si leur horizon se dissipe, il faut reprendre les chemins du dialogue
dont les philosophies, toutes ensemble et depuis toujours, sont le vivant
exemple de culture.

Ce pourrait être le premier dessein d'une éthique pour les temps de
crise. Ce pourrait être aussi la précaire mais inébranlable ambition d'une
rencontre des multiples cultures que nous représentons en ce lieu. Ce pour-

rait être enfin, et surtout, l'anticipation de cette réconciliation du savoir et de la croyance, de la vérité et de la pertinence, dans cette *foi philosophique* qui, en deçà des systèmes et des idéologies, nous rassemble ici aujourd'hui.

NOTES

1. Pierre-Maxime Schuhl, *Essai sur la formation de la pensée grecque, introduction historique à une étude de la philosophie platonicienne*, Paris, P.U.F., 1949, pp. xxii-xxiii.

2. Alphonse de Waelhens, *La philosophie et les expériences naturelles*, La Haye, Martinus Nijhoff, 1961, pp. 2-3.

3. Paul Ricoeur, *Histoire de vérité*, Paris, Seuil, 1975, p. 67.

I

DÉTERMINATION PHILOSOPHIQUE DE L'IDÉE DE CULTURE

THE PHILOSOPHICAL DETERMINATION OF THE IDEA OF CULTURE

DIE PHILOSOPHISCHE BESTIMMUNG DER IDEE DER KULTUR

DETERMINACIÓN FILOSÓFICA DE LA IDEA DE CULTURA

SÉANCE PLÉNIÈRE

PLENARY SESSION

PLENARSITZUNG

SESIÓN PLENARIA

INTRODUCTION

EVANDRO AGAZZI, FRIBOURG

Un congrès comme le nôtre, qui s'est donné comme thème principal celui de "Philosophie et culture", s'est placé par cela même dans une situation fort problématique et même aporétique. Car la philosophie, d'un côté, fait partie de la culture, elle en constitue un composant fondamental, comme le témoigne déjà le fait que, dès qu'on passe du singulier au pluriel, à savoir dès qu'on passe de l'idée universelle de culture à son incarnation dans la multitude des différentes cultures réalisées dans l'histoire, on passe aussi simultanément de la philosophie aux philosophies, qui portent chacune certains traits typiques de la culture particulière à laquelle elle appartient.

Mais voilà qu'en même temps la philosophie revendique son caractère essentiel d'être une quête qui se place du point de vue de l'*entier*, et qui par conséquent ne reconnaît aucun aspect du réel comme étranger à son intérêt et à ses efforts de compréhension (y compris la culture), se reconnaissant encore en même temps la capacité critique de se rendre compte de ses propres conditions d'exercice, de ses conditionnements culturels qui cessent, en vertu de cette prise de conscience, de rendre une philosophie vraiment *dépendante* par rapport à sa propre culture en lui permettant au contraire de l'évaluer et même d'en faire la critique. D'ailleurs, une preuve de cette indépendance substantielle de la philosophie par rapport aux cultures nous vient aussi du fait que le pluralisme philosophique n'apparaît guère comme un produit du pluralisme culturel: en effet tout le monde sait combien de systèmes ou de tendances philosophiques même très diverses ont pu vivre et se manifester les uns à côté des autres au sein d'une *même culture* et à la même époque historique, tandis que, au contraire, beaucoup d'idées philosophiques, et même des systèmes philosophiques complets, ont pu se transplanter d'une culture à d'autres qui en étaient séparées par des siècles d'histoire et par des conditions politiques sociales et spirituelles presque incomparables.

Mais c'est justement cette indépendance de la philosophie face à la culture (qui subsiste malgré les liaisons nombreuses, importantes et non extrinsèques qui pourtant les relient) qui légitime le choix de notre thème comme sujet approprié d'un congrès de philosophie. Sans cela, le thème "Philosophie et culture" se présenterait plutôt comme l'un des sujets possibles d'une conférence d'anthropologie culturelle, ou d'ethnologie, ou peut-être de sociologie, à savoir d'une de ces disciplines pour lesquelles la philosophie constitue un des composants de la culture parmi d'autres (tels que les arts, les métiers, la cuisine, la structure de la famille, le culte des morts, etc.) et, tout en contribuant à l'émergence des traits typiques de sa propre culture, finit par en être déterminée plutôt que par l'influencer. En d'autres termes, ce qu'il nous faut, c'est un aperçu différent de celui des "sciences de la culture", un aperçu qui, sans nier le droit d'existence et la compétence de celles-ci, exprime une optique et une visée différentes, plus ou moins, selon le sens qui nous amène à parler d'une philosophie de la nature qui est autre chose que les "sciences de la nature".

Afin que cette optique puisse se constituer, il ne suffit pas du tout d'ouvrir un discours "métaculturel": c'est là une restriction de la perspective philosophique qui est fort répandue de nos jours, mais qui n'est pas justifiée. Aujourd'hui on a trop facilement tendance à qualifier de "philosophique" un discours qui soit un peu général et qui se situe dans une couche linguistique d'ordre plus élevé que le langage de ce dont on prétend faire la philosophie, mais malheureusement, ce déplacement de niveau, tout en étant nécessaire, n'est pas suffisant pour ouvrir la perspective philosophique. Une métamathématique n'est pas une philosophie des mathématiques, une considération méta-politique n'est pas nécessairement une philosophie politique, une analyse méta-scientifique d'une science naturelle n'est pas encore une philosophie des sciences ni une philosophie de la nature. Le même est valable pour ce qui concerne la culture: déjà les sciences de la culture se placent à un niveau "méta" par rapport à elle, sans pourtant cesser d'être des sciences et sans arriver à se configurer comme une philosophie. Mais justement la tendance à identifier la philosophie avec le pur et simple méta-discours a eu comme conséquence la conviction, très répandue aujourd'hui, que la philosophie a perdu son droit d'exister, parce que l'espace méta-théorique qui lui était propre a été rempli par une foule de sciences toujours plus diversifiées, dont les sciences humaines, ou sciences sociales, ou sciences de la culture ont occupé les dernières places où la philosophie avait trouvé son extrême refuge.

Pour éviter ces conséquences, il faut que la philosophie aborde le problème (ou les problèmes) de la culture à travers des moyens de conceptualisation propres et typiques.

Voilà donc pourquoi l'engagement préalable, celui qui constitue l'effort de cette première séance plénière, est celui d'une "détermination philosophique" de l'idée de culture. On parle ici de "détermination" et non pas de "définition", comme on l'aurait fait peut-être autrefois, pour éviter les deux inconvénients opposés que la notion de définition semble impliquer: le risque d'un conventionalisme vaguement arbitraire d'une part et le risque d'une codification essentiellement rigide et dogmatique de l'autre. En parlant de détermination, par contre, on exprime déjà l'intention de sélectionner des traits saillants parmi d'autres qu'on ne veut pas méconnaître, de faire des choix à l'intérieur d'une richesse d'éléments qui ne se laisse pas réduire au peu qu'on a choisi, de formuler des lignes de synthèse et des trajets d'orientation dans un tissu compliqué dont on ne prétend pas faire disparaître la complexité.

Bref, cette notion de détermination contient déjà en soi l'idée d'un critère, d'un point de vue privilégié mais non exclusif, qui la guide et l'oriente, ce qui légitime et même impose la spécification d'un tel critère ou point de vue moyennant, par exemple, un adjectif. Dans notre cas, cet adjectif qualificatif est celui de "philosophique" et par lui s'exprime l'intention de proposer une interprétation de la culture capable de "rendre compte" de ce que les sciences de la culture y lisent d'après leurs points de vue spécialisés, de comprendre dans leur "signification" plus profonde certaines choses que ces sciences nous présentent comme de purs faits, de répondre à beaucoup de questions que la structure et le développement de la culture nous posent sous forme de défi à notre intelligence, à notre sens moral, à notre capacité de nous situer par rapport au monde, aux autres, à nous-mêmes.

Les trois rapporteurs que nous allons écouter se sont chargés de cette tâche selon des angles visuels différents, mais tous d'un grand intérêt, ce qui nous permet de vérifier une fois de plus comment la qualification de "philosophique" peut couvrir une richesse et une pluralité de facettes tout à fait comparables à celles qu'on retrouve dans la notion de culture.

M. Lévinas nous propose une lecture de la culture à partir de sa forme moderne, qui comporte en particulier le fait de la communication interculturelle et qui pose par cela même le problème de la signification de ce message et de sa valeur. Car la modernité se présente comme un moment où ce qui est typiquement *autre* par rapport à l'homme (à savoir la nature) apparaît comme entièrement investie par l'humain, de sorte que cet autre est pris dans le dessein, le projet ou l'inspiration du *Même*. Par cela, la brutalité, la barbarie de l'être *autre* reçoivent un sens, elles sont proportionnées au *Même* et l'unité se produit à partir de cette altérité originaire. Cela s'est produit, et continue à se produire, selon des modalités différentes. La première est celle du *savoir*, grâce auquel la nature, auparavant étrangère et même hostile à l'homme, se convertit *en présence* et se met à la disposition du sujet pensant et connaissant, se fait intérieure à son savoir, devient immanente, de transcendante qu'elle était. Voilà donc l'idée de culture comme savoir. Mais celle-ci est déjà orientée dès son origine vers la pratique et la technique: une culture où tout devient immanent renferme déjà les présupposés de la mainmise, de l'appropriation et de la satisfaction, qu'il serait naïf de voir comme de pures et simples dégénérations de la culture scientifique contemporaine. Mais cette "main" qui saisit l'autre et se l'approprie dans l'entreprise de connaissance et d'utilisation (science et technologie) est en même temps celle qui peut forger, modeler cet autre et lui donner une fois encore un sens fait sur la mesure du "Même". C'est la dimension de l'activité artistique, en général de l'*expression*. Cette fois-ci la distance entre l'autre et le même se réduit grâce au fait que le monde est rempli de formes expressives posées par le même, qui "habite" ce monde dans le sens le plus profond de ce mot. Les deux itinéraires présentés, et qui nous amènent justement à l'idée moderne de culture comme union des sciences, des techniques et des arts, coïncident dans leur effort d'éliminer la séparation entre l'autre et le même, de gagner une unité d'immanence. Mais les crises profondes de la culture contemporaine nous font douter de la réussite de ces efforts d'unité et nous amènent à nous demander si un fondement plus authentique de la culture ne pourrait se trouver dans la reconnaissance et dans l'acceptation d'une forme d'altérité et de transcendance insupprimable, celle que nous expérimentons face à l'altérité radicale d'autrui, de l'autre homme, de l'étranger. Dans cette perspective la culture deviendrait une relation éthique: l'épiphanie du visage d'autrui éveille dans l'identité du moi la responsabilité pour l'autre homme et sa dignité.

On retrouve aussi ces présences fondamentales, celle du sujet, celle de la nature et celle de la culture, dans le rapport de M. Passmore. Toutefois, la question qui l'intéresse n'est plus celle de voir dans la culture un effort (réussi ou manqué) de dépasser l'altérité entre le sujet et la nature. Il prend la culture comme une réalité existante et concrète à côté du sujet et de la nature et il s'intéresse à certains rapports qui peuvent subsister entre elles, en discutant des thèses à ce sujet qui remontent à Descartes. Le philosophe français semble persuadé de trois faits: le monde de la culture présente une variabilité tellement poussée qu'il est impossible de la rendre intelligible et de la gouverner d'après la connaissance de lois générales comme on peut le faire avec le monde de la nature grâce aux sciences; l'intellect humain possède le pouvoir de se soustraire à toute dépendance par rapport à la culture; la nature peut être connue par l'intellect dans ses lois générales et par cela est soumise à la maîtrise de l'homme. Ces positions se retrouvent différemment mélangées et acceptées, dans certaines attitudes contemporaines. Le scientisme accepte la thèse de l'autonomie de l'intellect, mais nie la différence entre nature et culture en ce qui concerne les possibilités de connaissance et de maîtrise de la part de l'homme. Le sociologisme refuse la thèse de l'inexplicabilité de la culture et aussi celle de l'autonomie de l'intellect et même la différence fondamentale entre nature et culture (la nature elle-même est un produit culturel). Le biologisme, enfin, réduit tout à la nature faisant disparaître l'autonomie de l'intellect et celle de la culture par rapport au niveau biologique.

M. Passmore, de son côté, revendique l'autonomie de l'intellect sous la forme d'une capacité critique, et d'un pouvoir d'imaginer des alternatives par rapport aux situations existantes dans la nature et dans la culture, qui lui confèrent une indépendance compatible avec le fait de sa situation concrète dans une culture déterminée. Cette position est compatible avec le scientisme et le biologisme et peut aussi s'accorder avec une forme non extrême de sociologisme. Par contre, le sociologisme révèle une très grande faiblesse lorsqu'il prétend réduire totalement la nature à une production culturelle, faiblesse d'ailleurs qui est en partie commune aussi à ceux qui pensent à une possibilité de domination totale de l'homme sur la nature (scientisme). Le scientisme a tort sur un autre point, à savoir quand il prétend que seule une lecture scientifique (avec exclusion donc des arts, des lettres, de la philosophie, de l'histoire) peut nous faire connaître le monde de la culture. Le rapporteur refuse cette position extrême, tout en reconnaissant que le monde de la culture peut être investigué par une approche scientifique qui tienne compte des variations et du particulier plutôt que de prétendre aux grandes généralisations.

Mme Marcil-Lacoste retrouve elle aussi, dans son rapport, un des thèmes évoqués par M. Lévinas, à savoir celui de l'identité et de la différence, qui révèle sa présence à la base d'une question fondamentale, justement, dans la "philosophie de la culture": celle de l'unité et de la pluralité des cultures. Elle remarque avec justesse que les solutions pour ainsi dire scientifiques qu'on pourrait donner de ce problème sont en effet banales et illusoires. Car on pourrait en effet essayer de *définir* la culture de manière à y intégrer le degré d'unité et de pluralité qu'on estime désirable (solution logique) ou bien essayer d'établir factuellement le dit degré dans l'examen des cultures (solution empirique). Mais en faisant cela on échapperait à la véritable nature de la question, qui est à la fois épistémologique et axiologique. Il faut en effet élaborer une épistémologie et une éthique de la différence, qui permettent de fonder l'enjeu égalitaire de l'unité et de la pluralité des cultures, le faisant sortir de ses ambiguïtés et apories actuelles.

Il est évident que le discours de M. Lévinas sur la découverte de l'altérité radicale de l'autre en tant que prochain dont je rencontre le visage et qui éveille à la fois mon intérêt, mon souci, mon ouverture et mon respect va dans la même direction que cette exigence de fondation. Peut-être pourrons-nous trouver aussi dans cette analogie de problématique une analogie de solution mais, même sans arriver à cela, nous aurons gagné une vue plus profonde sur la dimension authentiquement "philosophique" que l'idée de culture continue à posséder de nos jours et qui, peut-être, explose aujourd'hui plus que jamais dans toute sa force aporétique.

NATURE, INTELLECT AND CULTURE

JOHN PASSMORE, CANBERRA

Let us begin from Descartes. From a very unfamiliar Descartes, however, purged of the metaphysics which is central to his thinking. It is customary to describe Descartes as a dualist. At the metaphysical level, there can be no quarrel with that. For our present purposes, nevertheless, his thinking is tripartite, even if he sets aside one element in the triad as unworthy of detailed attention. He distinguishes — in our terminology, not his — between 'culture', 'intellect' and 'nature'. And that tripartite distinction is independent of his mind-body dualism; in the form in which I shall be presenting it, it might be defended by a materialist or, even, by a certain type of objective idealist. What I shall be asking is how far, with some measure of redefinition, such a tripartite distinction is still worth defending.

To begin with culture, defined in its broadest, anthropological sense. From the standpoint of Descartes the striking thing about human culture is its variability from time to time, place to place. The movements of such natural objects as the planets are governed by regular laws; everywhere frogs come from tadpoles. But the only laws one finds in cultures, he thought, are *nomoi*, rules, and these in no way resemble the scientific laws he was seeking. They lacked necessity, universality.

Then how, for Descartes, does the intellect relate to culture? Plato, too, had been dissatisfied with the variability and irrationality of human cultures. But the intellect, according to Plato, could find a way of constructing a culture which *would* satisfy it, by making use of its knowledge of universally valid ideals. There is no hint of this in Descartes. In so far as societies can be studied, on his view, it is only with the help of the humanities — history and literature — and, like many a philosopher after him, Descartes leaves us in no doubt that he rates the humanities very low indeed as intellectual exercises. He would no doubt have shared the privately expressed opinion of C.P. Snow that they are an 'intellectual slum'.

In its relationship with nature, the intellect is in a very different position. For in Descartes, as in Bacon, we find expressed the ambition which has obsessed our civilisation, especially over the last century and a half: to restore man to the position he was in when he governed Eden, as master and possessor of nature. He can no longer, since the Fall, achieve that end by the simple exercise of natural authority; he now needs the help of what we should call a 'science-based technology'.

We can roughly formulate Cartesian tripartism thus: first, culture is, and will remain, variable in a way which rules out the possibility of understanding its rules and precepts as the application of general laws or controlling it through the knowledge of such laws; secondly, in exercising their intellectual powers, human beings can free themselves from the assumptions of their culture in order to achieve true knowledge, as distinct from the mere 'opinions' which culture offers them; thirdly, nature, here quite unlike culture, lies under the potential governance of intellect. I shall call these, respectively, the thesis of the scientific inexplicability of culture, the thesis of the autonomy of intellect, the thesis of the governability of nature.

The subsequent history of Western thought can be represented as a series of take-over bids on behalf of one or the other of the three elements in this tripartite division — culture, intellect and nature — bids initiated not only by professional philosophers but by scientists, whether natural or social. Their ingenuity has been such that one cannot hope to trace out in detail the resulting combinations and permutations. We shall have to be content to delineate three extreme views and then only in their contemporary forms.

The first is scientism. Scientism accepts the second thesis, the autonomy of intellect, but rejects the first thesis, the scientific inexplicability of culture. It gives total authority to the intellect. Conjoining Plato's attitude to society with Descartes' attitude to nature, it looks forward to a time when both nature and culture will be remade into a shape with which the human intellect is wholly satisfied in which it will see reflected its own rationality, as a result of exercising total control. But, unlike Plato, scientism would hope to achieve this end by the discovery of social laws, regarded as a sub-class of natural laws. The apparent variability of human cultures, so it argues, is a mere appearance; or, more exactly, cultural variability is in the same position as natural variability, as nothing more than the form which laws assume when modified by specific circumstances. A particular set of marriage rules, let us say, differs on this view from another such set somewhat as a falling feather differs from a falling cannon ball. Once its governing laws are known culture, too, is as malleable, as controllable, as nature. Descartes' mistake, according to scientism, lay in his not considering cultures in the same spirit in which he considered natural phenomena, as both scientifically explicable and controllable.

The second reaction is sociologism, which rejects both the inexplicability of culture and the autonomy of the intellect. Descartes deceived himself, on this view, when he thought that he could withdraw from his culture — 'bracket it', in a later terminology — in order to meditate. The very notion that this can be done is a cultural artefact, the product of a rampant individualism. We think, sociologism tells us, as our culture permits — or indeed instructs — us to do.

What of nature? In a sense, sociologism agrees with Descartes: nature is malleable. But this is for reasons which would not have pleased Descartes; nature is, for the extremer proponents of sociologism, *more* malleable than a piece of wax. And natural laws are not, as Descartes thought, discovered; they are as much man-made as are the customs of society. 'Man', writes the anthropologist Edmund Leach, 'is not the servant of his environment; he can make of things and persons what he will for these things have not only been produced "out there" by human action, they are also categories which have been created as figments of the human imagination.' 'Man', in this context, is not the isolated intellect but socialised man. So the Cartesian antithesis between culture and nature wholly disappears; 'nature', understood as the non-humanised environment, is a cultural artefact. Stones, then, as much as stone axes, planets, then, as much as space-ships are made by cultures and remain dependent on them for their continued existence.

The third reaction is biologism. In Descartes, of course, the distinction between the living and the non-living is of no particular significance; both are 'machines'. Biologism does not deny that at a particular level of analysis every animal organism is a physico-chemical structure. Nevertheless, its emphasis is on socialised forms of animal behaviour. So the sociobiologist Edward Wilson has studied the behaviour of ants, other sociobiologists have concentrated their attention on the primates. How does the autonomy of intellect come into their picture? The mind, as they see it, is — to quote Wilson — 'a device for survival and reproduction, and reason is just one of its various techniques'. As for culture, all human behaviour, learnt or unlearnt, 'rests', according to Wilson, 'on a genetic foundation' or more precisely 'is organised by some genes that are shared with closely related species and others that are unique to the human species'. From all this it follows that human cultures are by no means entirely malleable, capable of being wholly remade, as scientism suggests. Our genetic inheritance rules out that possibility. But they are nonetheless, according to sociobiology, governed by laws, biological laws. Descartes was right, on this view, in thinking that nature was governed by laws which science can discover; he was wrong in thinking that cultures were not, in some measure, governed by such laws; he was wrong, too, in assigning an absolute, metaphysical, autonomy to the intellect.

Obviously, then, Descartes has come under heavy fire; to attempt to salvage anything at all from his tripartite division is to face formidable obstacles. And, of course, what one will want to salvage depends on one's own position. My own starting-point is naturalistic. But I do not adhere to the extremer forms of scientism, sociologism or biologism. There is, I still think, something to be said for Cartesian methodological tripartism, although not for Cartesian metaphysical dualism.

Consider first the autonomy of the intellect. I want to redefine this concept in an important manner, which carries me a very long way from Descartes. To ascribe intellectual powers to human beings amounts, I shall say, to this: human beings have a particular power, the power of critical imagination, the capacity to think up alternatives to what exists in nature or in culture and to examine these alternatives critically. The critical imagination is exemplified as clearly in the conversion of stones into axes, of throwing sticks into boomerangs, as in the conversion of nuclear theory into nuclear weapons. It made possible the expansion of a species with few natural defences over the surface of the globe. Taking shape in language it enabled learnt behaviour more readily to be taught, beliefs to be formulated and corrected, stories to be told, modes of describing and redescribing the world to take shape. Autonomous the creative imagination is not, if by calling it autonomous we mean that it lies, in its beginnings, outside the processes of evolution or that it is no longer subject, in any way, to biological limitations. But it has developed its own momentum, as what biologists sometimes call a 'baroque' characteristic, considering problems which arise not out of the need for coping with nature but out of its own creations. Evolution, as I have elsewhere put the point, does not engage in 'Good Housekeeping'; it is not true that if human beings can philosophise, this fact must be explicable in terms of the survival value of philosophy.

Biologism, as much as scientism, can accept the principle of the autonomy of the intellect, in the sense in which I have redefined it, the only sense in which philosophy, science, art, technology require it — as a power to develop theories about nature and culture and to use such theories as a basis for our attempts to modify what seems to us to need modification. Does sociologism destroy even this measure of autonomy? Many of the things that sociologists of knowledge say in opposition to a Cartesian-style doctrine of the autonomy of the intellect are scarcely disputable. They are surely right in rejecting the notion that any of us can ever think in a way which wholly shakes off the limitations of our culture. We can criticise, if we are unusually critical, this or that commonly accepted doctrine but can never — in the manner beloved by philosophers — 'begin again', twice-born.

Nevertheless, human beings succeed, as I said, in being both critical and imaginative. Indeed, if that were not so these very views about the influence of culture could never have been developed. For they imply a capacity to look at one's culture from an external point of view. Consider the case of Marx. Marx is very obviously a product of nineteenth-century bourgeois democracy; he could not, in any other society, have thought as he did, written as he did, seen as problems what he saw as such, developed his particular theory of social development, advocated his particular social ideals. Yet Marx succeeded in criticising his society and in imagining alternatives to it — even if he freely granted that he could not, writing in such a society, see in detail what the alternatives would be like. Just in so far as Marx could do these things, human beings have autonomous intellectual powers — or just so far as, going further back, Ikhnaton could advocate monotheism or Plato the full participation of women in society.

The power of critical imagination can be encouraged, of course, in one culture, strongly discouraged, even ruthlessly suppressed, in another. The positive encouragement of dissent is a peculiarity of bourgeois societies and is even then limited. But dissent may fairly be regarded as, at least at a low level, omnipresent. Whereas anthropologists once used to emphasise the unanimity of earlier forms of society they are now ready to recognize that the heretic, the dissenter, the innovator is not a *peculiarly* modern figure. It is a long route from the making of a stone axe or the cooking of food to the writing of Plato's *Republic* — long but not untravellable — by way of such innovations as trade, the construction of cities, the notion of deliberately changing a society. The creative imagination plays a part in shaping institutions which may then either foster or destroy it. Perhaps, even, it will in the end destroy humanity.

So I should conclude, in respect to the intellect, thus: the human intellect, defined now as the creative imagination, is not autonomous if by autonomous we mean 'capable of operating in a way which is entirely free from all social influences'. But it is autonomous if all this means is that it is capable of thinking up alternatives to what at present happens and looking critically at such proposed alternatives — even if the degree to which it can develop and exercise these powers differs from individual to individual, from culture to culture. Neither Marx nor a society which would permit so unorthodox a thinker as Marx to publish is a common phenomenon.

What now of nature? Sociobiology and scientism both accept, in general terms, the Cartesian conception of nature, as existing independently of us, as capable of being understood and controlled with the help of science. I find it very difficult, I confess, to take any other view seriously. That even if human beings succeed in wiping themselves out, the planets will still continue to follow the courses astronomers have described, that they did so before human beings existed — this seems to me indisputable. The alternative doctrine that the planets do not so much as exist 'out there', or even that they would not *be* planets, with the characteristics we now ascribe to them, unless we had ascribed those characteristics to them strikes me as being preposterously anthropocentric. But sociologism, in Leach's form, seems to deny precisely this.

We can agree with sociologism, no doubt, that our relation with the world around us, to people as well as to things, to our culture as well as to nature, is not at all like that of a mirror simply reflecting objects. We can admit that in a particular society we may not even see what is in another society seen by everybody — the marks on the desert sand, let us say, which mean so much to an aborigine. Differences may pass us by, our society not distinguishing them, resemblances may engross our attention which to another society are totally insignificant. What we see, how we differentiate, both our biology and our culture — as reflected in our language — will greatly influence.

But it by no means follows that the aborigine *makes* the differences he notices; we may never become as skilled as he is in observing traces but he can nevertheless get us to see what we had not noticed. Differentiating in particular ways has real advantages; that it has those advantages is a fact of nature. It is a fact, not a cultural artefact — to take an example of which contemporary sociologists of knowledge are fond — that if we distinguish whales from fishes we shall be able to generalise in a way which has particular advantages in a science-based society although not in a society where sea-creatures have only a mythological or a food-giving importance; it is a fact that whales are different from other sea-creatures in a way which makes possible that re-classification — as, let us say, sardines are not. How we classify depends on our interests, that is surely so, but that a particular classification is in our interests depends on the things we are classifying having certain characteristics in common.

My objection to a Cartesian-style philosophy of nature is not, then, the objection of sociologism. It is rather, as I have made plain in my ecological writings, to a characteristic which it shares with scientism and Leach-style sociologism — the view that we can make of nature what we will. I should want to insist rather on the *obduracy* of nature; that is the lesson, if the lesson were needed, of the last decades. To be sure, we are not, in Leach's phrase, 'servants of our environment'. We can, and we do, effectively act upon it, even if the vast majority of natural processes go on as they did before human beings existed. But neither is nature malleable to the degree which Descartes, and Leach even more, tries to persuade us. A piece of wax is a very misleading standard case of a material object. Forced to stick by a single example, I should prefer to go back to the Greek world, to the fire of Heraclitus. We can keep a fire in existence only if there is fuel for it; if it gets beyond our control, it can devastate us; seeking to control it we can sometimes cause it to rage more fiercely.

The weakness in the Cartesian position about nature, for so long dominant in our culture, lies, first, in its attempt to remove the intellect from the realm of the biological; secondly, and consequentially, in its lack of interest in those aspects of other living things which relate them most closely to human intellectual powers and human culture; and thirdly in its failure to recognise the dangers inherent in attempts to control. The second weakness is exaggerated in sociologism, the third in scientism. My salvage work at this point consists in retaining the concept of an independent nature, in which laws are discoverable, while rejecting both the view that we can ever make ourselves, in some total sense, masters of nature and the view that the gulf between human intellectual powers and animal behaviour is an unbridgeable one. Biologism — and this is its strong point — does not encourage these illusions.

Let us look, finally, at the Cartesian concept of culture. We can rebuke Descartes, certainly, for his attitude to the humanities; we can argue — as I have done elsewhere — that the approach to the understanding of culture through history and literature can be genuinely enlightening. But the question still remains whether there can be a science-style understanding of cultures, as distinct from a humanities-style understanding, or whether they are too variable, across both space and time, as to admit of any such account.

We can certainly object to scientism in respect to culture as we did to scientism in respect to nature. Like nature, culture, we can say, is obdurate. Its complexity is such that setting off to achieve our social ends, as Kant saw, we often produce consequences which are far from being what we wanted. No more than our environment is our culture our servant. We can accept, on the other hand, the application of sociologism to the study of society to the same degree that we accepted it in relation to the study of nature. Our understanding of culture, our sense of what the problems are in achieving that understanding, our modes of social classification, are all affected by our being a member of a particular culture; this is true whether the culture we are trying to understand is our own or a foreign culture.

The question which remains is whether Descartes was wrong in rejecting even that more limited form of scientism which argues that cultures can be *investigated* in the same sort of way as nature, in putting forward his thesis, thus understood, of the inexplicability of culture. Here we need to distinguish two quite different views. The first is expressed in the recurrent ambition, going back at least to Hume, to be 'the Newton of the social sciences' — the ambition, that is, to construct a social science which would be in form like Newtonian physics. J.J.C. Smart has suggested that there are no Newton-style laws except in physics. If he is right, Hume must clearly retire defeated. Recently, a number of biologists, especially Eigen, have contended that Smart is mistaken, that there are Newton-style biological laws. But sociobiologists still argue, most notably in Alexander Rosenberg's significantly entitled *Sociobiology and the Preemption of Social Science*, that it is only when they are described in biological terms that social phenomena can be related by strict laws, as distinct from statistical generalisations. This is the second of the two views I am distinguishing. So, for example, social rules against incest are explicable only in terms of their biological function, visible also in non-human populations.

The point I want to make is that even if Smart is correct, this does not seriously affect the question whether there are social sciences. And even if Rosenberg is right, this still leaves the social scientist, as distinct from the sociobiologist, with a great deal to do. The discovery of laws, the application of laws, plays a very small part in science. Smart is *certainly* right this far: only in physics, broadly understood, are there laws which are universally accepted as such. The study of society, I have come more and more to believe, when it goes beyond history and literature, should take as its model what Lord Rutherford dismissed as the 'stamp-collecting' sciences, biology and geology in their 'natural history' form rather than physics. It should look for rough and ready empirical generalisations, seeking out general cultural patterns, making classifications but emphasising differences, diversities, within these patterns — just as in descriptive biology the common features of all methods of reproduction can be very simply and rather uninterestingly set out, but the varieties of reproductive mechanism, discoverable only by close systematic inquiry, vividly remind us of the complexity of the world and help to dispel that overweening sense of power which the discovery of laws tends to engender. This does not mean that social science has to be boring: the view that we already know, in these terms, what our society is like is simply false. We prefer to close our eyes.

I do not propose to salvage from Cartesianism, then, the view that the serious study of culture is a pointless pursuit. But Descartes is right, I am suggesting, in thinking that it will not issue in the sort of science he held up as an ideal. The characteristics of cultures are for the most part explicable, as the reproductive systems of particular species are explicable, only by taking into account chance mutations, coincidences, changing circumstances, not by direct deduction from general laws, except in so far as such general principles as natural selection serve as a guide or biological laws limit the form they can assume.

To conclude, then, Descartes was right in supposing intellect to be autonomous, if not at all in his sense, he was right in supposing cultures to be variable in a sense which makes nugatory the task of explaining their characteristics by deduction from general laws, he was right in supposing nature to be describable in terms of such laws. But who would least like my defence of Descartes? Echo answers: Descartes.

DÉTERMINATION PHILOSOPHIQUE DE L'IDÉE DE CULTURE

EMMANUEL LÉVINAS, PARIS

1. Données ethnographiques

Nous supposons connus et admis les traits par lesquels sociologues et ethnographes décrivent le fait culturel dans le comportement humain: la communication par signes ou langage; l'obéissance à des règles et à des normes — représentations collectives de Durkheim où se mêlent pression sociale et prestige de valeurs; transmission de ces principes par le langage et non pas par hérédité — transmission par éducation; variation du langage et des conduites et des rites commandés par les lois, à travers la dispersion géographique des groupements humains et, ainsi, multiplicité des cultures différentes. Personne n'ignore aujourd'hui la fécondité que l'insistance sur les *faits culturels* dans leur diversité ethnographique et la suspension des jugements de valeur les concernant confèrent à la recherche des "sciences humaines" empiriques, ni l'attention qu'elles appellent sur la créativité vivante qui anime chacune de ces cultures. Personne ne se livre plus à la déduction des formes culturelles réelles et de leurs particularités — structure et devenir — à partir d'une idée *a priori* — ou idée dogmatique — avec la prétention de déterminer philosophiquement l'idée de culture.

Diversité et communication

Et, cependant, il est important de noter qu'à travers la multiplicité de ces différences culturelles, une communication — qui n'est pas seulement de guerre — peut passer; que dans un certain "état" de culture humaine — je pense à la modernité si communicative à travers le monde — le problème même de la culture se pose et que cet état de culture, sans avoir à s'aliéner ni à se convertir à un autre, s'éveille à un intérêt scientifique pour toutes les autres cultures et est à même de les comprendre. Tout cela, sans consacrer une quelconque hégémonie de la *modernité* (puisque ce qui naquit ici, c'est précisément la connaissance et la reconnaissance réfléchie de toutes les autres cultures), invite à rechercher, en fonction de cette communication, la signification, c'est-à-dire le message et la valeur du phénomène général de la culture dans son intention — ou dans sa nostalgie — d'unité; à la rechercher à partir de la structure formelle de la modernité fidèle à la signification de l'"intrigue" humaine de l'homme, sans se laisser impressionner par les contenus qui réalisent cette forme et établissent concrètement cette unité dans la société industrielle d'aujourd'hui. L'intrigue humaine ne se déroule certainement pas dans une seule dimension.

Culture comme message d'une communication humaine universelle et comme valeur! Certes, annoncée dans la science et s'accomplissant déjà en guise de la fin de "l'europocentrisme" (qui serait l'ultime sagesse de l'Europe). Mais la culture est-elle pensable en dehors de ses perversions? Peut-on après tout, encore parler de la culture comme d'un concept cohérent? L'incessante possibilité du monstrueux qu'atteste le fait — actuel jusqu'à la fin des temps — d'Auschwitz, symbole ou modèle ou reflet de notre siècle dans son horreur de tous les continents, nous suggère la pensée obsédante que la réduction du *sensé* à l'absurde est peut-être aussi la détermination philosophique de la culture.

2. La modernité

La modernité peut notamment se reconnaître comme un moment de la culture où l'idée même de la nature, pensée sous l'idée de l'*être* — si importante pour la culture grecque, mais *autre* que l'humain (citons le *Phèdre* de Platon (230c) où, *extra muros*, Socrate "a l'air d'un étranger qu'on guide") — apparaît comme entièrement investie par l'humain. Avec l'archéologie des ruines, des fouilles ou des musées, rien ne retourne au non-humain de la nature; et dans l'inhumain où se termine la bonne volonté des idéologies, le raffinement humain perfectionne la torture. Les agglomérations humaines s'élèvent au milieu des paysages cultivés et entretenus dans leur sauvagerie même. Là, le poids et la valeur des choses, des oeuvres d'art, se mesurent par le travail des hommes ou leurs talent et goût, se réfèrent aux moyens techniques de production et, par là aussi, aux vérités et théories et, ainsi, aux institutions scientifiques et artistiques et, dès lors, à la façon dont les hommes s'assemblent et se gouvernent et obéissent et parlent; là, les règles et les normes de la recherche, du discours et de la création, les impératifs et les interdits, les moeurs et les manières, sont des concepts élaborés et fixés par une raison humaine que les philosophes appellent "conditions transcendantales" ou qui les saisit comme abstractions et consacre leur objectivité de donnée dans des mots et des noms et des signes et dans toute la littérature des livres qui les consignent et les portent. Le souvenir d'une sauvagerie primitive n'y est plus possible que par l'abstraction, pensée "à reculons" à partir des sciences, du romantisme des tableaux et des poèmes. Personne ne saurait plus en faire l'expérience sans recourir à la civilisation même dont on voudrait précisément se passer. Et cela est vrai même des premiers hommes mettant pied sur la lune à partir d'appareils sophistiqués et dans un espace mathématiquement compris et calculé.

Notion formelle: réduction de l'Autre de l'être au Même de l'humain

Mais partout dans cette civilisation — se dressant comme "seconde nature" — se lit le passé d'actes sensés, d'un faire-à-son-idée, d'un faire-à-son-goût, d'une "appropriation" où *l'autre* primitif se fait "mien" ou nôtre: d'une idée venue à un moi de son *accord* avec soi-même, accord précédant toute discorde possible qui toujours le présupposerait; ou d'une idée "extérieure" mais déjà comprise et, dès lors, d'une idée comme venue de soi dans son accord irréversible avec soi-même, "intériorisée". Partout *l'autre* s'est déjà prêté à l'ipséité du *moi* qui, comme tel, s'appartient sans avoir à se prêter, qui s'identifie sans avoir à discerner un quelconque signe distinctif pour cela qui est le *Même*, le de-soi-non-interchangeable. Mais un *Autre* se faisant à l'idée du Même, c'est l'intelligibilité de l'autre dans la liberté d'une intention, la signifiance d'un sensé.

Aucune nécessité extérieure, aucune violence du pouvoir social, aucun esclavage de fait, aucune machine de l'âge industriel, quelle que soit la nécessité rigoureuse qu'elle prescrit dans les limites de sa médiation, ne sauraient, tant qu'une main humaine les met encore en mouvement, effacer sans traces ce quant-à-soi de l'autre dans l'intervention humaine. Partout *l'autre* de la nature est pris dans le dessein ou le projet ou l'inspiration du *Même*. N'a-t-on pas décrit ainsi — vu à partir de la civilisation technologique et artistique moderne — le concept le plus large et encore quasi-formel de la culture et son extension logique? Extension objectivement représentée dans les dérangements ou les ré-arrangements — ou oeuvres — traces laissées dans l'être — dans *l'autre* de l'homme — par l'"animalité raisonnable" ou par l'"image de Dieu". Traces modifiant la "sauvage nature" persévérant dans l'être et laissée aux nécessités de ses propres énergies physiques et vitales. La culture c'est le sens venant à l'être. Déterminer philosophiquement l'idée de culture reviendrait donc, avant tout, à préciser le mode de signifiance des actes sensés lesquels, négativité, se refusent au poids de l'être qui en tant qu'être ne fait que persévérer avec entêtement — ou brutalement — dans cet être. Comment la culture convertit-elle cette barbarie en sens, l'Autre comme être en accord avec soi du Même? Voilà notre première question.

Les voies du savoir et de la technique d'une part, les voies de l'art et de la poésie de l'autre, apportent, à cette question première, une première réponse. Dans leur itinéraire universel s'expriment sans doute aussi l'aspiration de la culture à l'unité et la valeur de cet accord, par delà la multiplicité empirique de ses "sagesses" particulières. Mais il est certain que la crise de fait d'un Occident et d'un monde, — pris entre le "mal radical" d'Auschwitz et la menace nucléaire — où tant de vérité scientifique et tant de désintéressement de "l'art pour l'art" conduisent l'humanité — rend actuel une autre dimension de la culture. Elle serait commandée par une *figure* d'accord entre le Même et l'Autre différente de la réduction de l'autre au Même — différente de l'immanence — et se jouerait sur un plan plus antique et "plus futur" que celui où s'accomplit cette réduction. Culture qui est peut-être attendue dans les "cultures multiples" comme une latente universalité. Sans renier celle du vrai et du beau. Même si sa venue ne devait signifier que la discontinuité de percée de l'humain provisoire à travers la croûte de l'être et ses éternels retours à la barbarie.

3. Le savoir: la culture comme immanence

La culture peut donc, d'abord, être interprétée — et c'est la dimension privilégiée de l'Occident gréco-romain (et sa possibilité d'universalisation) comme une intention de lever l'*altérité* de la Nature qui, étrangère et préalable, surprend et frappe l'identité immédiate qui est le *Même* du moi humain.

D'où l'humain comme le *je* du "je pense" et la culture comme *savoir* allant jusqu'à la *conscience de soi* et jusqu'à l'identité, *en soi-même* "de l'identique et du non-identique". Descartes étend le "je pense", dérivé du "je doute" (qui est une péripétie du connaître), à l'âme humaine toute entière et Kant y apercevra l'unité de l'aperception tanscendantale qui est le rassemblement du *senti* en savoir. Le lieu du sensé et de l'intelligible se maintiendra dans le savoir et équivaudra à l'intrigue du spirituel dans toute la culture occidentale. Même les rapports de l'homme avec autrui ou avec Dieu seront compris comme expériences collectives ou religieuses, c'est-à-dire comme contributions à la vérité. Dans le savoir, l'extériorité radicale de la Nature indifférente ou "hostile" à l'homme, l'être, se convertit en *présence*, laquelle signifie, à la fois l'être du réel et sa mise à la disposition et à la portée du pensant dans la modalité temporelle du présent qui est précisément l'arrachement à l'être impénétrable et aux secrets du passé et du futur. La réminiscence et l'imagination se comprendront comme ramenant le dissimulé au présent — comme re-présentation, comme rassemblement et synchronisation du diachrone dans l'"éternité" du présent idéal, dans le pensable de la loi et du système et de son expression mathématique. Même l'absent de la science inachevée est désormais présent dans l'ouverture du monde à la recherche.

Le savoir serait ainsi le rapport de l'homme à l'extériorité, le rapport du Même à l'Autre où l'Autre se trouve précisément dépouillé de son altérité, où il se fait intérieur à mon savoir, où sa transcendance se fait immanence. Léon Brunschvicg disait que les mathématiques sont notre vie intérieure! Le savoir est la culture de l'immanence. C'est cette adéquation du savoir de l'être qui fait dire, dès l'aube de la philosophie occidentale, que l'on n'apprend que ce que l'on sait déjà et qu'on a oublié seulement dans son intériorité. Rien de transcendant ne saurait affecter, ni véritablement élargir un esprit. Culture de l'autonomie humaine et probablement d'emblée, culture très profondément athée. Pensée de l'égal à la pensée.

La pratique comme moment du savoir

Mais l'être du monde, dans son exposition au savoir, dans l'ouverture et la franchise de la présence, est *ipso facto* un *se donner* et un se laisser prendre auquel répond d'abord la compréhension de la vérité. Mais dans la plénitude du concret, le "se donner" de la présence dans le savoir est un "s'offrir-à-la-main-qui-prend" et, par conséquent, déjà dans le savoir même la contribution musculaire de la main qui saisit et déjà le pressentiment d'un solide qu'elle enserre ou que le doigt de la main montre. Et ainsi dans la *perception* qui est encore "théorique" s'accuse une "visée", un se référer à un but, à une chose, à un "quelque chose", à un terme, à un *étant*. L'étant appartient à la concrétude de la compréhension de l'être. La perception est "prise", appropriation, acquisition et promesse de satisfaction faite à l'homme; surgissement dans le moi d'un sujet avide et hégémonique. Dans une culture de l'immanence la satisfaction comme hyperbole! Métaphores à prendre au sérieux: la culture où rien ne saurait demeurer autre est d'emblée tournée vers la pratique et la technique possible. Dès avant la technologie de l'âge industriel et sans la prétendue corruption dont on accuse cet âge, la culture du savoir et de l'immanence est l'esquisse d'une pratique incarnée, de la mainmise et de l'appropriation, et de la satisfaction. Les leçons les plus abstraites de la future science reposent sur cette familiarité manuelle avec les choses où la présence des choses est déjà une "main-tenance". Cela Husserl nous l'aura enseigné dans sa théorie du monde de la vie. "Main-tenance" à laquelle remonte tout de même — comme à une base oubliée ou offusquée — la "vie intérieure" du mathématicien dont parle Léon Brunschvicg.

Mais main-tenance où à la "prise en mains" s'ajoute déjà une formation par une main qui modèle ou sculpte ce qu'elle tient, c'est-à-dire où une âme s'exprime dans la chair de la main. Main qui forme, déjà acte de l'artiste, qui, en modelant ou en maniant un pinceau, fait surgir une forme dans la matière des choses, mais où — paradoxalement pour le pur savoir — il reconnaît son modèle jamais entrevu jusqu'alors! Savoir ou non-savoir, mouvement artistique, autre façon que celle du savoir de prêter un *sens* à l'*être*, dimension artistique de la culture dont nous parlerons tout à l'heure.

Mais dans la culture du savoir — du savoir absolu que Hegel glorifiera comme liberté et triomphe de la raison où dans le *satis* de la satisfaction s'accomplit la pensée égalant et intériorisant l'autre. La culture a ainsi raison des choses et des hommes. Voilà le sens de l'être. Comme chez Husserl où, dans l'intentionnalité, la conscience humaine sort d'elle-même, mais reste à la mesure du *cogitatum* qu'elle égale et qui la satisfait. Culture comme pensée de l'égal où s'assure la liberté humaine, se confirme son identité, où le sujet dans son identité persiste sans que l'*autre* puisse le mettre en question ou le "désarçonner".

4. Le sensé comme pensée incarnée

Mais la culture comme savoir où, entre l'identité du Même et l'altérité de l'être "tout fait", la différence se *réduit;* où l'expérience interprétée comme emprise sur le donné et comme le fait de retrouver — idéal de l'immanence

— l'être en soi comme monde intérieur, comme présence et constitution de l'être extérieur dans le *noème* de la *noèse* — la culture réussit-elle jusqu'au bout cet enveloppement de l'*autre?* En effet, déjà la perception des choses, dans leur objectivité de pensable, ne peut s'accomplir comme une pure imma-nence. Elle n'est pas possible sans les mouvements des yeux, par exemple, et de la tête, sans que bougent mains et jambes, sans que le corps tout entier soit de la partie dans l'acte de "connaissance", où l'analyse banale ne distin-gue qu'un contenu de représentation. Ce n'est pas là le simple rappel des conditions physiologiques de la sensibilité que la psychophysiologie n'a jamais ignorées. La présence et la vie organique dans sa spontanéité de mouve-ments s'adaptant au réel ne doivent pas être invoquées comme les causes naturelles ou "naturalistes" du savoir — elles appartiennent en quelque façon au "contenu" sensoriel même de ce que la perception apporte d'objectif et d'intelligible et que déjà Husserl analysait parmi les conditions transcen-dantales de la perception.

Il y aurait donc là un singulier anachronisme dans la structure imma-nente du savoir: le monde ou une partie du monde enveloppé par le *je pense* ou compris dans l'expérience se trouve déjà en fait parmi les éléments enve-loppants, appartient, en quelque façon, à la chair du *je pense.* Ce qui n'est pas, là non plus, une métaphore, mais le paradoxe même d'un *je pense* incarné que la notion synthèse mentale "associant" pensée et corporéité n'arrive pas à justifier. L'"aperception transcendantale" ne suffirait pas ici. D'où la notion du *corps propre* tout *autre* que le corps objectivement identifiable, partie du monde, tel qu'il m'apparaît dans la glace, tel qu'un médecin le voit en m'examinant; et, à la fois, le *même* que ce corps! Relation entre le *Même* du *je pense* et l'Autre de la *Nature* dont la culture comme savoir ne saurait rendre compte. La main comme articulation du savoir où sa "contemplation" se fait prise et saisie — dont il était question plus haut — est déjà incarnation du sujet plus ancienne que l'état de la pure intériorité de la *res cogitans* de Descartes, absolument distincte de la *res extensa* et qui, "sans l'aide de Dieu", ne peut qu'être *connue* par la *cogitatio* du pensant.

La culture comme expression dans l'Art

Est-ce un pur échec de la sagesse universelle entendue comme un effort soutenu, pour une pensée, d'entrer en soi et d'y retrouver l'être comme *donné* dans sa présence, ce qui a pu paraître animer toute la Culture de l'Occident? Ou y aurait-il "quelque chose de nouveau", selon l'expression de Merleau-Ponty dans *Signes* (p. 204) "entre la Nature transcendante, l'ensoi du Naturalisme et l'immanence de l'esprit, de ses actes et de ses normes"? État immémorial de chair vive ou d'incarnation, concrétude antérieure à la pure spiritualité du sujet idéaliste et la pure matérialité de la nature — l'une et l'autre abstractions construites! Dans la sensibilité concrète entre le moi et l'"autre" du moi, la relation initiale n'aurait pas été opposition ou radicale distinction, mais *expression*, expression de l'un dans l'autre, événement culturel, source de tous les arts. Entre la pensée du "je" et l'extériorité de la matière, le *sensé* de l'expression signifie de signifiance, différente de l'intériorisation du savoir et de la domination de l'Autre par le Même. Culture au sens étymologique du terme — habitation d'un monde qui n'est pas une simple inhérence spatiale, mais création de formes expressives sensibles dans l'*être* par une sagesse non-thématisante de la chair, qui est l'art ou la poésie. Dans le geste encore technique appliqué à atteindre un but proposé, déjà se dessinent adresse et élégance; dans la voix, déjà s'esquissent un langage signifiant et les possibilités du chant et du poème. Les jambes qui savent marcher sauront déjà danser; les mains qui touchent et tiennent, tâtent, peignent, sculptent et actionnent un clavier dans la surprise de se conformer à un idéal jamais entrevu. Incarnation précoce ou *originelle* de la pensée, naissance dans ses diversités d'une culture artistique où le sensé ne renvoie pas à la structure noético-noématique de la constitution transcendantale dans le savoir, ni à quelque règle commune; mais où accords et désaccords dans l'humain se produisent sans recours ni réduction à l'universel et restent dans l'exotisme extrême de cette variété. On ne discute pas de goûts! Dans la différence entre personnes multiples et entre collectivités dispersées — la matière, ou la nature ou l'être révéleraient ou exprimeraient ou célébreraient, comme dit Merleau-Ponty, son âme et l'humain (ou l'homme lui-même) y signifierait le *lieu* même de cette expression et tout l'agencement indispensable à la manifestation du Beau, à l'art et à la poésie qui sont les modes actifs de cette célébration ou de l'incarnation originelle du Même dans l'Autre qui est aussi une manifestation. Manifestation tranchant sur l'intelligibilité du savoir de la pensée de l'égal et qui, sans sortir de la culture de l'immanence, prend dans l'athéisme du savoir de notre culture occidentale la place d'un dieu inconnu et le nom de vie spirituelle.

Mais l'altérité de l'être est-elle dès lors suffisamment mesurée et assez appréciée comme l'*autre* de l'humain? Et n'est-elle pas elle-même encore trop naturelle? La culture de l'habitation, dans son expression artistique, n'est-elle pas menacée de rupture à partir d'une altérité absolue qui ne se laisse pas réduire au Même et qui invite à une autre Culture qu'à celle du savoir ou de la poésie?

5. L'altérité d'Autrui

Dans la dimension de la culture ouverte par le savoir où l'humain assimile l'inhumain et le maîtrise, s'affirme et se confirme le *sensé* comme retour du Même et de l'Autre à l'unité de l'Un; de façon analogue l'unité de l'Un s'affirme et se confirme — et c'est encore le sensé — entre l'âme et le corps dans l'expression artistique se dessinant déjà dans l'ambivalence du charnel et du mental et dans la communication du goût à travers les différences mêmes. Tout cela situe la Culture, savoir et art, comme "dévotion" à l'idéal néo-platonicien de l'Un auquel le multiple du monde retourne pieusement pour se rendre immanent à l'unité de l'Un ou pour l'imiter dans l'autonomie ou la liberté du savoir et de la technique et dans l'auto-suffisance superbe du Beau. L'État, lui-même, rassemblant la multiplicité humaine s'entend dès lors dans cette culture du savoir et de l'art, comme forme essentielle de cette unité et la politique, participation commune à cette unité, est prise pour principe de la proximité interhumaine et de la loi morale reliant réciproquement les citoyens membres de l'unité préalable du Tout. Tout un côté de la culture occidentale consiste à penser et à présenter comme relevant de la même histoire ou du même Logos ou de la même phénoménologie, l'État universel et l'épanouissement de la sensation en savoir absolu.

Relation avec l'altérité d'autrui: l'éthique

On doit cependant se demander si l'intelligibilité entendue comme solution de l'antagonisme du Même et de l'Autre ne peut pas signifier autrement que par la réduction ou la conversion de l'Autre au Même à partir de l'autre qui se prête au Même. On doit se demander si, précisément, dans la multiplicité humaine, l'altérité de l'autre homme ne signifie que l'altérité logique des parties — les unes vis-à-vis des autres — dans un Tout fractionné dont les relations rigoureusement réciproques sont commandées exclusivement par l'unité de ce Tout, de cet Un dégradé dans ses parties; autrement dit, on doit se demander si, dans la multiplicité humaine, l'altérité de l'Autre homme signifie originellement à partir d'un savoir — savoir politique mais essentiellement savoir — où le moi se reconnaît comme fraction d'un Tout qui commande la solidarité humaine, à l'image d'un organisme dont l'unité assure la solidarité des membres. Ou — et ce serait le deuxième terme d'une alternative — on doit se demander: l'altérité de l'autre homme, l'altérité d'autrui, n'a-t-elle pas, pour le moi, d'emblée un caractère d'absolu, au sens étymologique de ce terme, comme si autrui n'était pas seulement, au sens logique et formel, autre (c'est-à-dire autre d'une autorité logiquement ou même transcendantalement surmontable, se prêtant à la synthèse de l'unité du "je pense" Kantien), mais *autre* d'une façon irréductible, d'une altérité et d'une séparation réfractaires à toute synthèse, antérieures à toute unité et où la relation possible de moi à autrui, altérité d'étranger indésirable — où la sociabilité est indépendante de toute reconnaissance préalable et de toute formation des totalités? Relation éthique! Projet d'une culture précédant la politique et qui, dans la proximité allant de moi au prochain, qu'elle signifie, ne se réduit pas à une quelconque déficience ou "privation" par rapport à l'unité de l'Un. Relation avec autrui en tant que tel et non pas relation avec l'autre déjà réduit au même, à l'"apparenté" au mien. Culture de la transcendance, malgré l'excellence, prétendûment exclusive de l'immanence qui passe en Occident pour la grâce suprême de l'esprit.

L'épiphanie du visage et la culture comme responsabilité pour autrui

Cette altérité et cette séparation absolue se manifestent dans l'épiphanie du visage, dans le face-à-face. Rassemblement tout autre que la synthèse, il instaure une proximité différente de celle que règle la synthèse des données et les réunit en un "monde", des parties en un tout. La "pensée" éveillée au visage ou par le visage est commandée par une irréductible différence: pensée qui n'est pas une pensée de, mais d'emblée une pensée pour..., une non-in-différence pour l'autre rompant l'équilibre de l'âme égale et impassible du connaître. Signifiance du visage: éveil à l'autre homme dans son identité indiscernable pour le savoir, approche du premier venu dans sa proximité du prochain, commerce avec lui irréductible à l'expérience. Avant toute expression particulière d'autrui — et sous toute expression qui, déjà contenance donnée à soi, protège — nudité et dénuement de l'expression comme telle. Exposition, à bout portant, extradition d'investi et de traqué — traqué avant toute traque et toute battue. Visage comme la mortalité même de l'autre homme.

Mais dans cet *en face* du visage, dans cette mortalité — assignation et demande qui concernent le moi, qui me concernent. Comme si la mort invisible à laquelle fait face le visage d'autrui, était *mon* affaire, comme si cette mort "me regardait". La mort de l'autre homme me met en cause et en question, comme si de cette mort, le moi devenait par son indifférence le complice et avait à répondre de cette mort de l'autre et à ne pas le laisser mourir seul. C'est précisément dans ce rappel de la responsabilité du moi par le visage qui l'assigne, qui le demande, qui le réclame qu'autrui est le prochain du moi.

En partant de cette droiture entre autrui et le moi nous avons pu écrire autrefois que le visage est pour un moi — que le visage est pour moi — à la fois, la tentation de tuer et le "tu ne tueras point" qui déjà l'accuse, me soupçonne et l'interdit, mais déjà me réclame et me demande. La proximité du prochain est la responsabilité du moi pour un autre. La responsabilité pour l'autre homme, l'impossibilité pour l'autre homme, l'impossibilité de le laisser seul au mystère de la mort, c'est, concrètement, à travers toutes les modalités du *donner*, la susception du don ultime de mourir pour autrui. La responsabilité n'est pas ici une froide exigence juridique. C'est toute la gravité de l'amour du prochain — de l'amour sans concupiscence — à laquelle s'appuie la signification congénitale de ce mot usé et que présupposent toute la culture littéraire, toutes les bibliothèques et toute la bible où se raconte sa sublimation et sa profanation.

La culture comme percée de l'humain dans la barbarie de l'être

Culture universellement signifiante comme, dans la modernité, celle du savoir et de la technique et comme celle qui, à partir de l'université, s'est ouverte sur les formes des cultures n'appartenant pas à l'héritage gréco-romain. Mais culture où contrairement à celle du savoir, de la technique et des arts, il ne s'agit pas, pour le Même du Moi humain, de se confirmer dans son identité en absorbant l'autre de la Nature ou en s'y exprimant, mais de mettre en question cette identité même, sa liberté illimitée et sa puissance, sans lui faire perdre sa signification d'*unique*. Culture éthique où le visage d'autrui — celui de l'absolument autre — éveille dans l'identité du moi, l'incessible responsabilité pour l'autre homme et la dignité de l'élu.

Nouvelle signification de l'*esprit* dans cette signifiance du sensé. Il ne réside pas dans la pensée qui s'approprie l'*autre* de la nature ou qui dans la poésie et l'art célèbre c'est-à-dire manifeste l'habitation au monde. La barbarie de l'être menace à partir d'une extériorité plus radicale, à partir de la transcendance et de l'étrangeté de l'autre homme. Extériorité plus extérieure que toute distance spatiale. La Culture n'est pas un dépassement, ni une neutralisation de la transcendance; elle est, dans la responsabilité éthique et l'obligation envers autrui, rapport à la transcendance en tant que transcendance. On peut l'appeler amour. Il est commandé par le visage de l'autre homme, qui n'est pas une donnée de l'expérience et ne vient pas du monde.

Percée de l'humain dans la barbarie de l'être même si aucune philosophie de l'histoire ne nous garantit contre le retour de la barbarie.

UNITÉ ET PLURALITÉ DES CULTURES: L'ENJEU ÉGALITAIRE

LOUISE MARCIL-LACOSTE, MONTRÉAL

L'analyse qui va suivre peut être présentée comme une réflexion sur le libellé même de ce congrès, et en particulier de la première séance plénière, puisqu'il y sera question de l'ambiguïté que recèle l'idée d'une détermination philosophique de l'idée de culture, dans la mesure où l'on s'avise du double sens du terme "détermination". Car en parlant de l'unité et de la pluralité des cultures, il y va non seulement de ce par quoi on définit, caractérise, spécifie ou délimite la notion philosophique de la culture. Il y va aussi et surtout de ce par quoi les questions d'unité et de pluralité de la culture sont, à proprement parler, des questions touchant le vouloir être, paraître et comparaître qui marque le réseau de la reconnaissance.

À l'arrière-plan de cette réflexion, deux champs entrecroisés d'analyse et de recherche: l'analyse des thèses contemporaines sur le pluralisme culturel et politique, et en particulier, celle des paramètres définissant l'échec du pluralisme comme modèle théorique; celle, plus récente et plus systématique, des thèses contemporaines concernant la notion d'égalité, et en particulier, l'étude des paramètres définissant les obstacles qui en jalonnent la mise en oeuvre.

Tout d'abord, une question: dans quelle mesure la question de l'unité et de la pluralité des cultures peut-elle contribuer à l'élucidation et à la détermination de l'idée philosophique de culture? La manière courante d'aborder cette question repose, semble-t-il, sur un malentendu. On donne en effet la question de l'unité et de la pluralité des cultures comme une question dont l'enjeu serait soit de définir la culture de manière à y intégrer le degré d'unité ou de pluralité jugé adéquat, soit d'établir empiriquement le degré d'unité ou de pluralité qui caractérise la ou les cultures. On donne dès lors comme une question conceptuelle et empirique ce qui, à proprement parler, est une question épistémologique et axiologique. Car que l'on adopte ici la perspective unitaire ou pluraliste, que l'on adopte la thèse dialectique de la complémentarité, voire de l'harmonisation possible des indices d'unité ou de pluralité, on ne peut discuter de la rencontre des cultures en faisant l'économie du formidable débat sous-jacent à cette controverse, le débat sur l'égalité.

En laissant en veilleuse l'enjeu égalitaire de la question de l'unité ou de la pluralité des cultures, on continue de discuter de ce problème comme d'une question d'équilibre dont on dira qu'il n'est jamais achevé, sans toutefois s'aviser des termes du débat qui rendent, pour l'heure, l'harmonisation de l'unité et de la pluralité des cultures impensable.

Pour l'heure, en effet, il est impossible de penser l'enjeu égalitaire de l'unité et de la pluralité des cultures à cause de certaines apories de la pensée contemporaine que l'étude entrecroisée du pluralisme et de l'égalitarisme permet de désigner.

L'enjeu égalitaire de l'unité et de la pluralité des cultures est, pour l'heure, impensable parce que l'élaboration effective d'une épistémologie et d'une éthique de la différence est mise en échec par deux bastions inexpugnables de la pensée contemporaine. D'une part, en effet, on découvre la thématique contemporaine du pluralisme qui, en apparence, proclame la diversité mais qui, en réalité, ne parvient à penser que la coexistence formelle des pluralités. D'autre part, en outre, on découvre la thématique contemporaine de l'égalitarisme qui, en apparence, se réclame de l'unité mais qui, en réalité, ne parvient à penser que le rejet d'une égalité générale qui aurait les attributs de l'identité.

Entre ces deux champs d'étude dont le parallélisme étanche fait à lui seul problème se dressent, on s'y attend, de nombreux malentendus. Le pluraliste attribue à l'égalitariste une thèse identitaire qu'il n'a de cesse de rejeter. À l'inverse, l'égalitariste attribue au pluraliste une thèse inégalitaire qu'il s'évertue à dissocier de sa défense des pluralités.

Par delà ces malentendus, qui à eux seuls montrent bien les limites de cet engouement pour la différence dont ne cesse de se réclamer la pensée contemporaine, l'analyse révèle la présence d'un ensemble redoutable de paradoxes. L'unité que l'égalitarisme peut penser est celle, le plus souvent, vague et vide d'un je ne sais quoi qui rassemblerait tous les humains. La pluralité que le pluralisme peut penser est, le plus souvent, celle instrumentale et vide de la coexistence d'entités devenues fonctionnellement interchangeables. Dans les deux cas, on parvient certes à penser un refus, celui de la différence *injuste*, pour l'égalitariste, celui de l'unité *substantielle*, pour le pluraliste. Mais, dans les deux cas, ce qui fait problème et qu'on laisse en friche, c'est le statut épistémologique et axiologique qu'il convient d'accorder aux différences, celles qui existent, mais n'auraient pas droit d'exister, celles qui n'existent pas, mais qui devraient pouvoir émerger, et, entre les deux, toutes celles qui existent mais dont le droit de cité est limité.

Le paradoxe est donc que la pensée qui se donne ici comme celle de la pluralité ne parvient qu'à nommer son refus de certaines unités, tandis que celle qui se donne comme pensée d'unité ne réussit qu'à nommer son refus de certaines pluralités. Dans les deux cas, le formalisme a pris la relève: le pluralisme instaure cette démocratie instrumentale et fonctionnelle ayant pour effet d'annuler la concrétude des pluralités qu'elle proclame; l'égalitarisme instaure cette égalité procédurale ayant pour effet d'annuler l'hypothèse morale spécifique des inégalités qu'elle condamne.

Et si l'ensemble de ces apories font de l'élaboration d'une épistémologie et d'une éthique de la différence l'enjeu et le défi le plus redoutables de la pensée contemporaine, elles permettent en tous cas de progresser quelque peu dans la voie de la réfutation. Car s'il est un lieu commun de la pensée contemporaine concernant l'unité et la pluralité des cultures auquel il faut dorénavant refuser le statut d'une évidence, c'est bien l'idée d'une liaison conceptuelle et thématique nécessaire entre l'unité et l'égalité, d'une part, et la pluralité et l'inégalité, d'autre part. Il est probable, en tout cas, que l'association courante établie entre la thèse conceptuelle de l'unité de la culture et la thèse axiologique de l'égalité, de même, à l'inverse, que l'association courante établie entre la thèse conceptuelle de la diversité et la justification axiologique de l'inéluctabilité des inégalités ne reposent que sur une base historique.

Ce dernier diagnostic autorise sans doute quelqu'espoir quant à la possibilité d'un renouveau de la thématique contemporaine de l'unité et de la pluralité des cultures, mais il ne saurait occulter l'urgence, la complexité et l'importance d'un dépassement. Car en l'absence d'une épistémologie et d'une éthique de la différence, on pourra, comme on le fait couramment, continuer de penser certaines cultures, voire la contre-culture, l'hétéroculture et l'inculture. Mais on ne pourra pas penser la rencontre des cultures dans le double sens du terme "détermination". Car si mon analyse est juste, il faut bien voir qu'en l'absence d'une épistémologie et d'une éthique de la différence, c'est, à la limite, la culture elle-même, en tant qu'elle est déterminée en son essence par une volonté égalitaire de reconnaissance, qu'on ne peut pas penser.

II

**CULTURE ET VALEURS:
PERSPECTIVES HISTORIQUES**

**CULTURES AND VALUES IN
HISTORICAL PERSPECTIVE**

KULTUR UND WERTE IN HISTORISCHER SICHT

CULTURA Y VALORES: PERSPECTIVAS HISTÓRICAS

SÉANCE PLÉNIÈRE

PLENARY SESSION

PLENARSITZUNG

SESIÓN PLENARIA

CULTURES AND VALUES IN HISTORICAL PERSPECTIVE

RAYMOND KLIBANSKY, MONTRÉAL

Let us first look at the subject itself in historical perspective. There, we shall see that if this problem had been put before a Greek audience, or a Roman audience, or a Medieval audience, or one of the 16th century, it would not have made sense. Obviously, questions have been asked in a similar vein but with different terms. Since the language was quite different, the answers are bound to be different.

What precisely do we mean when we speak of culture and value, of cultures and values? In the foregoing discussions we found that the term "culture" has been used in different senses and it was not always clear in which sense the word has been used. Hence, there was a certain vagueness in the discussion since precisely it was not clear in which particular sense the word was used. Herder, the thinker to whom the modern concept of culture owes more than to any other single writer, said in his *Ideas for the Philosophy of the History of Mankind* of 1784: "Nicht ist unbestimmter als dieses Wort Kultur". Nothing is more vague than this word "culture". And indeed, a modern survey showed no less than 164 different definitions. We have to try to confine ourselves to a few, to the most important ones which we have to disentangle. I have here to go into the humdrum business of stating briefly the history of the term "culture" and later on, to say something about value.

We all know that the term does not occur in Greek. When Plato speaks about something which might be called "culture" today, in a certain sense, he uses the words "arete" and "paideia" which we would not precisely translate as "culture". We have to go to Rome to find the word. It is of course taken for "agriculture", it is the care bestowed on the soil in order to render it fertile and to make it as fruitful as possible. Now in Cicero we find this agricultural term adapted to the human being, it is the *cultura animi*, the care given to the mind, and *cultura animi* is *philosophia: philosophia est cultura animi*. So it is the particular care bestowed on man's particular gifts, in particular intellectual gifts. In the later ages, we always find that *cultura* is supplemented by an adjective. It is the particular care of something belonging to man. The same is the case in French. In the 16th century we find only "la culture de l'esprit", "la culture de l'être", "la culture des sentiments".

The first time in which the word *cultura* is no longer confined to the individual human being but applies to man in his social life, the first time it is shown that *cultura* is linked to man living in society, we find towards the end of the 17th century in the *De jure naturae et gentium* of Samuel Pufendorf. Here *cultura* has an eminently social signifiance. The culture of a human being is essentially linked with his place in society, it is due to his life in society. *Cultura* is not an individual but a social phenomenon. Now in Vico we do not have the word, but we have for the first time the notion of a whole, the whole which is a particular society, a particular nation, characterized by particular habits, customs, forms of thought and forms of action.

The first who gives *cultura* a philosophical sense developing Vico's ideas is precisely Herder. And Herder, insisting on the fact of the great importance of that spirit which characterizes a particular nation, a particular *Volksgeist*, a whole which is very different from the spirit characterizing other nations, develops this notion of culture. Thus culture becomes the totality, the complex of the habits, customs, ways of thought and ways of action of a particular society, a whole which is fluid, which is developing, which should develop, in Herder's view, towards a greater whole, towards the notion, the all-embracing notion of humanity. His postulate is an idealist postulate, that all the nations in their different ways should strive towards the one all-embracing idea of *humanitas*, humanity.

Through his French follower, Edgar Quinet, who translated his ideas, Herder's viewpoint became very influential in France in the first half of the 19th century. The older notion of *cultura* that confined to the individual the perfectioning of the intellectual and artistic gifts of the individual survived, maintained itself, became an elitist concept. The cultured person is he who has a particular education, which stimulates and perfects his taste, his intellectual discernment, his judgment, his practical sense. These cultured persons appreciate the arts, are familiar with the results of the sciences and retain also, then use, the word "culture". And this was done in Germany precisely to describe this totality of the higher product of the educated strata of a society, the totality of the arts and sciences and other creations of the human mind. Not at all the totality of all the customs, habits, and other underlying forms of the thought which did not find articulate expression. So we have, in the 19th century, side by side the elitist concept of culture and the totalitarian concept which denotes the whole of habits, the whole of customs, the whole of the particular ways of life of a given group, a given society, a given nature. One of the presuppositions of the foregoing discussion was that the word "culture" means the same in all languages, but this is not at all the case. Let us look at German and French and give an example. One well-known book was Jakob Burckhardt's *Die Kultur der Renaissance...*, in which the word *kultur* was used in Herder's sense as indicating a totality of the ways of life of their particular time in Italy, it is the "culture de la Renaissance" in Italy. How was it translated? In French obviously not "la culture", but "la civilisation de la Renaissance". In Italian, not "la cultura" but "la civilitá del rinascimento". Different in Spanish. There it is "la cultura del Renacimiento". Spanish was much closer to the German notion of culture than France and Italy. And in England of course it would not be "the culture of the Renaissance", but "the civilisation of the Renaissance". Here we have two different concepts and consciously different concepts.

When a Frenchman, an educated Frenchman, speaks of "la culture", he does not mean the totality of habits, customs, underlying forms of thought. For him, "la culture" is that which is a particular ornament of a particular nation. In France, recently, they instituted "le Ministère de la culture". In 1981 the functions of this "Ministère de la culture" have been defined: it is to make accessible "le patrimoine", the heritage of art and science and literature to the whole nation". It is an elitist concept, but together with this concept of "civilisation", "culture" is of course used in France too. It is used by the sociologists and the anthropologists. And here we find that the German word *kultur* conquered first the American language, language of the sociologists and anthropologists, from 1871, by the famous anthropologist Tylor's work on the various researches into the forms of activities of mankind. From 1871, with Tylor who was a student of German anthropology, this notion becomes central to all ethnology and sociology. Hence, "la culture" is a particular word confined to a particular group of sciences. An educated Frenchman would not speak of "la culture française". This would be the domain of the academic sociologist.

It was interesting to find that in the speech here made by the Minister in our first meeting, "la culture" was used not in the modern French sense but rather in the sense of the sociologists and ethnologists. So here we have to be clear: each time we use the word, what do we mean? But these two are not the only meanings of "culture". We have some others which we encounter in this discussion.

There is the opposition of "culture and nature", an opposition of the 18th century, culture as opposed to nature. Now here, culture indicates all that is man-made, it is a narrower concept than that of the ethnologist. It is a concept which is often used in discussion characterizing the achievements of man as distinct from man as *homo naturalis*, as natural being. But not content with these different notions we have also a further use of the elitist concept of culture. Culture should not be confined and not even be essentially centered on those achievements of intellect and of the universities. But it should be a religious concept as we heard in one of the lectures yesterday: ...culture shows itself in the *regard* for *autrui*, for the other person. So here culture is a value concept culminating in a particular value.

There is however also, and of this little has been said, the philosophical concept of culture. Here, and especially in Germany, we find two totally different attitudes. The one characterized by a well known philosopher, Heidegger, of whom it is reported that he said again and again: "Mir grausst für alle Kulturphilosophie", "I have horror for all philosophy of culture". And this is not just a chance pronouncement. He is opposed to that philosophic foundation of culture which we find in the Kantian tradition. Human culture, taken as a whole, may be described as the process of men's progressive self-liberation. Language, art, religion, science are various phases in this process. In all of them man discovers a new power, the power to build up a world of his own, an ideal world. Philosophy cannot give up its search for the fundamental unity in this ideal world. But man does not confound this unity with simplicity. He does not overlook the tensions and frictions, the strong contrasts, the deep conflicts between the various powers of man. These cannot be reduced to a common denominator. They tend in different directions and obey different principles. But this multiplicity and *disparateness* does not denote discord or disharmony of dysfunctions since they complement one another. Each one opens up a new horizon, and reveals a new aspect of humanity. This philosophic foundation of the notion of culture characteristic of a certain German Kantian tradition, expressed for instance in the works of Ernst Cassirer, I would call the dynamic concept of culture.

We have here different notions of culture and these will be contrasted with notions of value. I may say something later on about value if time permits. I would like now to introduce the speakers. Alas, I have to make the sad announcement that Chaïm Perelman has suffered a serious heart attack and is not able to be here. M. André Rocque has agreed to read his paper.

DROIT, MORALE ET RELIGION

CHAÏM PERELMAN, BRUXELLES

Que les notions fondamentales dont traite la philosophie soient des notions confuses, il n'y a pas de meilleur exemple de ce fait que le titre même de cette communication. En effet personne ne doute de ce qu'un grand nombre de sens se mêlent confusément dans la compréhension de chacune de ces trois notions. Il en résulte que, pour s'en servir d'une façon rigoureuse, le philosophe se doit de les clarifier, de les définir à sa façon, ce qui pose immédiatement le problème du *choix* des aspects qu'il considère comme importants et de ceux qu'il néglige et écarte. Cette prise de position préalable explique et justifie le pluralisme philosophique, car chaque philosophe précisera les notions communes de façon à mieux les intégrer dans sa perspective philosophique.

Le dernier grand ouvrage que Henri Bergson a publié de son vivant *Les deux sources de la morale et de la religion* (Alcan, 1932) illustre cette méthode philosophique.

Il y présente d'abord une morale tribale de l'obligation, celle d'une société close à laquelle il oppose une *autre* morale, celle de l'aspiration, la morale ouverte. De même, il oppose à la religion statique, celle de la tribu, la religion dynamique représentée par le mysticisme. Mais en même temps qu'il considère ces conceptions de la morale et de la religion comme opposées l'une à l'autre, il les présente comme complémentaires, participant ensemble à une conception plus riche, où la morale close et la religion statique ne seraient que des moments d'une évolution vers une morale et une religion épurées.

Il va de soi que la même multiplicité de sens se retrouve dans les diverses conceptions du droit, tantôt ordre d'un pouvoir souverain, tantôt expression de la justice. Comment préciser, dès lors, d'une façon satisfaisante, les rapports, dans une culture, du droit avec la morale et la religion?

Il me semble que, pour obvier à cette difficulté méthodologique, la seule approche défendable serait de noter comment, dans le contexte historique d'une culture, une certaine vision de la morale et de la religion se combine avec une certaine conception du droit. Ce n'est qu'après de nombreuses études de cultures comparées que l'on pourrait essayer de dégager, et toujours à titre provisoire, des conclusions philosophiques qui ne seraient pas arbitraires.

Si une religion, telle que le judaïsme, se donne un Dieu législateur, parangon du juste et du bien, ce Dieu sera la source tant de la morale que du droit. Mais comment, dans cette perspective, distinguer l'aspect moral ou juridique du point de vue religieux?

Soit le 4ème commandement du décalogue qui ordonne d'observer le jour du sabbat pour le sanctifier et impose l'obligation de ne pas travailler ce jour-là. La Bible nous signale (*Nombres* XV, 32) qu'un homme fut arrêté parce qu'il ramassait du bois le jour du sabbat, mais on ne savait pas quel châtiment Dieu avait réservé à ceux qui violent le 4ème commandement. On s'interroge, et voici la réponse: "Jahvé dit à Moïse: L'homme doit être mis à mort; toute la communauté doit le lapider avec des pierres en dehors du camp" (*Nombres* XV, 34).

Aussi longtemps qu'aucune sanction humaine n'est prévue pour la violation d'un commandement, aussi longtemps qu'on abandonne à Dieu seul le châtiment du coupable, nous dirions aujourd'hui (ne voyant dans le droit qu'une institution humaine) que le fait incriminé ne relève pas du droit, mais reste dans les domaines de la religion et de la morale. Dès qu'un juge humain, fût-il inspiré par Dieu, décide de la sanction, le commandement se transforme en règle de droit, fût-elle d'origine divine. On dira qu'on se trouve dans le domaine du juridique si existent des procédures précisant qui est compétent pour dire le droit et quelles sont les sanctions humaines à prévoir en cas de violation de la règle. On voit par cet exemple comment notre vision moderne du droit nous permet de distinguer le droit de la morale et de la religion, même quand c'est la tradition religieuse qui est la source reconnue de toutes les règles de conduite.

Remarquons tout de suite que dans la tradition chrétienne, de Paul de Tarse à Thomas d'Aquin, les choses se présentent tout autrement. En opposant la foi à la loi, Paul précise que la loi ne s'impose qu'à ceux qui sont circoncis, tandis que ce qui compte, pour les autres, c'est uniquement la foi opérant par la charité (*Épître aux Galates*, V, 3 à 6). La "nouvelle alliance" se réclame d'une morale de la charité et de l'amour, et non d'une législation qui ne concerne que les Juifs. Dans le même esprit, Thomas d'Aquin a distingué, parmi les commandements, ceux qui ne s'adressent qu'au peuple juif, et qu'il qualifie de loi divine, et ceux qui s'adressent à tous, qui expriment la loi éternelle, et qui se manifestent aux hommes sous forme de droit naturel, dont les prescriptions devraient être observées par tous, car ils énoncent les règles d'une justice universelle. En passant du judaïsme au christianisme, la religion n'est plus à l'origine d'une législation positive, mais d'une justice universelle, que les Princes, qui établissent la loi humaine, se doivent de respecter; pour le reste, ils sont libres de la façonner à leur gré. Il est vrai que ce droit naturel d'inspiration chrétienne incluait certains principes, telles la monogamie et l'indissolubilité du mariage, dont on peut contester le caractère universel.

Depuis la conversion de Constantin jusqu'au 17ème siècle au moins, la religion était considérée, en Europe chrétienne, comme le fondement idéologique et institutionnel de l'État, dont étaient exclus ceux qui ne professaient pas la religion établie. S'ils étaient tolérés dans l'État, c'est grâce à la protection du Prince, sans que rien ne les protège contre l'arbitraire du Prince lui-même.

Suite aux guerres de religion qui ont ensanglanté l'Europe prévaut, au 17ème siècle, la règle *cujus regio ejus religio:* c'est le souverain qui a le droit de décider de la religion de ses sujets. Ceux-ci peuvent, éventuellement, quitter le pays, mais ils ne peuvent participer à la vie publique s'ils ne partagent pas la religion du Prince. On sait que ce compromis n'a guère duré. Dès la 2ème moitié du siècle s'élèvent des voix préconisant la tolérance religieuse. On connaît les lettres sur le gouvernement de Locke qui dénie au Prince toute compétence en matière de salut individuel. Celui-ci n'est pas plus qualifié qu'un autre pour connaître la vérité en matière de religion. C'est la thèse qui sera reprise par les tenants protestants d'un droit naturel fondé sur la raison, tels que Pufendorf et Wolff. La raison impose la règle de la liberté religieuse, étendue au 18ème siècle à la liberté de conscience. Le pluralisme religieux a pour conséquence la sécularisation de l'État, qui propose comme finalité du droit l'établissement d'un ordre social assurant aux membres de la communauté politique une coexistence pacifique, quelles que soient leurs conceptions religieuses. Dans une société pluraliste, un certain consensus s'établira pour garantir la liberté de religion, une tolérance réciproque, qui aboutira, aux États-Unis d'Amérique, à la séparation complète de l'État et de la religion.

Néanmoins, même dans les sociétés pluralistes, quand une religion est nettement majoritaire, c'est d'elle que s'inspireront souvent les décisions du législateur. C'est ainsi que le dimanche sera proclamé jour férié légal dans les États chrétiens, alors que ce sera le vendredi dans les États musulmans, et le samedi dans l'État d'Israël. En fait s'établira, dans chaque État, un compromis variable selon les circonstances, entre la liberté de conscience et le primat accordé à telle ou telle religion. C'est ainsi que, tenant compte de la nationalité ou de la religion, on assouplira les règles nationales en faveur des étrangers et des tenants d'une autre religion. Mais chaque État établira toujours des limites à la liberté religieuse. Va-t-on tolérer, au nom de la religion, le refus du service militaire ou de la vaccination préventive? Va-t-on admettre le cannibalisme, le meurtre rituel ou l'usage de drogues de toute espèce? Alors que le pluralisme religieux implique une certaine tolérance, les exigences de la vie en société imposent des limites à celle-ci, qui sont variables dans le temps et dans l'espace.

Il est facile de transposer aux rapports du droit avec la morale ce que nous avons dit des rapports du droit avec la religion. Une morale d'inspiration religieuse nous ordonne d'obéir aux commandements divins, quels qu'ils soient; il est immoral d'y désobéir. Le droit viendra souvent sanctionner cette désobéissance. Dans une société où domine une religion, la morale et même le droit s'inspirent d'elle. Mais dans une société qui accepte le pluralisme religieux, ce n'est plus la vérité religieuse, mais le respect de la liberté en matière de religion et de conscience qui devient la valeur fondamentale. Celle-ci est conçue comme l'expression de la dignité et de l'autonomie de la personne.

Alors que dans une société dominée par une religion ou une idéologie considérée comme vraie, le rôle de l'individu est négligé, en tout cas nettement subordonné à celui des institutions et de la communauté; avec le pluralisme tant religieux qu'idéologique, ce sont les valeurs de liberté et de dignité de la personne qui triomphent tant en morale qu'en droit. C'est ainsi que, après les excès du national-socialisme, les constitutions d'un grand nombre de pays ont inclus dans leur texte des articles protégeant la dignité de la personne et interdisant des discriminations de toute espèce. La meilleure manifestation de ce nouveau climat est la déclaration universelle des droits de l'homme.

Cette déclaration, expression d'un certain humanisme universaliste, manifeste l'importance accordée à des aspirations d'ordre purement moral. Mais un accord universel n'a pu s'établir sur un tel document (dont la plupart des termes se prêtent aux interprétations les plus variées) que parce que chaque État se réservait le droit de l'interpréter à sa façon. Un tel document n'aura acquis une portée juridique que le jour où sera établi un tribunal compétent pour l'interpréter et pour trancher les litiges suscités par son application. C'est pourquoi un pas décisif fut accompli le 4 novembre 1950, quand fut signée la convention européenne de Sauvegarde des Droits de l'Homme et des Libertés fondamentales, qui ne s'est pas contentée d'adopter un texte, mais a, en même temps, institué une Commission et surtout une Cour des Droits de l'Homme, habilitée à dire le droit en cas de contestation.

Notons, à ce propos, qu'il est facile d'obtenir un accord universel sur une déclaration purement morale, que chacun est libre d'interpréter à sa façon; c'est tout autre chose que d'accepter de se soumettre aux décisions obligatoires d'une autorité judiciaire compétente. La confiance qu'on lui accorde présuppose l'existence d'un certain consensus sur les valeurs fondamentales d'une communauté et sur le primat que l'on accorde à telle ou telle valeur ou aspiration. Une telle communauté idéologique renvoie à une histoire commune, à une culture et à une tradition communes, à l'existence d'un ensemble de "principes généraux du droit communs aux peuples civilisés". Mais l'existence d'une telle culture commune, d'une communauté organisée qui l'incarne, fait naître immédiatement le problème de la valeur que l'on attache à cette communauté et de l'importance qu'il y a à défendre son indépendance. C'est ainsi qu'il est indispensable de tempérer l'individualisme de la doctrine des droits de l'homme, dès qu'apparaissent les institutions juridiques qui les garantissent. Or celles-ci présupposent des communautés organisées sans lesquelles, à défaut d'un État de droit, les droits de l'homme relèvent de l'utopie (cf. à ce propos mon article "Safeguarding and Foundation of Human Rights", in *Law and Philosophy*, 1982, pp. 119-129).

La rapide esquisse des rapports entre droit, morale et religion en Occident, devrait être complétée, comme nous l'avons déjà signalé, par l'étude des mêmes rapports en Afrique et en Asie. Ce n'est qu'après que des conclusions philosophiques pourraient être risquées, qui ne soient pas trop arbitraires.

LANGUAGE, ART, AND CULTURE

ARTHUR C. DANTO, NEW YORK

> *For a work of art to be*
> *a work of art, it must*
> *rise above grammar and*
> *syntax...*
>
> Barnett Newmann

Students of Zen are bound to be familiar with the ten Ox-herding pictures, with their sequential representation of a certain spiritual itinerary, and hence with the eighth picture, which is simply an empty circle, located just after a picture of the Ox-herd in a posture of contemplation, and just before an affecting landscape dense with the absence of any human form. The empty circle makes the seventh picture ambiguous, at least initially, since there is in it a circle in the sky, which could of course be the moon and read as such were one to see the picture in isolation, but could also represent the impending enlightenment, or *satori*, which is actualized in print Eight: so one has to determine whether Eight, in addition to its obvious reference, refers, intratextually, as it were, to this part of Seven, if one is to get a clear interpretation. Eight, in any case, is a picture of Enlightenment, of a certain blankness — and one must, as my late friend, Shiko Munakata would have said, distinguish the blankness of the paper from the blankness of the picture — but its being a *circle* appears to play no cognitive role, not being part of what is meant. We are not dealing here with a kind of geometrical mysticism of the sort characteristic in the Neoplatonic tradition in the West, the sort which Ficino has clearly in mind when he claims that "because of a necessary and natural instinct... every mind praises the round figure when it first encounters it in things, and knows not why it praises it." We know this because all ten of the Ox-herding pictures are composed in circular frames, so circularity adds nothing to number Eight which, though an empty circle, is not of a circular emptiness. It is rather that kind of total undifferentiated blank we associate with Buddhist imagery, and so an indiscernable figure in some Neoplatonic sequence would have an altogether different meaning, which would differ again from a vastly more ambiguous circle, whether empty or not we cannot say, since it might be a disk, and whether a work or not we cannot say since it might be only a diagram. We could only say these things on the basis of information nothing compassed by the psychology of pictorial perception can disclose. Pictorial psychology, for example, cannot instruct us as to whether the circle in the seventh Ox-herding picture is the moon, in which case its edges are the moon's edges, and it is a pictorial part of the picture; or whether it is an anticipatory vision of the state depicted in Eight, in which case its edges have no relationship with those of its subject, which in any case has none, and it is not so much a pictorial part as a picture-within-a-picture, standing in complex psychological relationships with the rapt Ox-herd himself. Only an independent knowledge of the concept of *satori* makes this particular pictural knowledge possible, and this must be squared with our knowledge of the pictorial possibilities of the culture the work belongs to, whether, for example, its picture-makers and their audience had attained to the kind of pictorial competence shown in our own comic-strips, which the Ox-herding pictures so interestingly resemble. Print Eight is a bit like the familiar *Pow!* which occurs in a balloon above the over-powered one's head, or in a frame of its own.

Blank and *of* blank as the Eighth Ox-herding picture is, its powerful impact on the viewer — or reader — is connected with the fact that it represents a change into a spiritual state of the highest importance, and it seems plain to me that without some understanding of the theory of enlightenment, of the urgency attached to its attainment, and of the fact that it is an episode in a life — as print Nine makes explicit — rather than a terminal culmination, one cannot feel the power of print Eight, or even respond to it as powerful. One might compare it, with the nearest counterpart I can think of in our own tradition, the twelfth panel in Barnett Newman's fourteen-panel *The Stations of the Cross*. In it there is a sudden reversal of color, as though whatever itinerary the series represents had reached some critical and especially somber point, since panel Twelve is dominantly black, whereas the preceding panels were white, indeed blank canvas, with black stripes or, as Newman called them, "zips". The black in panel twelve is too dominating and wide for the area it fills to be thought of as a stripe — and it seems iconographically wrong to think of it as a zip. It is difficult to imagine an exact correspondence between the fourteen panels and the traditional stations of the cross: we are not looking at Domenichino, after all, and Newman himself says "it is not the terrible walk up the Via Dolorosa" which he was seeking to show. He nevertheless gave the panels sequential identifications from the tradition, and it comes as no surprise to learn that panel Twelve is *The Death of Christ*. It comes as no surprise, that is, if one has been following the sequence and then *comes* to Twelve: for it must represent the sort of change of state the entire concept of the story of Christ promises as possible. This meaning quite evaporates, and along with it the power of the work, if we bracket the panel by imagining it separated from the others, or even imagine it part of the entire series but experienced by someone who does not know that these are stations of the cross, or does not know what the stations of the cross are. And of course it would be possible for someone to stigmatize panel Twelve as empty, not in the spiritual sense of the eighth Ox-herding print, with its allusions to the blank scriptures of Tripitika or the equally blank wall before which the Boddidharma got what he got, but in the routine aesthetic or critical sense of the term which came so easily to those who first saw Newman's work, even in the New York artscene when it was finally possible for it to exist. It would incidentally be *false* of this particular work of Newman's as it might be true of some other panel exactly like it, by Newman or someone else, Clyfford Still perhaps, which had a different meaning, or which pretended, as a bare abstraction, to have none.

Charles Lamb, writing of the engravings of Hogarth, says "other pictures we look at, his we read". And indeed those deeply narrative, not to say moralistic pictures have to be worked out in a detail to match the detail of the individual engravings, to a point where giving a reading of Hogarth could become, as it did, a genre of interpretative literature. I am certain that working through the prints is part of what experiencing the prints consists in, that they are meant to transform the reader through his identification of the sordid stories they depict. The engravings make some narrative references back and forth in such a way that the order of the prints in narrative time would control the interpretation, if working through the prints means working through the story. If the print showing the Harlot's death, for example, or the Rake's death, came first in the actual order — numbered "One" say — what came next would be a flashback, and one would have to speculate why such a narrative strategy as that which required the invention of narrative cinema should have been precociously anticipated here. Why the time *in* and the time *of* the narrative film need at times to work against one another belongs to a different discussion, but my immediate point is that there is an ideal order to Hogarth's engravings, as there is to *The Stations of the Cross* or the Ox-herding pictures. I have a set of the latter which goes in actual fact from back to front, but this is not a factor to be taken into interpretive account, not belonging to the work, as it were, but to the book, since Japanese books, whether the text is pictorial or not, are to be read back to front. In any case, part of the reason that Hogarth's engravings are to be read is that their natural context is narrative, and working through the narrative is presupposed if the response is to be as intended. Admittedly a single engraving would not be as radically diminished if isolated from context as the Eighth Ox-herding picture would be, it would look narrative in a way that the Twelfth Station of the Cross does not, but even so reference and structure are sufficiently interconnected in these highly representationalist works that even they would suffer truncation and distortion if on their own. They have, like their optically simpler counterparts, what meaning they do have only in the *Zusammenhang* of a larger statement.

"Have what meaning they do have only in the *Zusammenhang* of a larger statement" is a phrase, however vague, which has been chosen to sound an echo with a famous formulation in Frege, itself so much a part of philosophical culture that my implied audience may be as much counted on to hear it through my text as Newman's could be counted on to know roughly what the stations of the cross were and prepared to see black paint as a suitable metaphor for death, as *becoming* black was a suitable metaphor for dying, or as the intended readers of the Ox-herding pictures could appreciate a blank space as an appropriate image for enlightenment. I labor to make explicit what I am also supposing will be a spontaneous connection, in part because I want to illustrate the sort of connection I need, but in part to reject a closer analogy with the specific sort of meaning-conferring context Frege had in mind: the context of the sentence. For the structure of a work is not the structure of a sentence, and the understanding of a work is not even parallel to the grammatical competence engaged by the production and understanding of the sentences in one's language. Our theme is language, art, and culture, and my effort here is to draw philosophical attention to an order of context, of *Zusammenhang*, which is minimally required by the existence of art. A great deal of energy today is carried by the concept of the *text*, which transcends in ways not yet made adequately clear, the basic unit of linguistic transmission, the least bearer of truth-values, the *sentence*, which Frege is deservedly given credit for having made primary. Now the primacy of the sentence (or the proposition, as in the present *Zusammenhang* it does not matter) has more or less defined analytical philosophy, with its strong emphasis upon the philosophies of language and of logic, and where the main recent division has been between those for whom a sentence is an instrument in the facilitation of a language game, or something to be understood through the conditions under which it is true, or some combination of these. This has made it virtually impossible for analysts to engage in discussion with philosophers, preeminently Continental, whose basic unit is the text. A text is a *Zusammenhang*, the principle of whose integrity goes beyond those features of syntax and grammar through which sentences are logically tractable, and through which sentences are held together in those larger architectures which have been the preeminent concerns of philosophical analysis — the argument and the logical calculus — whose function is the preservation and transmission of truth values. A recent series of studies is entitled the arguments of the philosophers, but one called instead the *texts* of the philosophers would call for methods of an order we barely have glimpsed, these being the as yet unarticulated methods of interpretation. It was by dint of an implied interpretation, which it would be the task of a reader to recover, that the blank circle in the ox-herding pictures is artistically identified as *satori* or as the ox-herd having attained it: and its being in this sense *satori* is not (sounding another allusion) in the text in the way in which a word is in a sentence.

In saying that a text conforms to principles different from those which bind words into a sentence, I am allowing, of course, that a text could consist of a single sentence, or even a fragment of one, much in the same way in which a sentence could consist in a single word. The unit sentence consisting of a word *t* has meanings in excess of the meanings of *t* alone, as the text consisting of the unit sentence *s* will have. It is obvious that I cannot here do much to bring to explicitness what one might portentously call textual logic, but I would like to say that its principles cut across the differences between pictorial texts, of the sort I have been considering, and texts which happen in fact to be composed of sentences and ultimately of words. It is that the relationships between words and then between sentences in the *Zusammenhang* of a text go beyond grammar and syntax. There are differences between pictorial and linguistic representations which count heavily against the possibility of a purely pictorial language of the sort fantasized by Wittgenstein in the *Tractatus*, but at the level of text these differences disappear, which is why it is not even a stretched metaphor to say that Hogarth's engravings are to be *read*. A text, pictorial or verbal, begins to claim the status of art when certain questions arise in connection with it which cannot, on the one side, be answered through optics or pictorial psychology; or simply being able to read or just to be able to follow a text, say a narrative text, on the other.

Consider, for example, the last word in *Ulysses*, which is of course the word yes, capitalized as in our notation only proper names or the beginnings of sentences are, but which is not itself a proper name and, having no period after it, is probably not a sentence either. Molly's soliloquy is filled with yeses, but none of them is marked in the way in which this terminal yes is, and those who have to read this text aloud, like Siobhan McKenna, have to give some interpretation of this differentiated affirmative, the question being how is it to *sound*, granting that Molly is not speaking out loud — though if the Yes marked some kind of orgasm she *might* have voiced it as an ecstatic moan. Whatever the case, one cannot simply read *Ulysses* without countless questions of this sort arising: why is the yes capitalized, the answer having also to explain why all the letters in it are not capitalized, and does it matter that this is Molly's final word in terms of her relationship to Bloom, to whom her *first* word in the novel was the uncommitting *Mn* is response to his question of whether she wanted something for breakfast: it leaves Bloom with the question of interpretation amplified for us by the final ringing Yes. It is plain that we cannot really even say what happens in *Ulysses* without giving answers to questions of this order, so that a dense mediation of interpretation stands between the book and the work. It should not be difficult to show exactly the same sorts of considerations arising in connection with music, so that at the level of textual interpretation, differences between music, literature, and painting, which seem so frustrating at a lower level of analysis, give way to the possibility of a general method of interpretation. It in any case helps show how literature, though made of language, is defined by forces beyond the reach of grammatical and syntactical structure. It also shows why reading of the sort involving interpretation, calls on skills of a sort different from those transmitted in teaching children to read, say, English.

Interpretation is the agency of what I have spoken of as transfiguration, that process whereby even quite commonplace objects are raised to the level of art. It remains such an agency when the objects to be transfigured already have the status of representational objects, such as pictures or pieces of descriptive writing, since not every picture is a work of art, nor every piece of prose. Indeed, not every piece of music is either, for only when questions parallel to those I have been raising arise for music are we at the level of art, for to treat something as a work of art is to suppose that it falls under the structure of interpretation. When the objects already are symbols of some order, then interpretation involves a very complex interplay between their use and their mention, so to speak, in that what a symbol means in the *Zusammenhang* of a text cannot be said until, in addition to its use, we answer such questions about its palpable features as those we asked in connection with the inscribed Yes in *Ulysses*, or the circular form of the Eighth Ox-herding picture, which proved textually irrelevant though it might seem as though it should not be. Its irrelevancy has to be decided by appeal to other features of the text as well as of the culture from which the text comes and to which it primarily belongs. It is because of these palpable features in excess of the features which make for semantical analysis that a work of art, even when straightforward narrative, cannot be collapsed onto its content: there is something in the telling of the story which is more than the story told. It is for these reasons that even when a work of art is, as critics and literary theorists loosely say, "referential", it is never merely referential. For these reasons I speak of works of art as semi-opaque objects.

By a semi-opaque object, I mean one which presents a content, but where the mode of presentation — once more a Fregean notion — must be compounded with the content to determine the meaning of the objects. There is a rhetorical dimension to any work of art in consequence of this interplay between content and mode of presentation, for the details of which I must refer the reader to *The Transfiguration of the Commonplace*, but it is internally connected with the psychology of artistic response, in which interpretation is coimplicated with appreciation. But it is equally connected with the concept of style, understood in terms of the interplay between content and mode. Here, for example, is Denis Donahue on Elizabeth Hardwick on Thomas Mann. "She writes that 'He combined the purest gifts with the earthbound consent, of a distinguished old dray horse, to pull heavy loads', a sentence in which a heavy load is pulled mainly by the combined force of two commas". If a decision has to be made, at the level of punctuation, using two commas myself to refer to two commas in Miss Hardwick's sentence, then it is plain that interpretation must be a long and fastidious enterprise, and one which all by itself justifies the existence of critics such as Hardwick and Donahue. There is a light-hearted view abroad these days that a text is the infinite possibility of interpretation, that of any given text infinite interpretations can be given, none definitive. If two commas have to be decided, just giving *one* interpretation is enterprise enough.

There is a speculative question of the greatest urgency, as to whether the intricate constitution of a work of art gives us an analogy to the way in which students of a culture must constitute that culture anthropologically. This scarcely can be considered without pressing the question of inhowfar there is an analogy between cultures and works of art — a translation effected with the easy insouciance of genius by Burkhardt in treating the state "as a work of art" in his study of the Renaissance. To carry the analogy through, one would have to decide in the first place whether a culture might be regarded as a mode of presenting the world to its own members — a *Weltanschauung*, as we say — and hence already has a kind of representational content. One would then have to show the sort of interplay between that content and its mode of representation, which then constitutes, so to say, the style of the culture. This is to invert a celebrated saying of Wittgenstein, in this case to imagine a form of life being to imagine a language. By a language here, of course, I mean a system of representations rather than a system of uses, or it is to understand the system of uses as a set of symbols through which the members of a culture live their way of representing the world. It then would be the task of interpretation to decide which of the many day-to-day activities of the members of the culture carry this expressive overcharge. Even in works of art, as we saw, not everything belonging to the object belongs to the work. I do not know, for example, whether the alliteration "distinguished dray horse" works together with the two commas, or not.

I scarcely could hope to carry the analogy further here, or perhaps anywhere, and not just for reasons of time. But if it has any chance at truth, artistic criticism becomes a paradigm of what we might now call cultural criticism, and the philosophical structure of the cultural sciences will then be so different from what those who framed the division between the Natur- and the Geisteswissenschaften had in mind by the latter that we hardly have any idea of what such sciences involve. We have no idea yet of what the human sciences are to be like, hence no idea of what it means finally to be human if participation in such forms is to be a condition of that — no idea, that is to say, save what guidance we may derive from the philosophy of art and the structures it has begun to bring to light.

LE RÔLE DE LA PHILOSOPHIE DANS NOTRE CULTURE

VITTORIO MATHIEU, TURIN

La phrase de Hamlet est périmée: dans la philosophie il n'y a pas "moins de choses" que dans le ciel et sur la terre: il n'y en a aucune. Aucun objet, matériel ou spirituel, n'est l'objet de la philosophie, malgré qu'elle parle de tout. Autrement dit, la philosophie n'est pas une science parmi les autres: ou bien elle est *la* science, comme pour Hegel, ou l'unité des sciences, comme pour Comte, ou bien elle n'est pas du tout une science, ce qui me paraît préférable. S'efforcer de donner à la philosophie le statut d'une science et un domaine à elle — par exemple, les soi-disant "sciences humaines" ou "de l'esprit" — aboutit à dissoudre la philosophie sans pourtant faire naître des sciences nouvelles.

Malgré des efforts poussés parfois jusqu'à l'hypercompensation, à l'âge moderne la philosophie se replie peu à peu sur une tâche culturelle. Et à présent elle risque, ou bien de se dissoudre dans les sciences sociales, sous lesquelles elle a été placée à l'Unesco et dans nombre de législations scolaires, ou bien d'apparaître comme un moyen subjectif de formation, comparable au latin, que personne ne parle plus, mais qui serait précieux pour développer les facultés intellectuelles. C'est pourquoi certains auteurs ont presque honte de se prétendre philosophes, tout en cultivant avec soin l'*histoire* de la philosophie. En principe, pour eux, il n'y a pas de savoir philosophique, mais de cette philosophie inexistante on peut faire l'histoire puisque, au cours des siècles, on a cru longuement à son existence et dans cette croyance on a développé des avatars qui, tout en n'ayant aucune valeur cognitive, ont exercé une importante influence culturelle.

La thèse opposée, que je chercherai à développer, est la suivante. La philosophie a une portée cognitive, elle ne se réduit pas à une thérapie subjective ou à un exercice. Ceci ne signifie pas, pourtant, qu'elle soit une science, ou qu'elle ait un domaine à elle. Elle parle de certains objets parce qu'on ne peut parler que de quelque chose; mais de deux choses l'une: ou bien ces objets peuvent être assujettis à une étude capable d'y déceler des traits valables pour tous, et alors ils tombent sous une science qui sera toujours une science spécialisée; ou bien ils ne le peuvent pas, et alors ils sont des *fictions*. Cela étant admis, donner une valeur cognitive à la science devient apparemment une gageure: mais je ne crois pas qu'il en soit ainsi, et j'essaierai d'expliquer pourquoi.

Un examen même sommaire de la première partie de l'alternative — que la philosophie soit une science — pourra nous éclairer sur la seconde, c'est-à-dire: nous permettre de donner une valeur cognitive aux choses dont parlent les philosophes, même si elles ne sont que des fictions.

En effet comment se constitue un objet pour la science? Une chose, quelle qu'elle soit, devient un objet de science si, et seulement si, un procédé approprié permet de vérifier que certaines données ayant trait à la chose sont *les mêmes pour tous* les observateurs. Cela peut se faire par une infinité de méthodes, qui varient selon la chose à étudier (il n'y a pas de méthode scientifique en général), mais qui ont toujours en commun l'exigence de la *vérification*, ou, si vous préférez, de la falsification possible (qui est un biais plus perfectionné par lequel on aborde le problème). Or ce fait implique que la recherche scientifique *n'épuise jamais la réalité;* et on peut le démontrer par deux voies, dont l'une est *a priori* et l'autre *a posteriori* (dans le sens pré-kantien de ces mots).

A posteriori on peut remarquer que le propos même déclaré par la science est de laisser tomber, non pas "quelque chose" (car tout, en principe, peut devenir l'objet d'une science) mais quelques *aspects* de la chose, et précisément les aspects qu'on n'est pas à même de démontrer objectivement par les moyens de recherche envisagés. Cela n'exclut pas que, par une recherche différente, on ne puisse vérifier, ou objectiver, ces mêmes aspects; mais, par là, la distinction entre ce qui est objectif et ce qui ne l'est pas ne fera que se déplacer, sans disparaître. S'il y avait quelque part une réalité capable de se montrer objective *sans résidu*, par rapport à une réalité de cette sorte nous aurions une science de vision: mais notre science n'est jamais une science de vision, elle est toujours une science de vérification (ou de falsification). Par conséquent elle exerce toujours un *choix* de ce qui est objectif ou vérifiable dans le tout de la réalité en tant que telle.

L'argument *a priori* est que toute vérification est une opération. Or aucune opération de l'homme n'épuise la réalité: elle ne fait que la modifier ou la manipuler, la réalité devant nous être donnée, avant tout, pour qu'elle devienne l'objet de nos opérations, notamment des opérations nécessaires à la "vérifier".

Les scientifiques expriment parfois cette situation en disant qu'ils ne s'occupent point de l'essence des choses. Il y a un demi-siècle, un professeur de l'École polytechnique de Turin demanda à un élève ce qu'est l'électricité; et, profitant du fait que l'élève donnait l'impression de chercher à se rappeler une chose bien connue, remarqua: "C'est dommage, la seule personne au monde qui savait ce que c'est que l'électricité l'a oublié".

Ce serait cependant bien drôle de la part des philosophes que de prétendre que cette essence des choses, qui échappe à la science, forme le domaine de leur investigation. Car ce qui reste de la réalité, après que la science s'est appliquée à y découvrir des rapports formels et valables pour tous, n'est, jusqu'ici, qu'un résidu *négatif*. Il pourra être approché, plus tard, par une nouvelle extension de la méthode scientifique, mais on ne voit pas comment un autre type d'investigation pourrait s'en emparer.

La recherche philosophique d'ailleurs ne s'accroche pas à la science au sens strict: elle ne la présuppose, ni chronologiquement, ni logiquement. Elle peut se déployer sur n'importe quel terrain et à propos de n'importe quel sujet. C'est seulement une évolution historique de notre culture qui, à partir du XVIIe siècle, a rendu sa demande d'autonomie plus aiguë, par rapport à une science qui tend à monopoliser la connaissance du réel. Mais la même question se pose pour la philosophie par rapport à *toute* connaissance objective, de la plus naïve à la plus évoluée: à quoi bon une philosophie? Quel est le rôle de cette prétendue instance supérieure, ou de cette critique de deuxième degré?

L'heureuse évolution du savoir depuis Galilée permet quand même de donner à cette question une réponse plus nette, en acceptant avec moins d'embarras le caractère fictif des objets spécifiques de la philosophie. Même si celle-ci prend l'essor d'une phénoménologie au sens large des données les plus empiriques de notre expérience, elle aboutit bientôt à des concepts pour lesquels il serait impossible d'indiquer une correspondance réelle, en dehors du discours philosophique qu'on en fait. Ce n'est pas nécessaire d'arriver à Hume pour s'apercevoir qu'on n'a jamais vu ni touché une "substance", par exemple, ou pour constater qu'il est impossible de vérifier la véridicité des descriptions de l'Intellect, depuis Anaxagore jusqu'à Averroès, sans mentionner les sujets sur lesquels le philosophe qui les propose déclare lui-même qu'on ne peut rien dire, comme l'*Un* de Plotin.

Le plus scandaleux, pour ceux qui prétendent à une correspondance, c'est le terme: "être". C'est le terme dont la polysémie est la plus marquée de toute la philosophie, et aussi celui que les philosophes aiment le plus; au point qu'on dit souvent, d'après Aristote, que la philosophie est une étude de "l'être en tant qu'être". Il m'est arrivé une fois d'entendre — à une rencontre qui aurait *dû* être interdisciplinaire — le célèbre biologiste du MIT, Lettvin, se livrer à une philippique violente, simplement parce qu'un philosophe avait nommé maintes fois l'être: un mot auquel ne correspond absolument rien. Mais pourquoi s'en prendre seulement à l'être? Lettvin lui-même disait avoir trouvé des suggestions fécondes pour son travail sur le réseau nerveux dans la "monade" de Leibniz: eh bien, la monade aussi, suivant la doctrine expresse de Leibniz, ne peut aucunement être décelée dans et par l'expérience. L'être est ambigu, c'est vrai, parce qu'il appartient à plusieurs philosophes à la fois; mais parmi tous ces "sens" (dépourvus de "signification") il faut choisir. Et alors, même dans son sens le plus éloigné, non seulement de toute perfection, mais de toute possibilité d'être conçu directement, c'est-à-dire dans son sens heideggérien, ne pourrait-il pas être utile lui aussi, pour mieux connaître l'expérience? Est-ce que l'être est condamné sans rémission à rester l'objet d'une pseudo-fantaisie verbale, dépourvue de toute utilité transsubjective?

J'ai parlé de fiction. Ce qui n'est pas donné dans l'expérience, en effet, est une fiction. Eh bien, la science en tant que telle ne pourrait absolument pas se passer de fictions pour former un système unifié (bien que toujours inachevé) de l'expérience. Encore plus, les fictions sont nécessaires pour *faire* une expérience quelle qu'elle soit. Cette nécessité aujourd'hui est bien visible en physique, mais elle vaut également pour n'importe quelle science. Au lieu de dire "fiction" on pourra dire "construction", si cela vous convient mieux, mais ce sera la même chose.

Pourquoi donc les scientifiques n'ont-ils aucune difficulté à faire usage d'électrons, ou d'entités encore plus éloignées de l'expérience directe, alors que, face aux fictions des philosophes, ils les accusent de verbigération? C'est évident: parce que *leurs* constructions ont une fonction de *liaison entre les différentes données* — ou, en général, entre les différents éléments de la théorie — que les concepts philosophiques n'ont pas. Ceux-ci ne mettent en rapport que des concepts à l'intérieur d'une construction produite par *tel ou tel philosophe*, tandis que les constructions scientifiques surgissent comme une nécessité objective, de la rencontre de plusieurs faits et théories, dont l'entrelacement devient par là même une preuve de leur validité.

Et pourtant, est-ce que nous pouvons être sûrs qu'un tel entrelacement épuise toutes les dimensions de la pensée nécessaires à la connaissance? Non. Les constructions auxquelles on attribue une "existence", du fait qu'elles sont nécessaires (toujours à l'intérieur d'une théorie, notez-le, bien que cette fois la théorie soit intersubjective), ne sont que des connexions vérifiables par voie indirecte, et nous ne sommes point à même de produire, donc de vérifier, *toutes* les connexions qui forment l'expérience. C'est vrai que des connexions non vérifiables à présent peuvent le devenir par la suite; mais le problème n'est pas de quantité, mais de nature. Ce ne sont pas toutes *sortes* de connexions nécessaires à relier le réel qui tombent sous le principe de vérification; toutes ne se déploient pas dans la dimension de la vérifi-cabilité.

On peut donc envisager une recherche légitime, bien que toujours aléa-toire, concernant ce qui est nécessaire à l'unité du réel, mais qui ne tombe pas sous le domaine de la science. Cette recherche portera sur le réel et ne sera pas une simple gymnastique de l'esprit; elle contribuera à la connais-sance en aidant à mettre en rapport les abstractions nécessaires à la science avec toutes les dimensions de l'expérience concrète. La repousser, en allé-guant qu'elle est liée à la personne de celui qui la propose, ce serait tomber dans une pétition de principe, car les connexions du réel qui se *dégagent* de la personne du chercheur pour atteindre une valeur objective au sens de la science, sont précisément celles qu'on a vérifiées, et c'est bien la possibilité de vérification qu'on met en question: elle n'a pas le même nombre de dimen-sions que la réalité.

C'est vrai, donc, que la recherche philosophique porte l'empreinte de la personnalité du chercheur, beaucoup plus que la recherche scientifique; mais cela n'empêche pas que le philosophe qui ne "vérifie" pas, selon une méthode scientifique, puisse quand même suivre une "méthodologie de l'invérifiable" assez rigoureuse, selon une expression que Pietro Prini a trouvée pour Gabriel Marcel, et que Marcel lui-même a acceptée.

Une telle méthodologie, qui n'a rien à voir avec la méthodologie des sciences, reste-t-elle nécessaire depuis que la méthode scientifique a trouvé sa complète autonomie? Oui, elle le reste, même si le chercheur scientifique peut parfaire exactement son travail sans se soucier des problèmes philosophiques, et sans avoir aucune sensibilité pour la philosophie. La philosophie reste nécessaire pour *connaître*, c'est-à-dire pour rapporter les constructions scientifiques au concret. Car le tout des relations vérifiées n'est pas le concret. L'entrelacement universel est seulement l'asymptote de l'existence ("existentia est omnimoda determinatio", répétait le vieux Kant, à propos des "phénomènes indirects" de la science), mais le concret, le monde dans lequel nous vivons, ce n'est pas une asymptote.

À part cela, c'est probablement aussi la fécondité scientifique du savoir qui en souffre, si les seules limites dont le savant est conscient à propos de ses constructions sont des limites d'*étendue*, et non pas de nature. La valeur scientifique d'une proposition dépend de la conscience explicite des bornes de toutes sortes: linguistiques, théoriques, présuppositionnelles, etc.) à l'intérieur desquelles elle est affirmée. Certaines de ces bornes peuvent être explicitées sur le plan de la science, et la recherche peut les faire reculer peu à peu. Mais celles qui sont intrinsèques au processus même par lequel la science se constitue ne peuvent pas être explicitées par la science elle-même, car on ne peut expliciter une borne qu'en la dépassant. La frontière, ici, n'est pas dans l'étendue, mais dans la façon d'être.

Or, le refus d'envisager cette limitation qualitative, sans laquelle la science moderne ne serait pas née, est probablement très défavorable à la science, même sur le plan technique. Ces sauts de qualité, par lesquels les sciences accomplissent leurs progrès les plus frappants, sont souvent stimulés, indirectement, par des problèmes qui ne sont plus des problèmes scientifiques, mais qui fournissent l'occasion de poser des problèmes qui le deviennent.

En effet ce n'est pas rare qu'une "ignoratio elenchi" du scientifique par rapport aux problèmes, incompréhensibles par lui, que le philosophe soulève, le prive de cette liberté d'esprit qui lui serait nécessaire pour faire progresser la science en étendue et en *rigueur*.

La difficulté, pour le philosophe, est de faire comprendre que ses problèmes ne portent pas sur l'objet de la vérification, mais sur la relation entre ce qui est vérifiable et ce qui ne l'est pas. Et, par conséquent, que la plupart des concepts philosophiques (tous, peut-être) n'ont qu'une valeur négative, par rapport à la science; mais cela ne signifie point qu'ils n'aient aucune valeur. Ils sont utiles pour rappeler tour à tour à chaque doctrine scientifique ce qui lui manque, non pas dans sa fonction de prévision et de vérification, mais dans la *nature* de cette prévision elle-même. La conscience des *dimensions qui manquent* pour atteindre le concret n'est pas superflue ou extérieure à la science, elle est indispensable pour déterminer aussi ce qui est "vérifié" d'une façon objective. Comme toute détermination, la détermination de l'objectivité présuppose une négation, "omnis determinatio negatio", mais non pas une négation quelconque.

Prenons comme exemple le "principe vital" du vitalisme (qui n'est pas une doctrine scientifique). Ce serait incongru de prétendre introduire des concepts comme le "principe vital", ou l'"individu", parmi les concepts *positifs* de la science. Ils sont pourtant extrêmement utiles, voire nécessaires, pour rappeler au biologiste que la science de la vie ne saisit pas la vie dans toutes ses dimensions (parce que nous ne pouvons pas, jusqu'ici, "faire" la vie); et cela n'est point insignifiant, même pour la science.

Encore, la géométrie d'Euclide peut être développée entièrement sans jamais faire appel — comme le notait Peano — au concept d'"espace" (qui, d'ailleurs, n'a pas d'équivalent exact en grec). Cela n'empêche pas que lire *La géométrie et le problème de l'espace*, de Gonseth, puisse donner des suggestions même aux géomètres les plus formalistes, dont le travail ne ressemble presque plus à ce qu'autrefois on appelait géométrie. Et ainsi de suite.

C'est seulement à la condition de "ne pas savoir de quoi l'on parle et d'ignorer si ce que l'on dit est vrai", que le scientifique en général (et non seulement le mathématicien, comme disait Russell), pourrait purifier sa recherche de toute philosophie. Je doute que cela soit souhaitable. L'"ignoratio elenchi" par rapport à tout problème qui ne peut être posé scientifiquement risque trop souvent de devenir une "ignoratio elenchi" aussi par rapport à des problèmes qui *pourraient* être posés d'une façon scientifique. Il suffit de songer aux sciences de la vie pour s'en apercevoir.

Encore un exemple extrême. L'*Un* de Plotin ne deviendra jamais un principe d'unification *scientifique* de l'expérience. Mais je ne crois pas que l'unité concrète de l'expérience puisse être comprise si la problématique que Plotin soulève par l'Un (dont il parle toujours en phénoménologue, par rapport à des expériences concrètes comme le nez, le cheval, la beauté, etc., car on ne peut pas parler de l'Un directement) est repoussée comme dépourvue de sens. Ce serait donc facile de parodier Laplace en disant: "Je me suis passé de cette hypostase". Mais c'est beaucoup plus difficile de saisir l'unité réelle du nez ou du cheval sans suivre Plotin, ou Aristote, ou Bergson, dans des démarches empruntant une "méthodologie de l'invérifiable". On risque, en effet, de réduire l'unité à un réseau de relations *extrinsèques*, sans se rendre compte que cela n'est qu'une projection intellectuelle de l'unité réelle, et non pas l'unité réelle.

Si l'on ne comprend pas qu'il y a plus de dimensions dans le réel que dans la science du réel (et c'est là le sens de l'affirmation shakespearienne), ce qui en souffre c'est en premier lieu la plus grande nouveauté culturelle des derniers siècles, la science exacte de la nature.

III

**PERSONNES ET CULTURES DANS
LE MONDE CONTEMPORAIN**

**PERSONS AND CULTURES IN
THE CONTEMPORARY WORLD**

MENSCH UND KULTUR IN DER HEUTIGEN WELT

**PERSONAS Y CULTURA EN
EL MUNDO CONTEMPORÁNEO**

SÉANCE PLÉNIÈRE

PLENARY SESSION

PLENARSITZUNG

SESIÓN PLENARIA

INTRODUCTION

VADIM S. SEMENOV (MOSCOW)

At two preceding plenary sessions problems linked with the philosophical definition of the idea of culture and the relation of cultures and values in historical development have been discussed. This plenary session will discuss the problem which is a major one for the philosophy of culture, the relationship between persons and cultures, the problem which is of decisive importance for explaining the meaning and essence of the entire cultural and historical process of the development of mankind. Being traditional for the philosophy of culture, this problem is assuming a new content in our days due to the radical shifts and changes in man's social existence, which have taken place during the past century. I believe, therefore, that our session should discuss not simply the relation of persons and cultures in general, irrespective of the processes which are taking place, but their inter-relationships in the contemporary, rapidly changing, complex world.

Culture and man are inseparable. Culture cannot be torn away from human activity and creation. It expresses the measure of man's realization and mastery of his relations with himself, society and nature, the degree and level of the self-realization of his substance potentialities. From the philosophical point of view culture is a specific active method of mastering the world by man, including the entire external world — nature and society, and the inner world of man himself in the sense of its shaping and development. Herein lies the main axiological importance of all man's material and spiritual products and creations.

One cannot help seeing the qualitative difference between the cultural situation in which man lives today and the preceding forms of his cultural life, which have already been overcome or which are being overcome. Being shaped within the framework of the culture of his people and society and experiencing the direct influence of the culture of the class or social group to which he belongs, man is linked nowadays with other people by a wider, universal system of relations and dependencies. Cultural contacts between various nations and regions of the world are being maximally expanded and complicated. The exchange of material and spiritual values between them is ever increasing in importance. People's need to master the entire cultural wealth of mankind, to understand more profoundly and comprehensively the cultural achievements of various countries and nations is growing.

The essence of man's cultural development as one of the main methods of revealing all human potentialities manifests itself in three basic forms: 1) cultural and culture-creating activity; 2) mastering cultural reality and cultural wealth accumulated by the human race; 3) the personal manifestation of culture, direct cultural existence, i.e., the realization of cultural achievements, knowledge, know-how and skills mastered by man in his everyday activity, relations, behaviour and way of life.

The scope of the development of modern culture is also the scope of the development of man himself. We judge who man is, what is the level of his historical development and to what extent his social potentialities and relations are shaped by his cultural standards. Culture is living testimony to man's social growth, the wealth and integrity of his personality, the comprehensiveness and universality of his links with the surrounding world and other people, his ability to be engaged in creative self-realization and historically vigourous activity. It can be stated that culture is the measure of man's humanity, the measure of his development as a universally active and universally social being. It is precisely our century with its cultural processes of world-historical importance that makes it possible to understand and correctly represent the inseparable correlation between the development of culture and the real blossom of the individual, to see in culture the logical result of and the indispensable precondition for the shaping of the personality.

Man is linked with culture in various ways. Being the creator and subject of culture, he is also its main result. Realizing his abilities, know-how and creative potentialities in culture, he finds in it proper material which helps him improve and develop further his personality. That is why man is what he identifies himself with in culture, what he takes and masters in it and turns into his own inner asset. Our age of scientific and technological revolution has created powerful technical means of mass communication — the press, radio, television, cinema, gramophone recording, etc. through which culture is disseminated among the broadest sections of the population. Culture should educate the people, should mould man's personality and arouse lofty strivings and emotions. It should not dupe man, should not play on his vile instincts, should not encourage purely consumer requests and interests. The natural process of imparting a mass character to culture should not be accompanied with the lowering of its intellectual, aesthetic and moral level, should not lead to the loss of its lofty humanistic mission. This is a serious problem of our time.

Culture plays a great role in solving major social problems facing mankind. Thanks to culture man can rise to the level of the conscious and free creator of history, to the level of an integral and harmoniously developed personality. The attainment of the genuine mutual understanding among nations and the realization of the ideals of social equality and justice, peace and friendship between peoples are possible only through the further cultural development of mankind. This certainly does not rule out the decisive importance of economic, social and political transformations needed to ensure the happy life on Earth. But only through being consolidated in culture do these transformations gain a truly humanistic meaning and character, impart a new, more lofty nature to existing civilization.

Today culture cannot help reflecting and absorbing the most valuable, significant and progressive realities which have been produced by our time, which promote the social and spiritual progress of mankind. Culture which ignores the clearly expressed striving of the majority of people for peace, freedom, democracy, social justice, national liberation, equality and individual development can hardly count on long life. Such culture has no future.

Now it has become clear as never before that only culture deeply linked with the real problems of human existence, with the genuine interests and requirements of the individual has the objective possibility to develop and blossom. Man can improve and develop only through culture. In its turn, culture preserves itself and acquires the ability to develop when it is fully oriented towards man, when it regards him as its main goal and main result. This inseparable link of man and culture is the safeguard for their further development and progress.

MENSCH UND KULTUR IN DER HEUTIGEN WELT

RITA SCHOBER, BERLIN, DDR

Wen man sich als ein Literaturwissenschaftler und — theoretiker eine Vorstellung über den zur Verhandlung stehenden Gegenstand, also über den Kulturbegriff zu machen sucht, so entspricht der erste Eindruck, den man aus der einschlägigen Literatur gewinnt, dem Henderschen Diktum: "Kultur — nichts unbestimmter als diese Wort..." *(Ideen zur Geschichte der Menschheit).*

So bezeichnete Papst Johannes Paul II, in seiner am 2. Juni 1980 im Rahmen der 109. Session des Exekutivrates der UNESCO gehaltenen Rede, ausgehend von dem bekannten Satz aus den Aristoteleskommentaren des hl. Thomas von Aquin: "genus humanum arte et ratione vivit" die Kultur als "un mode spécifique de l'exister et de l'être de l'homme... L'homme est le fait primordial et fondamental de la culture... Pour créer la culture, il faut considérer... l'homme comme une valeur particulière et autonome, comme le sujet porteur de la transcendance de la personne...".

Kultur, gefaßt als Emanation und Objektivierung des auf Transzendenz angelegten unveränderlichen, ewigen, geistigen Wesens des Menschen. Hatte also Alfred Weber recht, daß "kulturelle Formung des Daseins" aus "dem Seelischen" quillt, daß man als Kultur folglich nur das bezeichnen kann, was "...seelischer Ausdruck, seelisches Wollen" ist "im Gegensatz zur zivilisatorischen, d. h. intellektuellen Verarbeitung des Daseinsstoffes...". Müßte man dann nicht auf die alte, in ihren Auswirkungen aber bekanntlich in vielfältiger Hinsicht verhängnisvolle Unterscheidung zwischen Kultur und Zivilisation zurückgreifen und die Bezeichnung Kultur für den Bereich der gleichsam höheren menschlichen Tätigkeiten, für die geistigen, wissenschaftlichen und künsterischen Außerungsformen des Menschen und ihre unvergängliche Werte darstellenden Ergebnisse vorbehalten? Eine Auffassung, die sich in gewissen Anklängen auch bei Herbert Marcuse in seinen 1965 publizierten "Bemerkungen zu einer Neubestimmung der Kultur" findet. Gegenüber einem so eng gefaßten Kulturbegriff wurde in der auf der durch die UNESCO im August 1982 organisierten "World Conference on Cultural Policies" einstimmig von den anwesenden Mitgliedstaaten und darunter waren die Vertreter der USA ebenso wie die der SU, der Entwicklungsländer und der sogenannten Dritten Welt — angenommenen Deklaration Kultur definiert als "the whole complex of distinctive spiritual, material, intellectual and emotional features that characterize a society or social group. It includes not only the arts and letters, but also modes of life, the fundamental rights of human beings, value systems, traditions and beliefs;..."

Dieser weiter gefaßte Begriff, der sich ausdrücklich gegen einen engen, auf Kunst und Wissenschaft eingegrenzten Begriff abgrenzt und die Einheit von geistigen und materiellen Faktoren anerkennt, legt den Nachdruck auf die intellektuellen und moralischen Qualitäten und sozialen Verhaltensweisen kollektiver Kulturträger und damit, wie es in den praktischen Empfehlungen an die Mitgliedstaaten heißt, auf "the cultural dimension of development".

Oder hat man unter Kultur den je historisch konkret erreichten Stand der Herausarbeitung des Menschen aus dem Naturreich und damit praktisch den gesamten Sozialisierungsprozeß und seine Ergebnisse zu verstehen, also die soziale Qualität des Menschen, oder die Wertung dieses Vorganges im Hinblick auf die dadurch wie derum je historisch konkret eröffneten und erreichten Möglichkeiten der Persönlichkeitsentwicklung? Kann man überhaupt von der Kultur sprechen, womit ja ein einheitlicher Gesamtprozeß unterstellt wird, oder müßte man nicht richtiger von den Kulturen mit je ganz unterschiedlichen Merkmalen und unterschiedlicher Reichweite sprechen? Gibt es zwischen ihnen einen Austausch, worauf bezieht er sich und durch welche Faktoren wird er bestimmt? Unterscheiden sich Kulturen außer durch den erreichten Stand der technischen Entwicklung, also der Beherrschung ihres materiell-praktischen Lebensprozesses, nicht vor allem durch individuelle und gesellschaftliche Verhaltensmuster und Handlungsweisen, durch die Normen, auf die sie ihre Mitglieder festlegen und durch die Standards, durch die sie sie prägen und besteht zwischen diesen verschiedenen Faktoren nicht ein innerer Zusammenhang? Autant de questions, autant de réponses différentes.

Auch unter den Wissenschaftlern unseres Landes ist die Diskussion um die Fassung des Kulturbegriffs, um die Unterscheidung zwischen objektiver und subjektiver Kultur, um die Abgrenzung von Kulturbereichen wie ästhetische Kultur und künstlerische Kultur, um einen engen oder weiten Kulturegriff — wobei letzterer dominiert — bei aller Übereinstimmung in den marxistischen Grundpositionen, keineswegs abgeschlossen.

In gewisser Beziehung kann man sie mit dem Diskussionen um einen weiten und einen engen Literaturbegriff und damit um eine Neubestimmung des eigentlichen Untersuchungsgegenstandes der Literaturwissenschaft vergleichen. Ausgelöst wurde ein solches Überdenken der bisherigen Positionen sowohl durch die radikalen Veränderungen, die sich in der Literatur selbst vollzogen haben, als auch durch das Eindringen neuer Erkenntnisse und Überlegungen aus anderen Fachdisziplinen. Die entscheidenden Anstöße kamen dabei von der Informations-, Kommunikation-, und Systemtheorie, von der Linguistik und Sprachhandlungstheorie, von der Phänomenologie, dem historischen Materialismus, dem Strukturalismus und der Semiotik.

Entgegen einer bisher vorherrschenden essentialistischen Auffassung von Literatur als einem Arsenal von Artefakten, die mit einem ewigen, unveränderlichen Sinn befrachtet, gleichsam als verdinglichte Werte zum Genuß bereitstanden, die man nur zu ergreifen brauchte, um sie zu haben, zu besitzen und die deshalb auch den alleinigen oder besser gesagt den privilegierten Untersuchungsgegenstand ausmachten, wandte sich das Interesse nunmehr der Literatur als einer vergegenständlichten, auf Kommunikation und Wirkung angelegten geistig-schöpferischen Tätigkeit zu. Damit rückte die Beziehung Literatur — Publikum, literarisches Werk — Rezeptor, Text — Leser in neuer Weise ins Blickfeld, d. h. die Frage dieser Sektion: die Beziehung Mensch — Kultur wurde gleichsam auf einem niedrigeren Strukturniveau gestellt.

Unter systematischen Aspekt kann man die Beziehung Mensch — Literatur, exakter Rezeptor — literarisches Werk sowohl von der Seite des Werkes im Hinblick auf den Rezeptor, als auch von der Seite des Rezeptors im Hinblick auf das Werk, als auch als Interaktion zwischen beiden Faktoren angehen. Den ersten Weg gingen — ausgehend von dem empirischen Faktum, daß literarische Werke in sehr verschiedener Weise interpretiert werden können, anders ausgedrückt, daß sie bei verschiedenen Empfängern sehr unterschiedliche Sinngehalte zu generieren in der Lage sind — die Russichen Formalisten, ebenso wie Jakobson und der Prager Strukturalismus, Juri Lotman und die Schule von Tartu, Roland Barthes und die Nouvelle Critique, Umberto Eco und die Semiotik. Für sie erklärte sich die Spezifik der Beziehung Werk — Rezeptor, die als "polysémie" in Erscheinung trat, durch die Strukturiertheit der Texte und die spezifischen Funktionsmechanismen poetischen Sprachgebrauchs.

Den zweiten Weg ging die phänomenologische Richtung. Für Ingarden ist das Werk (das sprachliche Kunstwerk, 1931) ein intentionales Objekt, dessen Sinn man nicht einfach konsumieren kann, sondern der erst durch den Konkretisationsakt des Rezeptors konstituiert wird, womit der Rezeptor seinerseits nun zum aktiven Teil dieser Beziehung wird.

Den dritten Weg ging im Auschlüss an Mukařovský und Gadamer die sogenannte Konstanzer Schule mit Hans Robert Jauß an der Spitze, die die Beziehung Werk — Rezeptor tatsächlich als Dialog faßte, an der beide Faktoren beteiligt waren, wobei die Rezeptionsdisposition des Rezeptors, sein durch die literarische Erfahrung und die gültigen ästhetischen Normen geprägter Erwartungshorizont nicht nur für das Gelingen dieser Interaktion als einzelnen Aktes entscheidend war, sondern als Wirkungsfaktor auch in den Literaturprozeß eingreift und ihn als eine vom Autor einzukalkulierende Größe in gewisser Beziehung mitbestimmt. D. h. hier wird die Beziehung

Werk — Rezeptor nicht als das Aufeinandertreffen zweier voneinander unabhängiger Größen gefaßt, von denen die eine sich bestenfalls die andere unterwirft, sondern als eine *tätige* Beziehung, von der aktiven Seite. Die tätige Aneignung des Objekts durch das Subject führt zur tätigen Veränderung des Subjekts durch das Objekt.

Die Reduktion dieser tätigen Beziehung jedoch auf den innerästhetischen Aspekt, ihr Herauslösen aus dem Beziehungsgefüge des gesamtgeschichtlichen Zusammenhangs, vergaß such, daß das Problematisch-Werden dieser Beziehung selbst erst ein historisches Ergebnis ist, nämlich des möglichen zeitlichen Auseinandertretens von Produktions- und Rezeptionsakt, mit anderen Worten von dem Augenblick an, da die *Lektüre* die vorherrschende Rezeptionsform wird.

Die Arbeit Gesellschaft — Literatur — Lesen, die 1973 publiziert und von einer Equipe der Akademie der Wissenschaften der DDR unter der Leitung von Manfred Naumann erarbeitet wurde, hat gerade den historischen Aspekt dieser Fragestellung aufgegriffen. In synkretischer sprachlicher Kunst war Schöpfer, Emfänger und Werk in eins, sie war künstlerische Tätigkeit "in actu", nicht ein "actum". Erst seit dem Entstehen der *Kunstproduktion als solcher* und damit des möglichen und tendenziell sich verstärkenden Auseinandertretens von Kunstproduzenten und -rezipienten, gibt es verschiedene Stufen prinzipiell unterschiedlicher Rezeptionssituationen, bedingt durch die unterschiedlichen Möglichkeiten ihrer materiellen Fixierung und Speicherung und damit ihrer Vermittlung und Übermittlung, d. h. um einen Terminus der strukturalistischen Linguistik zu gebrauchen, durch die unterschiedlichen *Kanalsituationen.* Zwischen oraler, skripturaler, typographischer Literatur und der heutigen gibt es nicht nur prinzipielle Unterschiede, die die *referentielle Beziehung* der Werke betreffen, sondern die vor allem die pragmatische Beziehung, d. h. die Beziehung Werk — Rezeptor und ihre jeweiligen Interaktionsweisen betreffen.

In der oralen Literatur fallen Autor und Werk in der Person des Sprechers in eins und der Rezeptor, in diesem Falle also der Zuhörer, befindet sich in einer Situation der Gleichzeitigkeit mit der Produktion des Werkes. Die Situation der literarischen Kommunikation ist gewissermaßen mit der pragmatischen Situation eines Diskurses identisch, bei dem eine wechselseitige Korrektur möglich ist. Erst mit dem Beginn einer skripturalen Literatur vollzieht sich eine Dissoziation zwischen literarischer Produktion und Rezeption und kann der Rezeptor im Prinzip ein Leser werden, ungeachtet der Tatsache, daß dieser Übergang zunächst nur auf eine kleine Anzahl Menschen beschränkt ist. Die Erfindung des Buchdrucks stellt für das Kommunikationsfeld Autor — Werk — Leser, tatsächlich eine Zäsur dar, von diesem Augenblick an bezeichnen wir mit dem Terminus "Werk" einen Sachverhalt, der zumindest drei verschiedene Seiten hat:

> das Werk — als geistig-ideelles Produkt des Autors
> den Text — als dessen sprachliche Materialisierung
> das Buch — als dessen gegenständlich-stoffliche Materialisierung.

Der dreifache Aspekt verweist zugleich auf unterschiedliche Akteure (zumindest der Möglichkeit nach), Tätigkeitsbereiche und Zusammenhänge. Die Folgen dieses neuen Materialisierungsstatus literarischer Werke sind widersprüchlich: einerseits ermöglichen sie eine Verbreitung der Werke in größerem Umfang und das Erreichen eines breiteren Publikums, andererseits verstärkt sich die seit der Möglichkeit skripturaler Fixierung der Werke eingetretene zeitliche Disjunktion zwischen Produktion und Rezeption und verzahnt sich mit der erweiterten Möglichkeit ihrer räumlichen Disjunktion.

Die nunmehr objektiv gegebene Möglichkeit, einen größeren Leserkreis zu erreichen, bedeutet allerdings nicht automatisch ihre Verwirklichung. Denn dazu bedarf es einer zweiten Voraussetzung, der prinzipiellen Lesefähigkeit eines größeren Publikums.

Angesichts der Tatsache, daß die Alphabetisierung heute noch zu den zentralen, von der UNESCO weltweit unterstützten Bildungsprogrammen gehört, wird klar, daß der hier beschriebene Vorgang in den verschiedenen Regionen der Welt sich mit je historisch-sozial bedingten großen Phasenverschiebungen vollzogen hat. Wir sind ja bei vielen Literaturen wie z. B. den afrikanischen heute noch Zeugen der Ablösung der oralen Stufe durch die typographische. Aber selbst die Erwerbung der Lesefähigkeit ist allein noch keine hinreichende Voraussetzung für das Entstehen eines größeren Lesepublikums. Dazu bedarf es auch noch der Ausbildung eines Lesbedürfnisses und eines subjektiven literarischen Sinnes und dieser Vorgang ist ebenso wie die Alphabetisierung selbst nicht abzutrennen, von den durch die gesellschaftlichen Bedingungen und die jeweilige subjektive soziale Stellung der Individuen eröffneten Möglichkeiten, wie Bildungsniveau, Freizeitvolumen, u. ä.

Dennoch kann man die durch den Buchdruck eröffnete Möglichkeit einer größeren Verbreitung von Literatur prinzipiell als einen Demokratisierungsvorgang innerhalb dieses Kunstzweiges betrachten. Aber dieser Vorteil — denn so müßte man diese Erscheinung vom Standpunkt sich objektiv vergrößernder Möglichkeiten, sich das durch die menschliche Gattung erreichte Bildungs- und Kulturniveau anzueignen, bewerten — wird erkauft durch einen sich im gleichen Maße vergrößernden Nachteil, das Anonym-Werden des Adressaten von Literatur. Dieser Vorgang hat umgekehrt Rückwirkungen auf das Schreiben, auf die Literaturproduktion, und zwar in allen Fragender konkreten, künstlerischen Gestaltung, angefangen vom Figuren- und Handlungsaufbau, oder den Verfahren der Wahrheitsbeglaubigung, bis hin zur Wahl der einsetzbaren Mittel und Verfahren, der Veränderung des Genregefüges usw.

Dieser durch den *Buchdruck,* also *durch die Veränderug der materiellen Bedingungen der Reproduzierbarkeit literarischer Weke, in Europa seit dem 15. Jh.* in Gang gekommen Prozeß erfährt mit Beginn des 19. Jh., mit der Subsumierung der Buchproduktkion unter kapitalistische Produktionsverhältnisse, eine weitere einschneidende Veränderung. Er entfremdet gewissermaßen dem Autor sein eigenes Produkt und sprengt die Kommunikationskette Autor — Werk — Empfänger in zwei voneinander abgetrennte, verschiedenen Heteronomien unterworfene Teilprozesse auf. Denn damit das Werk als geistiger Entwurf seines Autors in gedruckter Gestalt in die Hände seiner Leser gelangen kann, muß es sich den die Sphäre der materiellen Produktion und Zirkulation beherrschenden Gesetzen des Profits, des Absatzes, des Marktes unterwerden, d. h. es muß selbst zur Ware, zum Massenprodukt, zum Spekulationsobjekt werden. Die Entscheidung über Annahme oder Ablehnung des Werkes wird in letzter Instanz nicht durch das ästhetische Urteil über seine künstlerischen Qualitäten bestimmt, sondern durch die Verkaufschancen, die dieses angebotene literarische Produkt hat, also durch ökonomische Gesichtspunkte, zumindest in der Mehrzahl der Fälle. Fällt diese Entscheidung positiv aus, dann kommt das gedruckte Manuskript als Buch auf den Markt und damit tritt es in die Sphäre der materiellen Zirkulation und Distribution ein. Um Leser zu finden, muß es zunächst Käufer finden. Damit gerät das Werk-Leser-Verhältnis unter die Botmäßigkeit einer Reihe weiterer heteronomer Instanzen, wie Höhe des Verkaufspreises, Angebotsbreite durch Buchhandlungen, Buchklubs, Anreiz zum Kauf durch Werbung, Anzeigen oder Kritiken. D. h. in diesem Sektor verzahnt sich die materielle Sphäre in neuartiger Weise mit der geistigen. Zugleich wird das literarische Kommunikationssystem durch das metaliterarische Kommunikationssystem von Literaturkritik und auch Literaturwissenschaft überlagert.

Die seit dem 18. Jh. als selbständiger Berufszweig sich entwickelnde Literaturkritik ist selbst ein Produkt dieses Prozesses. Die Auswirkungen dieses Prozesses auf die literarische Produktion sind weitreichend. Sie fähren zu einer publikumsspezifischen, d. h. marktspezifischen Schichtung der Literatur in Höhenkamm-, Populär- und Trivialliteratur — ein Vorgang, dessen Bewußtwerden ja mit zur Diskussion um den der Literaturwissenschaft zukommenden Gegenstandsbereich geführt hat — sie beeinflußen die einsetzbaren gestalterischen Methoden, verändern die literarischen Normen und Strukturen. Die Spannungsstruktur eines Feuilleton-romans mit dem "Black out" seines "Fortsetzung folgt", gehorcht anderen Gesetzen als die eines von vornherein auf Buchpublikation angelegten Romans.

Wie tief diese neuen, durch die kapitalistische Industrialisierung zu Beginn des 19. Jh. in Gang gekommenen Veränderungen die gesamten "Literaturverhältnisse" also die objektiven Schaffens-, Produktions- und Rezeptionsbedingungen umgestaltet haben, ist von der Literatur sowohl dargestellt als auch theoretisch reflektiert worden. Man braucht nur an Balzacs Lucien de Rubempré in den "Illusions Perdues" oder an Zolas Artikel "De l'argent dans la littérature" im "Roman Expérimental" zu denken. Und dennoch sind die hier registrierten Veränderungen im Vergleich zur heutigen Situation im Verlagswesen, auf dem Buchmarkt und in der Literatur relativ harmlos. Ich möchte dies am Beispiel Frankreichs noch kurz belegen. Ich stütze mich dabei auf Untersuchungsergebnisse unserer Sektion für Romanistik, speziell meines Kollegen Hartmann. Man kann sie als eine Art Fortführung von Escarpits soziologischer Studie "La révolution du livre" (1965) betrachten.

Die Rentabilität der heutigen modernen Druckmaschinen liegt bei Auflagenhöhen von mindestens 50 000 bis 100 000 Exemplaren. Also braucht man einen großen Absatz. Frankreich war aber kein Leseland. 1960 hatten nach amtlichen Erhebungen 58% der über 20 Jahre alten Franzosen im Vorjahr kein Buch gelesen. 1981 waren es nur noch 26%. Die Zuwachsrate der Leser war gerade proportioniert der Zuwachsrate der französischen Verlagsproduktion. Offensichtlich war es den drei großen Verlagsgruppen: Presses de la Cité, Hachette (in der Verflechtung mit dem Elektronikkonzern Matra) und Gallimard gelungen, neue Leser und das heißt in diesem Fall neue Käufer zuzugewinnen. Wie, woher, wodurch?

1. durch Ermittlung der potentiellen neuen Käuferkreise aus den Reihen der bisherigen non-lecteurs, und das waren Frauen, Jugendliche, Arbeiter, kleinbürgerliche Schichten.

2. durch gezielte Orientierung der Verlagsangebote auf deren spezifische Lesebedürfnisse. Eine Feinanalyse der 58% non-lecteurs durch das Meinungsforschungsinstitut Sofres hatte ergeben, daß 52% von ihnen "concurrents de livres" lasen, d. h. Boulevard-blätter, Illustrierte, Unterhaltungsmagazine. Also wurde die Massenproduktion eingestellt auf Unterhaltungsliteratur, auf littérature d'évasion, roman sentimental, roman d'amour, érotisme, roman exotique (et historique), roman policier, science-fiction, roman politique-fiction, auf Jugend- und Kinderbücher und auf die neue visuell-typographische Mischform der "bandes dessinées". Verkaufspsychologen halfen bei der Zusammenstellung der Titellisten bei der Ermittlung optimalen Seitenumfangs, äußerer Aufmachung, Farbgebung, Ausstattung.

3. durch neue Formen der Distribution, wie z. B. durch Buchklubs. France-Loisirs, der Buchklub der Presses de la Cité, der in den letzten beiden Jahren auch hier in Kanada eine große Anzahl neuer Mitglieder weben konnte, brachte es innerhalb von 10 Jahren (1970-1980) auf 3 Millionen Mitglieder — oder mit Hilfe der "grande diffusion", d. h. durch Buchangebote in grands magasins populaires, supermarchés, bibliothèques de gare und vente par correspondance.

4. durch Billigware, (livres de poche, Broschuren), durch niedrige Preise, wobei der obere Richtwert ca. bei 20 frcs. lag.

Was hier geliefert wird, ist vermarktete Literatur, sind Massenartikel, die wie die "bandes dessinées" auch noch den durch die elektronischen Massenmedien veränderten Perzeptionsgewohnheiten Rechnung tragen.

Der Vollständigkeit halber muß gesagt werden, daß allerdings diese Massenproduktion häufig die Publikation künstlerischer Literatur mit niedrigeren Auflagen mitfinanziert. Diese aktuelle Entwicklung hat die seit dem 19. Jh. in Gang gekommene, schichtenspezifische Differenzierung der Literatur weiter vorangetrieben. Paraliteratur ist der wertende Begriff für diese neue Massenliteratur. Daß ihr eine vorrangig ideologische Funktion zukommt und daß sie zur Bewußtseinsmanipulation großen Stils benutzt werden kann und wird, braucht wohl nicht hinzugefügt zu werden. Die Frage ist aber, ob das niedrige intellektuelle Niveau der heutigen Massenliteratur, so wie sie auf den Markt geworfen wird, eine unausweichliche Folge der neuen technischen Verfahren ist oder nicht vielmehr das Ergebnis der Profit Interessen, denen sie dienstbargemacht werden.

Ein solches Nachdenken scheint umso dringender als sich die Rück-wirkungen neuer Produktionsverfahren, neuer Erfindungen, neuer tech-nischer Möglichkeiten natürlich nicht nur auf die Literatur, auf diesen Teil-bereich der Kunstproduktion beschränken. Valéry hat schon 1928, also noch vor Walter Benjamins bekanntem Essay "Das Kunstwerk im Zeitalter seiner technischen Reproduzierbarkeit" (1936) in dem Aufsatz "La conquête de l'ubiquité" auf die Konsequenzen der neuen technischen Möglichkeiten für die gesamte künstlerische Kultur hingewiesen. Die neuen Möglichkeiten der Reproduzierbarkeit und damit der raum- und zeitüberschreitenden allge-meinen Verfügbarkeit der Kunstwerke verändert ihren Status. "Les oeuvres acquerront une sorte d'ubiquité". Damit aber sind sie nicht mehr "en elles-mêmes, mais toutes où quelqu'un sera, et quelque appareil". Schallplatten, Kassetten, Tonbänder, Grammophones, Radios, Recorder haben zunächst die Musik, das Reich der Töne, weltweit verfügbar gemacht. "Les phéno-mènes visibles" waren zur Zeit der Niederschrift dieses Aufsatzes noch nicht so weit "apprivoisés". Aber, so fährt Valéry fort, "cela se fera".

Die Telekommunikation hat dies Vorassage längst eingelöst. Heute kann man fast von einer "monde visuel" sprechen. Und die Auswirkungen sind auch hier positiv und negativ. Einerseits eröffnen sich dem Menschen fast unbegrenzte Möglichkeiten der Teilhabe an allen künstlerischen Ereignissen in der ganzen Welt, andererseits kann die Reizüberflutung zur Abstumpfung und sogar zur Manipulierung führe. Valéry hat auch auf dieses Janusgesicht der von ihm registrierten Entwicklung hingewiesen. Ja, er hält sogar eine Veränderung dessen, was in Zukunft als Kunst zu bezeichnen sein wird, für möglich. "Il faut s'attendre que de si grandes nouveautés transforment toute la technique des arts, agissent par là sur l'invention elle-même, aillent peut-être jusqu'à modifier merveilleusement la notion de l'art." Die Einführung des Begriffs "ästhetische Kultur" sucht diesen realen Veränderungen heute Rechnung zu tragen, wie sie unter anderem in der industriellen Formge-bung, im design zutage treten.

Die neuen technischen Möglichkeiten dieses Jahrhunderts haben aber nicht nur zu neuen Kunstgattungen — wie dem Fernsehspiel oder Misch-formen wie den "bandes dessinées" — zu neuen Interferenzen der Künste geführt, sondern vor allem auch zu einer Veränderung der ästhetischen Sinne der Menschen, ihrer Perzeptionsgewohnheiten und ihres Vorstel-lungsvermögens.

War das 19. Jh., ein Jh. des schreibens und Lesens, so könnte man sagen, daß das 20. Jh. ein Jh. des Hörens und Sehens geworden ist, nicht nur in der pragmatischen Informationsaufnahme, sondern in steigendem Maße auch in den Künsten. Vielleicht nähern wir uns überhaupt einem neuen Zeitalter audio-visueller Kunst.

Muß man angesichts dieser radikalen materiellen Veränderungen im kommunikativen Bereich und ihren Konsequenzen für die geistige Kommunikation nicht zu dem Schluß kommen, daß materielle und geistige Kultur unlöslich miteinander verflochten sind und eine Opposition von Zivilisation und Kultur nicht aufrechtzuerhalten ist? Auch unser kurzer Rückblick auf die je historisch unterschiedlichen Stufen literarischer Kommunikation scheint mir dies zu bestätigen. Der Pabst hat in der eingangs erwähnten Rede ebenfalls dieses Problem der Verflechtung von materieller und geistiger Kultur reflektiert: "...d'une part les oeuvres de la culture matérielle font apparaître toujours une 'spiritualisation' de la matière... d'autre part, les oeuvres de la culture spirituelle manifestent d'une manière spécifique une 'matérialisation' de l'esprit", allerdings unter dem Gesichtspunkt, daß diese Verflechtung letztlich unwichtig sei, da der Geist sich gleichsam souverän die Materie unterwerfe. Diese Feststellung muß, glaube ich, durch eine zweite ergänzt werden: die Wechselwirkung zwischen "Geist" und "Materie" ist kein abstrakter Vorgang, sondern ein praktischer, den die Menschen unter historisch je konkreten objektiven Bedingungen in Bewegung setzen. Ausgelöst wird er durch die objektiven Erfordernisse zur Sicherung und Erweiterung ihres gesamten Lebensprozesses und den dementsprechenden subjektiven Zwecksetzungen. In diesem Prozeß gehen die Menschen auch ganz bestimmte Beziehungen zur Natur, zu anderen Menschen und zu sich selbst ein. Von dem Charakter dieser Beziehungen, den gesellschaftlichen Verhältnissen, unter denen dieser Prozeß abläuft, hängt damit weitgehend der Gebrauch ab, den sie von den jeweils eröffneten materiellen und technischen Möglichkeiten machen. Dieser dialektische Prozeß, in dem "L'individu tansforme son milieu en se transformant lui-même" (1. circulaire) und, so könnte man hinzu fügen, *où l'individu en transformant son milieu se transforme lui-même*, unterwirft nicht nur die Materie dem Geist, sondern entwickelt auch diesen selbst, indem er die Gattungspotenzen des Individuums vervielfältigt. Die je konkrete Stellung, die die einzelnen Individuen innerhalb des sozialen Beziehungsgefüges in diesem Prozeß einnehmen, bestimmt zugleich den Spielraum, der sich ihnen objektiv eröffnet, selbst schöpferisch in ihn einzugreifen bzw. die objektive Möglichkeit, sich die historisch je konkret erreichten Gattungseigenschaften, Tätigkeiten, Fähigkeiten, Bedürfnisse als Individuen überhaupt anzueignen.

Der Begriff der Kultur ist darum, nach meiner Ansicht, auch nicht auf die Vergegenständlichungen kultureller Tätigkeit, ganz gleich ob materieller oder geistiger Art einzugrenzen, sondern er muß subjektiv als diese Tätigkeit selbst gefaßt werden, in der mit und durch die Schaffung eines gegenständlichen materiellen und ideellen Reichtums zugleich der subjektive Reichtum der menschlichen Individuen entwickelt wird. Das große und reiche *patrimoine culturel de l'Humanité*, das es zu schützen und zu bewahren gilt, weil es unter anderem auch die Möglichkeit schafft, unsere eigene Geschichte in ihm wie in einem großen aufgeschlagenen Buch zu lesen, bleibte eine abstrakte Möglichkeit, wenn es nicht tatsächlich angeeignet und damit zu einem wirkenden Teil unseres Lebens, unserer eigenen Gegenwart gemacht wird. Und diese Aneignung ist nicht als ein Haben, ein abstraktes Besitzen zu verstehen, sondern eben im Sinne des schönen alten Goethewortes: Was du ererbt von deinen Vätern, erwirb es, um es zu besitzen.

Kultur als wertender Begriff ist subjektzentriert. Sein entscheindendes Kriterium sind die durch die jeweiligen Stufen des menschlichen Gattungs- prozesses den Individuen eröffenten Möglichkeiten der Entfaltung und Entwicklung der Persönlichkeit, der Herausarbeitung ihrer Subjektivität. Denn im Mittelpunkt der Kultur steht tatsâchlich der Mensch, der *Mensch in der Konkretheit seines Gewordenseins*. Er ist ihr Schöpfer, ihr Produkt und zugleich ihr Ziel.

LA CULTURE HÉBRAÏQUE COMME REFOULÉ DE LA CULTURE OCCIDENTALE

ÉLIANE AMADO LÉVY-VALENSI, JÉRUSALEM

> *Il allait hériter du monde occidental*
> *De celui qui commence où finissait le monde*
> *Il allait hériter de la vague profonde*
> *Et des refoulements du monde oriental*
> *…*
> *Il allait hériter du monde occidental*
> *D'une mer frauduleuse ensemble que profonde*
> *Il allait submerger sous les plis de cette onde*
> *Et de cet océan le monde oriental*
>
> Charles Péguy[1]

Introduction et définitions

Le sujet constitue en soi un défi. Car, avant même de définir les termes, s'il y a refoulé, il y a aussi résistance. Et si, en moins d'une demi-heure, on doit faire sauter le barrage des résistances qui se sont forgées durant des millénaires c'est, en soi, une tâche presque impossible. Presque. Car ce qui est pour nous déjà beaucoup plus qu'une hypothèse de travail trouve en écho des points sensibles dans la problématique à laquelle on s'affronte. Le tout est de mobiliser l'*attention*, au sens le plus fort du terme. Kawanah en hébreu désigne à la fois l'intention et la concentration de la prière… Lorsque Platon s'attaquait à un thème particulièrement difficile, qui débordait les forces de la raison, il faisait appel à quelque mythe, à quelque rêve, à quelque *daïmon* pour justifier sa démarche et mobiliser à la fois ses propres forces et l'attention tant intellectuelle qu'émotionnelle de l'auditoire. À ce titre il me vient à l'esprit cette phrase d'un grand mystique juif, Abraham Abulafia: "J'ai osé atteindre au-delà de ma portée"[2]. Et en effet devant cet immense auditoire et dans un temps restreint je dois faire passer le fruit de dizaines d'années de recherches et révéler un patrimoine enseveli sous les sédimentations de l'histoire. Ceci n'est à la rigueur possible qu'en faisant appel à cette inter-subjectivité des cultures dont on a parlé dans les exposés précédents et qui constitue quelque chose d'essentiel pour l'homme: le fondement de la commu-nication. Si je puis faire passer quelque chose qui s'élaborera ensuite dans vos esprits, qui s'élaborera ensuite dans vos oeuvres, c'est avec votre parti-cipation. C'est maintenant, dans les quelques minutes à venir, que ce qui sera forcément réduit à un schéma, avec des nuances insuffisantes, pourra, néanmoins, par votre écoute, prendre vie.

Il faudra d'abord définir approximativement les termes. Qu'entend-on par *refoulé?* Il s'agit d'une présence masquée et obscure[3], réprimée aussi. Zone de turbulences avec des retours en force, inévitables, que Freud a indiqués dans le terme très simple de "retour du refoulé". En gros quelque chose se joue à bas bruit dans l'inconscient des individus et des peuples. Quelque chose qui est porteur de signification et de signification éludée.

Quant à la culture, il n'est pas question d'en apporter une définition exhaustive après toutes celles qui ont été données. Disons toutefois qu'elle est le résultat d'une histoire avec ses structures stratifiées, ses références mythiques ou historiques toujours liées à un thème de l'origine qui, par définition, nous échappe. On peut au moins partiellement et pragmatique-ment, définir une culture dans un certain déroulement de l'histoire, par un patrimoine qui s'exprime dans le temps, *par une certaine mémoire.* Et ici on ne peut que rendre hommage au Québec dont la devise est "Je me souviens". Ceci ne doit pour aucun homme rester une vaine formule. Dans le patrimoine culturel juif il y a un vieux proverbe: les bons se souviennent, seuls les méchants oublient. Et le Baal Chem Tov condensait ceci en une simple phrase: Bazechirah Sod Hagueoulah. *Dans le souvenir se trouve le secret de la rédemption.* Tout le monde sait, au niveau de l'histoire, au niveau de la thérapie, au niveau du développement des peuples comme des individus que, sans une certaine cohérence, sans ce que Jaspers appelait l'intégrité du "chiffre du temps" — intégrité de ses trois termes, passé, présent, avenir — l'être humain se trouve en porte-à-faux sur son propre destin. Or dans une période comme la nôtre où s'affrontent les "systèmes" — même valable un système est toujours, de par sa rigidité, exclusif de ses propres moyens d'évolution — dans une telle période on est en droit de se poser la question de ce que pourrait être le *refoulé d'une culture.* Sans doute réside-t-il justement dans cette exclusive non seulement par rapport aux autres systèmes mais par rapport au "chiffre du temps", c'est-à-dire par rapport à ses propres réfé-rences. S'il subsiste une zone obscure elle ne cesse de se réfracter en images déformées, du passé sur le présent, paralysant et aliénant l'avenir. Parler aujourd'hui de référence occultée implique en quelque sorte une nouvelle herméneutique pour déchiffrer l'histoire de la philosophie, pour en dégager le sens ou les sens qui tentent d'émerger pour aussitôt se soustraire à leur propre mouvement. Et pour cerner un peu brutalement notre sujet disons à titre d'hypothèse pour l'instant — hypothèse qui pour moi n'en est plus une après de longues années de recherche — qu'*une histoire de l'antisé-mitisme* double à bas bruit toute l'histoire de la philosophie.

Les faits

Les faits tout d'abord. Ils se situeront, on n'y insistera jamais assez, dans l'intersubjectivité. C'est-à-dire que ce ne sont pas seulement les non-Juifs qui sont "coupables" d'oubli mais souvent les Juifs eux-mêmes.

I.   Prenons d'abord la *culture occidentale* en tant que telle. Elle se réfère officiellement à trois sources, Athènes, Rome et Jérusalem. Mais en fait Jérusalem est le plus souvent occultée malgré l'avertissement du Psalmiste: "Si je t'oublie Jérusalem que ma droite s'oublie..."[4]. L'Occident ayant perdu plus ou moins, ou déformé, sa référence orientale se trouve, à la lettre, *désorienté*. Les faits, nous l'avons dit, semblent jalonner toute l'histoire de la philosophie et peut-être de la pensée en général. Dans un exposé qui ne peut être exhaustif, l'essentiel sera de donner un minimum *de faits* propres à faire découvrir le *mécanisme de l'occultation*. Focalisons toutefois notre réflexion sur quelques points.

Prenons tout d'abord l'un d'entre eux, fait brut, indépendamment de toute analyse que nous situerons ensuite rapidement dans la chaîne de faits qui le précèdent et qui le suivent. Lorsque François 1er fonda le Collège de France il était destiné à l'enseignement du grec, du latin et de l'hébreu[5]. Mais ce dernier disparut rapidement des chaires, les Pères de l'Église étant peu désireux que l'on se reportât aux sources. Ceci n'est pas encore l'in-terprétation du fait mais le fait brut dans l'évolution d'une culture qui se coupe délibérément d'une de ses sources. Le fait d'un rapport au moins tendu et ambigu par rapport au judaïsme déborde toutefois *a parte ante* l'ère chré-tienne. Disons, toujours en survol, qu'il est à peu près impossible de démon-trer ce qu'affirment Philon d'Alexandrie pour Platon, Cléarque pour Aris-tote, qu'ils auraient connu le fait juif et y auraient puisé leur inspiration. C'est pourtant vraisemblable, pour Platon par exemple, en raison de ses voyages dans la région, de son souci de l'Un, et de certaines phrases du *Timée* qui semblent écrites en écho du *Livre de la Genèse*. Ce serait là, en germe, un des mécanismes de l'occultation: mi-ignorance, mi-malaise, pour intégrer dans des références culturelles données une *autre* référence qui ne s'adapte pas aux formes qu'elles présentent. Pour Plotin le phénomène est plus net encore. Plotin vit à Alexandrie, comme Philon, tout au début de l'ère chrétienne et environ 200 ans après Philon[6]. Plotin fréquente l'école d'Ammonius avec Herenius et Origène[7], école dans laquelle il y avait un "secret". Le secret fut si bien gardé par les disciples qu'encore aujourd'hui on ne sait exactement de quoi il s'agit. Pourtant il y a de fortes chances que ce secret ait été justement le judaïsme. Il y a des preuves *a contrario:* Plotin qui cite toujours ses sources ne cite jamais Philon qu'il ne peut avoir ignoré étant donné son temps et son insertion à Alexandrie. Son oeuvre est jalonnée de points significatifs et Bréhier le signale[8], marquant la ressemblance avec certains thèmes philoniens mais sans dire jamais qu'il est plus que probable qu'il les connaissait et étrange qu'il ne les cite jamais[9]. Origène de son côté sera un des premiers à noter l'analogie entre le *Livre de la Genèse* — qu'il connaissait donc — et l'*Évangile* de St-Jean. Le dictionnaire Larousse, condensé a minima d'une culture, dit que Plotin enseigne à Rome une philosophie où il "fondait les doctrines antiques et le christianisme". Mais Plotin dans les *Ennéades* ne cite pas plus le christianisme que le judaïsme. Il est seulement frappant que la culture moderne mentionne l'un et pas l'autre et tout tourne finalement autour de la référence philonienne occultée. Certes il ne s'agit pas là encore d'antisémitisme mais d'une réticence, d'une hésitation à laquelle la suite de l'histoire donnera tout son relief. On se sert d'une source sans oser l'assumer complètement et ceci de façon beaucoup plus nette — le secret dévoilant le mystère *ipso facto!* — qu'à propos des hypothèses concernant Platon et Aristote. D'autres exemples? D'autres faits? Toute l'histoire de la pensée en est jalonnée. Le Moyen-Âge en fourmille. S. Augustin[10] se fondant sur une phrase biblique: "l'aîné sera soumis au plus jeune" — dont il ignore que le sens hébreu du mot que l'on traduit par *soumis* donne lieu à toute une série de commentaires qui interdit l'univocité de la traduction — en déduit qu'il s'agit — à propos d'Ésaü et Jacob — de la typologie "actuelle" qui soumet Israël (l'aîné) à l'Église. Ignorant de la tradition juive, il donne un exemple, qui sera très suivi, du mécanisme de l'*usurpation d'identité*. L'Église, en effet, se dit Nouvel Israël et même *Verus Israël* — un peu oublieuse en ce sens, de l'*Épître aux Romains*... On voit donc s'ébaucher quelques rouages du mécanisme général: ignorance, gêne, malaise, puis intérêt, peut-être, on le verra, fascination, et, de ce fait, usurpation d'identité. Ne pouvant passer en revue, comme il serait indispensable de le faire, toute l'histoire de la pensée *et* toute l'histoire de l'antisémitisme on insistera sur certains paradoxes de l'école allemande qui se situent quelques décennies avant Hitler, avant ce que nous appelons en hébreu la Shoa[11]. Et cela prend les aspects et les nuances les plus variés et les plus imprévisibles. Prenons-en quelques-uns seulement.

Kant dans *la Religion dans les limites de la simple raison*, livre écrit après les trois grandes *Critiques*[12], cherche l'idéal d'une religion aussi pure que possible. Il en donne pour exemple le Christianisme, ce qui pour un chrétien est tout à fait admissible. Mais il éprouve le besoin d'exclure le Judaïsme de cette typologie idéale. Non seulement à l'aide des poncifs habituels qui montrent qu'il ne connaît pas le sujet — le dieu jaloux etc... — mais à travers une argumentation particulièrement spécieuse[13]. "L'histoire des Juifs n'avait pas été en quelque sorte contrôlée" (sic), leur livre saint ne peut être connu par des traductions et on ne peut connaître une langue fondée sur *un seul livre* (sic). On croit rêver. Parce que Kant, dont le niveau culturel ne devrait plus être à démontrer, ne connaît ni l'hébreu, ni l'araméen, ni l'univers de commentaires qui n'a cessé de "contrôler" *le livre*, Kant évacue et le livre et la langue et fonde sur cette évacuation "le bonheur des hommes".

Pour Hegel le problème est plus complexe encore et, disons-le, le mécanisme plus pervers. Il ne faut pas oublier que la contradiction demeure le nerf de la pensée hégélienne mais lorsque cette contradiction oublie son propre moteur, la dialectique, elle s'accule à d'étranges impasses. Il prend comme postulat que le Juif est "le peuple le plus méprisable", justifiant que

Dieu l'ait choisi pour s'y révéler car là la douleur est infinie. Jean Wahl[14] qui s'appuie sur les écrits de la jeunesse de Hegel lui donne un relief particulier, de notre point de vue, dans la mesure où il cherche le *background* affectif qui soustend l'oeuvre conceptuelle à laquelle on réduit souvent Hegel. Mais ce *background* affectif est lui-même le fondement d'une *ambivalence* fondamentale que la *contradiction* n'épuise pas. Le sujet déborderait notre propos. Retenons seulement quelques points fondamentaux:

— Hegel, dans sa critique de Kant et de la conscience fichtéenne, assimile Kant et Fichte au judaïsme, chose piquante si l'on voit l'usage qu'ils en font eux-mêmes[15].

— Rosenkranz[16] souligne que "la conception du judaïsme chez Hegel a été très différente selon les époques". Il ajoute que dans la *Phénoménologie de l'esprit* elle est complètement passée sous silence. Mais ce n'est pas exact. On trouve en effet au Chapitre sur la raison[17] une page qu'il faudrait citer tout entière pour sa valeur projective. Hegel dit que l'on peut "dire du peuple juif qu'il est et a été le plus réprouvé, parce qu'il se trouve immédiatement devant la porte du salut". Il lie cela au dernier étage de la raison, "vide et sans salut puisque ce qui devait lui donner sa plénitude est devenu un extrême solidifié".

— Si l'on relie ceci aux oeuvres de jeunesse de Hegel dont parle Jean Wahl et qui se trouvent dans l'Édition Nohl notamment, on peut dire que Hegel s'est arrêté au seuil de la vérité juive comme il reproche aux Juifs de s'être arrêtés au seuil du salut. De ce fait se situent ses innombrables contresens au sujet du Judaïsme. D'Abraham — l'homme de l'épreuve surmontée[18], l'homme de l'accès à l'universel — Hegel fait l'homme immergé dans la naturalité, l'homme qui parle à un dieu qui n'est "que le dieu d'Abraham et de sa descendance". Hegel voit dans ce peuple séparé l'écueil de la séparation d'Abraham: "vous serez une bénédiction pour toutes les familles de la terre". Lévinas montre bien[19] le danger du Système. Hegel a enfermé le peuple juif dans un système parcellaire en s'enfermant lui-même dans son propre système. Il a dénié aux Juifs l'intuition du Temps[20] qui constitue — on le verra — le génie même du Judaïsme, peut-être parce que c'était un des points essentiels de sa propre découverte. C'est une façon de cacher son larcin ou l'intuition qu'il a de son larcin; déniant aux Juifs ce qui fonde leur génie même, il cache la source où lui-même a puisé — probablement de façon inconsciente dans cet Occident qu'il contribue à la fois à accomplir et à figer — la source véritable de son inspiration.

Précisons ici que l'intelligence de cette source, de ce que Lévi-Strauss appellerait le "mythème" juif, est valable aussi bien pour le croyant que pour le non-croyant. Nous l'avions écrit dans une communication envoyée naguère de Paris au Congrès de Tbilissi, l'analyse est valable pour tout le monde. Le marxisme qui a puissance de création et d'intégration ne peut se permettre d'exclure un mythe, avec ses significations, même s'il ne l'accepte pas dans sa transcendance. Le mythe grec a été étudié par les psychanalystes sans que soit exigée une quelconque foi en les dieux de l'Olympe. Pour le mythe juif on a peur. Pourtant chacun peut arrêter sa réflexion et sa perception de la transcendance là où il croit bon de le faire. C'est un problème épistémologique. Hegel à propos du problème juif se pose dans une ambiguïté absolue de fascination et de rejet avec des expressions différentes selon les époques mais qui est significative par la complexité même de ce refoulé, de ses retours de flamme et de ses retombées.

Quant à Schopenhauer, dont j'apprécie personnellement le style, l'intuition esthétique et métaphysique, il est, il faut bien le dire, un peu déséquilibré sur le plan mental... Ceci ne fait parfois que rendre son propos plus significatif. Il est étrangement habité par la haine — plus particulièrement des Juifs, des femmes et des professeurs de philosophie! Sans commentaire venant de moi qui focalise tous ses ressentiments! Certes il dit aussi que les Français sont les singes de l'Europe et qu'il rougit d'appartenir au peuple allemand[21] mais c'est à propos des Juifs que son hostilité fait craquer tous les barrages de la raison. Non seulement il tombe dans les pires poncifs moyenâgeux — *foetor judaicus* etc... — mais il arrive à se mettre en contradiction avec sa propre philosophie, sans y prendre garde le moins du monde. On sait que Schopenhauer prône une morale de la pitié fondée sur sa vision métaphysique du monde: Le principe d'individuation étant pure illusion, "je" suis toute chose. En ce sens je suis l'autre et il ne peut plus y avoir de bourreau et de victime dès lors que le bourreau prend conscience de ce qu'il s'atteindrait lui-même par son geste meurtrier. Hélas cela n'empêche pas Schopenhauer de dire dans un autre paragraphe qu'il faudrait un nouveau Nabuchodonosor pour exterminer tous les Juifs[22]. Quelques décennies avant Hitler cela mérite d'être pris en considération. D'autant que les Juifs dont Péguy dira plus tard que leur coeur saigne partout où il y a une souffrance lui auraient peut-être fourni le modèle de "pitié" qu'il tente — vainement — de promouvoir. Oui, quelques décennies avant Hitler. Cela ne peut ne pas toucher un auditoire dont bien des participants ont perdu tout ou partie de leur famille à Auschwitz. M. Lévinas y a fait discrètement allusion lors de la séance plénière à laquelle il participait. Et lorsqu'on parle de culture et de civilisation, on ne peut manquer de s'interroger sur le sens du "double message" schopenhauerien. Celui-ci s'inscrit dans une certaine tradition. L'Allemagne a, à la fois, focalisé une immense intelligentsia juive — Hermann Cohen, Rosenzweig et tant d'autres et, doublant ce courant, ses philosophes, les plus grands, ceux dont on ne peut nier la valeur traînent avec eux ce "petit grumeau" — qui est en fait une énorme opacité. Et c'est cela sans doute qui a fait dire à V. Frankl que la Shoa s'est préparée à l'Université. Si c'est vrai cela double notre responsabilité à nous tous, universitaires, philosophes, hommes de culture — puisque c'est le terme consacré. Il nous faut prendre en charge cette responsabilité historique, savoir ce que parler veut dire, ce qu'il y a de non-dit derrière le dit, savoir ce que certaines phrases arrivent à signifier à la limite dans le passage à l'acte du "refoulé". Dans le retour du refoulé.

L'Occident, et certes il faudrait y discerner différents courants afin de nuancer notre propos, mais ce serait l'objet d'une autre conférence, s'est mis en mauvaise posture. Le mécanisme de fascination et de rejet qui constitue son "approche" de la culture hébraïque l'amène aux pires excès en ce qui concerne l'*usurpation d'identité* dont nous avons parlé. La pire est celle d'Hitler: de l'idée de *peuple élu* ("pour être une bénédiction pour toutes les familles de la terre" comme il est dit à diverses reprises dans la *Genèse*) il fait "la race des seigneurs", dans un but de domination. Il n'est pas vain toutefois de noter qu'il avouait lui-même à Rauschnig — et sa phrase contient une des dimensions les plus profondes de l'antisémitisme — "il est plus facile de combattre un ennemi extérieur que ses propres démons intérieurs". Or ce mécanisme complexe — fascination, rejet, usurpation d'identité — se retrouverait, identique, dans l'antisémitisme théologique, philosophique ou politique. Les termes changent, la thématique reste la même. Tant que l'Occident n'aura pas pris conscience de sa propre tentation d'autodestruction il sera en porte-à-faux sur le présent, et son avenir lui échappera. Je ne parle pas seulement de la menace nucléaire, de l'homme occidental manipulant, comme l'apprenti sorcier, des engins qui peuvent échapper à son contrôle, je parle d'une certaine attitude, complexe et à facettes. D'une part les idéologies modernes sont toutes plus ou moins des messianismes trahis, des efforts avortés pour faire un monde meilleur. Mais d'autre part l'enfermement dans la bonne conscience: "c'est l'autre qui est destructif et moi je suis innocent" confine chaque bloc dans l'asphyxie, et *alors* se trouve de nouveau branché le mécanisme qui consiste à prendre le Juif comme bouc émissaire. On y reviendra. Que l'on me permette d'ajouter ceci: deux jours avant ma communication, alors que celle-ci était prête, m'est tombé "par hasard" sous la main le livre de Pascal Bruckner[23] *Le Sanglot de l'homme blanc*. Le thème du livre est la mauvaise conscience de l'homme blanc "adulte et civilisé" qui tend à se dédouaner sur le "tiers-mondisme", fausse générosité dans laquelle l'auteur voit un produit corrompu "à mi-chemin d'un marxisme et d'un christianisme abâtardis". Il refuse de tomber dans une vision doloriste de soi et du tiers-monde. Il s'agit de haine de soi qui porte en elle "l'aversion du genre humain tout entier". Mais Pascal Bruckner n'est pas dupe[24]. Il sait à quoi mène et d'où provient "l'ancestral soupçon de souiller les sources de vie" et le "mécanisme antisémite ou raciste". Il sait surtout où se focalisent les choses à l'heure actuelle. "On n'a pas le droit de décréter l'occident coupable du seul fait d'exister", à rayer de la carte du monde. Et il conclut dans une toute petite phrase entre parenthèses: *et c'est pourquoi la question d'Israël est capitale: à travers la non-reconnaissance de l'État hébreu, c'est toute l'illégitimité de l'Occident qui est en cause*. Ce qui revient à dire que la réparation doit se faire sur les deux plans à la fois. Il y a des formules politiques comme "le droit à l'existence" qui masquent plutôt mal que bien le fait qu'on ne l'accorde pas. Tu aimeras ton prochain comme toi-même[25] implique que ce droit passe par ma propre reconnaissance comme sujet, alors l'autre sera reconnu aussi, non comme objet mais comme sujet Autre dans un authentique face à face.

II.   Toutefois ne pensons pas, après tout cela, que *les Juifs* soient innocents. Innocents parce que victimes. En fait pris *dans cette culture occidentale*, assimilés, parfois trop bien, ils ont été décodés par rapport à leurs propres références. Les exemples sont légion. On pourrait amener en vrac Marx, Bergson, et Freud. Tous ont, à travers leur immense créativité, marqué une époque mais tous ont aussi été quelque part atteints par cette négation et ce recul par rapport à leurs propres sources. J'en ai parlé ailleurs pour Bergson et pour Freud[26]. Chacun reconstitue par rapport à soi-même, dans le microcosme intérieur, cette problématique du refoulement d'une culture ou d'une référence. En fait osons dire en une formule lapidaire que le problème dans son essence est le même entre l'antisémite et le Juif, et, à l'intérieur de la conscience juive, entre le Juif assimilé et ce qu'il ignore de ses sources. Marx, on le sait, par sa dialectique et son espérance, est dans la ligne d'un messianisme — même sécularisé — et c'est pourquoi il a polarisé tant de Juifs à toutes les époques de l'évolution du marxisme[27]. Toutefois dans ses *Réflexions sur la question juive* il retrouve le porte-à-faux classique. En effet d'une part il s'inspire de l'ouvrage de Bruno Bauer, d'autre part il y projette un peu de force sa propre problématique. Bruno Bauer est un théologien chrétien, ses arguments sont ceux de l'antisémitisme chrétien, en fonction d'une transcendance. Marx évacue la transcendance mais fonde un autre antisémitisme sur le personnage du Juif capitaliste. On lui a souvent reproché de ne pas voir qu'il existe un prolétariat juif. Peu importe ici. Il reste que son petit livre sur la question juive fait grumeau dans une oeuvre dont on sait l'importance et l'influence de nos jours. De ses références juives, du point où elles pourraient *animer*, au sens fort du terme, le meilleur de son oeuvre, rien[28]. Mais prenons encore un exemple, bien localisé, de ce refoulement du Juif par rapport à ses propres sources. Il s'agit de Lévi-Strauss et d'un thème développé dans les dernières pages de son livre *Tristes Tropiques*. Lévi-Strauss n'est nullement un "juif honteux". Dès les premières pages de son livre il se présente comme Juif, raconte l'exode de 1940 lors de l'invasion allemande. Mais on va se heurter à cette méconnaissance naïve de Juif qui a endossé le vêtement de l'Occident[29]. Lorsqu'il s'agit de retrouver, non pas une référence nominale, mais une référence culturelle, Lévi-Strauss est dans l'impossibilité de le faire. Dans les pages auxquelles nous avons fait allusion, Lévi-Strauss cherche l'exemple d'une société qui, tant dans ses moeurs que dans la façon de se représenter la divinité, donnerait sa place aux pôles, masculin et féminin, dans une sorte d'équilibre à la fois sociologique et cosmique. Pour ce faire il compare l'Inde, le Christianisme et l'Islam *comme si le Judaïsme n'avait jamais existé*. Ayant été sorbonnarde des deux côtés de la barrière, je sais parfaitement qu'il a toutes les excuses. Il aurait été parfaitement admissible qu'il dise qu'il ne parlerait pas du judaïsme faute de le connaître. Mais ce n'est pas cela qui se produit et il en arrive à ce qui paraît être presque un lapsus, une saisie avortée du problème. Ayant éliminé l'Inde comme neutralisant les deux pôles au niveau de ses dieux et l'Islam comme virilocentrique, il aborde la chrétienté avec un double regret: l'Occident s'est Islamisé au moment des croisades et a ainsi perdu sa chance de "rester femme". Étrange. Il était question d'un équilibre entre les deux termes et pas d'une substitution. Il poursuit — démarche inattendue chez un anthropologue — en regrettant que le Christianisme soit né avant l'Islam. Tout ceci mériterait un développement plus nuancé. Il arrive alors à ce point où je crois pouvoir discerner lapsus, refoulement, scotomisation: s'il en avait été autrement on pourrait rêver à ce que serait un en-deçà ou un au-delà du christianisme. Aborder ce texte — au demeurant très nourri et très fin — en première lecture cause un choc. Quoi? cet en-deçà et cet au-delà du Christianisme n'existe-t-il pas? Lévi-Strauss ignore-t-il aussi radicalement ses sources juives? Pas la moindre allusion. Encore une fois il s'agit bien de référence occultée.

Mais le mécanisme de l'occultation qui débouchait chez l'antisémite sur le meurtre, symbolique ou réel, débouche chez le Juif sur l'autodestruction. On peut citer ici les ouvrages de Theodor Lessing. Dans l'ensemble celui-ci considère que l'humanité est partagée en deux catégories: l'une qui cherchant la cause du mal dans le monde la rejette sur autrui et plus particulièrement sur les Juifs, et ce sont les antisémites, qui les prennent comme bouc émissaire. L'autre qui, essayant de résoudre le même problème, l'existence du mal dans le monde, l'introjectent et s'auto-accusent... et ce sont les Juifs eux-mêmes. J'ai souvent dit et écrit avant d'avoir lu Th. Lessing que le grand complexe juif c'est de *croire qu'être objectif consiste à prendre la subjectivité de son ennemi.* Ainsi se crée une complicité mortelle entre le bourreau et la victime. Dans un livre paru à Berlin en 1930[30] Th. Lessing met en lumière cette haine de soi juive liée à l'ignorance des sources mais dépassant de beaucoup cette ignorance. L'une des observations date de 1920 — bien avant la montée du nazisme —. Il s'agit d'une personne[31] cachant comme une lèpre ou un cancer "la honte et la disgrâce, la faute métaphysique d'être juif". Et c'est un appel au meurtre: "...Allemands, restez durs. N'ayez point de pitié... vous, dernière citadelle aryenne, restez forts et fidèles... Que l'on détruise par le feu ce nid de guêpes."[32]. Un autre exemple cité par Lessing est celui — à la mode de nos jours! — d'Otto Weininger. Celui-ci a cumulé tous les aspects de l'auto-négation: homosexuel, antisémite et finissant par le suicide, conclusion logique de tout le processus[33].

Le sens de ces faits

Il nous faut maintenant tenter de dégager *le sens de ces faits*. Il semble que l'antisémite qui n'accepte pas le Juif ou le Juif qui n'accepte pas sa propre judéité ou, disons le mot, la quête en profondeur de son propre judaïsme, soient tous deux en porte-à-faux par rapport au problème de *leur humanité.* Le Juif représente par son message une humanité essentielle. S. Paul dans l'*Épître aux Romains* dit que l'élection de Dieu est sans repentance. Elle est aussi sans échappatoire. Le non-Juif que l'on pourrait ici rapprocher de l'homme du divertissement pascalien ne supporte pas cette figure qui lui renvoie sa propre image. Il veut alors briser le miroir sans voir que le miroir brisé en mille morceaux lui renverra mille fois son image entière. Quant au Juif décodé de ses sources, il ne sait plus ce que son ennemi ne supporte pas mais il veut s'en vider au maximum. Dialogue impossible entre un paranoïaque et un schizophrène qui n'en finissent pas avec leurs projections et leurs introjections dans cette intersubjectivité des cultures que nous rappelions d'entrée. Mais cette intersubjectivité doit dégager des paroles complémentaires et harmoniques et non pas s'acculer au silence de la mort. Il nous faut réfléchir et réfléchir encore à la fois sur le mécanisme du refoulement et sur le contenu de ce qui est refoulé. L'humanité ne supporte pas ce qui dans le Juif est mémoire. Voulant se mettre à sa place il veut aussi à chaque fois recommencer à compter le temps. Ce que le Christianisme a fait, et la Révolution française et Mao. Mais on ne recommence pas à compter le temps, on en assume la continuité et l'intégrité, le Sens, sans cela aucune dialectique au sens de Marx n'est possible.

Mais quant au contenu, ce qui est refoulé ici, cette image, cette essentialité de l'humain en quoi consiste-t-elle?

Le contenu du refoulé

Ce sera ici, trop brièvement, un aperçu *des lignes de force de la culture hébraïque*. De cette culture sans cesse refoulée qui s'est souvent élaborée en vase clos — du moins à certaines époques — faute de pouvoir communiquer avec le monde ambiant. Elle est liée, fondamentalement, aux textes et à la langue.

a) Si je devais résumer le judaïsme en une seule phrase, le focaliser sur un seul point, je prendrais ce texte du *Deutéronome*:[34] "J'ai mis devant toi le Bien et le Mal, la Vie et la Mort. *Tu choisiras* la vie afin que tu vives". Il s'agit ici de bien des choses, condensées. Le problème de l'engendrement des générations face au mythe grec de l'engloutissement des générations — Ouranos et Kronos s'entre-dévorant. Oedipe lié par un réseau de fatalité dans lequel il n'y a pas *de choix* possible. L'expression "afin que tu vives" se trouve presque telle quelle dans le Ve commandement "Honore ton Père et ta Mère afin que tes jours se prolongent sur la terre que l'Éternel ton Dieu t'accordera". — Freud, soit dit en passant, ayant endossé le vêtement occidental lui aussi, fait de ce V[e] commandement le IV[e,35], l'Église ayant supprimé le second[36] et dédoublé le septième.

Or de quoi s'agit-il? De tout un réseau de significations, en fait solidaires les unes des autres, dans le sens qui relie les structures[37]. Si le "afin que tu vives" se retrouve presque tel quel dans le Ve commandement et dans l'*ordre de vie* tel qu'il est donné en *Deutéronome* XXX, ce n'est pas qu'il s'agit d'un marché qui "récompenserait" l'homme de sa docilité aux ordres divins ou de sa soumission à l'ordre parental. C'est, ni plus ni moins, qu'il s'agit de la *condition de l'histoire*. L'ordre de vie ne peut être assumé sans ce sens des générations qui est transmission et non négation par la mort de ce que l'engendrement signifie. Histoire se dit, en hébreu, *Toledot* c'est-à-dire justement: les engendrements. Si Ouranos et Kronos s'entre-dévorent on a la réponse et la réparation à ce malheur essentiel — complexuel — qui guette l'homme, justement au dernier verset du dernier des prophètes, Malachie: "Je vous enverrai Élie le Prophète... Lui ramènera le coeur des pères à leurs enfants et le coeur des enfants à leurs pères..."[38]. Ce n'est pas le hasard si la Prophétie se termine sur ce verset, comme à l'orée d'une histoire prête à en perdre le sens. Ce n'est pas le hasard non plus si le Canon chrétien ayant changé l'ordre des prophètes a occulté le relief de ce message en lui ôtant sa place, lisière et terme de la prophétie en quête d'un sens à restaurer et à faire advenir.

b) Ce même paragraphe du *Deutéronome* XXX montre, des millénaires avant Freud, la force des instincts de mort. Si Freud a été si mal compris de l'Occident lorsqu'il en parle[39] ce n'est pas seulement en raison de l'habitude de lier l'instinct à la vie (conservation, reproduction) qui fait de l'instinct de mort un concept paradoxal, c'est surtout parce que l'Occident est tellement immergé dans l'instinct de mort qu'il ne sait plus de quoi l'on parle, comme le poisson immergé dans l'eau ne peut définir ni concevoir le milieu où il vit. Or en *Deutéronome* XXX l'Éternel se fait pressant: ne dis pas que cette loi que je t'impose est trop dure pour toi, ne dis pas qu'elle est au-delà des cieux ou au-delà des océans, non tu l'as dans le coeur et sur les lèvres...

Cette paraphrase résumée mais fidèle[40] montre la conscience aiguë qui habite le Livre — encore une fois, que l'on soit croyant ou non — de la tentation qui habite l'homme de dire non à la vie et de *ne pas* accomplir l'histoire.

c) La culture hébraïque serait somme toute une culture de *la responsabilité*. Non pas, nous l'avons vu, que tous les Juifs en soient conscients ou dignes mais qu'un sens les habite qu'ils en soient conscients ou non, dignes ou non. Et qu'il nous faut être conscients et dignes pour faire advenir pour l'homme et avec tout homme ce que cette culture signifie. Dans la *Genèse*, dès la Création du monde, il est écrit: ce monde "asher bara Elokim *laasot*". Ce monde que Dieu a créé afin qu'il soit fait. Laasot est un infinitif mais qui prend ici en gros le sens de l'adjectif verbal latin: qui doit être fait. Qui nous est confié et à faire. Ce monde, dans cette perspective, a une signification pour l'homme. Il ne doit être ni enfermé dans des dogmes, ni asphyxié dans des systèmes, il doit être vécu dans le sens de la dialectique de l'histoire et de l'avènement de l'homme.

d) La responsabilité, en hébreu *aharaiout* est construite sur la racine alef, chin, reich qui désigne à la fois la *succession* dans le temps et *autrui* — le prochain. *Le Temps et l'Autre*, comme l'écrivait jadis Emmanuel Lévinas. Car la culture hébraïque — il en sera parlé dans la table ronde[41] — est un creuset où le temps s'élabore, à travers la langue, à travers la relation, à travers la vision de l'essentialité qui lie les générations entre elles et Dieu à l'avènement des générations.

Conclusion

Nous avions commencé sur la mémoire et sur la mémoire il nous faudra conclure. "Je me souviens", dit-on au Québec. Nous disons aussi: souviens-toi, "Souviens-toi d'Amalek". Amalek n'est pas seulement l'ennemi d'Israël mais l'ennemi de tout homme. Et cette responsabilité hébraïque — le temps et l'autre — implique quelque chose de tout à fait spécifique. Essentiel à cet Autre qui parfois étrangement nous le rappelle.

Citons ici l'*Évangile* de Mathieu[42]. "Vous êtes le sel de la terre: mais si le sel perd sa saveur avec quoi le salera-t-on?" — Et le Coran[43]: "Nous leur dîmes: Ne transgressez pas le Shabbat", et plus loin[44]: "Peuple du Livre ne soyez pas extravagants... ne dites point Trois!... Allah n'est qu'une divinité Unique". À travers le refoulé de la culture occidentale, le peuple juif doit déchiffrer l'impact de sa propre culture et le sens de sa responsabilité, en rappel, dans l'interpellation de l'Autre. Entre le discursif et l'onirique qui prennent le pas tour à tour dans telle ou telle culture, le Juif doit dans son propre patrimoine culturel chercher le lien. La pensée humaine se déploie sur les deux plans et se mutile dès qu'elle s'oblige à choisir. Le Zohar et le Midrash relèvent de la pensée onirique. Le Talmud de la pensée discursive rigoureuse, mais ceci très en gros et toujours par rapport à ce sens de l'Unité capable de sourdre de l'interpellation et de la confrontation elles-mêmes. J'ai été frappée lors de la table ronde islamique[45] par une phrase qu'a lancée le Prof. Lahbabi: la science se fonde sur la preuve, la religion sur l'épreuve. Et — je le lui ai dit et il y avait de sa part un accord profond sur ce point: il est bien entendu que l'on n'accède à la preuve que par l'épreuve de la patience et de l'ascèse scientifiques et que par ailleurs, il y a un stade où l'épreuve est si évidente qu'elle prend valeur de preuve. L'épreuve qui a traversé l'histoire du peuple juif est cette preuve, existentielle, du message impliqué par sa culture sur laquelle l'Occident est en porte-à-faux. Albert Cohen écrivait: que les douleurs te conduisent à la Joie[46]. Et, dans le judaïsme la joie fait partie des *midot*, elle est une vertu, une "mesure". En ce sens Claudel écrivait: Là où est le plus de joie, là est aussi la vérité. Si nous pouvons communiquer dans la joie après cette brève rencontre, peut-être aurons-nous quand même, dans le temps imparti, dit et fait quelque chose[47].

NOTES

1. *Ève*. Oeuvres poétiques. Édit. La Pléiade, p. 1070-1071. Cette citation a été trouvée et rapportée plusieurs mois après le congrès.

2. Ms. Enelow. Coll. Jths. #702, alinéa 22 b.

3. Freud a bien montré qu'"inconscient et refoulement sont corrélatifs".

4. Psaume CXXXVII.

5. Et du syriaque, dialecte proche de l'araméen qui semble avoir disparu des chaires en même temps que l'hébreu.

6. Philon d'Alexandrie ou Philon le Juif v. 13 avant l'ère chrétienne à 54 après, tentait une synthèse entre l'hellénisme et le judaïsme. Plotin 205-270.

7. L'un d'eux fut l'un des premiers martyrs chrétiens.

8. Édition française des *Ennéades*. Édit. Budé.

9. On peut ici noter l'ambiguïté nuancée de Bréhier. T.I., p. XXXIII:
   "... Plotin rentre dans une longue tradition qui a son origine au IIe siècle avant notre ère dans la diatribe de Telis, et se laisse reconnaître (!) dans l'oeuvre de Philon d'Alexandrie, de Musonius et d'Épictète" — mais les Stoïciens eux, sont cités. D'autre part Bréhier pressent une source orientale chez Plotin et parle de l'Inde "source originale de vie spirituelle" mais escamote ainsi le Moyen-Orient...

10. *La Cité de Dieu*. XVI, 35. 36.

11. Mot qui désigne un malheur absolu. Nous refusons, comme l'a souligné Élie Wiesel, le mot d'holocauste qui semblerait lui donner une valeur sacrificielle insoutenable.

12. Paru en 1793.

13. P. 219 notamment de la traduction française. Édit. Vrin, IVe traité, chap. II.

14. Ce passage a été cité par différents auteurs dont Jean Wahl. *La conscience malheureuse dans la philosophie de Hegel.* Édit. Rieder.

15. Cf. Tome I de l'Édit. Nohl, p. 230.

16. *Hegel's Leben*, Berlin 1844. p. 49.

17. Édition Française Aubier. pp. 281-282.

18. Cf. l'article d'É. Lévinas. Hegel et les Juifs in *Difficile Liberté.* Édit. Albin Michel, et mon propre travail: *La Onzième épreuve d'Abraham.* Édit. Lattès.

19. Article cité.

20. Cf. pour le premier thème (Abraham), les oeuvres de jeunesse (Édit. Nohl). Pour le second, les deux pages concernant la Judée in *Leçons sur la philosophie de l'histoire.* pp. 150-152 de la traduction française.

21. *Pensées et fragments.* Traduction française, p. 222. *Le monde comme volonté et représentation.* p. 467.

22. *Sur la Religion.* p. 65-66 de la traduction française.

23. Édit. du Seuil.

24. Pp. 218 et 219.

25. *Lévitique.*

26. Voir notamment *Le Moïse de Freud, ou la référence occultée* à paraître aux Éditions du Rocher en janvier 84.

27. Cf. Arvon. *Les Juifs et l'idéologie.* P.U.F.

28. N'oublions pas ce texte du *Talmud* que Lévinas cite dans, *Totalité et Infini:* tant qu'un homme a faim, la responsabilité de tout homme est *ipso facto* engagée.

29. Il y a des exemples à la fois plus fracassants et plus mystérieux comme celui du rapport de Freud à Moïse. Voir note 26 ci-dessus.

30. *Der Jüdische Selbsthass.*

31. Qui finira comme quelques autres par se suicider.

32. Ce texte est cité par S. Trigano, *la Nouvelle Question juive,* p. 73. L'actualité nous fournirait des exemples aussi criants de cette aspiration juive à se voir à travers les yeux de ses détracteurs.

33. Cf. *Le Cas Otto Weininger.* Racines de l'antiféminisme et de l'antisémitisme par J. Le Rider. P.U.F. Paris.

34. XXX. 19 et précédemment.

35. Cf. *La Science des rêves.*

36. "Tu ne feras aucune image taillée etc..."

37. Cf. notre article à paraître, *Études Philosophiques*, "Structure et sens dans la pensée hébraïque."

38. *Malachie* III. pp. 23 et 24.

39. *Au-delà du principe de Plaisir.*

40. *Deutéronome* XXX. pp. 11-14.

41. *La culture hébraïque ou l'élaboration du temps,* à laquelle ont participé le rabbin Hazan, le professeur Th. Dreyfus et le Dr Roger Dufour. 26.08.1983.

42. V. note 13.

43. Sourate IV. pp. 153-154.

44. Pp. 169-171 — avertissement aux Juifs tentés par les thèmes chrétiens.

45. Table ronde à laquelle participaient les professeurs Moncef Chelli, Nasr et Lahbabi. 21.08.1983.

46. Solal.

47. Après la séance quelqu'un me fit remarquer que le Christianisme aussi parle de Joie. C'est vrai. Mais elle ne fait pas partie des "vertus", et le dolorisme chrétien a tellement marqué l'Occident... Il y a tellement plus de mise en croix ou de descente de croix dans l'art chrétien que de résurrections... Il n'empêche que c'est sur ce dernier thème que les messages convergent.

PHILOSOPHY, CULTURE AND
TECHNOLOGICAL PROGRESS

J.M. GVISHIANI AND V.V. MSHVENIERADZE, USSR

"Philosophy and Culture" is the main theme of the XVIIth World Congress of Philosophy. There is no necessity to prove its actuality. The modern scientific and technological revolution exerts a great influence on the development of the material and non-material culture. It is convincingly demonstrated by the world of real socialism, while under modern capitalism the scientific and technological progress reveals the deepest contradictions between the omnipotence of the ruling and oppressing state monopolistic machine and the deprivation (spiritual as well) and powerlesness of the individual. Therefore the main theme of the World Congress of Philosophy is respondent with many modern problems. Solutions of urgent problems of today, practical as they should be, must nevertheless be based on the development of an integral theory of culture, including research into the relationship between culture and philosophy, culture, science and technology, culture, society and man. One should hope that the XVIIth World Congress of Philosophy will make its contribution to this problem.

1. Problems of culture — in some form or other — have always been at the center of philosophical discussion. The distinctive feature of the *premarxist* concepts of culture was its reduction to the forms of society's spiritual life. It is not surprising as pre-marxist philosophy, including the materialistic, could not rise up to materialism in its interpretation of history.

The Marxist approach to the problems of culture is different in principle: it is based on the dialectic, materialistic concept of history and its cornerstone is the theory of consecutive change of social formations as integrated systems. According to it, culture is not confined to spiritual and political forms of social consciousness; its integral and in many ways determining part is a sphere of the means and products of material labour while the central principle drawing a demarkation line between culture and other aspects of society's development is the specific way of organization and development of human vital activity. The Marxist concept of culture proceeds from the assumption that culture is not only a product of material and non-material production but also a certain system of social standards and institutions by means of which interaction between people and their relationship with nature are regulated.

Culture is an exceedingly complex object for study, assessment and prediction because of the heterogeneity of its content. On the one hand, culture contains many elements, different in their substance and nature such as material and technical objects and means of communication, material and spiritual products and services, artistic values and norms (ideological and aesthetic), relationship between people and modes of human activity. All these elements are not equally quantifiable. They differ in the forms of their existence and in functioning, and consequently in the degrees of the theoretical and practical possibility of their research and management. On the other hand, culture finds itself in constant interaction with the economic basis and other subsystems of society, suffering a considerable influence of each and, in its turn, exerting a significant influence upon them. The analysis shows that the forms of their relationship are diverse, including "compensation", "completion", "balance" etc. Some of these important aspects of the relationship are not sufficiently explored, therefore it is not easy to obtain reliable measurement to take into account the factors and conditions of the development of culture as well as its various effects and results.

In the variety of existing approaches to studying the structures, tendencies and goals in the development of culture, one can distinguish three major directions. The first is based on the so-called normative model of culture development. It provides a basis for attempts to calculate some constant — rational — norms of consumption of products and services of culture by the population (similar to those in the sphere of consumption of material products and services that are connected with the idea of rational consumption budget). On this basis, a normative ideal order for the national economy can be elaborated. The second direction implies the model of culture development based on the so-called preferable pattern (or patterns); in this context in modern society groups of population with some integrated "personal potential" are singled out (including certain knowledge, work and social activity, aesthetic taste etc.). These groups are regarded as a desired pattern, therefore the entire process of prospective development of culture is considered as a movement from less developed (in the above sense) to "advanced" groups. The third direction of analysis proceeds from a systemic and historical model of culture development. Hence there are some attempts to identify, predict and evaluate real long-term tendencies, observed in culture as a complex system.

Culture belongs to complex systems that have a highly pronounced ability for self-movement and self-regulation, on the one hand, and only relative independence, on the other, as the occurrence and nature of change in the system are dictated by its functions in relation to another system — society, its history. Culture not only forms a world of meanings, which allow mankind to orient itself in space-time reality with the help of the "coordinates" of "Truth — Good — Beauty — Utility". Its task is complicated in that "the objective function" of that orientation is preservation and development of the basic characteristics and integrity of man as a species.

From the Marxist standpoint the main accomplishment of culture is man. Karl Marx wrote: "The art of reproduction itself changes not only the objective conditions..., but the producers themselves change, they evolve new qualities, by producing they develop and transform themselves, acquire new powers and new conceptions, new modes of intercourse, new needs, and new speech".[1]

It is this most important result of human activity that is the substantive and practical content of the concept of "culture". From this point of view culture may be defined as the development and self-reproduction of man as a social being in the concrete forms of his material and spiritual activity.

A similar approach to culture allows one to understand its human orientation and content as well as to conceive culture as an integral societal phenomenon incorporating various aspects of man's social life. Culture serves as a yardstick for assessing the level of man's working activity and the degree of his actual participation in the social and political life and development. The Marxist and Leninist conception of culture countervails the attempts of bourgeois philosophers to consider culture only as the reflection of a particular, mainly spiritual side of human life in society and thereby to deprive the other spheres of life of their cultural meaning.

2. Various forms of human consciousness and activity exist in dialectical interactions and are united in a general cultural ideal formed at the meeting place or, rather, intersection of separate ideals and values. This process represents a peculiar combination of the social, political, aesthetic and other aspects, their focus constituting a higher synthesis which cannot be reduced to any of the aspects or their mere sum total. The process of unfolding the problem of the cultural ideals as a general form of goal-setting and goal-oriented activity of the social man gives the most concentrated expression to the philosophical aspect of culture. The separation of this aspect makes it possible to reveal the inner essence and dynamically developing structure of man's many-sided cultural activity, to grasp the cultural ideal as a profoundly rich and, at the same time, flexible concept liable to analytical decomposition and representing a synthesis of numerous opposite sides of human consciousness and practical activity, a unity of diversity.

The concept of culture reflects human social activity. It is directly connected with the level of cultural development achieved in a given society. The multiplicity of definitions of culture not infrequently reflects the existence of a real multitude of cultures in the world. The reflection may be adequate or distorted. This is determined primarily by social relations existing in society and does not always depend on the subject reflecting it, his ill-will or good-will. One thing is certain: the given concept of culture is a product of a given cultural habitat.

General human culture is formed historically on the basis of mutual penetration of various national cultures. The socio-cultural experience of mankind is systematically enriched, passing from generation to generation and being inevitably superimposed on the entire process of culturally effective assimilation of reality, both social and natural. We proceed from the understanding of culture as a total creative activity (material and spiritual), including its results. The reality created by the social man in its turn contributes to his own development and perfection of his activity.

Philosophy is one of the most important components of culture. It is specific in that, being a theory of world outlook and actively participating in the formation of the understanding of the world, it makes a definite imprint, depending on its character, on the entire cultural activity of a given community of people, and on their understanding of their own activity. Philosophy imparts to culture the ability for self-reflection and, consequently, self-appraisal. The introduction of the axiological aspect helps reveal continuity in the development of culture and the laws of this continuity, the dialectics of the preservation of traditions and creation of the new. Philosophy's crucial role in culture consists in conceptualising the dynamism of cultural development and in defining the role and place of the cultural ideal as an inner image, as a stimulating driving element, as an objective requirement and aim in man's conscious activity in creating civilisation.

The understanding of the cultural ideal as an integral and complex phenomenon makes it possible to reveal also its component parts, to define the relationship between them as the dialectics of the general, specific and particular. Different philosophical systems differently treat also the problem of the ideal. Therefore philosophy can rationally (or irrationally) define such cultural ideals as peace, coexistence, justice, freedom, equality, etc. These ideals have a universal human character. Each of them possesses also concretely expressed values. Thus, peace is simultaneously the highest political, moral, aesthetic and social value.

A really existing ideal as a universal form of human consciousness and activity affects literally all spheres — social, political, economic, moral, etc. The problem of an ideal society, man and organisation of the world is studied not only by philosophers. However, the problem of the ideal as a universal category is the subject of philosophy, for all-round theoretical conceptualisation of the ideal is the result of philosophical thinking, universal and highest form of the self-consciousness of the social man.

The concept of the ideal has been analysed by many philosophers. Let us examine two examples in which the ideal is directly connected with the category of contradiction. This is essential, for the ideal is always a unity of opposite sides and the road to it passes through the resolution of contradictions.

Kant associated the ideal with the aim. He saw the social significance of the ideal in the conformance of human activity to the universal aim of the human race for perfection. The attainment of the ideal presupposed over-coming the contradiction between the individual and society, the particular and the universal. This contradiction was expressed in antinomies which, according to Kant, testified to the eternal incompleteness of knowledge, the insurmountability of the contradiction and, hence, the unattainability of the ideal. There was only one exception for Kant — the sphere of art. Any statement about perfection beyond this sphere, say, in morality, science, politics and so on, was declared false.

The fallacy of Kant's methodological position is manifested clearly in this: where there is a contradiction, there can be no ideal. In Kant the ideal appears as "prohibition of contradiction" or categorical imperative, which cannot be realised either. However, Kant's antinomies were not groundless thought constructions. To a certain extent they reflected real contradictions between the ideal (for example, the moral imperative) and the social condi-tions of its realisation.

What for Kant was an obstacle to the attainment of the ideal was for Hegel a form (and law) of human scientific culture: the ideal is where there is contradiction (overcome and born anew on a new and higher level). Any struggle of mutually exclusive sides, a dialectical contradiction is, according to Hegel, not a testimonial of the delusion of the reason but an objective law of development intrinsic to it. Development is infinite and universal and embraces the ideal itself. Therefore the ideal cannot remain in an attained state for long, still less eternally.

In Hegel the ideal appears as a process of eternal, never consummated renewal of the spiritual culture of mankind. Exposure and identification of contradictions leads to their resolution, the birth of a new stage which in its turn is fraught with contradictions and which likewise must be "removed" in order to give way to a higher form. In this understanding of the ideal is at once the strong and weak point in Hegel. The dialectical treatment of the process of development as an eternal, contradictory and never ending move-ment constituted the philosopher's great contribution to the perception of the internal mechanism of the cultural development of mankind, but the idealistic starting point reduced the entire process of development to self-developing thinking. The real process of life became distorted and turned upside down, for the material conditions of life, industry, political history, morality and so on lost their independent significance. As it were, they accompanied pure logic, being its side-product.

The idealistic philosophical position mystified the real state of things. It led to cultural and political conservatism, for absolutisation of "pure logic", i.e. thinking, inevitably meant idealisation of any earthly embodiment of "ideas" ("all that is real is rational"), in particular, the Prussian monarchy of the time. In these conditions man acquired significance only to the extent to which he embodied the ability to think dialectically. The question of the conceptualisation of the ideal as, say, the process of all-round and harmonious development of the personality in the sphere of cultural activity could not be put correctly. Idealism deprived man of his genuinely human independ-ence and identity.

The road to the correct understanding of the ideal passed through over-coming of philosophical idealism on the basis of the scientific materialist conception of history, the Marxist dialectical method.

An adequate understanding of the cultural ideal above all implied eluci-dation of the substantial characteristic of the individual, the objective basis determining his specifically human vital activity. An essential feature of man is his labour activity. It ultimately determines all other forms of activity and behaviour, the meaning and social significance of the cultural ideal.

The visible aspect of man's cultural activity in society is expressed in that society fulfills its cultural needs with the help of products of material and spiritual production. Consumption conditions both the object of material and spiritual production and its ideals. As Marx pointed out, "...consumption posits the object of production as a concept, an internal image, a need, a motive, a purpose. Consumption furnishes the object of production in a form that is still subjective. There is no production without a need, but consump-tion re-creates the need".[2] The cultural ideal is objectively determined by the social content and activity in its implementation is closely linked with the socio-material aspect of life, is its direct product, function and mode of existence.

The cultural ideal is a reflection of dynamic reality in the form of objec-tified activity of man, in the forms of his conciousness, will, psyche. But this reflection is not simply an individual act of an isolated individual. Man's activity, his consciousness, his will and psyche are social products. Man is the subject of social production of material and spiritual life. The cultural ideal therefore appears as the function and result of the sensuous-objective activity of the social man, creative labour of generations succeeding one another in the course of historical development. It reflects relations between people and man's relation to nature, which have not yet been firmly estab-lished but which give a glimpse of the future. But this does not in any way detract from the social essence of the cultural ideal. Even primordial nature becomes the object of culture in proportion to its "humanisation", "culti-vation", involvement in the activity of the social man. Nature then acquires its social meaning. Culture, like its achievements, is a product not of imagi-nary individual activity, but social activity. The ideal outpaces reality but does not get divorced from it. This outpacing itself is objectively conditioned by the reality, by the objective tendencies of its development. This condi-tioning determines the feasibility of the ideal, and distinguishes a real ideal from a utopian one.

Each culture is the scene of the struggle between the new, progressive and the old, conservative. Depending on the tendency or aspect of the contra-diction which it reflects, the ideal may be progressive or regressive. A regressive cultural ideal cannot perform the functions of a real ideal, for it is projected into the past or clings to it. At a definite stage this contradiction may assume the form of struggle between culture and anti-culture, revealing the contradiction in the spirit of Hamlet's question: to be or not to be. A clear-cut position in understanding the ideal of culture is essential not only for elucidating the qualities of the ideal, but also its essence, whether the given ideal is an ideal at all.

A substantiated ideal contributes to the transformation of the adaptive orientation into an active, transforming creative work of the individual, adapting the environment to the interest of man and society. The highest cultural ideal of society built on just principles is: "Everything for the sake of man, for the benefit of man".

3. One of the most important objects of analysis from the standpoint of philosophy is the relationship between culture, science and technology. Of great interest are not only general, universal but also specific, historically changing parameters of this relationship.

Marxism considers science to be one of the fundamental manifestations of culture. The mode of its functioning in society is determined not only by the needs of technological development, the interests of economic, social and managerial practice but also by more general cultural goals. On the other hand, science, in its turn, also influences the course and content of culture. The cultural potential of science to a great extent accounts for the meaning of the definitions and interpretations given to it by different ideologies and schools of philosophy. In this connection it is important to emphasize that at present philosophy's interest in science should imply identification of its cognitive procedures and logical operations, analysis of the social mechanisms of its functioning and utilization in society, definition of its general cultural value, the general meaning of research activity from certain social and cultural standpoints.

This approach allows one to trace deeper relationships between philosophy itself, science and culture. Philosophy is one of the most important sources of cultural values. Moreover, it is a special source that gives a philosophical orientation and a methodological basis to man's practical and cognitive activity. Therefore philosophy is directly related to culture as an integral system. Being one of the cultural phenomena, science is also directly connected with philosophy. It makes philosophy a central link connecting science with culture in their integrity. Given that, science constantly addresses philosophy for ideas, especially when there is a need for innovative ideas extending the boundaries of our knowledge. Historically philosophy acts as cultural and methodological substantiation of scientific knowledge.

Development of culture, science and philosophy is the major manifestation of progress in the relationship between people that is formed while they live their lives. In each epoch this relationship was understood differently and expressed through the relationship between people and nature. Thus, in ancient Greece the principal meaning of the concept of *paideía* (breeding) — an analogue of the modern concept of culture — is the civil valour and aspiration for freedom as the highest cultural values for the Greeks. In conformity with the general cultural attitude the scientific and technological achievements mentioned in myths and legends did not testify to the victories over nature. They signified man's art to win nature over to the human side in the struggle for freedom.

One can distinguish several major types and historical epochs in the relationship between culture, philosophy, science and technology. In ancient times in the East and later in Greece scientific knowledge existed in an embryonic state, mainly in the framework of philosophy that was, in its turn, directly influenced by mythology and some other elements of culture in the human communities of that epoch (including man's everyday activities). By the VIth century B.C. in Greece there appears science as a single whole, not yet separated from the mother's lap of philosophy but already containing rational conceptions of the Greeks about their place in the surrounding world, nature *(phusis)* as a whole. There appears three comprehensive groups of problems: animated nature, the Universe and the tiniest elements of things *(atomos)*.

The dominating influence of culture and philosophy on science remains throughout ancient times and the Middle Ages, though at that time science tears itself away from philosophy and gains a status of independent activity. Later radical changes in the development of science known as scientific revolutions are directly linked with dramatic cultural changes. If a research programme is placed in a different cultural context, it will inevitably undergo substantial changes. Thus, Aristotle's research programme was considerably transformed in the Middle Ages.

In a new cultural context this programme allowed one to formulate a number of concepts (the formulation of which was impossible for the ancient world but essential for further development of scientific knowledge). These were concepts of infinity, space, continuous movement along a straight line, as well as attempts to eliminate a teleological principle in explaining nature, etc. The scientific revolution of the XVI — XVIIth centuries that laid a foundation for modern natural sciences became possible only through the elimination of one of the main principles in Aristotle's scientific programme: strict differentiation between "the natural" and "the artificial", "the technical". This demarcation was obvious for Aristotle as he adhered to an ancient stereotype of culture. Therefore Aristotle's scientific programme looked upon mechanics not as a natural science but only as a guidance for creation of artificial mechanisms with whose help man could try to "outwit" nature.

Antiquity does not conceive scientific and technological progress as accumulation of production experience. Accordingly, engineering was considered an art in whose development a cumulative tendency was not always explicit.

The subsequent centuries, up to the beginning of the modern times hardly modified the agricultural tools — the technical basis of agricultural production during the Middle Ages and the Renaissance. But exactly in those periods in European culture there appeared ideal and socio-organizational prerequisites that could now be qualified as prerequisites of a future scientific and technological progress. In this case culture also served as a kind of translator of the changes that had occurred in the social and economic life.

Canonization of feudal relationships in the medieval world determined by catholicism led to substantial changes in the cultural determinants. In that context they were primarily ideological changes in the attitude to nature and technology in a general sense of the word. Eternal, full of inner value, nature — a basis of the ancient world outlook — was replaced in the Middle Ages by a conception of nature specially arranged for man.

Naturally, in that period there were only rudiments of a new world outlook that hardly played any meaningful role in the spiritual life of the contemporaries. As was discovered later, the highway of medieval science led to the blind alleys of theology and the labyrinths of scholasticism. As to the active tendencies, they found their actual materialization in the periphery of culture and science: alchemy, astrology and medicine that was rushing about from magic to sorcery. Still one should not underestimate this theoretical and ideological precondition. The power of the cultural tradition consists in that the totality of components accumulated by culture can be stored indefinitely, and the seeds already born in it will immediately sprout as soon as there are favourable conditions.

The Middle Ages reared another change that was very important for future scientific and technological progress. It was a change of socio-organizational character related to society's major productive force — human labour. Distinct regulation of citizens' professional activities was introduced mainly among the artisans — a technical vanguard of medieval production. The regulations (rules) of medieval artisan guilds ordered certain forms of professional behaviour and interpersonal relationship among their members and, most important, established mandatory forms of training and systems of awarding qualification ranks that determined the social and, to a large extent, economic status of an artisan. Thus, the technological experience and the subject matter of technical professions got introduced into the cultural tradition. First, it was individual experience but as early as the XVIth century, emergence of the first manufactures signified readiness of production for mass reproduction of the divided labour techniques.

The scientific and technological progress is justly referred to the New and Modern Time. The above deliberations are least of all intended to disprove this firmly established conviction. We only want to emphasize that F. Bacon's programme in "The Great Instauration" emerged as philosophical awareness of the relationship with nature through production — an experience acquired and accumulated in the depths of centuries of the European cultural tradition. As Engels wrote: "If, after the dark night of the Middle Ages was over, the sciences suddenly arose anew with undreamt of force, developing at a miraculous rate, once again we owe this miracle to production".[3]

Thus science is a component of a vast system of culture. It is impossible to understand the structure of scientific knowledge, the character of its development and functioning without taking into consideration its commitment to a wide cultural context. The scientific conception of the world, theories, scientific programmes, the explanatory models adopted by science — all that is rooted in the deep-lying strata of the material and non-material culture in its integrity characteristic of a certain stage of societal development. The existence of various interacting and competing research programs as a rule signifies the presence in the given culture of different outlooks and values.

So far we have spoken about the role of a cultural context in the development of science. However, in order to determine the relationship between science and culture this is not sufficient. No less important is to give atention to the reciprocal influence of science on culture.

This second process appears with the emergence of science proper, but its role at various stages of its history is different. And only in the XVIIth century does science reach a stage of inner maturity when its reciprocal influence on culture and society is compared with the influence of culture itself. This influence was based on the development of technology dramatically accelerated due to scientific achievements. It resulted in the advent of the first industrial revolution that paved the way for an economic and political victory of a new class — the bourgeoisie. As a theoretical indicator of the increased influence of science, there was a radical change in the philosophy of that time: Bacon, Descartes, Spinoza and Locke "free" the mind from theological and other "Idols". They prove priority of rational experience, scientific experiment in the cognition and entire vital activity of man. It was in science that the thinkers of those times found their natural ally in the cause of overcoming the spiritual traditions of feudalism and proving a necessity of the emerging bourgeois society.

Getting placed in the center of modern culture, science becomes more closely connected with practice. Its further development acquires the character of an increasingly accelerated scientific and technological progress where research is further elaborated up to a stage of practical application as technological innovations. Research and application turn into extended reproduction of the resource of science proper, stimulate the programmes of training for professional personnel via higher educational institutions. The personality of the scientist and engineer occupies one of the central places in a series of educational patterns replacing the ideal of the "bookworm" scientist and diligent clerk, while polytechnical education constitutes a serious competition even to Humboldt's idea of University — one of the greatest achievements of European culture.

But real application of science in a bourgeois society (it became extremely clear due to the development of capitalism in the XXth century) got into contradiction with the conceptions of the classic bourgeois philosophy concerning the role of science.

A blind belief in the omnipotence of the scientific and technological progress, its ability to solve all the problems faced by human society, was burned in the fire of World War I. Mankind was faced with the reverse side of the technological progress in gas attacks, under the caterpillars of the tanks and under the bombs of zeppelins. True, it was not always the world's tragedy but also everyday application of the achievements of science in a capitalist setting that upset the earlier expectations.

The awareness of negative consequences of scientific application in a bourgeois society led to a change in the philosophy/science relationship. The earlier confidence in the capability of scientific reason to solve social problems was replaced by dark prophecies about the inevitable triumph of the callous, depersonalized rational and technical principle over the spiritual aspects of human life, about unavoidable "robotization" of man falling victim to the total power of the engineering mentality. In the course of this reorientation there evolved a tendency directly opposite to the classical principles of bourgeois philosophy — that of limitation of the "rights" of science, criticism of the theoretical reason and protection from scientific interference in the spheres of life affecting directly the personality's needs and vital interests. The line of "criticism of science" advocated by romantics, the line that became the point of departure for ideological aspects in many of the modern irrationalist theories, was in fact but the reflection of the actual limitation of the development and application of science in a bourgeois society.

However, it is now that a radical difference of science from the traditional forms of culture becomes revealed. In the course of the modern scientific technological revolution the role of scientific knowledge in the solution of not only technical but also organizational and managerial problems is greatly increased. Ultimately all the spheres of human activities in society become rationalized and coordinated. By means of science society provides kinds of safety measures to protect itself from the effects of uncontrollable and unaccountable individual acts that can essentially and unpredictably influence the character of the adopted decision. Knowledge becomes a foundation of human organization, a necessary condition for their joint activities. It increasingly serves as an integrating element in people's societal life, replacing the traditional forms of their social "togetherness". It releases man from emotional and psychological commitment to the prescribed forms of social life and determines the type and mode of his social behaviour, the character and the limits of his actions through formal requests and prescriptions.

This is how an approach from the positions of scientism towards the relationship of science and culture is formed in modern bourgeois society. From this viewpoint a further progress of culture is conditioned primarily by the necessity of developing the inner principles of science. Attention is given to the structure, the principles of formation and interaction of scientific knowledge as such (K. Popper, T. Kuhn, I. Lakatos, C. Levi-Strauss). On the other hand, the so-called applied scientists (D. Bell, L. Mumford, et al.) try to create some projects for saving Western civilization as "postindustrial society" on the basis of modern technological knowledge as a synthesis of successes of "behavioral sciences" (sociology, psychology, social and cultural anthropology), the data of genetics and biology.

The gap between socially objective, regulated by knowledge, and the intimate psychological aspects of human existence is looked upon by modern bourgeois consciousness as the main contradiction of that type of culture which is born out of scientific and technological development. The utmost rationalization of man's social existence, eliminating the earlier norms of social conduct, leads to emptiness in man's inner world. The consequences of that "devastation" are obvious in the attempts to restore the symbols of the past, in the turning to history in search of the lost content and meaning, and in a spontaneous, radically negative revolt of the "new lefts" (toward industrial culture).

However, existentialist and other interpretations of the relationship between science and culture, giving first priority to the problems of man, do not go beyond the utopian ontologies of "real" existence. They can be treated rather as evidence of a spiritual crisis that befell modern bourgeois society than something that defends the ideals and values capable of remedy in the given situation.

A specific reaction of capitalist society to that crisis is "mass culture". It tries to fill up the emotional and psychological "gap" left over by the rationalized and pragmatically oriented social practice. Search for new quasi-religious values, recourse to mysticism and creation of numerous religious cults acquire a mass character. The falseness of that culture consists in that it does not produce a new type of spirituality and consciousness capable of giving a new meaning and content to human life if the conditions change. Instead it reproduces only the instincts of everyday consciousness brought to life by the same conditions, disguises and styles them as spiritual and cultural patterns of the past.

The true conception of social and cultural capabilities of science goes beyond the interpretations of classical bourgeois philosophy as well as the limited practice of development and utilization of science in capitalist society often referred to by the bourgeois thought. For the first time it was theoretically proved by the classics of Marxism and is practically applied under real socialism.

4. The founders of Marxist theory looked upon science as not only a form of theoretical contemplation of the world and a means of achieving technical and production results but first of all as a theoretically valid mode of revolutionary and transforming activity. It is this conception of science that allowed the founders of Marxist theory to go beyond its traditional philosophic interpretation and utilitarian pragmatic utilization in bourgeois society.

The very fact of practical application of science, its transformation into a productive force gave Karl Marx the ground to consider it a phenomenon of general cultural value that radically changed the entire system of man/nature and man/man relationships. The orientation of science towards the material activity of people, its striving domination in the entire sphere of public production provide a basis for a qualitatively new type of culture, absolutely different from the traditional form.

According to Marx the need for science on the part of capital turns out to be a manifestation of a more general cultural and historical tendency — a tendency for universalization of man proper. This tendency cannot be squeezed into the frame of capitalist development and is not confined to this development. It just reveals itself in the age of capitalism, and indicates the desired ideal rather than the actual state. Hence, a revolutionary conclusion that the tendency for universalization of human activity and interaction can be fully identified and implemented only when capitalism is abolished and socialist society created.

It is real socialism that creates objective conditions for a harmonious unity of the socio-cultural and technological progress paving the way for free development of the personality. As V.I. Lenin wrote, it is under socialism that "... all the marvels of science and the gains of culture belong to the nation as a whole, and never again will man's brain and human genius be used for oppression and exploitation".[4]

This is best confirmed by the sixty year history of the USSR, a highly integrated society where technological progress is aligned with socioeconomic progress, where "... a socialist multinational culture has burgeoned on the basis of progressive traditions and intensive exchange of cultural values".[5]

It does not mean that in our country all the culture/science relationship problems have been solved, and the desired proportions between technological and socio-cultural development have been obtained. It is not so, and our party frankly admits that. It calls for identification and solution of the existing problems in the above mentioned area.

An important tool of such analysis is the Comprehensive Programme of the scientific and technological progress of the USSR for a twenty year perspective: more than two thousand specialists representing about five hundred research institutions of our country under the general guidance of the USSR Academy of Sciences and the USSR State Committee for Science and Technology.

Reviewed every five years, the Comprehensive Programme is designed to serve as a scientific foundation for major directions of the development of the country's science and general education capabilities, to accelerate the scientific and technological progress in the national economy and estimate the economic, social and cultural preconditions and effects of the application of science and technology achievements.

Here the concept of the scientific and technological progress (STP) is interpreted in a very broad sense. It covers new technology and materials, organizational changes in economy, improvement of the economic mechanism and the national economic management techniques.

The 1980's and 1990's signify a new stage in the development of our national economy characterized by a number of specific features that will not lose their significance even in a longer-term perspective, primarily the need for transition to an intensive way of developing the national economy due to the growing scarcity of human, mineral, fuel and power resources as well as the requirements for higher effectiveness of the national economy.

Viewing the production intensification as reduction in the consumption of resources per unit of end products, the following major directions of the scientific and technological progress may be delineated: reduction of material-, power- and labour-intensity; higher capital productivity, lower capital-intensity; a change in the capital investment pattern.

A special role in the projected period will be played by the structural changes of the national economy aimed towards a dramatic increase of the share of capital and resource-saving technologies and technological means, as well as improvement of the production infrastructure, i.e. increase in the share of capital and resources allocated for the preservation of the manu-factured products so that they could reach the end consumer.

In the context of intensification there are challenges for all the sectors of the national economy; raw materials, energy, machinebuilding, agroin-dustrial, etc. Of great significance will be a wider application of chemistry for the needs of the national economy, more extensive utilization of biotech-nology and other modern technological processes.

Under socialism the scientific and technological progress (STP) is aimed at solution of radical social problems, one of them (in our country) being a maximum reduction of low-skilled manual labour as well as hard and danger-ous labour that still accounts for a large share in the national economy. To this end an accelerated development of all-round mechanisation and auto-mation of the basic and supporting production, wide application of micro-processors and flexible automation, mechanized, conveyor and automated lines, computer-aided design and industrial engineering.

One of the major social problems is to provide for the population's grow-ing needs for food and consumer goods in the required quantities, quality and assortment, for extension of the entire system of services that will contribute to a considerably higher living standard and quality of life through improvement of a socialist way of life.

The STP serves as a material basis of purposeful development of the entire sphere of socialist culture. Its development goals are determined by the need for a larger share and role of culture in the life of Soviet society capable of exerting a substantial influence on the further improvement of socialist production, everyday life, human relations. The above mentioned complexity of culture as an object of study and prediction is immediately felt when programming of its long-term development is contemplated.

From a systemic point of view the long-term development of culture reflected in the Comprehensive Programme is regarded as a dynamic inter-play of predominantly two types of social activity: on the one hand, specific cultural activity of the population, on the other, supply of products and services of culture that is performed by numerous institutions, agencies and enterprises functioning in a society.

Proceeding from the assumption that man is in the centre of socialist society's vital activity, i.e. satisfaction of his more sophisticated needs, materialization of his varied interests, further development of his abilities, "cultural activities of the population" — activities of numerous cultural insti-tutions, organizations and enterprises — are made a topical issue and a goal in the respective section of the Comprehensive Programme. The cultural activities of the above institutions are regarded as a prerequisite and a most important factor of its realization. At the same time, taking into account the general principles and the current practice of national economic planning and management of the cultural sphere, this second ("subordinated", supporting") element of the system turns out to be a direct object of programming. The major indicators characterizing the activities of institutions, organizations and enterprises of culture are divided into two classes: 1. physical indicators of their activities in supplying the population with products and services of culture (volume and structure of supply); 2. material and labour resources correlated with the first group indicators.

In deliberations about the development of the system under review, due account is taken of the complex relationship of its two basic elements. In most cases some type or other of cultural activities of the population strictly corresponds with the activities of the respective institution in one of the sub-branches of culture. Then programming of the former's development is naturally connected with the programming of the latter's development. This relationship becomes more complicated when one type of cultural activity of the population is provided for by several sub-branches of culture (e.g. reading of books-publishing — book trade — libraries) or when one sub-branch offers services to several various kinds of types of the population's activities (e.g. clubs, tourist agencies). And, finally, a special attention in the analysis is given to those (predominantly, non-institutionalized) kinds of the population's cultural activities whose development pre-supposes the availability of conditions for national use of leisure time by the population (e.g. individual sport, non-organized tourism, hobbies).

An historical approach to the development of the sphere of culture takes into account a constant change of the population's needs for various kinds of cultural activity and, as a result, a necessity to program the cultural sphere on the basis of long-term trends and regularities of the development of the above needs. Consequently, the goals of the population's cultural activities should envisage maximum satisfaction of varied, constantly changing and growing needs of all members of society. Their more specific description requires estimation of the current and predicted needs of the population for different kinds of cultural activities (and, respectively, for products and services of culture) with due consideration of the totality of factors indicating their intensity.

An increasingly meaningful element of long-term programming is analysis of alternative development options. It broadens the boundaries of naïve, "linear" deterministic conceptions of the future and provides a basis for an objective assessment of possibilities for social management. Hence, a strong need for scientifically valid assumption as to the nature of future technological progress/culture relationship. These assumptions should take into account the specific features of the system under review that have been mentioned above, and the current development trends.

Nowadays the main trend of the technological progress is an ever growing pace, increase in its own "mass" (volume) and extension of its sphere of influence. It means that the influence of the inner logic of development of science and technology on culture will not decrease though the social regulation of this process will grow.

Comparison of the general characteristics of culture as a system and the trends of the scientific and technological progress give reason to suppose that their interaction will grow in intensity, i.e. will require intensive changes of other elements of culture. However, these changes may take different forms, and they may be regarded as alternative development options.

The first (the most effective but difficult) way of development implies that internal harmonization of the development of culture as a single whole will be achieved through intensive development of its elements. In this case, when analyzing the integral consciousness, one should speak not just of "preservation" of cultural or "eternal" values but of their development, creation of new values, active creative work in this sphere. This alternative is complicated by the inevitable growth of tension between the basic elements of culture as a result of "non-coincidence" of their independent lines of intensive development.

The second alternative may be regarded as intensification of some of the modern tendencies when the STP, due to its high rates, and due to the lagging development of certain elements of culture, is likely to "overtake" them. In this case will grow the role and degree of its direct influence on other elements of culture (birth and maturing of the utilitarian ethics). The latter, in their turn, will be increasingly forced to take the position of "preservation", "defence" (i.e. declaration and imposition of their orientation "coordinate"). This position, however, inevitably leads to exhaustion of "energy" of the cultural ideals and values. In these conditions "replacement" might mean simplified and negative, non-effective forms.

The influence of the STP on culture may take various forms, some of them are not yet adequately explored and analyzed. The most easily observed form (or, perhaps, most intensively investigated) is the change and expansion of knowledge and technical skills accompanied by "expansion" of scientific information and the concomitant mode of thinking and world outlook to other spheres of culture. This process has attracted the attention of many an explorer- philosophers, historians, sociologists.

A more complex aspect to be analyzed is the impact of the STP on culture through a system of social institutions. Some problems of this multi-level affair are thoroughly investigated (for example, those connected with transformation of science into a direct productive force and the corresponding restructuring of the economy). Others receive little attention (for instance, in what way enhancement of science as a social institution influences the cultural standards of society, the processes of "social comparison"). The increased number of researchers, an improved structure of scientific institutions with respect to professional personnel etc. may result in a different evaluation of research and many other types of activity. However, it may be expressed through different forms.

The influence of the STP on culture is deepest in human needs. If we treat culture not just as a totality of ideas, outlooks, knowledge, skills and values but as a living organism, a precondition and result of human activity, we are entitled to consider the sophistication of human needs (both on institutional and individual levels of man's existence) as a generalized criterion of the development of culture.

Sophistication of needs as a real cultural process implies (as one of its major social prerequisites) elimination of the ideology and psychology of consumerism, i.e. man's orientation towards the external, material side of needs satisfaction, shift of his aspiration from internal motives of activity, its socially useful results to its material reward.

Some researchers whose attention is largely attracted by the stronger rational, utilitarian element of culture and extension of the STP's instrumental functions (e.g. development of the engineering base of material production) come to the conclusion that development of science and technology is consistent with and even stimulates consumerism. However, it is a hasty conclusion overlooking some important tendencies and factors.

The first factor is related to the specificity of the social psychology of consumerism. As is obvious from the investigation and social experience of many countries, the real antithesis of consumerism does not consist in asceticism as a socially and morally imposed limitation of needs. It consists in a strong value orientation toward highly professional labour worthy of man. In this sense the achievements of science and technology, if society uses them for job enrichment and better working conditions, are called to play a serious positive role.

The second factor is an organic unity of satisfaction of spiritual and material needs, due to the fact that satisfaction of spiritual needs as a rule requires some material conditions.

The simplified patterns based on strict differentiation of spiritual and material needs and processes of their satisfaction do not take into account the essential fact that satisfaction of man's material needs has a certain social, moral (and, consequently, spiritual) form; in addition to cultural distinction it possesses a certain social meaning since the possibility and quality of satisfaction are always socially differentiated. Thus, the STP, laying a foundation for a higher level and different structure of welfare, poses new social and moral goals whose achievement demands from man and society continuous spiritual work.

And, finally, it should not be overlooked that the STP implies more than just an enriched arsenal of means for human activity: from technology to information of the surrounding world as instrumental knowledge. The goal-setting element that is traditionally referred to other elements of culture — moral, philosophy, ideology, etc. — is enriched as well. A deeper knowledge of the world brings about a larger number of goals, a wider coverage. Suffice it to recall man's aspirations with respect to space. On an individual level it finds its expression in the fact that as man's education gets more advanced, his system of both instrumental and ultimate values changes.

With the development of the STP man's fundamental need for universal actualization of his abilities and relationships is developed as well. He finds in science a most important means that allows him to overcome (actually, not mentally) the limitation and deterministic character of his traditional way of life and consciousness, to elaborate universal forms of his practical and spiritual life. In this sense, as has already been emphasized, science is not a mere productive force, it is a most universal productive force corresponding with man's need for universal development. As such it is aimed at attaining a lofty cultural and historical goal — elaboration of man's attitude to the world that would be free from the natural and social limitations of the preceding epochs.

Naturally, it is not science alone that is engaged in practical universalization of man. An important role belongs to other types of social labour. It is essential, though, that only in this context, the value of science, its actual cultural mission become obvious.

The humanism of science lies in that it cultivates the abilities of man as an agent of universal production, i.e. one who produces according to the needs of his social genus and not of his individual (consequently, one-sided) existence.

If the humanistic value of science consists in its ability to produce a practical and universal type of human attitude to the world, the essence of "real humanism", that coincides in its goals with the building of a communist society, consists in the transformation of this ability into an ability of man himself, into a condition of his individual development and existence. Within a bourgeois society the "human value" of science for the individual involved in the process of material production is displayed as a universal force of capital that makes him subordinate to external and strange (for him) goals. Hence, a common (for some philosophic schools) tendency to conceive science as a force countervailing the purposes of the existence of man proper. The essence of communism as "real humanism" consists in appropriating by man the "human values" of all the earlier accumulated material and spiritual riches (including science), in transformation of these riches into human riches, a vital condition for the existence of each individual.

NOTES

1. Marx, K., Engels, F., *Pre-Capitalist Socio-Economic Formations*. Moscow, Progress Publishers, 1979, p. 109.

2. Marx, K., *A Contribution to the Critique of Political Economy*. Moscow, Progress Publishers, 1978, p. 197.

3. Engels, F., *Dialectics of Nature*. Moscow, Progress Publishers, 1976, pp. 184-185.

4. Lenin, V.I., Collected works. Vol. 26. Moscow, Progress Publishers, 1972, pp. 481-482.

5. Andropov, Y.V., Sixtieth Anniversary of the Union of Soviet Socialist Republics, Moscow, Novosti Press Agency Publishing House, 1983, p. 12.

IV

**PHILOSOPHIE ET CULTURE:
PERSPECTIVES D'AVENIR**

**PHILOSOPHY AND CULTURE:
PERSPECTIVES FOR THE FUTURE**

**PHILOSOPHIE UND KULTUR:
ZUKUNFTSAUSSICHTEN**

**FILOSOFIA Y CULTURA:
PERSPECTIVAS DEL FUTURO**

SÉANCE PLÉNIÈRE

PLENARY SESSION

PLENARSITZUNG

SESIÓN PLENARIA

PERSPECTIVAS DEL PORVENIR

LEOPOLDO ZEA, MÉXICO

Con esta IV Reunión Plenaria culmina el análisis de la Filosofía y la Cultura. Habrá ahora que atender al futuro mismo de la filosofía como búsqueda de sentido de la cultura. La filosofía ha sido analizada en sus relaciones con todo el quehacer del hombre, con sus múltiples expresiones culturales. Se ha determinado filosóficamente la idea de la cultura, sus valores y perspectivas históricas. La relación de las personas y culturas en el mundo contemporáneo. La filosofía aparece en esta preocupación, no ya como un quehacer escolástico, sino como permanente alerta en las múltiples expresiones del hombre, a sus quehaceres, buscando dar sentido y justificación a los mismos. En esta ocasión los ponentes enfocarán diversas y centrales ideas culturales, como son la justicia, la coexistencia, la cooperación, la paz y la libertad. Ideas en torno a las cuales ha actuado el hombre a lo largo de su historia. Ideas en torno a la ineludible relación del hombre con sus semejantes. Una relación que algunas ideologías manipulan en beneficio de determinados y limitados intereses. La filosofía puede y debe replantear esta problemática para recuperar el sentido original de tales ideas, como convivencia y como un equilibrado reparto de sacrificios y beneficios. La justa relación del hombre con sus semejantes, sin hacer del hombre instrumento de intereses ajenos a sí mismo. Una vieja y permanente preocupación que encontramos centralmente en las elucubraciones de los filósofos a lo largo de la historia, desde los tiempos presocráticos hasta los filósofos de nuestros días. Preocupación manipulada, una y otra vez, por mesquinos intereses. Nuestro tiempo es precisamente, una vez más, una clara expresión de estas manipulaciones.

Esta problemática se plantea a nivel continental e intercontinental, entre América, el llamado Nuevo Mundo, y Europa, el llamado Viejo Mundo Occidental. Un continente, el americano, que entra a la historia bajo el signo de la dependencia. La dependencia a partir del descubrimiento, la conquista y la colonización. Dentro de esta relación, que ideas como la justicia, la coexistencia, la paz y la libertad se plantean con mayor agudeza y dramaticidad como ideales por realizar dentro del horizonte propio de la dependencia. La designación de América como Nuevo Mundo, como mundo del Porvenir, hace ya referencia a la relación de dependencia. Fue Nuevo Mundo para sus descubridores, conquistadores y colonizadores, *topía*, realización de las *utopías* del Viejo Mundo. América fue encubierta por las esperanzas de futuro de sus descubridores; pero un futuro al que resultaban ajenos los naturales objetos de conquista y colonización, y natural era todo nacido en esta región y encuadrado en una relación de servidumbre. La cultura de los hombres de esta región ha sido y es objeto de discusión por quienes se han considerado poseedores de la cultura por excelencia. Queda en entredicho la naturaleza, esto es, la humanidad, de todo nacido en esta región. Todo ello se inicia con la polémica entre Juan Ginés de Sepúlveda y Bartolomé de las Casas. ¿Son hombres o simplemente algo parecido? Problema que, naturalmente, ponía en duda la capacidad de este supuesto hombre para realizar entre hombres desiguales las ideas de la convicencia y la justicia. Un problema que también se plantea a muchos hombres y pueblos a lo largo del planeta como resultado de la expansión occidental sobre la tierra. Pero es en América, insistimos, donde el problema adquiere su mayor agudeza.

Los nacidos en esta América, el llamado Nuevo Mundo, tanto indígenas, como criollos y mestizos, habrán de justificar en su relación con el Viejo Mundo, su capacidad para realizar las ideas de justicia, paz y libertad derivadas del mismo. Pero a diferencia de los hombres de otras regiones de la tierra sometidas al coloniaje, los americanos están obligados a conciliar la herencia cultural que les viene de la conquista con la región conquistada. Heredar, pero al mismo tiempo, recrear. Esto es, conciliar, sintetizar la herencia del Viejo Mundo con el mundo en que esta herencia ha de ser mantenida y continuada. Se plantea el que será un viejo problema para esta región, que implica el de recibir sin imitar servilmente. El de no ser "eco y sombra" del Viejo Mundo como lo advirtiera Hegel. Es este estar obligado a recibir transformando lo recibido, y así afirmar la identidad propia de esta región, está el meollo del pensamiento o filosofar de esta América. Un problema, obviamente universal, pero que ha sido planteado por situaciones que resultan ser más agudas para pueblos de los que hoy suelen llamarse de la periferia. De la periferia de un centro de poder político, económico y cultural que ha de ser rebasado para que puedan ser realizados los ideales de coexistencia, paz y libertad, los cuales han de estar al alcance de todos los hombres y pueblos de la tierra.

Los profesores Nicholas Lobkowicz de Alemania, George Grant de Canadá y Eugenio Pucciarelli de la Argentina expondrán aquí, desde sus respectivos ángulos de reflexión la problemática de este último tema, Filosofía y Cultura y sus perspectivas de futuro. La experiencia en esta región, en América, ha de ser importante en lo que puede ser el porvenir de un filosofar atento a los cambios de la cultura. Un continente, decíamos, cuya cultura es expresión de este cambio, el resultado del encuentro de la cultura de Europa con otras expresiones de la cultura y el hombre que se ha dado cita en esta región. ¿El justo equilibrio entre lo creado y su recreación? Y, en este sentido, la auténtica universalización de la filosofía que en sus diversas expresiones ha reclamado una y otra vez? Tienen la palabra los ponentes.

PHILOSOPHIE ET CULTURE: PERSPECTIVES D'AVENIR

EUGENIO PUCCIARELLI, BUENOS-AIRES

Les problèmes que soulève la considération de la culture sont nombreux et leur solution n'est pas facile. Parmi ceux qui semblent être plus actuels on peut énoncer les suivants: 1- essence de la culture, 2- liens entre culture et société, 3- unité de la culture, 4- fonction de la culture dans la vie personnelle de l'homme, 5- avenir de la culture. Il va de soi que chacun des problèmes énumérés se déploie en une multiplicité d'aspects partiels, qui exigent une considération à part.

1. Les difficultés que pose le problème de l'essence de la culture proviennent de la multiplicité d'aspects qu'offre tout phénomène culturel ainsi que sa variation permanente. Les difficultés ne sont nullement atténuées par l'argument qui allègue que les investigateurs voués à l'étude de la culture en ont catalogué plus de 130 définitions. Ce fait impose des efforts combinés de classification aussi bien que de discernement de ses traits communs. Pour accomplir cette finalité il faut signaler qu'il y a deux chemins d'accès au monde de la culture: la voie de l'anthropologie et celle des humanités. La première se propose de marquer tous les traits de la vie sociale et ne se refuse pas à reculer jusqu'aux groupes humains plus élémentaires, avec l'espoir peut-être d'atteindre les aspects plus propres à l'état naissant. La seconde préfère tenir compte des manifestations supérieures de la culture des sociétés plus raffinées. De là la discordance des résultats.

2. Société et culture vont ensemble. On ne peut pas concevoir l'une sans l'existence de l'autre. Ceci n'empêche pas la question de savoir si l'individu est le siège de la culture ou si celle-ci est toujours associée aux groupes ou classes sociales et même à toute la société. La culture que l'on attribue à l'individu dépendrait de celle du groupe ou de la classe sociale à laquelle il

appartient, laquelle, à son tour, serait conditionnée par la culture de la société; dimension de celle-ci qui doit alors être considérée comme fondamentale.

Mais on ne saurait accepter que sous réserve la thèse qui prend la société, considérée en bloc, comme siège indiscuté de la culture. Ce qui invite à supposer que sur tous ses membres s'exercent les mêmes influences lesquelles d'une certaine façon contribuent à dessiner le profil de chacun d'une manière très ressemblante à celui de tous les autres. Cette situation ne se produit pas toujours. La race, la langue et la religion sont des facteurs qui conspirent souvent contre l'unité du corps social et tendent à la ségrégation de groupes qui, plus d'une fois, sont hostiles et compromettent l'unité politique laborieusement conquise par certaines nations. Dans quelques pays il y a des groupes sociaux qui se considèrent irrédentistes et exigent non seulement la liberté pour surmonter l'aliénation culturelle à laquelle ils sont soumis jour après jour, mais qui s'évertuent à récupérer leur identité propre, en réclamant décidément des autonomies régionales et qui, dans ces cas extrêmes, peuvent parvenir à la ségrégation.

Le phénomène inverse n'est pas non plus rare. Il apparaît d'une manière patente à travers les contacts culturels provoqués par des faits comme l'immigration, lorsque des masses humaines avec des profils culturels bien définis se déplacent. Il apparaît dans l'effort des colonisateurs qui, bien que de nos jours en retrait, essayèrent jusqu'à un passé récent d'imposer leurs coutumes et moeurs et même leur langue aux indigènes faibles et sans défense. La communication internationale, de plus en plus fréquente, intense et soutenue grâce à l'échange des produits commerciaux et à la diffusion des dernières nouvelles favorisée par la technique moderne, augmente les possibilités de contacts culturels. Mais souvent elle est accompagnée de résultats ambigus: en quelques cas elle devient source de conflits, parfois tempérés par l'adoption rapide de formes aux contenus étrangers, et en d'autres cas elle peut se prêter à une assimilation aveugle de produits originaires d'autres pays, ce qui a lieu au détriment de la culture complaisante.

Quoique culture et société ne soient pas la même chose, elles exhibent quelques structures communes. La société ne se montre pas un complexe homogène ou ayant un équilibre stable; la culture, divisée en une pluralité de secteurs qui luttent pour maintenir leur indépendance, n'offre pas non plus une image homogène. Les tendances agglutinantes, qui tiennent à maintenir la cohésion sociale, entrent en conflit avec les forces de dissociation, qui conspirent contre l'unité et l'équilibre de l'ensemble.

Vu à la lumière de l'histoire, le phénomène montre tout son dramatisme, dans chacun des deux camps. La lutte a été immense pour débarrasser la science de tout engagement religieux ou politique, qui représentaient autant d'entraves au libre développement de l'investigation et de la révision constante des théories. Une aspiration semblable à l'autonomie est remarquée dans les mouvements artistiques, qui perçoivent l'amoindrissement qu'ils subissent lorsqu'on les soumet à des activités extra-esthétiques. On dirait que chaque secteur, même en profitant des moyens et des incitations qui proviennent d'autres secteurs, aspire secrètement ou ouvertement à conquérir son autonomie, en s'émancipant des liens qui l'attachent aux autres.

On peut donc observer la même lutte sur le plan social. Kant n'a-t-il pas parlé de l'*"insociable sociabilité"* des hommes? Il aimait à dénoncer la collision, mille fois répétée au cours de l'histoire, entre la tendance à se grouper en société et vivre unis à l'abri de normes et d'institutions qui assurent une protection à l'individu, et d'autre part, la résistance à se grouper, qui menace de dissolution la société, la laissant à la merci capricieuse de factions hostiles souvent enclines à se détruire en luttes fratricides.

Une culture vivante, qui se débat entre la tradition et l'innovation, et une société où le privilège des uns côtoie l'abandon des autres, ne sont pas des complexes stables mais des entités secouées par un dynamisme intérieur qui menace leur avenir.

La culture reflète la société, mais l'image qu'elle offre à celui qui s'approche de son miroir peut être alternativement aimable ou désagréable, selon les attitudes, conformiste ou hostile, de la plupart de ses membres. Et, en même temps, les conflits qui se cachent dans le monde de la société apparaissent dans les oeuvres d'art aussi bien que dans les moeurs ou dans la langue d'un peuple à un moment donné.

3.   En beaucoup d'occasions l'unité de la culture a été mise en cause par la séparation de ses adeptes en deux groupes, les scientifiques et les humanistes, voués à s'ignorer ou au pire, à se détester et à ne pas communiquer entre eux. Il ne s'agirait pas d'un fait local, enfermé dans les étroites limites d'un lieu ou produit par une tradition qui aurait accumulé des équivoques à travers le temps. Le phénomène semble affecter toute la vie culturelle de l'Occident, qui se montre scindé en deux groupes qui s'opposent dialectiquement: celui des intellectuels submergés dans les lettres et celui des scientifiques qui dirigent leur attention vers la nature, disposés à déchiffrer les secrets du monde physique, et pour qui le reste des préoccupations humaines semble sans importance.

Les reproches abondent des deux côtés. Avec assez de légèreté, l'homme de lettres fait grief au scientifique de son optimisme, fondé sur la confiance en la capacité de résoudre tous les problèmes, et de sa superficialité quand il prétend traiter les questions humaines, surtout celles qui se posent sur le plan moral, religieux et esthétique, en termes de science et avec la seule aide de l'observation et de l'analyse rationnelle.

Ceux qui, à un moment donné, ont lancé un cri d'alarme et ont dénoncé l'opposition entre les deux secteurs antagonistes de la culture, sont partis de trois suppositions qui sont loin d'être évidentes.

Selon la première, les oeuvres humaines se distinguent par leur valeur intrinsèque ou par leur efficacité pour transformer le monde humain. L'art — lettres, arts visuels, musique — est source de grandes émotions humaines, mais laisse le monde tel qu'il l'a trouvé, avec sa charge de douleur et son immense poids d'injustice sociale. La science, par contre, stimule la réalisation d'un progrès qui permet de surmonter l'animalité et de construire un gîte confortable sur une terre peu hospitalière et de lutter avec des armes efficaces contre l'injustice oppressive et paralysante.

La deuxième supposition s'appuie sur la séparation un peu artificielle des fruits de l'intelligence et de l'imagination, comme si les premiers, qui obéissent à une logique qui règle ses pas plus difficiles, conduisaient à la science qui libère, et les autres, abandonnés au caprice et au désordre, aboutissaient à des oeuvres d'art qui distraient et, en tout cas invitent à oublier les responsabilités morales et sociales. Mais il est certain que l'intelligence et l'imagination sont tellement associées qu'aucune ne peut avancer d'un pas sans compter avec la collaboration de l'autre. D'autre part, l'imagination, elle aussi, obéit aux dictées d'une logique qui lui est propre et lui prescrit un ordre non moins formel que celui de l'intelligence.

Le troisième argument s'appuie sur les mésintelligences entre artistes et scientifiques, qui souvent ne parviennent pas à se comprendre, et maintes fois finissent par s'exclure, s'enfermant de plus en plus dans leur monde et jouissant de leurs créations, tandis que les incitations de l'autre ne parviennent pas à éveiller leur sensibilité. Mais les limitations personnelles des uns et des autres ne constituent pas une condition suffisante pour fonder une opposition aussi radicale que celle qui sépare les deux mondes culturels.

L'opposition entre les deux domaines semble s'aiguiser lorsqu'on remarque que la science est universelle tandis que la culture est locale. L'investigation systématique de connaissances véritables applique des méthodes impersonnelles adéquates à la nature des divers champs thématiques et tend à être valable pour tous et pour toujours. Il n'y a pas de science nationale, même si l'investigateur est attaché à un lieu et travaille avec des moyens que lui offre le milieu dans lequel il développe son activité. La recherche méthodique, la précision des résultats et le succès que la pratique accorde aux connaissances scientifiques n'éliminent ni n'atténuent le caractère hypothétique des théories, soumises à de constantes révisions. Mais cela n'enferme pas non plus le savoir dans des frontières géographiques. La science est l'élément commun à tous les peuples qui se sont modernisés ou aspirent à l'être. Mais, l'investigateur, pour autant qu'il soit entiché de son activité et des succès qu'assurent ses résultats, n'aspire pas à supprimer les différences culturelles qui distinguent les peuples: langue, race, art, religion, moeurs, institutions, idéaux de vie, traditions locales peuvent constituer des sujets appropriés de recherche scientifique. Et peut-être cette recherche est-elle à même de rendre plus claire la conscience de la nature de chacun de ces sujets, mais aucunement aux dépens de ce que la culture de chaque peuple a de spécifique. La science devient ainsi un ingrédient de la culture, le plus universel, et elle est prête à s'associer aux autres sans les abolir.

4.   La fonction de la culture dans la vie de l'homme doit être examinée sous les deux angles complémentaires de l'individu et de la société. Du premier point de vue on ne peut nier la valeur formative des humanités. Toutes les activités que l'homme est disposé à entreprendre, aiguillonné par des nécessités naturelles ou par les rêves de la fantaisie, trouvent des antécédents d'un extraordinaire relief dans le passé de la tradition culturelle. Enrichie et renouvelée tout au long des siècles, cette tradition ne semble pas montrer de signes d'épuisement, malgré les changements radicaux produits dans le

temps et qui ont modifié substantiellement les situations historiques et, avec plus d'énergie, d'extension et de profondeur à notre époque. La valeur exemplaire des humanités semble ne pas avoir changé selon que la société ait été esclavagiste, féodale, industrielle ou socialiste. Dans des situations tellement hétérogènes, les humanités ont fourni des ressources pour la formation individuelle et aussi pour la critique du milieu en vue de la suppression des injustices qui empêchent les hommes d'avoir accès au même idéal.

Les biens spirituels, dépositaires des valeurs, sont à la disposition de tous les membres d'une société. Le procès d'éducation, qui dépasse la période proprement scolaire et se prolonge pendant toute la vie, consiste en l'assimilation par l'individu de cette richesse culturelle. La personnalité se forme dans le rapport journalier entre les hommes, au travail, au sport et dans le contact permanent avec des biens culturels, réputés être ce qu'il y a de plus noble dans ce que le groupe humain a été capable de thésauriser. Depuis cette perspective, la culture est le procès d'humanisation qui permet à tout homme de développer les possibilités qu'il porte en lui et de parvenir à sa propre plénitude. Au cours de ce procès il est possible d'assimiler non seulement les formes de la sociabilité, qui permettent le développement d'une vie sans d'excessives frictions dans n'importe quel groupe humain, mais aussi les biens culturels conservés par la tradition.

La science est un des *intégrants* de la culture et on ne peut nier son influence salutaire sur la configuration de la mentalité de l'homme contemporain. Elle aide à surmonter l'ignorance et l'erreur, à détruire des croyances qui agissaient comme entraves au développement de l'intelligence et qui viciaient, en les déformant, l'image de la réalité. D'elle dérive une morale qui suggère des vertus comme la patience, la persévérance, l'effort, la confiance en la valeur de la vérité, indépendance, objectivité, neutralité face aux faits, ascétisme, inhibition des émotions troublantes. L'homme de science, conscient de ce qu'il sait, affecté toujours d'une certaine marge d'insécurité et de ce qu'il ignore, pratique ces vertus. Il est douteux que le profane, qui ne comprend pas les théories et ne perçoit pas l'incompatibilité des résultats de la science avec les croyances de son époque, soit en condition d'agir selon les vertus indiquées. L'échec de ce secteur ne change pas la valeur exemplaire de la conduite du scientifique.

Au-delà de la sphère étroite de l'individu, et au point de vue du social, on ne peut pas ignorer qu'on attribue à la culture la condition de facteur de cohésion sociale. La culture lie les hommes au moyen des croyances partagées et des activités, sérieuses ou ludiques, qu'ils réalisent ensemble. Elle est le pont qui raccourcit les distances entre les individus, les groupes et les classes sociales.

En tant que facteur de cohésion sociale, la culture, qui est l'héritage de biens légués par les générations antérieures, montre la persistance du passé, qui se reflète dans le style de vie d'une communauté. Mais quand la gravitation du passé, à cause de son prestige parfois considérable, est excessif, il entraîne des périls: arrêt à un moment du temps historique, répétition d'actions stéréotypées, asphyxie de l'élément créateur, sclérose des manifestations spirituelles de la vie collective. Contre cette tendance réagit le besoin de nouveauté. Des variations de la sensibilité se manifestent à travers la réceptivité du nouveau et le refus de ce que le temps a amoindri et qui n'offre plus d'attraits. La liberté est sentie comme initiative, comme spontanéité qui surgit du fond personnel de chacun. Mais la culture peut encore stimuler par le recours à l'exemple d'autres époques.

5.   L'avenir de la culture n'est pas différent de celui qui est réservé à toute oeuvre humaine. La promotion, la diffusion et la protection de la culture dépendent des gouvernements, surtout quand ils sont mus par la conviction sincère que c'est un devoir de l'État que de stimuler l'élévation culturelle du peuple. Mais il y a des moments critiques où la stabilité du groupe dirigeant semble en péril et où s'établissent des contrôles — d'ordre moral, idéologique, politique — qui portent atteinte à la circulation et à la lecture de livres, à la distribution de disques, à l'exposition de peintures ou gravures qui pourraient être utilisés comme véhicules de messages idéologiques destinés à affaiblir ou détruire l'ordre institutionnel en vigueur. Toute censure tend alors à inhiber la création et l'expansion culturelle.

Deux dangers menacent l'avenir de la culture: les totalitarismes — nazisme, fascisme, communisme, théocratie — qui emploient l'instrument de la culture pour des fins politiques, et l'expansion de la technique, qui entraîne une planification toujours plus sévère qui réduit la spontanéité individuelle. Contre les deux, les totalitarismes et la technique, s'impose une attitude militante de défense du libre exercice de la création culturelle.

Les deux mettent en péril les finalités de la culture: l'humanisation de l'homme, qui implique la réalisation de valeurs spirituelles et la dignité de la personne, et la cohésion sociale qui doivent être atteintes sans porter atteinte à la liberté personnelle de chaque individu, auquel on doit assurer le droit à la différence.

L'éducation accomplit une fonction essentielle: elle maintient la tradition et assure sa continuité par le moyen de la formation spirituelle des générations et, en même temps, elle porte à l'émulation en insistant davantage sur le désir d'innover par de nouvelles créations que sur la simple conservation de ce qui a été hérité.

PHILOSOPHY AND CULTURE:
PERSPECTIVES FOR THE FUTURE

GEORGE GRANT, HALIFAX

In my assigned task there are three words which carry their freight of ambiguity — philosophy, culture, future. Anybody within the ambience of modern 'philosophy' knows that that wonderful Greek word no longer shines forth in clarity. 'Culture' in its present sense was coined in the nineteenth century, and in all its affirmation of relativity could not have been spoken in the west before that time. 'Future' has always been a word to conjure up the darkness of uncertainty. It is only necessary to use the word 'chance' to see how little we can ever speak of perspectives for the future in any detail. This remains the case despite all the efforts of Europeans to overcome chance in the last centuries. For example, is there anybody who knows whether the great bombs are going to be loosed? In such a context the idea of perspectives for the future becomes macabre. The only road for sane public prediction is to abstract from that possibility and I will, therefore, do so.

For all the difficulty of substantial prediction, there is one that can be made. The science which issues in the conquest of human and non-human nature (that is, modern European science) is going to be carried to its apogee. This novel pursuit, which arose first in Europe and has now become world-wide, will continue to grow in determining power over all other human activities — political, philosophical, sexual, religious etc... In each lived moment of our waking and sleeping, we now may rightly be called members of technological civilisation, and will increasingly live everywhere in the tightening circle of its power.

Immediately a verbal difficulty arises: why use the American neologism 'technology'? We see this difficulty in the title of the essay on this subject by our greatest contemporary thinker. Heidegger's essay is entitled "Die Frage nach der Technik". It is translated into English as "The Question concerning Technology". This verbal difficulty is of importance, because the victory of the Americans in the war of 1945 meant that English has become the dominant language of the world. And indeed English has become increasingly an unphilosophical language in the last centuries.

In distinction from the usage in English of 'technology' and 'technologies', the Europeans have generally used 'technique' and 'techniques', the former for the whole array of means for making events happen, the latter for the particular means. They have claimed that our usage confuses us by distorting the literal meaning. The word 'technology' puts together the Greek word for 'art' and the word for the 'systematic study' of it, as the word 'biology' puts together 'bios' and 'logos'. They claim our usage parallels a similar imprecision in English, in which 'history' means both the study and what is studied.

Nevertheless, although the European usage maintains verbal purity, it does not evoke our reality as directly as our word. The very neologism brings before us our novelty. When 'technology' is used to describe the actual means of making events happen, and not simply the systematic study of these means, the word brings before us the fact that these new events happen because we westerners willed to develop a new and unique copenetration of the arts and sciences, a copenetration which had never before existed. What is given in the new word is that modern civilisation is distinguished from all previous civilisations by the fact that our activities of knowing and making have been brought together in a way which does not allow the once clear distinguishing of them. The coining of "technology" caught the novelty of that copenetration. The word does not lay before us some academic study, but rather the fact that we have brought the sciences and the arts into a new unity in our will to be masters of the earth and beyond.

The use of the word 'technique' for that with which we have encompassed ourselves too easily leaves the implication that our understanding of what constitutes knowing and making is not radically different from that of previous cultures. It is easy to take the implication that what is given in the modern 'technique' is of the same kind as what is given in the Greek 'techne', as if we have simply progressed in efficiency in making. We then attribute our greater efficiency to the modern scientists, who guaranteed the progress of knowledge by clarifying its sure methods; and through that objective knowledge achieved greater ability to make things happen. In this account of progressing continuity, we assume that our modern western will to be the masters of the earth was taken for granted in the 'techne' of other civilisations. The time was not ripe; these peoples were not evolved enough to discover the sure path of science, which would have allowed them to realise that will to mastery. With such implied 'histories' of the race, we close down on the startling novelty of the modern enterprise, and hide the difficulty of thinking it. We close down on the fact that modern technology is not simply an extension of human making, through the power of a perfected science, but is a new account of what it is to know and to make in which both activities are changed by their copenetration. We hide the difficulty of thinking that novelty, because in our implied 'histories' it is assumed that we can only understand the novelty from within its own account of knowing, which has itself become a kind of making.

Indeed the American word 'technology' with its Greek parts, and at the same time the novelty of what is given in their combination, shows what a transformation has taken place in our sciences, our arts and their interrelation, from what they were in our originating culture out of which the parts of the word came. It is very difficult to grasp what is given about art and science in the Greek writings, because we understand previous sciences as preparations for our own, and other accounts of nature as stumbling previsions for our 'objective' understanding of it. Nevertheless, at the simple surface of the question, it is clear that what was known in the physics of the Greeks was not knowledge of the kind that put the energies of nature at their disposal, as does modern European physics. It is only necessary to read Needham's history of Chinese science to see that the same is true there. What is given in the Sanskrit word shows this to be equally true of the civilisation founded upon the Vedanta. When we speak of theoretical and applied science, the distinction contains something different from its ancient use. 'Applied' means literally 'folded towards'. Einstein advised Roosevelt that in the light of the modern discoveries of physics, atomic weapons could be built, and that the Americans should organise to build them. Physics was being 'applied' not only in deciding that American interests required the making of atomic weapons, but also in the sense that the very discoveries of the science were in their essence folded towards the mastery of the energies of nature in a way that was absent in the pre-modern sciences.

Why that foldedness towards potentialities of new makings is implicit in modern science since its origins is extremely difficult to understand, and indeed has not yet been understood. The difficulty of understanding how and why it is so folded need not lead us to doubt that the folding is a fact. That fact is given us in the neologism 'technology', and the novelty of that fact declares correct the characterisation of our society as 'technological'. There may indeed be some other more perfect word to characterise our 'culture' — some word which will come out of the understanding of what was being revealed when the European peoples brought forth those new sciences and arts. In the meantime, the word 'technological' catches best the uniqueness of our civilisation at its surface, and catches the cause of why it has become worldwide.

The unfolding of the sciences which issue in the conquest of human and non-human nature — what I have hypostasised as "technology" — can be predicted. What that unfolding will disclose in detail cannot be. What that novel unfolding means as part of the whole is everywhere opaque. Indeed its very novelty has put in question the idea that openness to the whole is the mark of the philosopher. The first necessity in any understanding of this great novelty is to recognise that it is not something external to us. The representation of technology as an array of external instruments lying at the free disposal of the species that created them is the chief way that North

Americans close down the possibility of understanding this happening. Rather "technology" is an account of the whole in terms of which we are led to our apprehension of everything that is. Here our language falters because we moderns have so long ridiculed the use of such words as "destiny", "fate" etc... It sounds ridiculous to us to say that technology is our "fate". Yet if we do not understand how much we are enwrapped in all we think and desire by this novel "destiny", then our philosophy simply becomes part of it.

Let me illustrate this enwrapping by a very usual statement made recently, usual in the sense that it might be heard at any scientific convention, business luncheon or on educational television. A computer scientist said about the machines he helps to invent: "The computer does not impose on us the ways it should be used". Obviously the statement is made by someone who is aware that computers can be used for purposes which he does not approve, for example, the tyrannous control of human beings. This is given in the word 'should'. He makes a statement in terms of his intimate knowledge of computers which transcends that intimacy, in that it is more than a description of any given computer or of what is technically common to all such machines. Because he wishes to state something about the possible good or evil purposes for which computers can be used, he expresses, albeit in negative form, what computers are, in a way which is more than their technical description. They are instruments, made by human skill for the purpose of achieving certain human goals. They are neutral instruments in the sense that the morality of the goals for which they are used is determined outside them. Many people who have never seen a computer and only partially understand the capacity of computers, have the sense from their daily life that they are being managed by them, and have perhaps an undifferentiated fear about the potential extent of this management. This man, who knows about the invention and use of these machines, states what they are, in order to put this sense of anxiety into a perspective freed from such terrors as the myth of Dr. Frankenstein. The perspective is that the machines are instruments, because their capacities have been built into them by human beings, and it is human beings who set operating those machines for purposes they have determined. Indeed the statement gives us the prevalent 'liberal' view of the modern situation which is so rooted in us North Americans that it seems to be common sense itself, even rationality itself. We have certain technological capacities; it is up to us to use those capacities for decent human purposes.

Yet despite the seeming common sense of the statement, when we try to think the sentence "the computer does not impose on us the ways it should be used" it becomes clear that it is not allowing computers to appear before us for what they are. Indeed the statement (like many similar) obscures for us what computers are. To begin at the surface: the words "the computer does not impose" are concerned with the capacities of these machines, and these capacities are brought before us as if they existed in abstraction from the events which have made possible their existence. Obviously the machines have been made from a vast variety of materials, consummately fashioned by a vast apparatus of fashioners. Their existence has required generations of sustained effort by chemists, metallurgists and workers in mines and factories. Beyond these obvious facts, computers have been made within the new science and its mathematics. That science is a particular paradigm of knowledge and, as any paradigm of knowledge, is to be understood as the relation between an aspiration of human thought and the effective conditions for its realisation. It is not my purpose here to describe that paradigm in detail; nor would it be within my ability to show its interrelation with mathematics conceived as algebra. Suffice it to say that what is given in the modern use of the word 'science' is the project of reason to gain objective knowledge. Reason as project is the summoning of anything before a subject and putting it to the question, so that it gives us its reasons for being the way it is as an object. A paradigm of knowledge is not something reserved for scientists and scholars. Anybody who is awake in any part of our educational system knows that this paradigm of knowledge stamps the institutions of that system in their very heart, their curricula, in what the young are required to know and to be able to do if they are to be called qualified. That paradigm of knowledge is central to our civilizational destiny and has made possible the existence of computers.

To go further: How are we being asked to take the word 'ways' in the assertion that 'the computer does not impose the ways'? Even if the purposes for which the computer's capacities should be used are determined outside itself, do not these capacities limit the kind of ways for which it can be used? To take a simple example from the modern institutions of learning and training: in most jurisdictions there are cards on which children are assessed as to their 'skills' and 'behaviour', and this information is retained by computers. It may be granted that such information adds little to the homogenising vision inculcated throughout society by means as centrally controlled curricula, teacher training, etc... It may also be granted that as computers and their programming become more sophisticated, the information stored therein may be able to take more account of differences. Nevertheless it is clear that the ways that computers can be used for storing and transmitting information can only be ways that increase the tempo of the homogenising processes. Abstracting facts so that they can be stored as information is achieved by classification, and it is the very nature of any classifying to homogenise. Where classification rules, identities and differences can appear only in its terms. Indeed the word 'information' is itself perfectly attuned to the account of knowledge which is homogenising in its very nature. 'Information' is about objects, and comes forth as part of that science which summons objects to give us their reasons.

It is not my purpose at this point to discuss the complex issues of good and evil involved in the modern movement towards homogeneity, or to discuss the good of heterogeneity, which in its profoundest past form was an expression of autochthony. Rather my purpose is to point out that the sentence about computers hides the fact that their ways are always homogenising. Because this is hidden, questioning about homogenisation is closed down in the sentence.

To illustrate the matter from another aspect of technological development: Canadians wanted the most efficient car for almost similar geographic circumstances and social purposes as those of the people who had first developed a car useable by the majority. Our desire for and use of such cars has been a central cause of our political and economic integration and our social homogenisation with the people of the imperial heartland. This was not only because of the vast corporate structures necessary for building and keeping in motion such automobiles, and the direct and indirect political power of such corporations, but also because any society with such vehicles tends to become like any other society with the same. Seventy-five years ago somebody might have said "the automobile does not impose on us the ways it should be used", and who would have quarrelled with that? Yet this would have been a deluded representation of the automobile.

Obviously the 'ways' that automobiles and computers can be used are dependent on them being investment-heavy machines which require large institutions for their production. The potential size of such corporations can be imagined in what a reliable economist has stated: if the present growth of I.B.M. is extrapolated, that corporation will in the next thirty years be a larger unit than the economy of any presently constituted national state, including that of its homeland. At the simplest factual level, computers can only be built in societies in which there are large corporations. This will be the case whatever ways these institutions are related to the states in which they are incorporated, be that relation some form of capitalism or some form of socialism. Also those machines have been and will continue to be instruments with effect beyond the confines of particular nation states. They will be the instruments of the imperialism of certain communities towards other communities. They are instruments in the struggle between competing empires, as the present desire of the Soviet Union for American computers illustrates. It might be that "in the long run of progress", humanity will come to the universal and homogeneous state in which individual empires and nations will have disappeared. That in itself would be an even larger corporation. To express the obvious: whatever conceivable political and economic alternatives there may be, computers can only exist in societies in which there are large corporate institutions. The ways they can be used are limited to those situations. In this sense they are not neutral instruments, but instruments which exclude certain forms of community and permit others.

In our era, many believe, that the great question about technology is whether the ways it will be used will be determined by the standards of justice in one or other of the dominant political philosophies. The rationalism of the west has produced not only modern physical science, but also modern political philosophy. Technology is considered neutral, and its just use will depend upon the victory of true rather than false political philosophy. The appeal of the teachings of political philosophers has been massive in our era, because these teachings have taken the form of ideologies which convince the minds of masses of human beings. The ways that computers should be used can be solved satisfactorily if political regimes are shaped by the true philosophy. The three dominant alternatives are capitalist liberalism, communist Marxism, and national socialist existentialism.

What calls out for recognition here is that the same account of reason which produced the technologies also produced the accounts of justice given in the modern political philosophies. It led, moreover, to the public manifestation of those political philosophies as ideologies. The statement "the computer does not impose on us the ways it should be used" abstracts from the fact that the ways that the computer will be used will be determined by politics in the broadest sense of that term. Politics in our era are dominated by accounts of society which came forth from the same account of reasoning that produced the new copenetrated arts and sciences.

It cannot be my purpose at this point to show the nature of that sameness. Such a demonstration would require a detailed history of the modern west. It would require above all a demonstration of the mutual interdependence of the modern 'physical' sciences and the modern moral 'sciences' as they were both defined against the account of knowledge in classical philosophy. Much of the enormous enterprise of modern scholarship has been taken up with the detailed mapping of what was done and thought and made by large numbers of inventors, scientists, artists, philosophers, politicians, religious reformers etc... Beyond scholarship, the demonstration of this interdependence would require the ability to think what was being thought by the greatest scientists and philosophers who articulated the accounts of the human and non-human matters. By distinguishing the new science from the account of science in the ancient world they laid down the modern affirmations concerning what is. Concerning the conception of justice, it would be necessary to follow how great philosophers such as Descartes and Locke, Rousseau and Nietzsche, understood the unity between the findings of modern science and their account of justice.

Without attempting any of these demonstrations suffice it to state that the ways that computers have been and will be used cannot be detached from modern conceptions of justice, and that these conceptions of justice come forth from the same account of reasoning which led to the building of computers. This is not to say anything here concerning the truth or falsity of modern conceptions of justice, nor is it to prejudge the computer by some reactionary account stemming from the desire to turn one's back on the modern. It is simply to assert that we are not in the position where computers lie before us as neutral instruments, and where we use them according to standards of justice which are reached outside of the existence of the computers themselves. The instruments and the standards of justice are bound together as both belonging to the same destiny of modern reason. The failure to recognize this hides from us the truth about the 'ways' computers can be used.

The force of that destiny is to be seen also in the ambiguity of the word 'should' in the statement "the computer does not impose on us the ways it should be used". Our novel situation is presented as if human beings 'should' use computers for certain purposes and not for others. But what has the word 'should' come to mean in advanced technological societies?

'Should' was originally the past tense of 'shall'. It is still sometimes used in a conditional sense to express greater uncertainty about the future than the prophetic sense of 'shall'. ('I shall get a raise this year' is more certain than 'I should get a raise this year'. The colloquialism from the home of our language 'I shouldn't wonder' expresses this.) In its origins, 'shall' was concerned with 'owing' when used as a transitive verb. But over the centuries 'should' took over from 'shall' as the word with the connotation of owing, and could be used for that purpose intransitively.

The sentence "the computer does not impose on us the ways it should be used" is concerned with human actions which are owed. If the statement were in position form — "the computer does impose on us the ways it should be used" — the debt would probably be understood as owed from human beings to machines. We can say of a good car that we owe it to the car to lubricate it properly. We would mean it in the same sense if we say we owe it to ourselves to try not to contradict ourselves, if we wish to think out some matter clearly. If we want the car to do what it is fitted for — which is, in traditional usage, its good — then we must look after it. But the 'should' in the statement about the computer is clearly not being used about what is owed from men to machines. The sentence is concerned with the just use of the machines as instrument. 'Should' expresses that we ought to use it justly. But what is the nature of the debt there spoken? To what or to whom do we owe it? Is that debt conditional? For example, if human beings 'should' use computers only in ways that are compatible with constitutional government, and not to promote tyranny, to what or to whom is this support of constitutional government owed? To ourselves? to other human beings? all or some of them? to nature? to history? to reasonableness? to God?

A great change has taken place in the western conception of goodness. The ennucleation of that change is best made in terms of what is positive in both the past and the prevalently modern accounts. The originating western conception of goodness is of that which meets us with the overriding claim of justice, and persuades us that in desiring obedience to that claim we will find what we are fitted for. The modern conception of goodness is our free creating of richness and greatness of life and all that is advantageous thereto. The presently popular words in the modern account are "quality of life", "values" etc.

The modern conception of goodness does not include the assertion of a claim upon us which properly orders our desires in terms of owing and which is itself the route and fulfilment for desire. In the prevalent modern view owing is always provisional upon what we desire to create. Obviously we live in the presence of the existence of others, and our creating may perforce be limited because of what is currently permitted legally to be done to others. However the limitations put upon creating by the claims of others, whether nationally or internationally, are understood as contractual, that is provisional. This exclusion of non-provisory owing from our interpretation of desire means that what is summoned up by the word 'should' is no longer what was summoned up among our ancestors. Its evocation always includes an 'if'. Moreover, the arrival in the world of this changed interpretation of goodness is interrelated to the arrival of technological civilisation. The liberation of human desiring from any supposed excluding claim, so that it is believed that we freely create "values", is a face of the same liberation in which men overcame chance by technology — the liberty to make happen what we want to make happen. We are free, not only in what we want to make happen, but also in choosing the means. The whole of nature becomes more and more at our disposal as if it were nothing in itself but only our 'raw material'.

"The computer does not impose on us the ways it *should* be used" asserts the very essence of the modern view (human ability freely to determine what happens) and then puts that freedom in the service of the very 'should' which that same modern novelty has made provisional. The resolute mastery to which we are summoned in "does not impose" is the very source of difficulty in apprehending goodness as 'should'. Therefore, the 'should' in the statement has only a masquerading resonance in the actions we are summoned to concerning computers. It is a word carried over from the past to be used in a present which is only ours because the assumptions of that past were criticised out of public existence. The statement therefore cushions us from the full impact of the novelties it asks us to consider. It pads us against wondering about the disappearance of 'should' in its ancient resonance, and what this disappearance may portend for the future.

I have written at length about this statement to illustrate how difficult it is to apprehend correctly the novelness of our novelties. When we represent technology to ourselves as an array of neutral instruments, invented by human beings and under human control, we are expressing a kind of common sense, but it is a common sense from within the very "technology" we are attempting to represent. It leads us to forget that the modern destiny permeates our representations of the world and ourselves. The coming to be of technology has required changes in what we think is good, what we think good is, how we conceive sanity and madness, justice and injustice, rationality and irrationality, beauty and ugliness.

The foregoing was not written from out of historicism. I mean by historicism the modern doctrine that all thought about the whole belongs only to a particular dynamic situation. Its opposite may loosely be called Platonism — the teaching that thought in its perfection is impersonal, and stands above every context. Historicism appears to me the highest methodological principle of that destiny I have called "technology". Therefore it would contradict my intention if anything here written implied historicism, even at its clearest. As an unregenerate Platonist I would affirm that philosophy stands or falls with its ability to transcend history. What I have written concerns only the very grave difficulty of moving to that transcending in this era.

Indeed in speaking about perspectives for philosophy I would say that in the homogenised societies of the future, the hope of philosophy will lie with those who understand that thought can partake in that which is not dependent on any dynamic context. It will lie with those who can rise above the historicism which has permeated western thought since Nietzsche, by having thought what is given in Nietzsche "en pleine connaissance de cause".

I end with two misrepresentations of that idea that thought must stand above history. First, the most engaged and passionate Marxist or existentialist is probably nearer to the truth than some professor of philosophy who thinks he stands above history as he lives comfortably in the suburbs of New England. The possibility of standing above "history" must depend on having lived through the awful responsibilities of time. Simone Weil taught that in her last great sentence: "matter is our infallible judge". Secondly, no implication must be taken against that scholarship which attempts to understand what is given in the science and philosophy of the past. In the present ruin of the western tradition we must know what that tradition has been, how it has come to be "technology", what has been lost and what found in that coming to be. Many analytical professors of philosophy talk as if we were born yesterday (yesterday meaning Frege.) To partake of philosophy in the sense of the word "Platonic" does not mean to stand above history as if the race originated yesterday. Rather it means touching eternity — if only the hem of its garments.

L'ACTUALITÉ ET LA PRÉSENCE DE LA PHILOSOPHIE AUX ÉPOQUES DE CHANGEMENT CULTUREL

NICHOLAS LOBKOWICZ, MUNICH

Parler de l'actualité et de la présence de la philosophie aux époques de changement culturel signifie se préoccuper de la responsabilité de la philosophie envers la culture de son époque. Ce n'est pas comme s'il y avait des époques de stabilité culturelle et des époques de changement culturel. Certes, il y a des époques où on a l'impression que dans le domaine de la culture se font peu de choses fondamentalement nouvelles. Mais la culture et le changement peuvent être aussi peu séparés l'un de l'autre que les hommes et l'histoire. L'humanité a une histoire parce que, et dans la mesure où, l'homme est un être qui se développe dans et par sa culture. L'impression qu'il puisse y avoir des cultures qui ne se transforment pas pendant un temps assez long devrait être une illusion d'optique qui vient du fait que les cultures primitives réfléchissent peu sur elles-mêmes.

C'est pourquoi on est tenté de dire, sous le titre qui m'a été donné, en quoi pourrait consister la tâche de la philosophie de nos jours. D'une part on doit, s'il s'agit de choses comme la responsabilité et les tâches, être le plus concret possible, puisqu'il s'agit de concepts qui ne reçoivent leur pleine signification que du fait que nous les appliquons à la vie que nous devons mener nous-mêmes. D'autre part, on ne peut pas nier que nous nous trouvons dans une époque dans laquelle le changement culturel et non pas la stabilité culturelle se trouve au premier plan. La science, de même que les idéologies, tous les deux produits de l'Occident, détruisent presque quotidiennement des civilisations dont beaucoup sont incomparablement plus vieilles que la civilisation occidentale. Certes, la culture européenne, au sens le plus large du mot, semble être arrivée à un point où elle commence elle-même à, en quelque sorte, se dévorer. Pendant que certains éléments de l'héritage occi-

dental conquièrent le monde, et petit à petit semblent créer quelque chose
comme une culture planétaire, la civilisation occidentale se dissout d'une
façon qui occasionnellement laisse apparaître la crainte que nous vivions non
pas à une époque de changement culturel mais à une telle époque de décadence de la culture, d'abandon de toute culture. Pour l'exprimer par un
slogan: les excavatrices et le coca-cola conquièrent la planète mais la civilisation qu'ils transportent à travers le monde n'a plus beaucoup de substance
et mérite à peine son nom.

On pourrait maintenant essayer de deux façons de banaliser la question
de savoir quelle responsabilité échoit à la philosophie dans cette situation.
D'une part on pourrait affirmer que le changement culturel ne concerne pas
la philosophie puisqu'elle s'occupe de ce qui ne change pas; que ce soit l'éternel dont la métaphysique classique a parlé d'après le modèle antique; que
ce soit l'*a priori* et le transcendantal que Kant pensa avoir découvert; que
ce soit finalement le formel, ce qui n'est que logique, dont beaucoup pensent
aujourd'hui que lui seul nous soit resté de l'éternel et de l'*a priori*. D'autre
part on pourrait se limiter à parler de la manière dont la philosophie aujour-
d'hui se pratique réellement et comment elle fonctionne, en quelque sorte,
dans nos universités. La première réponse suggère que la philosophie n'a à
son époque aucune relation dont on pourrait déduire quelque chose comme
une responsabilité du philosophe. Sans doute, elle peut être influencée par
son époque, mais sa tâche consiste essentiellement à surmonter son époque
et, par là-même, chaque époque, son monde, à "s'enfuir d'ici vers là-bas",
comme il est dit dans le *Phédon* et comme Plotin le répète avec insistance.

La deuxième réponse en revanche ne voit plus la philosophie que comme
l'une des nombreuses activités de notre époque — elle existe, elle doit être
"organisée"; les philosophes ont besoin de postes — mais elle ne se distingue
pas à cet égard des sciences économiques et des sciences techniques si ce
n'est par le fait qu'elle est d'un intérêt essentiellement moindre pour surmonter nos problèmes quotidiens.

Il y a une troisième réponse que je regarderais de même comme une
banalisation de la question qui m'a été posée. Elle s'énonce ainsi: la philosophie n'aurait jamais servi à rien d'autre qu'à légitimer certains intérêts;
c'est pourquoi la tâche du philosophe pourrait, à l'extrême, consister à se
mettre à la disposition des intérêts qui méritent le plus d'être défendus.
Cette troisième banalisation est beaucoup plus répandue que l'on pense d'une
manière générale. On se heurte volontiers à la formulation des marxistes-
léninistes d'après laquelle la philosophie servirait l'intérêt de la classe révolutionnaire, du prolétariat ou même du parti puisque celui-ci a des obligations
envers le progrès de toute l'humanité. Mais est-ce que cette formulation est
quelque chose d'autre qu'une version sûrement extrêmement primitive de
la pensée que nous exprimons quand nous disons que la philosophie doit
servir la nation, l'Église, l'esprit de la constitution ou même la libération de
l'humanité? Est-ce que la philosophie n'est pas depuis toujours en danger
de devenir une banalité ou même une perversion d'elle-même en se mettant
à la disposition de quelqu'un, des dirigeants ou des opprimés, de la tradition
ou de l'utopie, du progrès ou de la réaction, en se rendant utile à la situation

existante ou au combat contre la situation existante, en défendant ou en combattant des points de vue?

Quand on parle de l'actualité et de la présence de la philosophie à une époque de transformation culturelle, quand on réfléchit à sa responsabilité envers sa propre époque, on doit en conséquence se concentrer d'abord sur le fait que la philosophie ne peut se soumettre qu'à une autorité, ne peut servir qu'un intérêt: la vérité. Cela apparaît à la première audition encore incomparablement plus banal que les trois banalisations mentionnées. C'est pourquoi on doit ajouter aussitôt que la vérité ici dit plus que "propositions qui soient vraies". Si le seul but de la philosophie était d'éviter des erreurs, on pourrait se limiter à exprimer des évidences ou, de toute façon, à en donner aussi peu que possible. Si l'on dit que la philosophie a seule des obligations envers la vérité et cela de manière plus radicale que toutes les autres formes de savoir, alors quelque chose d'autre est exprimé. On veut dire que le philosophe se donne pour tâche d'approcher le réel tel qu'il est, l'être lui-même de manière aussi proche, de le saisir de manière aussi adéquate qu'il nous est justement possible, à nous mortels, sur la base de nos capacités limitées. Je dis: "sur la base de nos capacités", car je parle de la philosophie, non pas de la théologie qui suppose l'événement immense, c'est-à-dire, que l'*Ipsum esse* pourrait nous avoir révélé par libre décision ses mystères qui sinon nous seraient restés cachés pour toujours.

La philosophie a donc une obligation envers la vérité dans le sens qu'elle ne peut fondamentalement en rester à aucune vérité particulière, mais qu'elle doit au contraire poser des questions au-delà. Cela peut signifier qu'elle s'élève aux premières origines archaïques des nombreuses vérités particulières. Ceci était l'idée de la philosophie antique et de celle du Moyen-Âge. Mais cela peut signifier en plus qu'elle pénètre toute vérité particulière dans sa partialité, qu'elle cherche à la briser pour trouver d'autres vérités particulières et qu'à la fin elle s'efforce de mettre la main sur toute la vérité comme une somme de vérités partielles, unies les unes aux autres de façons multiples. Ceci était le concept de Hegel chez lequel, c'est connu, seulement le tout est la vérité.

Nous avons appris à voir au cours des dernières cent cinquante années que le concept hégélien de même que le concept au sens de l'Antiquité ou du Moyen-Âge très vraisemblablement dépassent notre capacité. Depuis Kant il est douteux de savoir si même les vérités particulières englobent plus que la façon dont nous concevons la réalité. Depuis l'époque du Cercle de Vienne il n'est même pas certain que des affirmations qui ne sont pas des tautologies et ne concernent pas non plus le monde empirique veuillent seulement dire quelque chose. Wittgenstein nous a enseigné que déjà la langue seule n'est pas faite pour que nous puissions nous enquérir de la vérité de manière aristotélicienne. Et de cette façon nous nous sommes préparés au fait que la philosophie ne s'occupe pas de la vérité mais au contraire des vérités, avec des affirmations vraies qui en plus ne concernent que de petits segments de l'être: les faits empiriques simples, les structures logiques, les phénomènes donnés à notre intuition, la langue quotidienne, la manière de

procéder des autres sciences qui déjà dès le début sont plus modestes que
la philosophie.

Combien de ces restrictions que nous nous sommes imposées à nous-
mêmes — au nom de la certitude, au nom de la clarté, au nom de la conclusion
logique — se révèlent contraignantes, inévitables? L'histoire future de la
philosophie en décidera. Ce qui toutefois donne à réfléchir est le fait que
nous avons oublié la vision que la philosophie a envisagée depuis ses débuts
jusqu'à il y a peu de temps. Nous avons renoncé à réfléchir encore au tout
de la vérité et au lieu de cela nous nous sommes confortablement installés
dans les subtilités des nombreuses vérités qui n'ont aucun lien entre elles.

Une des conséquences de ce développement consiste dans le fait que la
philosophie nous a laissés tomber à l'égard de la civilisation et de sa transformation que nous vivons aujourd'hui de manière presque dramatique. Nous
ne semblons plus même disposer de catégories utilisables pour parler raison-
nablement de cette donnée fondamentale de notre existence quotidienne.
Sommes-nous d'accord sur le fait que la transformation culturelle peut être
jugée à partir de critères moraux? Avons-nous une représentation suffisamment globale de l'homme pour pouvoir dire quelle transformation est un
progrès et laquelle est une erreur? Disposons-nous somme toute d'un concept
qui nous permette de placer des phénomènes aussi différents que la juri-
diction et un chef-d'oeuvre, nos coutumes et ce que nous apprenons dans
nos écoles, l'ordre étatique et l'architecture, les concerts et la destruction
de la nature, en un mot, toutes les choses qui tombent sous le concept de
"civilisation" dans un rapport significatif les uns aux autres? Tous ces phénomènes culturels se transforment constamment et toute la culture nous trans-
porte comme un bateau hâtivement bricolé dans une direction dont nous ne
savons rien. Mais nous les philosophes, au lieu de réfléchir afin de savoir
où, à vrai dire, le chemin devrait conduire et si nous ne devrions pas participer à sa création à partir d'une perspective uniforme, nous nous occupons
de vétilles sémantiques, logiques et relatives à des théories scientifiques.

Comment devrions-nous juger du progrès et de la décadence, du développement raisonnable et des erreurs insensées, de la valeur et de la non-
valeur de l'esprit du temps, là où nous avons désappris à réfléchir sur le réel
et sur l'être lui-même? N'avons-nous pas omis que la responsabilité du philosophe envers son époque est toute autre si Dieu existe ou s'il n'existe pas,
si l'homme se décompose comme un animal ou si son destin s'achève dans
un au-delà, s'il y a un ordre objectif et moral ou si au fond il ne s'agit que
de se débrouiller dans ce monde sans se heurter trop fort, si même — pour
prendre une perspective théologique — le fait décisif de l'Absolu dans ce
monde est déjà histoire ou si un tel fait n'arrivera que plus tard ou, peut-
être, n'arrivera jamais?

La philosophie peut sûrement, même sans répondre à de telles questions, aider à clarifier le labyrinthe conceptuel qui a coutume d'accompagner
la transformation culturelle. Mais percevons-nous donc notre responsabilité
en tant que philosophes quand, certes, nous enseignons à nos contemporains
quelque discernement mais en même temps, lorsque nous-mêmes, dès que

souffle l'esprit du temps, nous nous abattons comme un arbre sans racines? Parfois on ne peut pas se défendre de l'impression que la philosophie — au lieu d'analyser avec autant de soin que de réflexion les modes qui montent — n'est pas seulement plus accessible aux modes que toutes les autres entreprises humaines de notre temps, mais au contraire qu'elle ne voit plus sa responsabilité que dans le fait d'inventer elle-même de nouvelles modes suivant la succession la plus rapide possible. Alors que nous devrions être les administrateurs réfléchis de toute la vérité, nous nous sommes engagés — surtout dans les quarante dernières années — dans une situation telle que le tailleur aussi bien que le *designer* de carrosseries iront bientôt à l'école chez nous.

Je suis donc de l'avis — et je l'exprime distinctement — que nous aujourd'hui, en tant que philosophes, nous percevons de manière assez médiocre notre responsabilité envers notre époque eu égard au dramatique changement culturel que nous vivons. Et, certes, notre médiocrité vient surtout du fait que nous avons perdu l'habitude de voir que la philosophie se préoccupe de la pleine vérité. Nous sommes devenus des spécialistes qui ne remarquons même plus que nous cessons justement d'être des philosophes. Vous me demanderez peut-être: comment devons-nous surmonter cet état, là, où aujourd'hui il n'y a plus *la* philosophie, où — excepté pour un peu de temps dans les grands congrès internationaux — on ne se tolère réciproquement en tant que philosophes que parce qu'on travaille la même sorte d'institution, et qu'il n'est pas habituel parmi les hommes civilisés de s'entr'accuser en public d'incompétence ou même de se qualifier de charlatans ou d'ignorants? À cette question je n'ai pas de réponse simple. Une partie de la réponse semble cependant pour moi être — et ceci serait déjà une contribution à la présence de la philosophie à une époque de changement culturel — que nous avons de nouveau d'une part un désir de toute la vérité et d'autre part un plus grand désir de réflexion. Par cette deuxième chose je comprends le fait d'être fondamentalement disponible pour reconnaître que nous n'avons surpris respectivement qu'une partie de la vérité — et, supposons-le une très petite — et c'est pourquoi nous devrions écouter l'autre qui suppose que lui aussi pourrait en avoir attrapé une partie. Pour faire cela nous ne devons pas du tout renoncer aux hautes exigences d'objectivité et de rationalité, que nous nous sommes péniblement appropriées.

Nous devons seulement prendre en considération que les idées des autres aussi pourraient être une partie du tout, comme de manière générale le mystère de la vérité pourrait consister dans le fait qu'elle pourrait être toujours un peu plus compliquée, un peu plus étendue, et, finalement, peut-être plus humaine que nous aimons le penser.

Laissez-moi terminer ces réflexions assez générales en nommant trois thèmes dont, à mon avis, la philosophie devrait s'occuper à l'avenir de manière plus intensive dans l'esprit qui vient d'être cité.

Il y aurait d'abord la question de savoir ce que nous avons à dire *de l'homme* eu égard au fait qu'il crée la culture. Deux représentations fondamentales s'opposent parmi lesquelles il s'agit de faire un examen plus clair que nous n'avions coutume de le faire jusqu'à maintenant, peut-être aussi de chercher un intermédiaire. Selon la première, l'homme se crée pour lui la culture parce qu'il est *zoon logon ekhon*, parce qu'il a part à cette mystérieuse capacité que nous appelons intelligence ou raison. Celui qui voit l'homme ainsi inclinera à voir ses activités créatrices de culture comme participation à la force créatrice de Dieu comme le Moyen Âge le fit et comme nous inclinons à le faire encore aujourd'hui quand nous essayons de saisir par des mots la naissance d'un grand chef-d'oeuvre. D'après l'autre représentation en revanche la culture naît parce que l'homme est un être de manque, qu'il s'engage avec son monde dans une discussion sans laquelle il ne pourrait pas survivre. Celui qui pense ainsi voit l'homme comme un être qui ne se réalise que par la civilisation, qui n'est qu'à la fin de son histoire ce qu'il est réellement.

À cela se raccroche le deuxième thème, la question du progrès. Aussi étonnant que cela puisse s'entendre, il n'y a jusqu'à aujourd'hui encore aucun examen sérieux destiné à apprendre ce qu'est exactement le progrès. Sûrement il y a une riche littérature concernant ce thème afin de savoir ce que les hommes pensèrent du progrès à des époques différentes; et il y a des réflexions sur des formes isolées du progrès, par exemple celui de la science et de la technologie. Ce qui manque ce sont des examens plus élevés sur le progrès, sur la question de savoir si l'homme et son monde, pendant qu'ils progressent à travers leur histoire, se perfectionnent. Beaucoup de choses semblent parler en faveur du fait qu'il n'y a pas de progrès dans ce sens et même que l'affirmation qu'il y en avait n'a pas de sens exact. Cependant nous pensons tous aujourd'hui ainsi; il n'y a qu'à regarder dans nos livres d'école concernant l'histoire: l'histoire de l'humanité y est racontée comme si elle était un combat victorieux pour une humanité plus achevée, que l'on comprenne sous ce terme d'humanité moralité, domination de la nature ou liberté.

La réponse à cette question est décisive pour l'évaluation de la transformation culturelle. Suivant ce que l'on pense à propos du progrès, si on le tient pour possible et comment on l'interprète, on regarde la nouveauté dans le changement culturel avec espoir ou inquiétude, avec une approbation fondamentale ou avec scepticisme. Malheureusement aujourd'hui de nombreux philosophes se décident pour l'espoir ou l'inquiétude à propos de la nouveauté sans se préoccuper beaucoup de savoir sur quelle base ils prennent cette décision. Parfois il suffit même de nommer une certaine date: le dix-septième siècle, dix-sept cent quatre-vingt-neuf, dix-neuf cent dix-huit, pour, à partir de là, s'enthousiasmer ou s'affliger comme s'il allait de soi que les dates seraient les points décisifs dans le changement culturel et non son contenu que l'on doit évaluer d'après des critères précis.

Le troisième thème a un lien avec cela. Y a-t-il pour l'évaluation du changement culturel des critères qui ne découlent pas de la satisfaction subjective des hommes, d'une satisfaction subjective qui elle-même est historique et qui, pour cette raison, se transforme d'époque en époque? N'y a-t-il peut-être pas quand même quelque chose comme une destination de l'homme dont il ne peut pas disposer mais à laquelle il peut seulement satisfaire, une destination qui en quelque sorte permet de décider, à partir de l'être réel de l'homme et même du noyau de l'être, quelle est la valeur de telle culture où le changement culturel devrait conduire, et ce qui est le sens définitif et la fin ultime de l'homme comme être culturel. Le monde antique avait une représentation de la destination de l'homme fondée sur son interprétation téléologique de la *physis*. La chrétienté vit et voit la civilisation comme des pierres de construction d'un *reditus hominis in Deum;* Hegel encore possédait un critère sur la base de sa représentation d'après laquelle le cours de l'histoire est un processus par lequel ce qui est en soi devient pour soi-même et ainsi libre. Depuis Hegel nous avons consacré à cette question à peine plus d'attention. Aujourd'hui des concepts ne semblent plus même être disponibles pour se préoccuper de telles choses. Nous rendons hommage à un immanentisme anthropologique dépourvu de pensée qui ne peut mesurer qu'en utilisant la subjectivité la plus primitive la question de savoir ce que pourrait être l'achèvement de l'homme, le *eu zen*. Ce dont nous avons besoin, ce sont des critères objectifs, en quelque sorte pris à l'être lui-même, pour décider ce que l'homme est, pourrait être et devrait être.

Sur ce je finis par revenir à mon interrogation centrale, à savoir l'exigence de chercher la vérité de tous et de chercher toute la vérité. Eu égard au changement culturel que nous vivons aujourd'hui de manière si dramatique, eu égard à la rapide décadence des critères moraux, à la menace d'une guerre nucléaire, à la destruction irréparable de notre environnement, la simple question suivante prend une grande acuité: l'homme, comme le pensait Sartre, est-il une "passion inutile" ou a-t-il un destin plus profond que l'on doit chercher au-delà de sa vacuité?

Je ne vois pas comment nous pourrions répondre à cette question si urgente sur le plan existentiel sans nous donner au moins la peine de revenir à la question fondamentale de toute philosophie: *ti to on?* Qu'est-ce finalement que le réel? Y a-t-il une plénitude intelligible de l'être — si possible même personnelle — par laquelle, à la fin, tout, et par là-même aussi, la civilisation et son changement doivent être mesurés?

D'après la représentation classique la philosophie trouve son achèvement dans la métaphysique. Ce jugement vieux de plus de deux mille ans me paraît toujours avoir une valeur et justement à propos du changement culturel. Si quelque chose comme la métaphysique se trouve tout à fait au-delà de toutes nos possibilités — soit parce qu'il n'y a plus que la superficialité de notre monde matériel, soit parce que nous ne sommes tout simplement plus capables de cela — alors la philosophie a peu à dire au sujet de la transformation culturelle. Eh bien, elle existe, et la philosophie en est une partie et peut tout au plus contribuer un peu à nous faire élucider nos concepts confus. Alors l'actualité et la présence de la philosophie aux époques de changement culturel n'ont pas beaucoup de valeur, car l'actualité de la philosophie repose sur la réponse à la question de savoir dans quelle mesure elle peut être une lumière qui permet de pénétrer jusqu'au réel, jusqu'à ce qui est vraiment essentiel. Pour la grande tradition philosophique, l'actualité n'était qu'une autre détermination pour une intelligibilité transparente à elle-même. Si la philosophie ne peut pas être actuelle dans ce sens, elle ne peut alors plus être actuelle que dans le sens tristement réduit dans lequel nous appliquons ce mot à la mode. Alors elle est livrée à l'esprit du temps dont nous ne savons même pas d'où et pourquoi, d'une manière générale, il souffle.

RÉALISME ET SCIENCE

REALISM AND SCIENCE

REALISMUS UND WISSENSCHAFT

REALISMO Y CIENCIA

SYMPOSIUM

SCIENCE ET RÉALISME

YVON GAUTHIER, MONTRÉAL

La question du réalisme en science fait l'objet aujourd'hui de vifs débats. Dans le monde francophone aussi bien que dans les milieux philosophiques anglo-saxons, le réalisme a connu récemment un regain de vie, à tel point que des options philosophiques anti-réalistes se font jour. Si le réalisme et l'anti-réalisme sont débattus sur le terrain philosophique dans la philosophie des sciences, "philosophy of science", ce n'est pas le cas en France où ce sont surtout des scientifiques qui s'affrontent, faute de philosophes sans doute; j'en veux pour exemple un débat récent sur le hasard entre René Thom et Ilya Prigogine entre autres.

In recent years, René Thom has been very active in the defense and illustration of a realist programme which is to some extent derived from his catastrophy theory or his general theory of forms and their genesis. He has advocated the analogical point of view in what he calls a theory of models, models in a wider sense than model theory. The notion of model is used in the sense of model theory by Hilary Putnam in his important paper "Models and Reality" where he develops a general line of attack against metaphysical realism with the help of the Löwenheim-Skolem theorem. The result that a first-order physical theory cannot be categorical can even be pushed up, if one thinks of a full second-order theory where the set of all subsets of a set of cardinality aleph zero can be seen as the set of all possible combinations of the members of such an infinite set and this would give a physical world where all states of affairs or simply all physical states are realized at once or simultaneously, a world reminiscent of Everett's interpretation but hardly susceptible of well-defined measurements. But if scientific realism wants us to believe in the truth of a scientific theory, constructive empiricism is content with the adequacy of a theory to the world of experience and this is what

Bas van Fraassen is proposing in his recent book *The Scientific Image*. Van Fraassen has erected a whole array of arguments against scientific realism and I hope that some of them find their way into our debate.

Ce n'est pas le lieu de défendre ici un point de vue personnel, mais je dirai simplement qu'un constructivisme radical, plutôt que l'anti-réalisme de Putnam et van Fraassen, que j'appellerais peut-être semi-constructivisme un peu comme celui de Lebesgue ou Borel en mathématiques avant Brouwer ou Weyl, qu'un constructivisme radical, dis-je, s'il semble éliminer tout de go nombre de problèmes, apporte cependant un éclairage cru sur la problématique qui nous occupe: pensons seulement au problème de la mesure en mécanique quantique, ou encore au problème de la logique quantique auquel ont contribué trois des participants à ce symposium.

Mais je veux tout de suite donner la parole aux autres participants du symposium. Il n'est pas inusité qu'un praticien parle d'abord. J'ai dit tout à l'heure que les scientifiques font la philosophie de leur science dans le monde francophone, à défaut de philosophes, qui s'occupent d'autre chose, de littérature surtout. Cela ne signifie pas qu'il faille s'en remettre aux scientifiques, seulement qu'on doit d'abord les écouter. René Thom parlera donc en premier. Je donnerai ensuite la parole à Hilary Putnam, puis à Bas van Fraassen. Chacun aura une vingtaine de minutes de temps de parole. Puis je les laisserai échanger entre eux, disons cinq minutes. J'accueillerai ensuite les questions de l'auditoire jusqu'à 16 heures.

LE PROBLÈME DES ONTOLOGIES RÉGIONALES EN SCIENCE

RENÉ THOM, PARIS

1. Position du problème

Sous la terminologie husserlienne d'"ontologie régionale" on entendra tout ensemble de phénomènes dont la description et — si possible — l'explication théorique peuvent être obtenues de manière sensiblement autonome, indépendamment des phénomènes extérieurs à cet ensemble. "L'ontologie régionale" consiste alors en des entités mises en jeu dans une telle description, étant entendu que le terme d'entité doit être pris ici dans un sens très général: il ne s'agit pas ici nécessairement de formes individuées prises comme éléments, mais bien de formes (spatiales) quelconques, soumises à la seule condition de pouvoir être décrites et par suite reproduites. Autrement dit, on envisage comme licites des ontologies qui seraient constituées de formes purement spatiales, non verbalisées. Ainsi, la taxonomie linnéenne des plantes peut être, de ce point de vue, considérée comme une ontologie régionale.

On a rarement envisagé, en épistémologie, la contrainte redoutable que fait peser, pour une ontologie, — et une ontologie scientifique en particulier — cette exigence de descriptibilité: si la science vise à la constitution d'un "savoir", reconnu comme vrai par le consensus des observateurs humains présents ou à venir, un tel savoir est nécessairement inscrit dans un matériau, comme système de formes lisibles par l'humanité présente ou future. (Il s'agit le plus souvent, mais non nécessairement, de caractères d'imprimerie: on pourrait imaginer d'autres supports, bande magnétique par exemple). Ainsi, le projet même de la connaissance scientifique présuppose une certaine stabilité de la structure géométrico-physique de notre univers. Si une catastrophe cosmique venait à perturber gravement cette structure — sans mettre en danger l'existence de l'humanité ou des êtres pensants qui lui succéderaient —, l'existence même d'un savoir transmissible en deviendrait bien douteuse. Les nominalistes médiévaux, qui n'accordaient au signe que le statut d'une forme sonore — un *flatus vocis* — ne se doutaient pas de la formidable exigence de stabilité ontologique recelée dans une telle forme. En ce sens, la physique fondamentale n'a pas tort de présenter l'existence des grandes symétries de l'univers (Galilée, Newton, Einstein) comme un postulat indispensable, non seulement à sa propre existence, mais aussi comme caution de la constitution du support d'un savoir permanent dépositaire de l'acquis des autres sciences.

Mais une fois admise la nécessaire permanence de cette géométrie (permanence d'ailleurs approximative: le passage de la physique de Newton à celle d'Einstein n'a guère eu d'influence à l'échelle macroscopique de nos actions quotidiennes), on ne peut qu'être effaré devant les prétentions ontologiques émises par les diverses disciplines scientifiques. Le spécialiste des particules élémentaires vous dira que tout, dans l'univers, résulte des interactions entre particules régies par des lois du type de l'équation de Schrödinger; le biologiste moléculaire prétendra que tout, dans l'activité des êtres vivants, s'explique en terme d'interactions moléculaires. Un spécialiste, évidemment, ne peut que croire à la réalité des êtres qu'il manipule — il serait bien à plaindre psychologiquement s'il en allait autrement.

Nous reviendrons plus tard sur ce conflit des ontologies liées à des disciplines différentes. Mais il faut observer qu'à l'intérieur d'une même discipline, différentes "ontologies régionales" peuvent avoir à cohabiter: on retrouve ici, en particulier, le problème aigu des *niveaux hiérarchiques d'organisation* de certaines disciplines morphologiques. Chaque niveau d'organisation — par exemple, le niveau phonologique en linguistique, jouant sur la constitution d'une syllabe en phonèmes, le niveau syntaxique de la phrase jouant sur sa décomposition en lexèmes (mots) — peut être considéré comme lié à une ontologie régionale; en biologie, avec la hiérarchie: molécule, arrangements supra-moléculaires, organelles, cellule, tissu, organe, organisme, espèce, communauté écologique, on a autant d'"ontologies régionales" distinctes relevant de spécialisations distinctes. Et les rapports entre les spécialistes de ces différents niveaux, bien qu'appartenant à la même discipline globale, sont souvent plus polémiques qu'entre spécialistes de disciplines différentes. On observera, à cet égard, que la seule définition d'un niveau hiérarchique d'organisation soulève des difficultés conceptuelles qui — à ma connaissance — n'ont pas été surmontées jusqu'à présent.

On retrouve là, en effet, un problème général: étant donnée une morphologie faite de *traces* dans un milieu plastique compétent pour les conserver indéfiniment, peut-on déterminer s'il s'agit là, effectivement, d'un système de "signes", i.e. si l'agent qui a fait ces traces les a faites dans l'intention de communiquer une "signification"? Il faut d'abord s'assurer que la morphologie considérée ne provient pas d'un processus naturel de nature physique ou biologique. Cela peut être difficile. Néanmoins, le critère de stabilité structurelle appliqué aux formes issues de processus physiques génériques

permet souvent de lever le doute: si la forme inscrite est hautement impro-
bable, avec des caractéristiques de symétrie par exemple, on peut s'attendre
à un tracé de caractère finaliste; restera ensuite à déterminer si l'agent avait
effectivement pour but de communiquer une signification. Les doutes qui
assaillent l'anthropologue devant les premières manifestations de l'activité
scripturaire de l'homme montrent qu'il s'agit là d'un problème redoutable:
les "galets peints" de la grotte du Mas d'Azil — en Ariège — veulent-ils
"dire" quelque chose? Ne sont-ils pas plutôt le produit d'une activité orne-
mentale purement ludique et désintéressée?

Formulons la question quelque peu différemment: une morphologie
constituée de traces peut-elle être considérée comme une "ontologie" — ou
plus exactement, le signifiant d'une "ontologie signifiée"? On peut douter —
et ceci pour des raisons principielles liées à la self-référence — qu'une telle
question puisse être posée dans l'optique de la constitution d'un savoir scientifique à validité universelle — ou en tout cas, que ce problème admette une
solution définitive dans le cadre d'une méta-sémiotique dont le but serait de
caractériser intrinsèquement — morphologiquement — les systèmes de
signes. La question peut être abordée plus modestement, sur des exemples.
À cet égard, certaines morphologies sont signifiantes simplement parce que
ce sont des images spatiales d'une morphologie naturelle accessible à l'expérience. Le fait qu'à la fois l'univers physique et le milieu enregistreur
compétent admettent la même géométrie permet de dire si une forme tracée
est semblable à une forme naturelle. On oublie trop souvent le rôle joué en
science par l'*iconicité peircéenne*. L'atlas du ciel, par exemple, n'est après
tout qu'une collection de photographies couvrant la sphère céleste, et il est
légitime d'y voir le support d'une "ontologie", à savoir l'ensemble des étoiles.
Le philosophe, bien sûr, n'acceptera pas sans sourciller cette extension du
vocable; c'est que, pour lui, une ontologie se doit de comporter une certaine
intelligibilité. Les entités que comporte une ontologie sont en général des
entités abstraites, d'une nature différente de celle des objets matériels directement accessibles à l'expérience. Les symboles mathématiques offrent
l'exemple le plus achevé d'une telle ontologie, à la fois abstraite et intelligible. Et cependant qui pourrait douter, à voir la manière dont sont figurés,
dans maint système de numération, les premiers entiers naturels, qu'il n'y
ait eu au départ une représentation iconique de ces êtres? Et, dans un texte
de géométrie euclidienne classique, on a un mélange à coup sûr surprenant
de langue ordinaire et de représentation iconique — les "figures".

La seule représentation iconique d'une morphologie naturelle, telle une
photographie, ne contient par elle-même aucun élément de théorisation,
aucune intelligibilité. Mais dès qu'il y a taxonomie, c'est-à-dire classification
des formes naturelles en un petit nombre de types, entretenant entre eux
des relations d'appartenance ou d'incidence, on a d'ores et déjà le premier
stade de théorisation. Par exemple, l'ensemble des étoiles admet une taxonomie dès qu'on envoie les étoiles dans le plan (luminosité-couleur) du
diagramme de Hertzprung-Russell, et la place de l'image de l'étoile dans ce
plan va définir son type spectral, ce qui permettra de déterminer son âge
et son évolution probable; spatialement on aura aussi une classification
morphologique des galaxies... L'intelligibilité est toujours liée — en principe

— à une théorisation. S'il est vrai — ainsi que je l'ai écrit autrefois — que toute théorisation est "réduction de l'arbitraire de la description", on ne pourra théoriser une morphologie que si on munit la configuration étudiée de propriétés de propagation spatiale, qui permettent d'étendre par exemple la morphologie donnée sur un domaine D de l'espace substrat à un domaine D_1 plus grand. Il faut donc, pour toute théorisation, définir des mécanismes d'extrapolation permettant d'étendre la morphologie donnée sur un ouvert plus grand.

2. Les ontologies intelligibles

Nous allons donner ici une description de ce qui pourrait être l'*ontologie intelligible* la plus générale; elle comporte trois éléments: un espace "substrat" S, qui est le micro-univers contenant les entités de notre ontologie; cet espace est doté d'une géométrie permettant d'y définir la similitude des formes localisées — le plus souvent individuées — dans cet espace, dites formes "saillantes" F. Enfin des mécanismes de propagation, que nous appellerons des *prégnances*. Une prégnance n'est pas une entité localisée sur l'espace substrat S; mais une prégnance P peut investir une forme individuée F (forme "saillante"), en y provoquant des transformations cinétiques ou morphologiques (effet figuratif); une fois investie par une prégnance P, une forme saillante F pourra communiquer la prégnance P à toute autre forme saillante G avec laquelle elle entre en contact.

L'investissement d'une forme saillante F par une prégnance P, bien que temporairement irréversible, peut parfois s'effacer au cours du temps; les effets figuratifs de cet investissement sur F peuvent alors disparaître, ou au contraire, subsister par "hystérésis".

Cette description de l'ontologie intelligible "générique" nous a été suggérée par une représentation (spéculative!) du psychisme des animaux supérieurs. Une forme extérieure peut affecter l'appareil perceptif d'un sujet — humain ou animal — pour deux raisons: soit en raison du caractère abrupt, discontinu du stimulus sensoriel créé par la forme: un flash de lumière, un tintement de sonnette sont des formes typiquement saillantes (anglais *salient*), en raison du contraste qu'elles présentent par rapport à un fond indifférencié. On appellera *saillance* (anglais *saliency*) ce caractère. Au contraire, d'autres formes, même a priori difficilement perceptibles, suscitent une attention soutenue de la part du sujet. Ce sont les formes à intérêt biologique telles que proies, prédateurs, partenaires sexuels, etc. On appellera *prégnantes* ces formes, *prégnance* leur caractère. L'idée intuitive est ici que la saillance est une qualité objective, intrinsèque de la forme, alors que la prégnance relève d'une appréciation subjective de la part du sujet percevant. L'expérience classique du chien de Pavlov peut alors ainsi s'interpréter: une forme prégnante (la viande, source de prégnance alimentaire) contamine par contiguïté spatio-temporelle une forme saillante, le tintement de sonnette. Il n'y a pas alors d'effet figuratif (du moins objectivement); le tintement de sonnette, une fois investi de prégnance alimentaire, pourra contaminer de la même prégnance une autre forme mise en contact avec lui.

Une prégnance biologique se comporte donc comme un fluide érosif qui s'infiltre à travers ces fractures du réel que constituent les formes saillantes. Cette propagation se fait selon les deux modes de l'investissement par contact (contiguïté spatio-temporelle) et de l'investissement par "similarité". On retrouve ainsi les deux modes classiques d'action magique selon Fraser (action par contact, action par similarité) et même la célèbre distinction saussurienne des axes paradigmatique et syntagmatique. Le schéma précédent de l'ontologie intelligible peut donc s'appliquer sans modification à la pensée "primitive" ou magique; car une explication magique a toute la force de l'intelligibilité pour un esprit qui partage cette croyance; même la "participation" lévy-bruhlienne peut s'interpréter comme une extension de la contagion par similarité, le thériomorphisme, par exemple, étant un effet figuratif dû à l'investissement par une prégnance. Avec l'apparition du langage humain, le schéma précédent se complique: alors que l'animal ne connaît (sans doute) que très peu de prégnances associées aux grandes régulations biologiques (alimentation, sexualité, etc.), chez l'homme on assiste à une multiplication des prégnances — compensée par une limitation beaucoup plus stricte de leurs pouvoirs propagatifs. Chaque concept est source d'une prégnance qui lui est propre, et qui ne peut s'investir que sur un petit nombre de concepts "satellites". Alors que chez l'animal l'investissement d'une forme saillante par une prégnance résulte des aléas des rencontres individuelles (et est d'ailleurs largement variable et réversible), chez l'homme la prégnance associée à un concept réside dans un ensemble fixe de mots, et cette association demeure permanente, car elle est garante du caractère "sémantiquement et grammaticalement bien formé" des phrases émises. On assiste donc, avec la formation du langage, à une certaine canalisation de la propagation des prégnances, associée à leur ritualisation sociale.

3. De la magie à la Science

On pourrait voir dans les considérations précédentes sur le psychisme animal et la mentalité primitive des spéculations assez gratuites et peut-être oiseuses. Il se trouve cependant que presque toutes les théorisations envisagées en Science moderne reposent elles aussi sur des "ontologies intelligibles" du type décrit plus haut. Rappelons ici que Durkheim n'a cessé — en s'opposant à la mentalité "prélogique" de Lévy-Bruhl — d'insister sur la nécessaire continuité entre pensée magique et pensée scientifique; certains concepts, comme celui d'énergie, ont un répondant immédiat dans des concepts analogues des "primitifs", comme le *Mana* polynésien ou l'*Orenda* sioux... Si l'on peut parler d'une certaine rupture entre pensée scientifique et pensée préscientifique, je crois qu'il faut situer cette rupture dans la conviction acquise par l'humanité qu'elle vit dans un univers doté d'une géométrie stable et invariable; c'est en effet uniquement après avoir "stabilisé" ce substrat universel qu'est l'étendue où nous vivons, que l'homme a pu classifier les "prégnances" qui l'assaillaient selon leurs modes de propagation dans cet espace.

Il est naturel de penser que le psychisme ait dû traiter les grandes qualités sensorielles (lumière, chaleur etc.) sur le même mode que les prégnances biologiques. En effet, certaines prégnances — par exemple le mouvement d'un corps — ont à la fois une signification biologique et une signification "objective": il est très important pour un animal d'anticiper le mouvement d'un corps matériel qui se dirige vers son propre organisme, afin d'éviter le choc, et une telle anticipation suppose une connaissance implicite des lois de la mécanique. L'investissement d'une forme saillante par une prégnance est — typiquement — l'ancêtre de la prédication linguistique, et certains agents physiques se comportent comme des prégnances: ainsi la lumière, qui rayonne à partir de formes-sources, et constitue en sources secondaires les objets opaques sur lesquels elle diffuse.

On donne en annexe un tableau général des grandes ontologies intelligibles de la science et du psychisme humain. Extrayons-en un exemple typique: pour la mécanique newtonienne, l'espace substrat est l'espace-temps R^4 (pris absolument). Les formes saillantes sont les points matériels — et les corps matériels qui en sont des agrégats; la prégnance est le mouvement, engendré par une prégnance plus cachée, la force F. La formule $F = m\,\gamma$ peut être considérée comme l'*effet figuratif* engendré par l'investissement d'un point matériel par la prégnance-force F qui s'y applique. La loi de la gravitation universelle $F = k.m.m'/r^2$ s'interprétera en disant que chaque point matériel est *source* d'une prégnance-force qui rayonne à partir de ce point en s'affaiblissant dans la proportion où la prégnance remplit une sphère de rayon r croissant, d'aire $4\pi\,r^2$. Il ne fait guère de doute que c'est cette image d'un point rayonnant une prégnance — une "influence" — qui a finalement fait accepter — relativement — l'action à distance de la gravitation. La vitesse peut aussi être considérée comme une prégnance: dans une collision d'un corps mobile avec un corps fixe, le corps mobile transmet une partie de sa "prégnance cinétique", à savoir son moment cinétique $m\bar{V}$, au corps fixe; la force vive $1/2\ mv^2$, énergie cinétique, est au contraire un scalaire conservé dans une telle collision élastique. La confusion entre ces deux formes de prégnance est l'objet de l'"error memorabilis Cartesii" dénoncée par Leibniz. Les grandes méthodologies utilisées en mathématique sont elles aussi susceptibles d'être interprétées comme des ontologies intelligibles. Cependant beaucoup d'entre elles sont incomplètes, ou atrophiées. Ainsi, la théorie des ensembles est une théorie sans espace substrat, combinant des "points" non localisés, mais il y a, avec le concept de propriété caractéristique d'un ensemble, l'embryon de la notion de prégnance. J'ai la conviction qu'une bonne part des difficultés de la théorie des ensembles — et sa dilution délirante dans le transfini cantorien — sont dues à cette absence de spatialisation. Essayez d'imaginer spatialement — sur le mode des diagrammes de Venn — un ensemble qui se contient lui-même comme élément...

L'algèbre abstraite est toute entière issue de la construction du monoïde libre engendré par un alphabet fini; on peut y voir la construction d'un "espace" discret à partir du temps, produit par la générativité pure d'un ensemble fini d'opérations. Beaucoup de structures algébriques classiques — comme celle de groupe — peuvent alors être engendrées en quotientant l'espace libre du monoïde par l'extension d'une prégnance affectant les éléments "nuls" dans la structure quotient...

La théorie des catastrophes, dans sa méthodologie, va à l'encontre des conceptions traditionnelles qui réduisent la prégnance à la classe d'équivalence des formes saillantes qu'elle investit. Au contraire, on s'efforce d'engendrer les formes saillantes par une maladie — une "singularité" d'une prégnance. (La prégnance est alors réalisée par un potentiel défini sur un espace des états Y, l'espace-substrat est l'espace de contrôle...). Bien entendu, dans cette théorie c'est l'individuation des formes saillantes, et la générativité de leur concaténation spatiale qui fait problème... Indiquons enfin, pour terminer, le statut très spécial de la mécanique quantique; en identifiant conceptuellement particule (forme saillante) et champ (prégnance), la mécanique quantique tourne le dos à toute tentative d'intelligibilité. Seul, je crois, l'abandon de l'espace-temps usuel au profit d'un espace beaucoup plus riche sera de nature à rendre à cette théorie une certaine intelligibilité. Il y a, je crois, une conséquence philosophique à tirer de cette situation. Depuis plus d'un demi-siècle, la mécanique quantique n'a cessé de donner des preuves de son efficacité. Si Hume avait raison, et que notre compréhension des phénomènes vienne seulement de notre aptitude à mémoriser leur enchaînement, alors la mécanique quantique devrait être, depuis longtemps, une théorie parfaitement comprise et intelligible. Or il n'en est rien, et bien peu de spécialistes de cette théorie oseraient affirmer que pour eux elle est parfaitement claire. À preuve que l'intelligibilité d'une théorie reste liée à la représentation de mécanismes élémentaires archétypiques...

4. Le conflit des ontologies

La partition du champ épistémique en domaines régis par des ontologies différentes ne va pas sans créer de sérieux conflits entre tenants de ces diverses ontologies; et il s'agira ici tout autant des rivalités entre tenants des différents niveaux hiérarchiques d'organisation d'une même discipline que des rivalités entre disciplines. Sans doute, le scientifique vit cette rivalité comme un problème sociologique lié à l'attribution des crédits affectés à la recherche plutôt que comme un problème philosophique. Et cependant seules des considérations d'épistémologie permettraient de trancher ce type de conflit avec une certaine objectivité... On se bornera ici à quelques considérations générales sur la prétention réductionniste et le problème de l'émergence.

Il s'agit ici de la prétention émise par les spécialistes du niveau le plus fin — des entités les plus petites — à expliquer les formations apparues aux niveaux plus grossiers. La question est bien connue — et toujours ouverte — en biologie, où la prétention réductionniste des biologistes moléculaires contraint les spécialistes des tissus et des organismes à une inconfortable position de repli. Mais elle existe aussi en physique, où de nombreuses questions de physique macroscopique peuvent être traitées (comme en mécanique des milieux continus et en dynamique des fluides) sans référence à la structure moléculaire sous-jacente.

Il faut observer que la prétention réductionniste ne peut être fondée que si on la replace dans le cadre universel d'une symétrie globale des interactions entre éléments, i.e. une grande symétrie physique comme celle de Galilée, Newton, Einstein... Autrement dit, il faut compenser la petitesse de l'élément par l'ampleur cosmique de l'interaction. Or l'existence même d'inhomogénéités révélées par la présence de niveaux d'organisation plus grossiers prouve que, dans le matériau considéré, la symétrie globale est phénoménologiquement brisée. Ce qui va jouer un rôle, au niveau "grossier", ce seront donc les formalismes régissant le comportement spatial des *brisures de symétrie* du milieu. Or ces formalismes — du type théorie de Landau ou théorie du champ moyen — font appel à des méthodes style théorie des catastrophes, où c'est la singularité d'une prégnance locale qui régit, par son déploiement, la partition locale de l'espace en régimes d'organisations (de symétries) différentes. D'où la possibilité théorique d'un mode d'explication autonome de l'ontologie considérée à ce niveau. Dans certains cas, l'autonomie est évidente: ainsi en linguistique, nul phonologiste n'irait prétendre expliquer la syntaxe par des propriétés combinatoires des phonèmes... Il est certain qu'une amélioration des bases théoriques de la notion de niveau d'organisation pourrait beaucoup pour renforcer la position — en général défensive — des spécialistes des niveaux grossiers.

5. La théorie aristotélicienne de la causalité vue dans l'optique Saillance-Prégnance

Des quatre types de causes envisagées par Aristote: cause formelle, cause efficiente, cause matérielle, cause finale, on a coutume d'exclure de la scientificité moderne les causes formelles et les causes finales. En fait, il faut remarquer d'emblée que dès qu'il y a classification, taxonomie, on a affaire à un certain type de causalité formelle. Et nul ne saurait songer à exclure la taxonomie de la visée scientifique... Quant aux causes finales, on peut sans doute les faire rentrer — au moins partiellement dans la causalité formelle si l'on envisage une structure biologique comme partie d'une structure globale périodique — un "cycle" dans l'espace-temps. La réponse à une perturbation localisée d'un tel cycle stable peut être aussi bien considérée comme agissant en amont du cycle qu'en aval. D'où la possibilité de subsumer la cause finale en biologie sous la causalité formelle.

Je serais tenté d'affirmer qu'il n'y a finalement que deux grands types de causalité: la cause formelle et la cause efficiente. La cause formelle devrait pouvoir s'interpréter comme due à un conflit de prégnances — conflit régi par un "logos" qui le stabilise, selon le mode des schémas catastrophiques. La cause efficiente, elle, serait due à l'investissement d'une forme saillante par une prégnance — sur le mode de la collision d'un corps immobile par un corps mobile (causalité *a tergo*). L'effet figuratif qui résulte de l'investissement d'une forme saillante F par la prégnance P est l'effet proprement dit de cette cause "efficiente" qu'est l'absorption de la prégnance P par F. Peut-être pourrait-on interpréter alors la cause matérielle comme exprimant les restrictions apportées par la nature (matérielle) de F à la réception de P, ainsi qu'à la manifestation de l'effet figuratif. On retrouve ainsi le rôle du substrat dans l'apparition des formes.

6. Conclusion

Nous pensons qu'il n'y a pas de différence essentielle entre une ontologie régionale scientifique, un paradigme kuhnien, et sur un plan plus général, tout système de croyance socialement constitué, idéologie ou religion. Tous ces systèmes relèvent d'une "ontologie intelligible" structurée, comme on l'a indiqué plus haut. La seule différence réside dans le caractère plus ou moins canalisé, plus ou moins contraint, de la propagation des prégnances. (Par exemple, en théologie chrétienne, les personnes de la Trinité constitueraient des formes saillantes; la grâce divine serait la prégnance universelle.) Selon J. Sneed — que nous interprétons librement — tout paradigme dispose au départ d'un champ paradigmatique — celui de ses succès initiaux, D_i. Mais tout paradigme vit au-dessus de ses moyens intellectuels et prétend expliquer beaucoup plus que ce qu'il explique effectivement, soit $D_p \supset D_i$ ce domaine des applications projetées. Pour justifier ses prétentions sur D_p, le paradigme, en général, va développer un gauchissement de ses méthodes de déduction, lui permettant de rendre compte des faits répertoriés dans D_p. Cette extension se fera par l'emploi de structures déductives à capacités universelles, comme la dialectique; ou par l'emploi de concepts dont la prégnance a des capacités illimitées de propagation — comme le concept d'information. Qu'on songe à l'emploi par les biologistes moléculaires du concept d'information génétique, valide au niveau de l'ADN, mais bien suspect au-delà... On a coutume de dire qu'il y a retour ici à des modes de penser magiques; selon une meilleure appréciation, ces procédés relèveraient plus de la malhonnêteté intellectuelle que de la magie: dans la pensée primitive, en effet, les contraintes portant sur l'obtention et la direction canalisée d'effets translocaux sont souvent très exigeantes: on n'obtient aucun effet sans le payer par un sacrifice équivalent; alors qu'avec ces concepts à tout faire comme information, hasard, volonté de Dieu, etc., on peut justifier gratuitement n'importe quoi. Si, dans le domaine social, l'épistémologue peut prétendre à une quelconque utilité, c'est en démasquant, en dénonçant ces impostures qu'il la trouvera.

RÉFÉRENCES

Joseph D. Sneed, *The Logical Structure of Mathematical Physics*, Holland, Reidel, Dordrecht, 1971.

René Thom, "Morphologie du Sémiotique", dans *Recherches Sémiotiques — Semiotic Inquiry*, University of Toronto Press, 1981, Vol. 1, n. 4.

René Thom, "Psychisme animal et psychisme humain", Colloque Unesco "Sur la Glossogénétique", Paris, 1982. (à paraître chez Harwood Academic Publishers, 58, rue Lhomond, Paris).

TABLEAU DES ONTOLOGIES RÉGIONALES SCIENTIFIQUES

Espace substrat	Formes saillantes	Prégnances	Modes de Propagation	Effets figuratifs	Discipline
Espace-temps R⁴	Matière → Particules → Atomes ; Corps Matériels	Champs (Rayonnement) ; Vitesse et Force ; Énergie ; Température	Loi différentielle d'évolution temporelle Ex.: Équation des ondes	Excitation et Désexcitation des atomes	Physique des champs ; Mécanique quantique
			Principe d'action extrémale (Fermat-Maupertuis)	Collision Loi de Newton $F = m\gamma$	Mécanique Classique
	États locaux de la matière (phases)		Diffusion isotrope (Loi de Fourier)	Transitions de phases	Thermodynamique
	Molécules	Potentiels d'interaction locale	Diffusion	Concaténation de molécules	Chimie
	Organismes vivants	Vie ; Prégnances régulatoires: Faim, Peur, Amour…	Propagation par continuité spatiale Scissiparité Sexualité	Mouvement interne du métabolisme	Biologie
Signifiant (Langage) Espaces mentaux	Mots du langage ; Idées	Prégnances à effets translocaux ; Concepts ; Qualités physiques subjectives ; Lumière, Couleur…	Action par contact par similarité	Effets subjectifs sur formes non vivantes ; Effets objectifs sur formes vivantes	Éthologie Pensée Magique
			Propagation limitée aux concepts satellites	Accord grammatical	Linguistique
			Propagation par contact	Induction de sources secondaires	(Sémantique)

THE REALIST PICTURE AND THE IDEALIST PICTURE

HILARY PUTNAM, CAMBRIDGE, MASS.

Suppose a realist decided to take such a notion as 'best explanation', or, perhaps, 'confirmation', as *primitive*. Since these notions are not physicalist notions[1], his 'realism' would not be of the sort most present-day 'realists' wish to defend. But why not go this route? someone might ask. Why not conclude, for example, that Brentano was right? That there are unreduced semantical properties? What is wrong with an antireductionist metaphysical realism with primitive semantical notions, primitive epistemological notions, and so on?

Well, in the first place, if nothing is wrong with it, then the question why so many philosophers should be non-cognitivists just in *ethics* becomes an interesting one. The disagreement in ethical values, that Harman, Mackie, *et al*, point out[2], is matched by disagreement in standards of confirmation and of explanation. That one should not, other things being equal, harm a benefactor, is more universally accepted than is the relevance of *prediction* to the question whether the earth came into existence five or six thousand years ago (or whenever). This does not bother Harman, because Harman thinks that there are physicalistic facts (facts about 'competence') which determine who is 'justified' in this case, but no physicalistic facts which determine who is right when there is an ethical disagreement[3]. Admitting objective ethical facts that are not reducible to physical facts would be a total violation of the spirit and content of physicalism. If the metaphysical realist has to break with Harman and with Mackie by admitting *any* unreduced and irreducible ethical or epistemological or intentional notions — has, say, to take as primitive such notions as 'best idealization' or 'best explanation' — then the whole *raison d'être* of his sharp fact/value distinction is demolished. Our ideas of interpretation, explanation, and the rest flow as much from deep and complex human needs as our ethical values do. If the objectivity of ethics is rejected on the ground that the distinction between a human need and a mere desire is itself a mere projection, a distinction without a real difference, then we have to be told why the same thing should not be true of the deep human needs which shape the notions of interpretation, explanation, translation, and the like.

I can imagine a critic who would say, "Very well, Putnam, I will concede that what is and is not a good interpretation, what is and what is not explanatory, what is and what is not justified, are in the same boat as what is and is not *good*. But I am willing to be a metaphysical realist about goodness too." What would I say to such a critic?

I would be pleased that my critic accepted my 'companions in the guilt' argument. It was, after all, one of my main purposes in writing *Reason, Truth and History* to get people to realise the very great strength that the 'companions in the guilt' argument has. There are no serious reasons for ethical relativism which should drive a rational man, *moved by those reasons alone*, as opposed to the sway of the Zeitgeist, to be an ethical relativist but not a total relativist. And if a rebirth of a fullbodied, redblooded metaphysical realism were the way to get people to accept the objectivity of ethics, then I would almost be willing to pay the price of letting that happen. But I don't think the metaphysical realist picture has any content when it is divorced from physicalism.

The particular problem with physicalism that I emphasized in *Reason, Truth and History* is that the question, "What singles out any one relation R as 'the' relation of reference?" has no answer. Harman's response is that the world has 'a single causal order'.[4] But this doesn't help. For if my linguistic competence is caused by $E_1, E_2, E_3, \ldots$, then it is true that it is caused* by $E_1^*, E_2^*, E_3^*, \ldots$, where the * denotes the corresponding entity in a suitable non-standard model. So I then ask, "Why is reference fixed by causation and not by causation*?" The only answer a physicalist can give me is, "because that is the nature of reference". To say that *nature* itself singles out objects and puts them into correspondence with our words is a claim that has no meaning that I can make out at all.

Consider, for example, one way in which it has been suggested that 'nature' might do this. David Lewis has recently taken up the suggestion[5] that there are certain classes of things 'out there', 'elite classes' as he calls them, which are intrinsically distinguished, and he suggests that it is a 'natural constraint' on reference (i.e., a constraint which is *built into nature*) that as many of our terms as possible should refer to 'elite classes'. This does not uniquely determine the reference of our terms: there are other desiderata, and there are sometimes trade-offs to be made between the desiderata, but this is supposed to be the constraint that makes language 'hook onto' the world.

If God had decided that it is not the metaphysical realist's relation R but some non-standard counterpart R* that was to be the 'singled out' relation of reference, then our experiences would have been the same, the sentences we would have believed would have been the same, and our successes and failures would have been the same. This is part of the argument of *Reason, Truth, and History* that none of my critics has contested. It follows that Lewis' 'natural constraint' is not brought into existence by our *interests;* rather, it has to be thought of as something that operates together with those interests to fix reference.

What Lewis' story claims is that the class of cats cries out for a label, while the class of cats* does not cry out to be named. Rather than solving the problem of reference, what the idea of a constraint built into nature and of 'elite classes' does is to confuse the materialist picture by throwing in something 'spooky'.

The problem does not effect only reference relations; warrant relations, explanatory relations, cotenability relations (that one truth would still be true if another weren't true) all share the feature that they cannot be fixed by anything psychological, anything 'in the head'. Physicalism cannot say how they are fixed without falling back on medieval-sounding talk of 'single causal structure', or 'causal powers', or 'natural constraints'. Physicalism is a failure.

Antireductionist metaphysical realism

The question my imaginary interlocutor raised a few minutes ago was, "Why would I wish to reject a metaphysical realism which was antireductionist and free of any fact/value dichotomy?" My answer turns in part on the phenomenon of equivalent descriptions.

Equivalent descriptions are theories which are incompatible when taken at face value, or which have what at least seem to be quite different ontologies, but which are treated as notational variants in the actual practice of science. A more precise characterization is given in *Realism and Reason*, but this informal characterization, and the examples I shall mention, may perhaps make clear what I have in mind. As an example — one I shall return to shortly — you may think of the pair of theories consisting of the 'nominalistic' physics presented by Hartry Field in his *Science Without Numbers* and the 'same' physical theory presented in a more standard way using the second order theory of real numbers, or, equivalently, the third order theory of natural numbers.

An example I have often used in this connection is the pair of theories consisting of a version of Newtonian physics in which there are particles and forces acting on the particles but no extended 'objects' between the particles (no 'fields', according to the conception in which fields are not merely logical constructions), and the theory of Newtonian physics as it is done assuming the 'electro-magnetic field' and the 'gravitational field' and treating these as genuine particulars.

The question whether gravitation is an entity existing between bodies, or a genuine 'action at a distance', or has yet some other nature, came up repeatedly in the controversy between Newton and Leibnitz. Newton's own reply was that the question is not a question for 'experimental philosophy'. The rejection of this sort of question, the question whether some particular item in a workable scientific representation of the facts is really 'out there' in the metaphysical realist sense, is *not* a rejection that springs in all cases from positivist preconceptions (it did not so spring in Newton's case, in fact), but is rather a rejection that is part of science itself, a rejection that springs from the need to separate scientific and metaphysical questions. Now, what I think we have learned since Newton is that metaphysics is not a possible subject.

I may be wrong about this; perhaps Saul Kripke will show us how to do metaphysics. But to show us how to do metaphysics, Kripke, or whoever pulls off the stunt, will have to do something truly revolutionary. A metaphysical system will have to be rich enough to embrace what is indispensible to discourse, including talk of reference, talk of justification, talk of values in general; and it will have to be accompanied by some sketched-out story of how we can have access to 'metaphysical reality'. To rely on 'intuition' when the question is 'whether the electromagnetic field is real' (whatever that is supposed to mean), or 'whether there are absolute spacetime points' (whatever that is supposed to mean), or 'whether there really are sets' (whatever that is supposed to mean) is to rely on what we don't understand with respect to questions we don't understand.

The modern 'metaphysical realist' is typically a philosopher who does not even attempt such a revolutionary enterprise. Rather, he treats single sentences, torn out of any real theoretical context, as genuine philosophical questions, and he simply assumes that we have some 'handle' on the notion of *truth* as applied to such sentences.

Being 'true' in the realist's sense versus being right

What I believe is that there is *a* notion of truth, or, more humbly, of being 'right', which we use constantly and which is not at all the metaphysical realist's notion of a description which 'corresponds' to the noumenal facts. In that humble sense, there is no question of choosing between Field's theory in *Science Without Numbers* and the more standard 'mathematical' versions of the 'same' theory. They are both 'all right'. They are both *right*, if either is. From the point of view of the notion of being 'right' that does actual work in our lives and intellectual practice, a mathematical theory which takes sets as primitive and a mathematical theory which is intertranslatable with the former, but which takes functions as primitive, may, similarly, both be right; from the point of view of life and intellectual practice, a theory which treats points as individuals and a theory which treats points as limits may (in their proper contexts) both be right; from the point of view of life and intellectual practice, a theory which represents the physical interactions between bodies in terms of action at a distance and a physical theory which represents the same situation in terms of fields may both be right.

Let me conclude by trying to say a little more about my own picture, for I do have a picture. I don't think it is bad to have pictures in philosophy. What is bad is to forget they are pictures and to treat them as 'the world'.

In my picture, objects are theory-dependent in the sense that theories with incompatible ontologies can both be right.

Saying that they are both right isn't saying that there are fields 'out there' as entities with extension and (in addition) fields in the sense of logical constructions. It isn't saying that there are both absolute spacetime points and points which are mere limits. It is saying that various representations, various languages, various theories, are equally good in certain contexts. In the tradition of James and Dewey, it is to say that devices which are functionally equivalent in the context of inquiry for which they are designed are equivalent in every way we have a 'handle on'.

To prevent misunderstanding, I am not claiming that some perfectly good description of the world contains the sentence "There are no chairs in Manhattan", used in such a way that it could be rendered homophonically into standard English. Not *every* sentence changes its truth value on passing from one acceptable theory to some — or any — other acceptable theory. But to break the metaphysical realist picture, it is enough that the project of giving a 'complete description of the world' without employing sentences which do have this kind of instability, this dependence on a theory for their truth value, is an unworkable project.

If objects are, at least when you get small enough, or large enough, or theoretical enough, theory-dependent, then the whole idea of truth as being defined or explained in terms of a 'correspondence' between items in a language and items in a fixed theory-independent reality, has to be given up. The picture I propose instead is not the picture of Kant's transcendental idealism, but it is certainly related to it. It is the picture that truth comes to no more than idealized rational acceptability.

This kind of 'idealism' is not a 'verificationism' which requires one to claim that statements about the past are to be understood by seeing how we would verify them in the future. All I ask is that what is supposed to be 'true' be *warrantable* on the basis of experience and intelligence for creatures with 'a rational and a sensible nature'. Talk of there being saber toothed tigers here thirty thousand years ago, or beings who can verify mathematical and physical theories we cannot begin to understand (but who have brains and nervous systems), or talk of there being sentient beings outside my light cone, is not philosophically problematic for me. But talk of there being 'absolute spacetime points', or of sets 'really existing', or 'not really existing' I reject. When we claim that such a sentence as "There are absolute spacetime points" is true, we are using the word "true" in a way that does not connect with a notion of warrant that we actually have or that I can imagine any being with 'a rational and sensible nature' actually having.

Now, the picture I have just sketched *is* only a 'picture'. If I were to claim it is a *theory*, I should be called upon to at least sketch a theory of idealized warrant; and I don't think we can even sketch a theory of actual warrant (a theory of the 'nature' of warrant), let alone a theory of idealized warrant. On the other hand, metaphysical realism is also only a 'picture'. At a very abstract level, the debate between 'metaphysical realism' and 'idealism' is a standoff. Each side can truthfully say to the other, "You don't have a theory!"

In spite of this, I think that the idealist 'picture' calls our attention to vitally important features of our practice — and what is the point of having 'pictures' if we are not interested in seeing how well they represent what we actually think and do? That we do not, in practice, actually try for a unique version of the world, but only for a vast number of versions (not all of them equivalent — I have focussed on the case of equivalent descriptions simply as a dramatic case) is something that 'realism' hides from us. That there is nothing wrong with vague predicates — all that is wrong is to be too vague in a given context — is another fact that 'realism' ignores or misrepresents.[6]

The first of these facts, the pluralism of our practice, has been expressed by Nelson Goodman in a naughty way by saying that there are many worlds, not one. The second fact, the ultimacy of vagueness, was expressed to me in a recent conversation by Rogers Albritton by saying that there are vague objects.

Recognizing such facts as these is part of what Wittgenstein called "rejecting 'realism' in the name of the realistic spirit". It is my idea that reviving and revitalizing the realistic spirit is the important task for a philosopher at this time.

NOTES

1. I argue that these notions are not physicalistic in "Why Reason Can't Be Naturalized" and "Beyond Historicism", chapters 13 and 16 of *Realism and Reason* (vol. 3 of my Philosophical Papers), 1983, Cambridge University Press.

2. Gilbert Harman, *The Nature of Morality*, 1977, Oxford University Press; John Mackie, *Ethics: Inventing Right and Wrong*, 1977, Penguin Books (London).

3. "Metaphysical Realism and Moral Relativism: Reflections on Hilary Putnam's *Reason, Truth and History*", *Journal of Philosophy*, Vol. LXXIX, No. 10, Oct. 1982, pp. 568-574. Harman writes (p. 570), "...we suppose that in the end the same basic principles underlie everyone's reasoning, in the way that the same grammar may underlie the speech of different speakers who have different vocabularies and different skills at speaking". I reply to this argument that the notion of an "underlying" principle which is here appealed to (like the Chomskian competence/performance distinction on which it seems to be based) is just the notion of a best idealization or best explanation, and that Harman owes us a reason to believe that *these* are physicalistic notions.

4. *Ibid*, p. 569, p. 573. The phrase Harman uses is "a single causal and explanatory order".

5. The suggestion was first advanced (but only to reject it!) by G.H. Merrill.

6. I argue that vagueness is a phenomenon for which metaphysical realism has no
   successful account to offer in "Vagueness and Alternative Logic", chapter 15 of
   Realism and Reason.

THE WORLD WE SPEAK OF, AND THE LANGUAGE WE LIVE IN

BAS C. VAN FRAASSEN, PRINCETON

> *"Two contrasting conclusions to two philosophical currents haunt the writer's mind. The one says: The world doesn't exist, only language exists. The other says: The common language has no meaning; the world is literally unspeakable.*
>
> For the former, solid language stands over a world of shadows; for the latter it is the world that stands like a strong silent sphinx upon a desert of words shifting in the wind."
>
> Italo Calvino, *The Written and*
> *the Unwritten Word*

1. The relation between language and the world is that the world is to be conceived of as having a correct, if incomplete, description in our language. What that correct description is we do not know, although we have reasonable confidence in our opinion of what certain parts of it must be. The incompleteness, even of that unknown correct story, we admit because the finite vocabulary of our language sets bounds to the extent of the description.

The simple view that I have just sketched is, I think, correct as far as it goes. It is invidious, however, in what it insinuates, and in the metaphysical conclusions which it invites us to draw. The word "incomplete" in my sketch masks the portal to Chaos.

2. Two sentences may say the same thing, in different words. We may reify this insight, perhaps harmlessly, by saying that such a pair of sentences express the same proposition. A proposition corresponds to a fact which may

or may not obtain in actuality, and for every such fact there is such a proposition, and a proposition is the sort of thing a sentence expresses.

Suppose for a moment that there exists, or comes into being in the historical fulness of time, a language L so rich that every proposition is expressed by some sentence of L. Now draw a rectangle, and consider the proposition — call it *Pandora* — that no sentence of L ever written in the rectangle expresses a true proposition. Choose the sentence of L which expresses Pandora, and write it in the rectangle. Clearly it expresses a true proposition if and only if it does not. This thought experiment is one which, if you begin to execute it, leads you to the conclusion that you cannot execute it. It is certain that either the proposition Pandora, or the language L, does not exist. But if L existed, there would be nothing wrong with the described proposition. So the language L cannot exist. And therefore our natural language cannot be, and cannot become, like L.

3.   Whatever is, or ever will be said is said in natural language. To introduce new linguistic resources is not to forsake or leave natural language but to augment it; and it contained in any case the very resources for expression which enabled you to carry out this augmentation. Hence the 'new' resource which you introduced already existed implicitly — though potentially — in natural language. So, everything that could possibly be expressed, is potentially expressible in our language. This includes every proposition.

This antinomy leads to no contradiction, provided we distinguish language *in potentia* and language *in actu*. Languages studied by logicians for instance are models of what language *in actu* could be. As such they study aspects of language *in potentia (and that is what we should identify as natural language)* which contains in some sense every language game that could ever be played. Natural language is to be contrasted sharply with languages. Any proposition is expressible in some specific possible, realizable language, though it would be impossible to have one language in which all could jointly be expressed. Natural language is the totality of all resources we have for devising individual languages; and in global structure is distinct from each. The radical incompleteness of natural language taken as a whole, is that its potentialities are not jointly actualizable. Natural language exists, and can exist, only as *eine unendliche aufgabe*, not as a completed whole. (Do not think, for instance, that we can talk naïvely about all the sentences of all possible languages, as if they formed a set! Then you would be treating the potentialities of natural language as somehow jointly actualized.)

4.   It is a familiar point that global and local structure are relatively independent. A geometric space may be everywhere locally Euclidean, and yet not itself a Euclidean space. In quantum logic, we found that no matter what the situation is like, all true propositions belong to a single Boolean algebra; but all the propositions that could be true, do not. Since the structure of natural language, according to my proposal, is the structure of the field of possibilities for languages, it may be objected that the actual languages needed for the description of the world to some specified, describable extent, need have no such complexities. It is our misfortune that we do not know

beforehand what will be needed, hence we are forced to deal with possibilities, and so land in antinomies — but we shall be safe and comfortable enough with the postulate that each real possibility is simple and of standard or classical form. This irenic posture is, I think, also unrealistic.

5.   The simplest semantic theory is the extensional one, which begins: each noun has a *referent*, each predicate an *extension*, each sentence a *truth-value*... The picture of language understanding which this presents is that a speaker knows his language to the extent that he knows these referents, extensions, and truth-values. Part of the knowledge he has, admittedly, in the form of knowledge of functional relationships; e.g. he knows that the truth-value of "Snow is white", whatever it is, equals *truth* if and only if the referent of "snow" belongs to the extension of "is white." The inadequacies of this simple semantic theory, once we leave the simplest fragment of our language, and/or give up sweepingly simplifying assumptions, are too well-known to bear repetition.

We cannot easily proceed except by replacing simple inadequate models by the simplest improvements we can think of, realizing well that these too must bite the dust. One step at a time. So consider the slightly more complex theory of *semi-interpreted languages*. The terms and sentences are interpreted not by linking them with counterparts in the real world, but with elements of a generalized model — a *logical space*. Some, but definitely not all aspects of this model may further be the 'locations' or 'representations' of elements of reality. Thus, in a two-step procedure, some terms may after all have real referents, by composition of these two linkages. But now many sentences may receive truth values from the structure of the model, and independently of any link to the world.

The paradigmatic example is colour language and the colour spectrum. The sentence "There are more than five blue things" will be true or false depending on the locations in the colour spectrum of real things. "No (completely) blue thing is red" is true independent of such links between the spectrum and reality, wholly due to the structure of the spectrum itself. Understanding of the language consists in a conceptual grasp of this generalized model and its role, plus the criteria of applicability which govern how real things are to be located in it.

Here is a small advertisement for this view: our thinking and language use is guided by models — we are willingly bewitched by pictures and let them guide us. The discourse forms that appear to show our commitment to metaphysics — modal statements, subjunctive conditionals, causal statements — receive their meaning from their preliminary interpretation in those models. They may not correspond, even indirectly or at two removes, to any aspect of reality. (In a possible world model structure, for example, only one of the worlds corresponds to anything real; the rest is there to govern our use of model locutions.) Thus we speak as if metaphysically committed, as if we are metaphysical realists — but the hypothesis that we are indeed is not needed to explain our language use.

But now three points leap to the eye:

1- the picture that bewitches us, and the criteria of applicability of simple predicates, which together guide our discourse, may embody false presuppositions;

2- in addition, they can have no sort of reality beyond the extent to which they are grasped by us, the users;

3- any incompleteness due to (1) and (2) must be reflected in the structure of our language.

6.   Consider for a moment an extremely small language fragment, with "short" and "tall" as sole predicates. The relevant logical space has three disjoint regions, one of which is the semantic value of "short" and one of "tall". At this point we know, before looking at any facts, that "Nothing is both tall and short" is true, and so is "Everything is tall, or short, or neither tall nor short". But if we follow the usual criteria of applicability, we shall soon come to a person whom we can classify neither as short, nor as not short, but only as not tall. Our criteria of applicability leave open his location in this logical space, within very wide limits. It would be absurd to suggest that the application of the predicate "short" to him must be either correct or incorrect. For only the criteria of applicability we actually have (are committed to, *qua* users of our language) can determine this, and they don't.

7.   This classification problem is actually worse, because besides vagueness there is also the vagueness of vagueness. A person whom we can classify as not tall, but fail to classify either as short or as not short, is called a borderline case of "short". But if I restrict my attention to those classified as not tall, and attempt to divide them into definitely short and borderline cases, I will again find ones where I cannot make up my mind. Even the class of borderline cases has borderline cases. It does not really matter whether I phrase this in terms of truth or of justified assertion. I shall find instances in which I vacillate or remain undecided between the conviction that I am justified to call the person "short" and the feeling that any such conviction would be unwarranted.

    Richmond Thomason has pointed out that the standards we use become stricter or less strict depending on certain contextual features. One of the contextual features increasing strictness is the refinement of the posed question itself. If I simply ask you to pick out the short people in the room, you will quickly respond with a selection and sit back happily, indicating perhaps one or two as borderline cases. But if I ask you to divide people into short, definitely not short, and borderline cases, the number of borderline cases will increase. Similarly if I ask you: "Do you know where your father is?" you'll say *yes;* but if I ask you this in the middle of a discussion of knowledge, you'll be much more guarded.

8.   Broaden this language a little and include all predicates of form "is a man whose height is m inches" for numerals m = "1",..., "100". Expand the logical space with a second dimension, along which it is partitioned into 100 disjoint regions, each assigned to one of these predicates. How should this partition be chosen? Clearly the intersection of the "short" and "man

m inches tall" must be empty when m is the numberal "100". Similarly for "99". But when should it become non-empty? There is no good answer. There is a logical disjointness between "short" and "100" inches tall" which should be built in, but, such is the vagueness of vagueness, there is no lowest number m such that this disjointness holds for the corresponding numeral. In other words, the logical space itself is a vague object.

9.   The logical spaces described above are rather simple. The one that guides our biological discourse is much more complex, and what simplicity it has, derives from theoretical principles which are factually contingent. Thus the taxonomy in use before Darwin, was based on the assumption that species remain constant in those characteristics used for classification. Let us look at as simple an example as we can.

Imagine a primitive man who has concepts for animals as follows: all animals fall into two classes, those which fly and lay eggs, and those which do neither. Living in his cave with him there is a friendly bat, and as he comes to know the bat, he is in for a surprise. To begin he thought it was a flying egglayer; then he suspects there are two animals which look alike, one a flying egglayer and the other a creeping suckler. Finally, after heated disputes with his witchdoctor, a conceptual revolution occurs. Part of the previously accepted background theory is given up, and the possibility, and even actuality, of a flying suckler is admitted. Their logical animal space has now three regions. Everything is fine until he makes friends with a turtle.

A certain assumption had been built into the model that guides his discourse. During that time, the very structure of his language made true the sentence "Whatever suckles, does not fly". That sentence had exactly the status for him which "Nothing which is short, is tall" has for us. Of course, we can describe what happened in various ways. We can say that he has changed the meanings of his words. (Note well that I described his conceptual revolution in *our* terms; if his language had, like the one I used, admitted four logical categories already, there would have been no problem for him!) Or else we can say that he found that logic was empirical — and had to give up a tautology. It does not really matter, as long as it be admitted that the structure of language is empirically fragile: it may be a structure which mis-prepares us for new experience.

Let me redescribe the example a little. Suppose the original two animal-nouns were "bord" and "nobord". The criteria of application were quite clear: if the primitive saw an animal fly or lay eggs he applied "bord" and if he saw it creep or suckle he applied "nobord". In his language, "Some bord is a nobord" is a contradiction, but "Every animal is a bord or a nobord" is a tautology. A certain part of reality is mapped into the world-picture that bewitches him and guides his discourse — but there is also a part for which that picture *has no room*. Could we honestly suppose, without utter absurdity, that this left out part has a correct, if incomplete description in his language? The failure is not that his language lacks applicable terms; quite the contrary, it has terms which definitely apply to a bat, but at the same time, cannot jointly apply to anything. To call the problem "incompleteness" is to paper over the radical failure involved.

10.   In the first section I sketched a simple view of language and the world, and said that I considered it correct as far as it went, but incorrect in what it suggested. What it suggested, of course, was the adequacy of certain simple theories of language, which it brought to mind. Now I want to say the same about the doctrine of meaning which says that intra-language "meaning relations" derive from a generalized model which stands between the grammar and vocabulary on the one hand, and the world on the other, and that it is what gives what meaning it has to the apparently metaphysical aspects of our discourse. I consider this doctrine to be correct as far as it goes, but incorrect in what it suggests. The suggestion is of course that very simple, artificial semi-interpreted languages will be good models for actual language. But various sorts of incompleteness and over-completeness, vagueness and presuppositional failures, plague such a simple theory of language, as we have seen.

It would be a mistake to see our impasse as simply a technical problem. It would equally be a mistake to suppose that we could solve it while leaving ourselves with no improvements on those simple semantic theories whose shortcomings brought the impasse to light. Yet I will not pursue technical questions on this occasion. We should try to step back and assess how, in the face of the problems we have encountered, we *can* view the relation between our language, the world, and ourselves.

11.   Before we go on I wish to point out a great advantage of our vagueness. On our side, vagueness is tolerance — tolerance of ambiguity, openness to myriad possibilities.

When I introduced the idea that language is semi-interpreted before any reference is fixed, you were perhaps reminded of a view associated with Wilfrid Sellars and Paul Churchland. This is the view that common sense itself is a rudimentary scientific theory, that we hold before we are educated, and that remains as a shadow in our unself-conscious discourse, obstructing our full assimilation to the scientific world picture. The example of the primitive who could not conceive of an egglaying creeper or flying suckler seems to assume that this is how things are.

Sellars and Churchland infer from this that conceptually, science brings us not peace but the sword, that it offers nothing short of an all-consuming revolution for our minds. For the common sense theory is a rival to science, and must be destroyed before science can achieve its rightful dominance.

Sellars' paradigm is the example of a pink ice cube. In the common sense theory of the world, this ice cube is pink *through and through*. The scientific description, which descends below the manifest appearances to the molecular level, is incompatible with this consequence.

On the face of it, an unavoidable contradiction. Something has to go. But no, nothing has to go. The ice cube is pink through and through, a fact disclosed in my experience. At the same time, my experience does not rule out that it has a certain molecular structure, described correctly by a theory which entails the absurdity of thinking that molecules could be pink. For "pink through and through" is vague, like almost every other predicate in common use. The criteria of applicability operate without need to consider sub-observable structure.

Now I have just appealed to the vagueness of a predicate. But I have implied that the world disclosed in experience is vague, since experience neither discloses nor rules out nor entails the definiteness of the limits of what it discloses. The manifest image is radically incomplete itself.

12.   It is no accident that vagueness characteristic of language should have a parallel in the experienced world. What is experience, if not reading and listening? I read the landscape before me like a book. If you are a trained naturalist, you have the experience of reading a detailed description; since I am not, what I read is banal or superficial in detail, though charged with feeling and half-felt presences.

Let us be careful to draw some distinctions. Suppose I show a tennis ball to a Philippine Stone Age man. There is no doubt he sees it; he picks it up and plays with it, we cannot deny that he sees the tennis ball. Yet he does not see it *as* a tennis ball, nor sees *that* it is a tennis ball. He can't "read" it like that because he does not have the concept of a tennis game.

I refuse to give up the robust realism in which the primitive and I see the very same thing, both incontestably see the tennis ball. Nelson Goodman's foray into a naïve idealism in which he and I do not live in the same world(s) has, I think, a very simple source. Goodman's nostalgia for an overly simple nominalism will not allow him to accept that some facts are irreducibly relational. Thus he writes:

Some truths conflict. The earth stands still, revolves about the sun, and runs many another course all at the same time...

Should we rather consider "The earth is at rest" and "The earth moves" as incomplete fragments of statements, true or false only when completed in one way or another, e.g. "The earth moves relative to the sun"...? This does not work either; for what can these statements mean? Perhaps, in the former case, "If the sun is at rest, the earth moves". But then the antecedent and the consequent are themselves fragments of statements, without truth-value until completed; and so on *ad infinitum*.

(*Erkenntnis* 19 (1983), p. 99)

The point is simply that a relational statement cannot be equated with a non-relational conditional. The refusal to distinguish what we see from what we see it *as*, how we describe it, and what judgments we make about it, leads only to banality disguised as mystification.

The worlds of Goodman's world-makers are only the models, logical spaces, pictures that we do not consciously make, nor have revealed to us by a Deus-sive-Natura, but that we allow willingly to bewitch and guide us.

They are at the same time, beside grammar, the main ingredient in the structure of our language.

13.   It may puzzle and dismay you that I keep insisting on views that appear to be demolished as soon as we press into detail. We have now after all found radical incompleteness everywhere: in the idea of language-as-a-whole, in the local links between language and what it is about, in the conceptual structures that we place between language and the world to guide our discourse. At one point or another, the idea of language, of logical space, and of our location of experienced objects in logical space all fell prey to the same disaster: what was to be conceived of as complete and definite, was also demonstrated to be radically incomplete. But then we have a *reductio ad absurdum*, do we not?

I think that is correct. We always speak as if we are naïve realists — possible worlds, for example, do not exist, but we speak as if we believe that they do. Worse — certain entities could not and cannot exist — and we speak as if we believe that they do. Any correct phenomenology must reveal us as sorcerer's apprentices, trading daily in powers we do not and cannot comprehend. Our conceptual system, when brought to light, becomes a text that deconstructs itself.

The question that faces the philosopher who reaches this conclusion is: how could it possibly be like this? How could experience and discourse be as coherent as they are, despite being pervaded through and through by this commerce with unrealities and impossibilities?

Like Dummett and Putnam, I perceive L.E.J. Brouwer as the first to have diagnosed the problem properly, although only in the limited sphere of mathematics. Mannoury's review of Brouwer's dissertation said rightly that it bore the message that indeed a fish, but not the universe, can be cut into fillets. But I think that I have a different view of the crux of Brouwer's diagnosis: what he took to be the necessary unreality of mathematical entities simply does not matter; mathematical activity is real, and to make sense of mathematics is not to show how it can tell a true story about real abstract things, but to show how mathematical activity is possible and intelligible.

Dummett's headlong rush to safety in the replacement of truth by warranted assertability is resort to an illusion. There is no safe warrant for any assertion. Experience does not speak with the voice of an angel, and does not *reveal* propositions, not even basic propositions, not even Protocol-propositions, nothing at all. We cannot describe what experience disclosed to us, except in the sense that we can express our response to what happened. Dummett's reaction replaces one simple minded model with another — solid, unambiguous facts making atomic sentences true, by solid unambiguous evidence verifying or objectively confirming atomic sentences. The one fiction is as unrealistic as the other.

14.   As you can see, I did not come here with a metaphysical doctrine to offer. I have only problems, paradoxes, reductions to the absurd. Besides these I can set only the resolute refusal to escape those problems by denying

the reality of you and me and what we can touch or see, hit or embrace —
or to assert the reality of those legions of entities and powers with which
realists vainly try to order the Chaos. Our language, our world, our self are
the domain of radical incompleteness, vagueness, darkness. So be it; it will
be no solution to deny it.

NOTES

This paper draws on themes developed earlier in more detail:

(a) about semantic paradoxes, the global structure of natural language, and vagueness in:

"Rejoinder: On a Kantian Conception of Language", pp. 59-66 in R. L. Martin (ed.)
The Paradox of the Liar (Yale, 1970);

(b) about semi-interpreted language, and the gap between meaning and reference:

"Meaning Relation among Predicates": *Nous* 1 (1967), 161-179;

"Meaning Relations and Modalities": *Nous* 3 (1969), 155-167;

"Meaning Relations, Possible Objects, and Possible Worlds": (with K. Lambert),
pp. 1-19 in K. Lambert (ed.) *Philosophical Problems in Logic* (Reidel, 1970);

(c) vagueness in the manifest image in:

"On the Radical Incompleteness of the Manifest Image", pp. 335-343 in *PSA 1976*,
Vol. 2 (Philosophy of Science Association, 1977).

PROBLÈMES DE LA RÉFÉRENCE

PROBLEMS OF REFERENCE

REFERENZ-PROBLEME

SOBRE PROBLEMAS DE REFERENCIA

SYMPOSIUM

INTRODUCTION

WILLARD VAN ORMAN QUINE, CAMBRIDGE, MASS.

Suppose a strange bright form appears, sharply outlined in the dusk. A man points at it and says "Look at that." The apparition shimmers briefly and vanishes. The man was using his demonstrative pronoun to refer to the apparition. Here we have reference at its simplest and most conclusive. In other cases, lacking the bright contrast and sharp outline, there can be doubt as to how much of the scene the pointing was meant to include. In still other cases, not so sudden and evanescent, there can be further doubt as to whether a mere momentary phase or rather some enduring object was being referred to, and, if the latter, there can be doubt as to how the object should be extrapolated into the past and future. Faced with indeterminacies of these kinds, we have to resort to general terms to fix the intended reference, even though the object be right there, pointed out, and referred to by means of a demonstrative. When I point and say 'This is Kirmani,' it is not clear whether I am referring to the man and giving his name or referring to his garment and identifying the fabric. I resolve the ambiguity by inserting a general term, saying 'This man is Kirmani,' or 'This caftan is Kirmani,' as the case may be.

However, when we resort thus to general terms a new kind of problem arises, and it again is one that can arise still in the presence of the demonstrative pronoun and the pointing finger. It is the problem of false description, the misapplication of the general term. I say, 'This caftan is Kirmani,' but I am wrong about its being a caftan; it is a burnoose.

When we move from demonstratives and ostension into more shadowy realms, these casualties of reference mount apace. In some cases, unlike my over-simple one of the Kirmani caftan, there may really be an object that would fit the speaker's description, but it is not the object he meant. Shall he be said to have really referred to it without meaning to, or shall he be said to have referred to the one he meant to refer to? Or, finally, shall all reference by misdescription be declared void, and the containing sentence be declared devoid of truth value? Sir Peter Strawson will talk about that.

There is also an opposite problem, which goes back to Frege's example of the Morning Star and the Evening Star and probably on back to the Middle Ages. The Morning Star is the planet Venus, and so is the Evening Star; this we know. There is no question now of false description, no question of misapplication of terms. In our use of these singular terms we are referring to one and the same planet; all is evidently in order. If we put the one term for the other in a true sentence, the result should still be true; it says the same thing about the same thing. Yet, notoriously, this doesn't work. The sentence 'The Sumerians failed to identify the Morning Star with the Evening Star' is presumably true, but the substitution gives 'The Sumerians failed to identify the Evening Star with the Evening Star,' which would seem to be false.

Circumstances of this kind have led Professors Føllesdal and Kripke to postulate a special kind of singular term called a *genuine* singular term or *rigid designator*, which is immune to this anomaly. But just how are we to recognize such a term? Intuitively the idea would seem to be that a rigid designator picks out its object by its *essential* traits, but essence is hardly a notion to rest with.

Moreover, the problem of interchangeability that was illustrated by the Morning Star and Evening Star is a problem that arises in contexts of significantly unlike sorts. It can arise in epistemic contexts, as in my case of the Sumerians, and it can arise in connection with the logical modalities: necessity, possibility. It appears that a demarcation of the category of rigid designators that is narrow enough for modal contexts will still be too broad for epistemic ones.

Professor Føllesdal tells me that he will talk about rigid designators and that he will indicate a way of looking at them that is different from Kripke's.

There are some unsettling further thoughts about reference, hinging on what I have called proxy functions. Thus think of a scientific theory, purporting to treat of some domain of objects. Now choose a one-to-one mapping, any one you like, that carries each of these objects into some other. I call the mapping a proxy function. Next let us reconstrue each term of the theory, coordinating it with the proxy function. That is, where f is the proxy function, let us reinterpret 'dog' to mean 'f of a dog'; and correspondingly for every term. If along with transforming the ontology we reinterpret each term in this way, all statements will keep their old truth values. Moreover, all empirical support for the theory will remain undisturbed. For, consider the nature of empirical support. It resides ultimately in sensory stimulation that has been associated with appropriate sentences, appropriate strings of sounds; and those strings of sounds remain unchanged, down to the last phoneme, under our shift of ontology and our reinterpretation of terms.

It thus emerges that what matters for science is not ontology, but structure, together with sensory stimulation. The purported objects serve merely as neutral nodes in the structure. There is no real difference between holding one ontology and holding another on which it can be mapped. When we say of a Francophone that he uses the word 'pierre' to refer to stones, we are only saying how we are pairing his nodes with ours: we are translating his word 'pierre' by our word 'stone'. When we say that *we* use *our* word 'stone' to refer to stones, we are sounding an empty tautology.

REFERENCE AND SENSE

DAGFINN FØLLESDAL, STANFORD — OSLO

I will use my twenty-five minutes to discuss three interconnected issues*. First I will outline an argument for what Kripke has called 'rigid designators'[1] and I 'genuine singular terms'.[2] Secondly, I will propose an approach to these expressions that is different from Kripke's. Finally I will briefly discuss the bearing of Quine's arguments concerning ontological relativity on reference and rigidity.

The first part of my paper is a summary of an argument in my dissertation at Harvard 1961. Since I never published the dissertation and have only published fragments of the argument in a couple of articles,[3] I hope you will bear over with my presenting some old material, especially since this old material provides the motivation for the more recent reflections in the rest of my talk. Since there is neither time — nor a blackboard — to go into the technicalities of the argument, I will keep my summary informal.

1. Arguments for genuine singular terms

The starting-point of my argument for genuine singular terms was Quine's arguments against modal logic in the forties and fifties. Most of Quine's arguments turn on there being fundamental difficulties concerning what the

* I am grateful to David Kaplan, Ruth Marcus, Joseph Almog, Howard Wettstein, John Etchemendy, Julius Moravcsik and David Smith for helpful remarks. This paper overlaps with my contribution to the Quine volume in the Library of Living Philosophers. I thank the editor of that series, Lewis E. Hahn, and its publisher, Open Court Publishing Company, La Salle, Ill., for their permission to reproduce parts of that paper here.

objects are that one refers to in modal contexts, difficulties that become especially apparent when one quantifies into such contexts.

Alonzo Church, in his review of "Notes on Existence and Necessity,"[4] claimed that these difficulties could be overcome if one restricted the universe over which one quantifies to intensional objects. Church may have had in mind here his later logic of sense and denotation, where the universe is thus restricted, but where the crucial feature, that saves the system, is that there is a Fregean reference shift within the scope of the modal operators. Instead of referring to their ordinary reference, singular terms within such contexts refer to their ordinary sense, to use Frege's terminology. Barring such an interpretation, one can easily show that merely restricting the universe to intensional objects or in fact any other kind of objects does not eliminate the difficulties. I will return briefly to Church's system later.

In order to overcome the difficulties pointed out by Quine one had to focus on one's *language*, not one's *objects*, I argued. My main point was that there is an important semantic difference between two kinds of expression that in traditional semantics are usually lumped together and called singular terms. In order to make sense of quantified modal logic there has to be one kind of singular terms that stay with their objects regardless of all the changes they undergo. This class includes the variables of quantification and their natural-language counterparts, the variables. In the jargon of possible worlds these terms will relate to the same object in all possible worlds where that object occurs. In worlds where their objects do not occur, the terms relate to nothing. These terms that are perfectly faithful to their objects, I called 'genuine singular terms'. Other terms — for example, definite descriptions in most of their uses — are in many ways much more like general terms that happen to be true of just one object. I shall not go into them here.

I prefer to confine the notion of reference to the relation that the genuine singular terms bear to their objects. Others may use the word 'reference' in a wider sense and say that also non-genuine singular terms refer, and perhaps even general terms and sentences, as Frege would have it. I will not quarrel over terminology. The relation between genuine singular terms and their objects has, however, very special properties, and it is this relation I shall discuss in the rest of my paper under the label 'reference.'

Let me first note that we *have* to distinguish between genuine singular terms and other expressions if we want to make sense of quantified modal logic. That is, we must have a two-sorted semantic and not a one-sorted one, as for example Frege and Carnap proposed. Frege, as you remember, treated all expression on a par with singular terms, as having reference,[5] and Carnap treated them on a par with general terms, as having extension.[6] I shall argue that their semantics is inadequate if one wants a quantified modal logic. The steps in the argument for this are the following. *First*, as Quine has argued, in order for quantification into modal contexts to make sense, any variable bound to a quantifier must be in a referentially transparent position in the context that makes up the scope of the quantifier. (In other words: all genuinely referring expressions that refer to the same objects, must be freely substitutable for one another in these positions. This is automatically taken care of if we confine our singular terms to *genuine* singular terms.) Not all would agree with this step. However, I regard Quine's arguments for it as good, and I have also in earlier publications added some arguments of my own,[7] I shall not go into them here, but we may do so in the discussion.

The *second* step now consists in showing that if one accepts a traditional, one-sorted semantics, and nothing else was available before 1961, then modal distinction will collapse. This was shown by Quine in *Word and Object* (1960),[8] but in fact all the ingredients needed for the proof were available already in Quine's 1953 article "Three grades of modal involvement."[9]

Quine's inclination was to say: so much the worse for modal logic. After all, his argument for the collapse of modal distinctions was the finale of seventeen years of criticism of modal logic.

A two-sorted semantics, with a special category of genuine singular terms, or rigid designators, is hence *necessary* in order to make sense of quantified modal logic. But is it *sufficient?* This is by no means obvious. One can prove that even genuine singular terms (rigid designators) are not sufficient to save us from collapse of modal distinctions if our modal operators operate on singular terms. However, as you all know, in the normal kinds of modal logic the operators operate on general terms and sentences and, fortunately, for such constructions there is no collapse.

I say "fortunately," for if it were impossible to get around Quine's arguments, not only would modal logic have to go, but so would also our talk about causality, probability, counterfactuals, belief, knowledge, obligation etc. in short almost all the key notions in science, epistemology and ethics. Quine's arguments can be repeated for all of them. And a two-sorted semantics with a special category of genuine singular terms is needed to make sense of them.

This ends my argument for the need for genuine singular terms, rigid designators.

As I mentioned, however, both Carnap and Church have proposed logical systems where one quantifies into necessity-contexts, and they base them on one-sorted semantics.[10] Does not that show that something must be wrong with my conclusion and thereby with my arguments?

In my dissertation I examined both of these systems. It turned out that Carnap's semantics is in fact unsatisfactory; its flaws just happened to be hidden by an oddity in Carnap's syntax: Carnap does not permit modal operators to occur inside the scope of the description operator. Carnap does not try to justify this restriction, and when it is removed, one can prove by help of the other rules in his system that modal distinctions collapse, as one should expect in view of Quine's arguments. Church's logic of sense and denotation, which is based on a Fregean semantics, is much more interesting. In spite of its necessity operators, which make it look like a modal system, it is a purely extensional system. Church, for good reasons, never called it a modal system. The objects over which its quantifiers range, intensions, intensions of intensions and so on up, may make Quine's stomach turn over, but if one accepts that sort of entities, there is no further unclarity as to how Church's quantifiers shall be interpreted. His system is purely extensional, and substitutivity of identity applies without restrictions to all expressions in the system. Church's system is an interesting way of dealing with intensions without making use of non-extensional constructions, and it does not count against my argument, which concerns all and only non-extensional constructions.

2. Reference

Let us now leave the formal arguments and my dissertation and look more closely at the genuine singular terms and the reference relation.

The notion of genuine singular terms may seem somewhat mysterious, especially to a philosopher who has grown up in the tradition of Frege, according to which every singular term has an associated sense and refers to whichever object this sense happens to fit uniquely, if there is one.

However, genuine singular terms are not at all mysterious. If one reflects a little on how we conceive of the world and its objects and how they matter to us, we should expect to find such terms in our language and expect them to play an important role. As has been pointed out by philosophers of all varieties, from Husserl to Quine, conceiving of the world as consisting of *objects* helps us to systematize our theories and thoughts and helps us to predict and cope with our surroundings.

Objects have *three* features that are crucial for reference:

First: They are the bearers of a (usually) large number of properties and relations. Normally we know only a small number of these, but the object is conceived of as having numerous *further properties* that we do not know yet, but which are there to be explored. They transcend our knowledge, to use Husserl's phrase.

Secondly: Objects, except mathematical ones and a few others, *change* over time. One and the same object can have a property at one time and lack it at another time. The *object* remains identical through changes. Modalities come in at this point; not only are there the actual changes, there are also possible ones, there are accidents and there are necessities. Or, at least, so we say when we talk about modalities.

Finally: There is our *faillibility*. We may have false beliefs about objects. We may seek to correct these beliefs, but all the while our beliefs, true or false, are *of* the objects in question. A belief, or set of beliefs, is not about whichever object happens best to satisfy our beliefs. A semantics that just would seek to maximize our set of true beliefs would reflect poorly the role that objects play in epistemology.

Similarly, the *world* itself, the collection of all objects, is conceived by us as having more objects in it than we know about, the supply of objects changes over time, and we often go wrong concerning what objects there are and what there are not and whether in different situations we deal with the same object or different ones.

Given that objects play an important role in our attempts to explore and cope with the world, and given that objects have these features, we should expect these features to be reflected in our language. We should expect a language to have a category of expressions that is especially designed to refer to these objects and stay with them through all these changes that they and our beliefs about them undergo. And this, as you will remember, is just what genuine singular terms are supposed to do. Genuine singular terms are hence inseparably tied up with the notions of change and fallibility and not just with the modal notions.

Genuine singular terms comprise, as I have argued, the *variables* of quantification and correspondingly the *pronouns* of ordinary language. But also, *proper names* are usually used as genuine singular terms, and sometimes so are even *definite descriptions*. What is decisive, is that the expression in question is used in order to keep track of the same object through changes, etc. Given our concern with objects and other constancies in the world, we should in fact expect a lot of expressions to have this feature. For example, we should expect this to be the case for mass terms, natural kind terms, properties, etc., as has been pointed out by Kripke and Putnam.[11] Even terms that refer to events will have these features. Events, in spite of their short duration, are objects that we often want to say several things about, and find out more about.

Fregeans tend to look upon proper names as short for definite descriptions (although in some cases the sense might be embodied in perception and not expressed in language). According to them, names save us from repeating the whole description. They could be called *"names of laziness,"* just as Geach talked about *pronouns* of laziness.

There does not seem to be any other role for names for the Fregean. I think that names, like pronouns, are not usually introduced for reasons of laziness. If I am right in what I have been saying so far, names are normally introduced for the following three purposes:

(i) When we are interested in *further features* of the object beyond those that were mentioned in the description that was used to draw our attention to the object.

(ii) When we want to follow the object through *changes*.

(iii) When we are aware that some or many of our beliefs concerning the objects are *wrong* and we want to correct them.

If we are not interested in any of the above, we will normally not introduce names or pronouns.

Let me illustrate this by an example. Compare the three descriptions:

the balance of my bank account,

the person with the glasses,
the ratio between the circumference and the diameter of a circle.

Here, the first of the descriptions may be by far the most frequently used. On the Fregean view it would therefore be likely to be replaced by a name. However, I doubt that any of you have ever introduced a name instead of this description which you see so often. The third of the descriptions was, however, replaced by a name a long time ago, viz. π. The explanation for this on my view is that π, but not the balance of my bank account, is an object that has lots of interesting features beyond that mentioned in the description, features that we may wish to explore further. The first description, 'the balance of my bank account', however, focuses on the *only* feature of its object that we are interested in, namely that it is the balance of my account. It philanders from object to object, and we do not have any deeper or recurring interest in any of these objects. If I am right, we would normally not introduce a name for this description. We *might* give it a name, e.g. "Darling," but this would be a name of laziness, it would not be a genuine singular term, but an attempt to be cute.

The second description is also likely to be replaced by a name, if we are interested in the person and want to find out more about her or him, with or without glasses, and as she or he changes from day to day. The second and third descriptions illustrate different of the above-mentioned characteristics that prompt us to introduce names. The third description picks out an object with lots of interesting features besides those mentioned in the description, and concerning which we may have some wrong beliefs. The object picked out in the second description has both of these characteristics and in addition is susceptible to change.

So far, there is little difference between Kripke and myself. We both urge the need for genuine singular terms, or rigid designators as Kripke calls them. There has been a difference in emphasis: I have focused on the formal arguments for such a category of terms, while Kripke has focused on how to account for the tie between these terms and their objects, and proposed his causal approach to reference.

It is important to keep these issues apart, for while I agree with Kripke on the need for such a class of terms, I disagree with his causal approach.

Let me sketch my view on the tie between genuine singular terms and their objects. My view is much closer to Frege's than to Kripke's. This may seem odd, in view of all the short-comings I have pointed out in Frege's theory, and the many more Kripke has pointed out.

In order to explain my view let me start from another point where I differ from Kripke. Kripke has emphasized the difference between the *onto-logical* issue of what a name *as a matter of fact refers to* and the *episte-mological* issue of how we *find out* what it refers to. He has focused almost exclusively on the former issue and has thereby been led to his causal view.

I tend to look upon the ontological and the epistemological issue as much more closely intertwined. This is largely because language is a *social* institution. *What our names refer to — and not only how we find out what they refer to — depends upon evidence that is publicly available in situations where people learn and use language.* I am a Fregean in holding that in the first approximation a name N refers to the object that best satisfies the sentences that contain N and that are generally regarded as true in the community.

There are two differences from Frege here that need emphasis.

First: I do not pick out just some of the sentences that I regard as true and that contain the name and say that they express the sense of the name, while the others express factual beliefs. Kripke, for example, in "A puzzle about belief"[12] repeatedly contrasts *defining* vs. *factual* beliefs (for example on page 245) and this is one source of the trouble he finds with the Fregean theory. I see no basis for such a distinction, and I think that all these sentences contribute both to *giving* the term the reference it has and to enabling us to *find out* what this reference is. One objection Kripke has against the Fregean view is that it makes the sense, or meaning, of a name vary from one person to another, so that we each speak our own idiolect. Kripke rejects this. Since I do not draw a distinction between defining and factual beliefs, this objection does not apply to me. We would all agree that people differ in some of their beliefs about objects in the world, and on my view this affects both communication and reference. The difference between Frege and myself on this point is that while Frege distinguished language and theory, I regard the two as inseparably intertwined, and would like to speak of our language *cum* theory. (In this I have been influenced by Quine.)

Second: I call this a *first approximation.* For both what a term refers to and how we find out what it refers to depend on a complex interplay of several factors: assent to and dissent from sentences is just one; ostension is another; actions, including non-linguistic actions, are a third; and above all, our theories of how people are likely to go wrong in their perception and in their reasoning are a fourth. Here interaction within the whole speech community comes in. Some people are less likely to go wrong in certain matters, because they are better located for perception and observation, because they are better trained and perhaps specialists on these matters, etc. This "linguistic division of labor" was first observed by Putnam and will be further discussed by Kripke in this symposium. However, neither of them will probably accept my view that it actually contributes to *determining* the reference and not just to finding out what the reference is.

I have discussed this interplay in several articles and there are also many interesting observations on the relation between observation and reference in Quine's, Davidson's and Putnam's writings.[13] I shall therefore not go into it here.

Let us note, however, that it is in this interplay that we best can see what the *rigidity* or *genuineness,* of singular terms amounts to. Rigidity is not something that is *achieved* through the introduction of a genuine singular term in our language. Sameness of reference is never guaranteed. There is always a risk that in spite of the best of our efforts, a name comes to *change* its reference. A name does not always continue to refer to the object on which it was bestowed at the original "baptism". Change of reference is one of the problems for Kripke's view, so let us see how I account for it on my view.

Let us consider an example: I learn a name from another. I want to keep on using it with the same reference, and in order to insure this, I try to learn as much as possible about its reference, i.e. I observe what sentences containing the name the other assents to and dissents from, what he points to, etc. Nevertheless, I may go wrong and by mistake come to apply the name to another object that is similar to but distinct from the original. When this happens I clearly go wrong. My term still refers to the object it referred to before, because of its rigidity. It does not change its reference just because my associated beliefs happen to fit another object. I may then go on and find out more about this new object, and express my findings using the old name. Later, a third person — say my student — may pick up the name from me and go on using it for the second object. This new usage may spread to the whole community.

In such cases I would say that a change of reference has taken place between the first and the third speaker. As for myself I am obviously mistaken and confused. However, I would hold that the name as used by my student and his generation refers to another object than what it referred to when my teacher used it. So a reference change has taken place without a new "baptism," i.e. without an introduction of the word with the intention of using it with a new reference.

Rigidity, or genuineness, as I see it, is not incompatible with such a reference shift. Instead, I look upon rigidity as an *ideal*, something like a Kantian regulative idea, that prescribes the way we use language to speak about the world. There is in our use of names and other genuine singular terms a *normative pull* towards always doing our best to keep track of the reference and keep on referring to it. Sometimes we go wrong and it is unclear both what we believe and what our beliefs are about until a new usage has been established.

All our talk about change, about causation, ethics and knowledge and belief, as well as about the other modalities, presupposes that we can keep our singular terms referring to the same objects. To the extent that we fail, these notions become incoherent.

To conclude this brief discussion of reference: I hold that there are genuine singular terms, or rigid designators, in our language and that they are indispensable for our talk about change, causality, modality, etc. However, my view differs from other current views on reference mainly on the following two points: (i) I do not regard preservation of reference as automatically achieved through our use of singular terms, but as something we try to achieve. This is what I mean by 'normative pull' and also by what I call a 'regulative idea.' (ii) I maintain that genuine singular terms have a *sense* in my extended sense of the word, and that they refer partly in virtue of this sense. However, while Frege held that sense determines reference, I have the opposite view. I hold that reference "determines" sense, not by itself, but in an interplay with our theories of the world and our conception of how we gain knowledge and how we are likely to go wrong in our perception and in our reasoning. Reference is *dominant* over sense in the following sense:

> *The sense of a genuine singular term is designed to insure through the vicissitudes of increased insight and changing scientific theories that the term keeps on referring to what it presently refers to.*

It is this dominance of reference over sense that in my view is the characteristic feature of genuine singular terms.

3. Ontological relativity

Finally a few words about the relation of all this to Quine's doctrines of ontological relativity and referential inscrutability. Quine has pointed out, in "Ontological relativity" and in other essays, that theories can always be reinterpreted in such a way that we merely change or seem to change the *objects* referred to without disturbing either the *structure* or the *empirical support* of the theory in the slightest. There has been a revision of ontology. Yet verbal behaviour proceeds undisturbed. "Nothing really has changed," to quote Quine.[14] Or as Quine said in his opening remarks at this symposium: "There is no real difference between holding one ontology and holding another."

Does this mean that ontology and reference do not matter? And what happens to our genuine singular terms that are supposed to keep on referring to the *same* object when reference is so inscrutable?

Well, while many ontologies will do, many more will not do. One of the most important tasks of science, in view of the dominant role that objects play in our lives, is to find *some* ontology that will do. It is when we start comparing ontologies of different speakers with different language/theories that inscrutability sets in and there is no matter at issue to be right or wrong about. For each one of us, with our language/theory, our genuine singular terms have to keep on referring to the same object. Inscrutability does not mean that a term in my language/theory refers now to rabbits, now to rabbit stages, to use one of Quine's examples.

Therefore nothing that I have said about genuine singular terms is incompatible with Quine's views on inscrutability of reference. As you may have noticed, in my discussion of what a term refers to, I accepted Quine's view that what a term refers to depends on evidence that is publicly available.

Regardless of how inscrutable reference is, our referring expressions have the quality of rigidity or genuineness that I have discussed. It may be a deep fact of our relation to the world that we conceive of it as consisting of *objects*. Our theorizing about the world may not yield a unique ontology. All that our theorizing yields may be a *structure*. But this structure has *nodes*, and it is these nodes, that we call *objects*, that we are concerned with and try to communicate about. It is this concern, this desire to keep track of them and explore them, that is reflected in the rigidity, or genuineness, of the referring expressions of our language.

NOTES

1. Saul A. Kripke, "Identity and Necessity," in Milton K. Munitz (ed.), *Identity and Individuation*, New York University Press, New York, 1971, pp. 135-64, reprinted in Stephen P. Schwartz (ed.), *Naming, Necessity, and Natural Kinds*, Cornell University Press, Ithaca, N.Y., 1977, pp. 66-101; "Naming and Necessity," *Synthese* 40 (1972), pp. 253-354, also in G. Harman and D. Davidson (eds.) *Semantics of Natural Language*, Reidel, Dordrecht, 1972, pp. 253-355, 763-69, expanded version: *Naming and necessity*, Harvard University Press, Cambridge, Mass., 1980.

2. *Referential Opacity and Modal Logic*, Dissertation, Harvard, 1961. A mimeographed version of the dissertation was published by Oslo University Press, Oslo, 1966.

3. "Quantification into Causal Contexts," *Boston Studies in the Philosophy of Science*, Reidel, Dordrecht 1967, pp. 263-274; "Knowledge, Identity and Existence," *Theoria* 33 (1967), pp. 1-27; "Quine on Modality," in Donald Davidson and Jaakko Hintikka (eds.), *Words and Objections: Essays on the Work of W.V. Quine*, Reidel, Dordrecht, 1968, pp. 147-157.

4. Alonzo Church, Review of Quine, "Notes on Existence and Necessity," *Journal of Symbolic Logic* 8 (1943), pp. 45-47.

5. Gottlob Frege, "Ueber Sinn und Bedeutung," *Zeitschrift für Philosophie und philosophische Kritik* 100 (1892), pp. 25-50. English translation ("On Sense and Reference") in Frege, *Philosophical Writings*, eds. Geach and Black (Blackwell, Oxford, 1952) and (as "On Sense and Nominatum") in Feigl and Sellars (eds.), *Readings in Philosophical Analysis*, Appleton-Century-Crofts, New York, 1949.

6. Rudolf Carnap, *Meaning and Necessity*, University of Chicago Press, Chicago, 1947. 2nd ed., with supplements, 1956.

7. See the works referred to in notes 3 and 4 above.

8. W.V. Quine, *Word and Object*, M.I.T. Press, Cambridge, Mass. 1960, pp. 197-198.

9. W.V. Quine, "Three Grades of Modal Involvement," *Proceedings of XIth International Congress of Philosophy* (Brussels, 1953), vol. 14, pp. 65-81. Reprinted in Quine, *The Ways of Paradox*, Random House, New York, 1966, pp. 156-174.

10. Carnap, *Meaning and Necessity*. Alonzo Church, "A Formulation of the Logic of Sense and Denotation," in Paul Henle, H.M. Kallen and S.K. Langer (eds.) *Structure, Method and Meaning: Essays in Honor of H.M. Scheffer*, Liberal Arts Press, New York, 1951, pp. 3-24 (Abstract in *Journal of Symbolic Logic* 11 (1946), p. 31). Also "Outline of a Revised Formulation of the Logic of Sense and Denotation," Part I, *Noûs* 7 (1973), pp. 24-33; Part II, *Noûs* 8 (1974), pp. 135-156.

11. Saul A. Kripke, see the works listed in footnote 1. Hilary Putnam, *Meaning and the moral sciences*, London: Routledge and Kegan Paul, 1978; *Reason, truth, and history*, New York: Cambridge University Press, 1981; *Philosophical papers*, vol. 3: Realism and Reason, New York: Cambridge University Press, 1983.

12. Saul A. Kripke, "A Puzzle About Belief," in A. Margalit (ed.), *Meaning and Use*, Reidel, Dordrecht, 1976, pp. 239-83.

13. W.V. Quine, particularly in *Ontological Relativity and Other Essays*, Columbia University Press, 1969, and *The Roots of Reference*, Open Court, La Salle, Ill., 1974. Donald Davidson, *Inquiries into Truth and Interpretation*, Oxford: Clarendon Press, 1984. Hilary Putnam, works referred to in footnote 11. Dagfinn Føllesdal, "Meaning and Experience," in Samuel Guttenplan (ed.), *Mind and Language*, Oxford: Clarendon Press, 1975, pp. 25-44; "The Status of Rationality Assumptions in Interpretation and in the Explanation of Action," *Dialectica* 36 (1982), pp. 301-316; "Intentionality and Behaviorism," in L.J. Cohen, J. Łos, H. Pfeiffer and Klaus-Peter Podewski (eds.), *Proceedings of the 6th International Congress of Logic, Methodology and Philosophy of Science, Hannover 1979*, Amsterdam: North-Holland, 1982, pp. 553-569.

14. "Things and their Place in Theories," *Theories and Things*, Harvard University Press, Cambridge, Mass., 1981, p. 19.

A PROBLEM IN THE THEORY OF REFERENCE: THE LINGUISTIC DIVISION OF LABOR AND THE SOCIAL CHARACTER OF NAMING

SAUL KRIPKE, PRINCETON

Having been concerned so long about names in the abstract I didn't think enough about names in the concrete to think of the title of my paper until fairly recently before the talk. I've been known to emphasize that the connotation of names and the properties associated with them may be misleading; and, in this case, one thing is misleading: ordinarily a title indicates the speaker's intention, or it often does, to sort of advocate and develop the subjects mentioned in the title. But, in fact, a good deal of what I am to do is to issue a sort of *monitum*, as they say in the Vatican, against some of the suggestions that may be carried by these theories. I found it hard to do a proper job in a twenty-five minute talk so I will only be able to skim the outline. I thought I could concentrate on this one aspect of a clarification of where my own views may have been misunderstood, especially in relation to those of Hilary Putnam and maybe I'll be able to do that, but I am not even completely sure.

Now the general context in which the problem that I am going to talk about arises is the distinction between what might be called classical *versus* more recent theories of reference. And examples of more recent theories are my own, which I primarily of course have in mind, also Professor Putnam's and there have been others. This difference applies both to natural kind terms and to ordinary proper names which on the newer theory anyway are closely analogous.

The classical theory, as one knows, emphasized, in the case of natural kind terms, a set of properties, those properties the speaker would ordinarily use to identify the kind, such as gold, those normally used in the community, and took them to be definitive of the term "gold". The more recent theory, by contrast, objects to this in several ways of which I might mention two. First, that the surface features, as Putnam especially has emphasized and I have too, used to identify the object, may in fact turn out to be false of the kind in question. It may not be true that gold has the properties, even such as yellowness or being a metal, that we normally think we associate with gold. This could in the future turn out to be false. Second, on the other hand, however, even if the surface features are correct, they are not defin-itive of the kind because another kind might resemble this in the appropriate surface features, but actually be a totally different kind. Thus, on the newer picture, one could roughly — well, inadequately I think, but for the purpose of this talk, I will even talk sometimes as if this rough characterization were literal — take a kind to be defined as in terms of a sample that speakers have had. The kind consists of those things which are, in the relevant respects, of the same substance, of the same stuff as that sample, as in the case of gold. Something which is not of the same stuff as our ordinary sample of gold is not gold even if it resembles it in all our surface tests.

In the case of proper names, the classical theory — here it has less of a right perhaps to be called classical, but is associated with such great names as Frege and Russell — held that the name was defined by description or, in more recent variance, by cluster of descriptions true of the object, and believed that the referent is whatever satisfies the descriptions. A more recent view, say for example in my own ranks, has objected that speakers may not possess even sufficiently identifying descriptions to determine the referent in this manner. For example Cicero may be named only as the famous Roman orator and, even if the descriptions are uniquely identifying, they may be wrong or false of the referent in question. Thus, for example, Peano is often identified by a large portion of the linguistic community as the man who invented certain axioms. It is said that these axioms were actually discovered by Dedekind, but the name "Peano" doesn't therefore refer to Dedekind. Perfectly useless this summary. Those who knew it were bored. Those who didn't were not illuminated, I'm sure. But perhaps we have to do it now.

The newer theory says that, in contrast to the classical theory, we get the reference from the name by a chain of communication preserving the name from link to link back to initial baptism. We trace the way the name actually came to me. This is the case of the name of a famous historical figure such as Peano. Now this has often been called the causal theory of reference. But in a way, aside from my not liking the term "theory" here, it makes the relation of causation a bit too primitive. What to me is really essential here is the following feature of language for the purposes of communication. And this part of the idea of a social nature of language I like to praise. That is, it is normally thought that first a given individual speaker over time normally preserves the relevant linguistic features of his terms. If these express predicate concepts, these may be properties. If these are names on the Millean picture it should be the referent. Similarly in communication and language learning, the relevant linguistic features are normally intended to be preserved without any explicit intentions having to be entered into.

In this case, where the Millean picture is that the important and relevant feature of a name is the reference, it is the reference which will be preserved. Reference shifts can occur, as other kinds of shifts can occur, but these will have to be exceptions accounted for by special features of the situation rather than as the norm. Dagfinn Føllesdal has mentioned this and perhaps I will be able to go into this question in discussion of reference shift.

Now, given this summary, I wish to place in context a certain type of remark which has been made by one friend or advocate of the theory, namely Putnam, and also by a well-known critic, Michael Dummett. Putnam has emphasized in his writings what he called the "linguistic division of labor". Dummett, taking off from Putnam's remarks, has argued that once we see this point we see that the new theory is really just a social version of Frege's old theory, that other aspects of the theory are misleading. And indeed in a review of the recent edition of my book, the reviewer said this was one of the most important problems and ought to have been discussed in the preface.

So I wish to make a clarification of what my own views are on this point. I think that because of the identity or proximity of much of what I have said to what Putnam has said on the issues about natural kinds, and I especially mean the old Putnam who wrote the papers on natural kinds and semantics in the period in question, it has been presumed that the slogan, the linguistic division of labor, was a part of my views too. Indeed Hilary Putnam, in one of his recently done papers has even said that "Kripke and I agree among other things on the importance of the concept of the division of linguistic labor". Now, actually, I think the term "division of linguistic labor" contains a strong *suggestio falsi*. I don't know that it is false or wrong because, as meant by Putnam, it may be right. Almost all the connotations that I can gather from it, and especially the ones that have been taken over by others such as Dummett, seem to me to be, first and most important, I suppose, false and, second, and perhaps therefore, incompatible with the quite correct things Putnam has said elsewhere, even in the same papers that emphasized this concept.

Let me say why. What does Putnam talk about in his papers? I'll stick to the example of gold which came in here. Most of us, who are not either chemists or jewellers or what have you, have only rather crude tests for identifying gold. Perhaps we cannot distinguish fool's gold from gold. A smaller and more special proportion of the linguistic community can make this distinction, they can make the test. And so Putnam argues, this engenders a division of linguistic labor. Everyone to whom gold is important for any reason has to acquire the word "gold", but he does not have to acquire the method of recognizing if something is or is not gold. He can rely on a special subclass of speakers. The features that are generally thought to be present in connection with the general names, necessary and sufficient conditions for membership in the extension, ways of recognizing it and so on, are all present in the linguistic community considered as a collective body. But the collective body divides the labor and a special role in this labor comes to the experts.

Now I wish to think about this. It is of course true that the experts have a special capacity that we don't have for telling whether something is or is not gold. That is among other things what makes them experts. So far, I don't see that one has to refer to linguistic division of labor here or to any special linguistic capacity of the experts. Consider any ordinary predicate such as, for example, "member of the French Cabinet, Minister of State, in the twentieth century". Experts, that is historians of France, are much better at telling whether a given named individual falls into the extension of this term than, say, I am, though I know a bit about it. This does not in itself imply anything that ought to be called linguistic division of labor. There is no reason to think that the extension of the term in my mouth depends on the existence or availability of any special class of experts in this sense. The term just means what it does. It may be difficult or hard to determine whether something is in the extension; this is a special problem of what we are going to know. Sometimes we may not know what terms are in the extension, what objects are in the extension or not, for a very long time. But the experts provide no help as far as actually determining the extension of the term. They only help us find out after a while which things actually fall into the extension of the term.

Now, suppose we took the hypothesis literally, though I don't think it is in fact in literature. I don't think there is any such definition that a term like gold meant "of the same kind of substance as this", with demonstrative reference to a given sample. That term can mean what it does in my mouth and have a determinate extension. It can have the same meaning and the same determinable extension in the mouth of the expert. Whether the expert is even right or wrong on what he places into the extension or whether the expert exists or not has nothing to do with what the extension of this term is. The presence of the experts is in no way crucial to the term having a determinate extension. Of course, the expert is much better at telling what falls under the extension than I am, I mean he is an expert just by virtue of that capacity. An expert may be a fancied expert, there may be scientific misinformation around, or an expert may be an alchimist or an astrologer or what have you, and then have got the extension all wrong in terms of his judgments. But this has in itself no effect on the extension of the term. I think that the idea that the expert has a special linguistic function here is really a hang-up from the older idea of an operational test that we all apply, that determines whether something, a given object, falls or does not fall under the given term. Given that view, the expert would have special semantic powers. But Putnam himself realizes and emphasizes that this is not the right picture, but that way back in the time of the Ancient Greeks the term "gold", he says in the very same paper, had the very same extension that it does now, in spite of the unavailability perhaps, in that time, of a relevant class of experts. So I don't know exactly what he may have in mind to say here. But those who have read into his writings a conclusion that the presence of a relevant class of experts is linguistically crucial for determining the extension or in any way the meaning of the term have got him wrong. It's incompatible with what he says elsewhere. And I actually think the use of the term, "the linguistic division of labor", does indeed suggest this and, in this way, as I say, carries a strong *suggestio falsi*. This is the nub of my argument in the case of natural kind terms.

Now I do think, in a more refined picture, when we go into other kinds of mentions of the role of experts, Putnam has other examples. The example of the elm and the beech that he gives is different. Someone who could not distinguish between gold and silver would probably be thought to be in a poor position to talk about gold. But it is quite possibly true that we don't demand of every speaker that he be able to distinguish between an elm and a beech as Putnam says that he cannot. But this does not ascribe a special function to experts like botanists. There are many who are better at identifying such trees. I remember other children myself. Certainly there must be some people who possess the rough surface tests for making the distinction analogous to the gold and silver case. Maybe those of us with less information can rely on them. I don't know if their current existence is crucial for the distinction, but certainly their existence at one time at least was, otherwise we shouldn't have the terms elm and beech. This is not a case of a special role for the expert and the scientist; it just means that in some cases people may be able to speak without possessing the full stereotypes in even Putnam's sense of the term.

There are other cases. Perhaps I should only name them, they can come up in discussion. There are of course technical terms confined to the experts themselves. These present no special problems. But there are also terms that are originated by the experts and then spread into the community. This is a different kind of natural kind terms from the case where the expert finds out the properties of the natural kind after it has been identified by the more common man. This can be true in the case of a natural kind term or even in the case of a fancied artifact. Most people wouldn't know what a transistor radio is exactly or they may be able to differentiate it by something that operates on some other principle. Here I think the expert does have special linguistic powers but that is because these experts invented both the radios in this case and the term, and it spread from them into the community. This is not a case of a special role of experts but rather a fact that the originator of the name or term had special authority in terms of initial baptism, just to put things very briefly.

Another role of experts is in connection with the reference shift mentioned by Føllesdal. They can be guardians against contamination of samples by spurious items, which then may take over the role of the central items and change the reference of the kind, if we don't watch out. That happens fairly rarely, but it could happen with experts. The more experts there are around the less likely this is to occur.

Given this, I therefore argue that, in the case of natural kind terms, experts have no special linguistic authority. As Hilary Putnam says himself in another passage "there are just people who know a lot about gold", they do not have any kind of authority analogous to the *Académie française*, a special authority over the extension of the term.

Let me then go to the conclusion which has been drawn by one critic, Michael Dummett, that the current or the new theory is really just a social version of Frege's theory. A slogan, "social version of Frege's theory", is in itself a little hard to force out. I have to give a bit of my own exegesis in order to get it to be sufficiently definite as an issue. I take the classical Fregean theory, modified even in a cluster form, to be that each individual has its own cluster of descriptions. Some of them are weighted and the referent of a term is a thing satisfying most of them, say a proper name. The corresponding social theory would take the community wide cluster of beliefs. It would assign a special weight, perhaps, because of the importance of the role of experts, to a distinguished subclass. This subclass is to be called "the experts"; their beliefs and their views have much more weight than those of other common speakers who may have all kinds of erroneous beliefs. So I suppose the idea in the Peano example is that, though most of us may have thought Peano was the inventor of the so-called Peano axioms and so on, a special class of experts, historians of mathematics or something, know better and they know other descriptions applying to Peano that are really true. Their views get a special weight in the community-wide determining of the reference, and they determine the reference even for those speakers who have an erroneous description. Similarly those speakers who have an inadequate description, such as "Cicero was a Roman orator", are relying on a special class of experts, the classicists. Dummett thinks that exactly the same thing is going on of course in the case of gold. He thinks that the experts have a special role in determining the extension.

Now the latter, I think, I have already argued against. But I will say something about this in the case of proper names too. And I want to talk about the general conception of the social theory, the Fregean social theory. Dummett has emphasized that by "the community" he means the existing community. Why should we turn Dummett's argument on its head? What he calls a social version of Frege's theory is merely the causal theory with another name. Well, one differentiation that Dummett would emphasize is that, on what I have proposed, people who are long dead, who are no longer part of the existing speech community have, in the case, for example, of the famous man in the past, a special importance for determining the reference of a proper name. So, whoever gave the name Giuseppe to Peano, and probably knew a lot more things about Peano than I, is indeed an expert. In that sense, I will concede of course the role of the experts. This is my view; it's parents in this case. But this is not the kind of thing that Dummett has in mind. It is supposed to be the contemporary speech community that is important. Only they are part of speech community. Anyone dead cannot count. They're dead, he has emphasized.

In discussing this we must try to avoid a special epistemic fallacy. Of course, any actual example that I will produce will depend on the existence of experts, because for me to give an example someone had better know that Peano did not really do this; if not, I don't know that my example is correct. The important question is whether without anyone knowing it, one can meaningfully conjecture, and be right, that the contemporary popular set of properties associated with a proper name is in fact a set of common misconceptions even among the experts and that the referent did not satisfy these properties.

Once one sees this, I think one can see that Dummett's view, taken as it is, is close to obviously false. And do we have to consult experts? Is the existence of contemporary experts and encyclopaedias important for the contemporary reference of the given common name? Take the name Peano. Imagine all the experts assembled in a hall which is then bombed. A few experts may survive; those are people who, though historians of mathematics, have somehow not studied a lot about Peano and have picked up the common misconception. The others are gone. They're dead. The existing speech community then consists entirely of people who have the misconception. On the theory in question, taken as it is, the reference suffers a dramatic shift. Before the bombing it was Peano, after the bombing it was Dedekind. But this I think is not the case. And why isn't it the case? It's because of what I have emphasized before: that normally we think of the relevant semantic features as preserved. That is the essence of the historical theory. A speaker at any given time over time, and even if he has forgotten most of the descriptions he associates with the name of the being, or even he may be an amnesiac, still counts normally as preserving the same reference that he had before. And this is even the case here and it is the case when the name is transmitted.

Just the simple example which I could have elaborated given more time shows, I think, the fallacy of any assumption that a contemporary group of experts is crucial for determining the reference of proper names. I also think, though I can only say this by title, that those who have advocated it have not seen that we can be just as erroneous about who the experts are. And the experts may even themselves have false conceptions or they may not be the proper appropriate class of experts. We can be just as wrong about these things as we can be wrong about the properties of the man himself; but I can't elaborate on this here. It is another difficulty of giving experts any special semantic powers. There is no special linguistic role to be given to any special substratum of the community. The community can in fact have a completely prevailing erroneous misconception either about a natural kind term or about a proper name provided the appropriate historical connections exist. Any suggestion that some special subclasses of theory are going to save the situation is, I think, wrong.

DIRECT SINGULAR REFERENCE:
INTENDED REFERENCE AND ACTUAL REFERENCE

PETER F. STRAWSON, OXFORD

Reference is a large subject with many aspects. In a short paper it is impossible to deal adequately with more than one of them. I shall be concerned with the pragmatics or, perhaps better, the pragmatics-semantics of what I shall call 'direct singular reference'.

I am, therefore, making the barely controversial assumption that direct singular reference sometimes occurs, i.e. is an actual feature of some linguistic communication. I characterize it semantically, or in terms of truth-conditions, as follows: when a direct reference is successfully made, by the use of some definite singular term, to some particular individual, then the coupling of that term with a predicate results in *something said* about that individual (i.e. a proposition about that individual) which is true just in case that individual satisfies that predicate, false just in case it does not.

I shall make also the more controversial assumption that some definite singular terms with explicit descriptive content (with or without explicit demonstrative or indexical elements also present) may sometimes be used to make direct references. Of course such terms as these are not always or only so used; they may, for example, be used for what Donnellan has called 'attributive reference' or in the spirit of a Russellian analysis. But it follows from the semantic characterization just given that, when definite singular terms with explicit descriptive content *are* successfully used to make direct references, their descriptive content does not enter into the statement of the truth-conditions of *what is said*, i.e. of the proposition which is affirmed, or otherwise expressed, by the speaker.

To say this is not to say that the descriptive content of the singular term does not enter into the characterization of the speaker's current *thought*, of the mode in which he is *thinking* of the individual he refers to. That it may well do; or, again, it may not, or not straightforwardly, for he may select his term in, for example, a vein of irony. But the *primary* purpose, in selection of his singular term, on the part of a speaker intent on direct reference, must be to select a term which will enable, or cause, the members of his audience to identify, as the subject of what he says, just the particular individual he intends to speak of — to select a term, in other words, which will get them to know which individual he means — let *their* mode of thinking of that individual be what it variously may. If he is successful in this, then what is common to his own and each of his audience's grasp of what is said will be grasp of the truth-conditions specified in the simple characterization already given. In the case of successful direct reference, then, the identity of the individual referred to determines, as far as reference is concerned, the identity of the proposition expressed. This way of putting it is adequate; there is no need to go as far as Russell sometimes did and declare the particular individual in question to be a constituent *part* of the proposition or to represent the latter as — in appropriate cases — an ordered couple of individual and property. These further steps, though perhaps permissible, can only be an embarrassment for those who prefer to think of propositions as purely abstract entities.

I have spoken, so far, of successful direct reference. But not all attempted direct reference is successful or wholly successful. My purpose in this paper is to enquire what happens when a speaker thinks he is in a position to make a direct reference to a particular individual, and uses a term with that intention, but one or more of a variety of things goes wrong. In order to see in what ways things may go wrong, let us first consider more fully the normal case in which, at least as far as reference is concerned, everything goes well, the case in which there is no question but that the speaker does succeed in making just the direct reference he intends to make, so that his intended and his actual reference unquestionably coincide.

A speaker, S, intending to make a direct reference, uses a definite singular term with some descriptive content, D. In the normally satisfactory case a number of conditions are fulfilled. First, I mention what may be called *the minimal condition*, (a). This condition is satisfied when there does exist just one particular individual such that the speaker meant (i.e., intended, by the use of his definite singular term to refer to, and to be taken as referring to) that individual. It can be expressed briefly as follows:

(a) $(\exists x)(S \text{ meant } x)$.

(There is no need to write in an explicit uniqueness condition, since, by hypothesis, we are dealing with intended singular reference.)

This is a condition that *could* fail, though it rarely will. But it *could* be the case that there really wasn't anything or anybody at all that the speaker had meant, though, of course, he thought there was. That is, it *could* be the case that, were he fully informed of the relevant facts, he would recognize that what he had regarded as, for example, the central, indispensable core of his reference-fixing beliefs or capacities just did not apply to anything at all; that there was nothing, no actual individual, which he could honestly say he had meant. (He was deceived or confused or deluded or self-deluded.)

Of course this is not the normal case. Normally the minimal condition (a) is satisfied. But not condition (a) alone. In the normal, satisfactory case, it will not only be so that there is an individual the speaker means, it will also be the case that that individual answers to the descriptive content, D, of the singular term employed. So we expand (a), the minimal condition, to (b), *the expanded condition*, which can be expressed as follows:

(b) $(\exists x)(S \text{ meant } x \cdot Dx)$.

For example, if the term the speaker uses is 'your wife' or 'your husband', then, if all goes well, there is not only someone the speaker means, but that person is, also, indeed married to the person the speaker is addressing. But of course *this* condition *can* fail.

These two conditions are obvious. There is a slightly more complex condition to be added. It will not only normally be the case that there is an individual whom or which the speaker means and who answers to the descriptive content of the singular term the speaker uses, it will also normally be the case that, in the physical and social context of the speaker's utterance, any linguistically competent and reasonably informed audience which took the speaker to be speaking conventionally in that context, would take the speaker to mean that individual in that context. Of course there may not in fact be such an audience. But it will normally be the case that, *if* there were, it would take the speaker to mean the individual he does mean. We may express this condition by expanding (b) to *the full condition*, (c), as follows:

(c) $(\exists x)(S \text{ meant } x \cdot Dx \cdot S \text{ putatively meant } x)$

where 'S putatively meant x' is short for 'S, if taken by a linguistically competent and reasonably informed audience to be speaking conventionally in the physical and social context of his utterance, would be taken by that audience to have meant x in that context'.

The fulfilment of the expanded condition (b) does not guarantee the fulfilment of the full condition (c). The last added requirement could fail independently of the other two. Here is an example. At a party, a speaker might say to his host: 'Your brother is very charming.' As it happens, a brother of the host has been at the party and has just left it, having behaved very charmingly. It is a large party and the speaker is unaware of this fact; but has met another brother of the person addressed (the host) earlier in the day. This other brother has not been at the party. The host naturally takes the speaker to mean the brother who has just left. The speaker actually means the other brother.

Philosophical debate may arise over the question what reference, if any, the speaker has actually made, what proposition, if any, he has actually asserted (i.e. over what — whatever he *eant* to say — he has *actually* said) in cases where one or another or some combination of the listed conditions fails to be satisfied. Of course there is no debate when all the conditions are satisfied. In that case the speaker has asserted, or otherwise expressed, a proposition about the individual which he meant, which answers to the descriptive content of his definite singular term and which he putatively meant; and the proposition is true if that individual satisfies the predicate attached to the definite singular term, false if it does not. From the point of view of reference all has gone well: intended and actual reference are the same. But what about the deviant cases?

Well, I shall list some deviant cases; and then, in relation to them, I shall list three types of possible answer to the question; three theories, one might say, of direct reference, actual and intended. But, as you will see, I shall not exhaust the possibilities, either of deviance or of theory.

First, then, five deviant cases:

(1)   There is no individual which S meant and there is no individual which is such both that it satisfies the descriptive content of the singular term employed and that S putatively meant it.
$\sim(\exists x)(S \text{ meant } x) \ \& \ \sim(\exists x)(Dx \cdot S \text{ putatively meant } x)$

(2)   There is no individual which S meant, but there is an individual which satisfies the descriptive content of the singular term employed and which S putatively meant.
$\sim(\exists x)(S \text{ meant } x) \ \& \ (\exists x)(Dx \cdot S \text{ putatively meant } x)$

(3)   There is an individual which S meant but which does not satisfy the descriptive content of the singular term employed and there is also an individual which does satisfy that content and which S putatively meant.
$(\exists x)(S \text{ meant } x \cdot \sim Dx) \ \& \ (\exists x)(Dx \cdot S \text{ putatively meant } x)$

(4)   There is an individual which S meant but which does not satisfy the descriptive content of the singular term employed and there is no individual which satisfies that content and which S putatively meant.
$(\exists x)(S \text{ meant } x \cdot \sim Dx) \ \& \ \sim(\exists x)(Dx \cdot S \text{ putatively meant } x)$

(5)   There is an individual which S meant and which satisfies the descriptive content of the singular term employed and there is another individual, not identical with the first, which also satisfies that content and which S putatively meant.
$(\exists x)(\exists y)(S \text{ meant } x \cdot Dx \cdot S \text{ putatively meant } y \cdot Dy \cdot x \neq y)$
(The case of the two brothers mentioned above is an example of (5)).

Next, I list three types of theoretical response to these cases. Adherents of the first type of response demand no more and no less of direct reference than satisfaction of the minimal condition (a). That is, they attach exclusive importance to the question of what item, if any, was the intended object of S's reference. Consequently, they rule that, in the first two cases, where there is no such item, no reference is made and no proposition expressed; whereas, in the remaining three cases, where there is an individual which S intended to refer to, even though the situation is less than normally satisfactory in other respects, S is deemed to have referred to that individual and to have said something — expressed a proposition — about it or him (or her). Theorists of the second type, though sympathetic in part to the views or prejudices of type 1 theorists, are made of sterner stuff, holding that fulfilment, not of the minimal condition (a), but of the expanded condition (b) is both sufficient and necessary for direct reference. Consequently they declare that in all of the first four cases S's utterance is void for lack of reference: no reference is made, no proposition expressed; and only in the last case is S deemed to have made reference to, and expressed a proposition about, the item he meant. Theorists of the third type share type 2 theorists' insistence on satisfaction of the descriptive content of the singular term employed, but differ from theorists of both other types in attaching less importance to the question, what reference the speaker intended to make, and more to the question, what reference, if any, he would normally and naturally be *taken* to have made. So, while agreeing with both other theorists that no reference is made and no proposition expressed in case (1) and with the theorist of type 2 that the utterance in case (4) is similarly void for lack of reference, the theorist of type 3 will hold that in cases (2) and (3) the speaker actually referred to, and expressed a proposition about, the individual item he *putatively* meant; that in these cases he succeeded, indeed, in making a reference, but not to the item he intended to refer to — either because there was no such item (case (2)) or because, though there was such an item, it did not answer to the descriptive content of his singular term. However, the type 3 theorist graciously joins hands with his two rivals in respect of case (5), allowing that where both the intended and the putative objects of reference satisfy the descriptive content of the term employed, the speaker's intention shall be deemed to turn the balance in favour of actual reference to the former. So agreement between all three is achieved in cases (1) and (5), though in none of the others.

As I remarked, I have not exhausted the possibilities either of deviance or of theory. It would be a modest, and modestly appealing, exercise to add to them both; though its modest appeal would be confined, at most, to those who accept my initial assumptions, viz. that direct reference occurs and may sometimes be effected by singular terms with descriptive content.

As far as the three theories regarding my five deviant cases are concerned, my intention is not to choose between them, but to suggest that there is no need to choose; that it is sufficient to note the different possibilities and the reasons for them and to leave it at that. In so far as one is impressed by the difference between 'what the speaker meant to say' and 'what he actually said', one might incline towards theory 3. But to incline is enough. Far more important for the understanding of the actual use of directly referential terms in communication is a single grasp of the normally satisfied conditions of their successful employment.

* * *

I set out below the three theories of deviance, applied to the five cases, in tabular form:

	Theory 1	Theory 2	Theory 3
(1)	UV	UV	UV
(2)	UV	UV	PRA
(3)	IRA	UV	PRA
(4)	IRA	UV	UV
(5)	IRA	IRA	IRA

UV — utterance void (i.e. no reference, no proposition)
IRA — intended reference = actual reference (i.e. reference to, and proposition about, the item S meant)
PRA — putative reference = actual reference (i.e. reference to, and proposition about, the item S putatively meant)

KARL MARX

1818-1883

COLLOQUE

COLLOQUIUM

KOLLOQUIUM

COLOQUIO

PREMIÈRE INTRODUCTION

THEODORE I. OIZERMAN, U.R.S.S.

En ouvrant le colloque consacré à l'enseignement de Karl Marx, je voudrais dire d'abord que nous ne célébrons pas seulement le centenaire de la mort d'un très grand penseur social, mais encore le fait que son enseignement a conservé toute sa valeur à notre époque. Aujourd'hui plus encore qu'au siècle dernier, où Marx a élaboré sa doctrine, il est devenu évident que la société sans classes, sans exploitation ni oppression, la société de l'égalité sociale, est une perspective réelle et, permettez-moi d'ajouter, la seule porteuse d'espoir. La plupart des chercheurs sérieux de notre temps, souvent même en dehors de leur orientation politique, reconnaissent la valeur impérissable de Marx, comprennent qu'il est impossible de faire progresser la philosophie de l'histoire et la science de la société en général, sans tenir compte de Marx, sans l'assimiler, sans l'étudier. En voici un exemple significatif. Sir Karl Popper, connu par ses ouvrages antimarxistes, a néanmoins été obligé de déclarer dans son livre *The Open Society and its Enemies* ce qui suit: "Le retour à la science sociale d'avant le marxisme est impossible. Tous les auteurs contemporains sont redevables à Marx, même s'ils ne le savent pas."[1]

Malheureusement, Karl Popper revient en fait aux théories sociales d'avant le marxisme, car il nie qu'on puisse appliquer à la société des notions comme: développement, loi, nécessité. Il a une idée tout à fait erronée de la conception matérialiste de l'histoire, et la dialectique lui semble un équilibrisme logique.

Plus intéressant, selon moi, est le point de vue du philosophe catholique bien connu Alphonse de Waelhens. Il souligne la base fondamentale réelle du marxisme. "Le marxisme, écrit-il, est à l'heure présente la seule philosophie politique à savoir exactement la portée de ce qu'elle dit, la seule qui entende parler au nom des faits en les regardant tous, la seule qui comprenne qu'on ne saurait dissocier politique et histoire." Cette citation est tirée du livre de A. de Waelhens: *Une philosophie de l'ambiguïté. L'existentialisme de Maurice Merleau-Ponty*, Louvain, 1967, p. 333.

Il est impossible de caractériser l'enseignement de Marx dans le cadre de cette allocution. Permettez-moi néanmoins d'attirer votre attention sur ce qui, selon moi, est le plus important dans sa philosophie sociale. Marx a prouvé que ni la nature environnante, ni la nature même de l'homme ne déterminent l'histoire de l'humanité. Les hommes modifient la nature, et par là ils changent également leur propre nature sociale. La production matérielle est l'activité des hommes, mais comme résultat objectivé, réifié de l'activité de plusieurs générations, elle est indépendante de chacun d'eux et forme pour cela la base objective de l'histoire universelle. La production matérielle n'est pas seulement la production des choses, mais aussi celle des rapports sociaux, et enfin la production de l'homme lui-même comme membre de la société. Les diverses formes d'exploitation de l'homme dans la société esclavagiste, féodale et capitaliste étaient historiquement inévitables, normales. Mais aussi normale est la suppression de toute exploitation, de toute oppression grâce au développement des forces productives et des rapports de production qui leur correspondent. Ainsi, Marx a mis fin au fatalisme historique comme au volontarisme. Grâce à la dialectique matérialiste créée par lui, il a saisi l'unité organique du subjectif et de l'objectif, leur conversion réciproque. L'activité humaine et les lois objectives du développement de la société ne s'excluent pas réciproquement, mais constituent deux aspects d'un seul processus historique.

L'humanité ne peut vivre sans idéaux. Il faut à l'homme moderne des idéaux scientifiquement fondés. Ce sont justement ces idéaux fondés scientifiquement, indiquant à l'humanité une perspective historique humaniste et grandiose, que donne l'enseignement de Marx.

Lénine, le plus remarquable continuateur de Marx, a écrit que chaque nouvelle époque de l'histoire universelle avait apporté au marxisme de nouvelles confirmations. Mais l'époque historique à venir, disait Lénine, vaudra au marxisme un triomphe encore plus grand. Ces mots contiennent une profonde vérité historique, car l'enseignement de Marx est indissolublement lié aux destinées historiques de toute l'humanité.

NOTE

1. Karl Popper, *The Open Society and its Enemies*, London, 1959, vol. 2, p. 78.

SECOND INTRODUCTION

SAVA GANOVSKY, SOFIA

The progressive public of the entire world marks the year 1983 as the year of Karl Marx, the one hundred sixty fifth year of his birth and the centennial year of his death. Why did Karl Marx deserve such a high honour? For centuries the working humanity had suffered under a series of social adversities such as injustice and ignorance, exploitation of man by man, national and racial oppression, and wars of extermination and destruction. The struggle of the working people against these hardships and disasters was waged also for centuries.

History knows of many thinkers, public figures, scientists and men of letters who for generations on end have bequeathed their dreams of national freedom and education, of universal equality and fraternity for all people, for all nations and of peace among, and security for the people.

However in the past, for the solution of these problems, there existed neither material conditions nor adequate revolutionary forces, nor ways and means for the achievement of this centuries old dream. Moreover there was no room for and no scientific concept of social life and social development or of the essence of social life and the part played in it by man. The chief merit of the great Karl Marx is that he developed the teaching named after him *Marxism*, in close cooperation with Friedrich Engels, his faithful friend, follower and constant associate. Thus for the first time they evolved a correct explanation of the development of society and nature, a scientific solution of the goals set by the social historical development and a scientifically formulated answer to the questions posed. This is a great historical work for humanity which no one before or after him has performed. It is for this reason that we honour Karl Marx and his great progressive deed, not only as a thing of the past, but as a creative present, with a feeling of the most sincere and exclusive gratitude.

Dear colleagues and guests, it is my privilege to express our appreciation and respect to the leadership of the International Federation of Philosophical Societies for having decided that our Federation should celebrate this anniversary of Karl Marx.

The double Marx jubilee of this year has been widely celebrated throughout the world by institutions and individuals, politicians and journalists, intellectuals and workers. It is natural that philosophers also should find their place among the scientists in various fields. The fundamental reason is not to be found in the fact that Marx was himself a doctor in philosophy, that his first scientific undertaking was in a very specific sphere. Of far greater importance is the fact that philosophy is an inextricable component of Marx's highest achievements, that it is embodied in the scientific work of his life and more particularly in the *Capital*.

Even more important is the impact of Marxism on the contemporary world. Hardly anyone could contest the fact that Marx's doctrine is an important and essential element in the spiritual situation of our era. Marxism, that is to say Marx's system of views, has a fate unusual for philosophy. It has found its realization not only in the scientific convictions of specialists, but also in the outlook of people in the world of labour. It has found its continuation not only in scientific works and academic publications, but also in the social practice of millions of people. This is not an accidental peculiarity, but an eminent feature of Marx's teaching. The modest monument at Highgate cemetery is adorned with the words: "Hitherto the philosophers have only explained the world in various ways, but the task is to change it."

It can be said that Marx changed philosophizing itself, the very attitude of the philosopher towards his professional activity. In the place of the reflective, introverted type of philosophizing, Marx developed a new and fruitful understanding of philosophy, one which orientates it towards social practice. In Marxism, the scientific as well as the "world outlook" functions of philosophy have undergone a fundamental transformation: scientific functions through the inclusion of philosophy in the conflicts of integration with other sciences; world outlook functions, through a new understanding of the relation of philosophy to the lives of ordinary people and to social reality.

The Marxian theme has always been present in one way or another at the World Congresses of philosophy. As far as the present congress is concerned, it is evident that our Colloquium will not be the only occasion of voicing an attitude towards the philosophy of Marxism. But it could make an important contribution towards summing up the results of the discussions about Marx's heritage, towards directing attention to the significant aspects of the history and the theory of Marx's philosophy.

Generally speaking, the colloquium should make a contribution towards a process which could be called an actualization of Marx. The actualization of Marx is not some kind of philosophical retro-fashion. In the actualization of Marx, we aspire to penetrate into profound social tendencies which encompass the past, the present and the future. In doing that we are searching for the connection between philosophy and social progress in our era. In actualizing Marx, we are seeking the place and role of the philosopher in the contemporary complex and dynamic world.

It is for this reason that we celebrate the great Karl Marx and his work with such gratitude. He is actually our contemporary, and he points to the correct road of work and struggle in the present and in the future for peace in the world.

KARL MARX: SOME PRELIMINARY THESES FOR A TENTATIVE BALANCE SHEET AFTER ONE HUNDRED YEARS

SHLOMO AVINERI, JERUSALEM

1. Marx's vision was a synthesis of a secularized version of the Judeo-Christian quest for salvation and the 18th century Enlightenment belief in historical progress and human amelioration. Filtered through the lenses of Hegelian dialectics, this vision tried to identify a concrete historical subject conscious of its own transformative role in the world-historical process. The proletariat was to be the legitimate successor to the "Philosopher King", as well as to Hegel's "world historical individual" that would not only change the world, but also understand the process of change wrought by it.

One hundred years later, the major problem is not epistemological, but historical: has this identification of the proletariat with Reason in History been vindicated?

2. By postulating man as *homo faber*, Marx correctly identified labour as both the sphere of human bondage, as well as the realm of his emancipatory potential. Historically, Marx claimed, man's mastery over nature (i.e. labour) has always been transformed into man's mastery over his fellow men — class rule. The Marxian vision of a classless society was aimed at separating the two — intensifying man's mastery over nature through a new organization of production so as to free human beings from bondage to each other.

Man the demiurge is thus at the center of Marx's scheme, but not man as an isolated atom or monad, but man-in-relationship, species being *(Gattungswesen)*. Marx's socialism is thus implied in his philosophical anthropology; it is, for Marx, to be drawn directly from the Western philosophical tradition.

One hundred years later, our experience tells us that not only mastery over men, but mastery over nature has its problems, and these have not merely material but also philosophical and anthropological dimensions as well. There is also a "Qual der Materie", though perhaps not in the sense implied by Jakob Boehme — and man's relationship to man cannot be so easily divorced from his relationship to nature. Our heightened cultural awareness of the problems of ecology is not only a challenge to the conventional wisdom of the Renaissance and Enlightenment, from Francis Bacon to Adam Smith; just as it is a challenge to conventional capitalist-industrial thought and practice, so it poses difficult problems to Marxian social analysis as well. In this, as in other aspects of his thought, Marx turned out to be a true son of the 19th century, incorporating both its achievements as well as its limitations.

3.   While Marx's message was universal, his historical horizon was basically Western and Eurocentric. In the *Communist Manifesto*, as well as in his numerous articles for the *New York Daily Tribune*, Marx emphasized the civilizing role of capitalist industrial expansion vis-a-vis the non-European world, and his concept of "the Asiatic mode of production" postulates a dual structure of historical development and explication: one for Europe — dynamic, dialectical and transformative —, and one for Asia — static, stagnant, and unchanging. The theoretical and historical problems involved in such a dual scheme are numerous and obvious.

One should not be surprised that in this Marx again showed himself to be a son of his time. Nor should one fail to realize that, on the other hand, a mechanical application to non-European societies of Marx's universal scheme of historical development, basically culled from the European experience, could be fatal and horrifying.

Yet the dilemma is even greater: Marx was one of the major European thinkers who tried to mould our perception of historical development into a meaningful structure, and its meaningfulness was a necessary prerequisite for its being open to conscious human direction and control. Yet how can one mould such a structure within any other intellectual and cultural horizon than the one derived from one's own culture, even if one tries to elevate it — as Marx surely did — to a universal level? To overlook one's own cultural experience leads to a barren abstraction — yet the alternative, as pursued by Marx, may break down before the complex variety of historical experience in different cultures.

Marx's Eurocentrism is thus an example of the immanent dilemmas of any sort of an historical Grand Design.

4.   Marx postulated an ever growing universalisation of human relations and the disappearance of regional and national differences; this, according to him, is already to be seen within capitalist society, and will be intensified under socialism. Nationalism to Marx is a thing of the past. Nowhere in his writings is there a premonition that first in Europe, and then in the non-European world, nationalism would become the wave of the future. Again, the legacy of the Enlightenment, as well as of Hegel, is clearly visible.

One hundred years later, it is obvious that the forces — political as well as cultural — of nationalism have been not only grossly overlooked and underestimated by the Marxian tradition, but that national solidarity has, in many cases, proven itself to be much stronger and more enduring than class solidarity. Overlooking the national dimension in the cultural horizon of the working class has also greatly weakened the socialist movement in its historical confrontation with other ideologies, which were able to preempt the appeal to national consciousness.

5.   From *laissez-faire* economic theory, Marx derived his minimalist concept of the role of the state in economic affairs under capitalism. Such a minimalist state obviously could not be expected to intervene and prevent the eventual collapse of capitalism.

One hundred years later, the combination of the political structures of the nation-state with the defensive mechanisms of Keynesian economics have presented Marxian socialism with a very different neo-capitalist state; no longer the "Night Watchman" state, but a highly interventionist political structure, controlling large sections of the economy, softening, through legislation and welfare policies, some of the harshness of capitalism for many of the weaker strata in society. Such a state can hardly be expected to wither away under the impact of a socialist transformation; it may even be perfected and further developed in the case of such a social change.

6.   Most other 19th century social philosophers have, however, done much worse as far as their predictive accuracy has been concerned. The critical tools of Marx, however, enable even the skeptics to turn them against their progenitor, for a better understanding of a society which Marx did not, perhaps, change as much as he desired to; for all his shortcomings, he certainly helped to interpret it much better than most of his contemporaries.

MARXISM AND CLASS REDUCTIONISM

FRANK CUNNINGHAM, TORONTO

Among Marx's insights were that understanding and engaging in class struggle is crucial for interpreting and making history and that the economic-class structure of a society is not just one of its component parts, isolatable from others, but has an effect on all aspects of the society: its political institutions, its culture, the social-psychology of its populace, and so on. From these insights, as Engels felt constrained to point out,[1] it does not follow either that class structures and struggles are the only features of a society or that they are the only important ones. Nonetheless, the class reductionist draws just these conclusions. Class reductionism, as I understand the term, is either the uni-causal view that everything of importance in a society is an effect of the practices and relations of its main economic classes or, even more radically, that anything of importance is somehow a more or less obvious form or aspect of its class structure.[2]

In this paper I shall assume that class reductionism embodies a false perspective on social reality in full recognition of the lamentable fact that this assumption is not shared by all pro-socialists. I shall also suppose that class reductionism is pernicious, in particular in connection with efforts to gain and secure democratic socialism. I have the impression that class reductionist attitudes exacerbate the problem of extending democracy in existing socialist countries by reinforcing a viewpoint that defines "democracy" in terms of paternalistic promotion of (putative) class interests. In the capitalist world, class reductionism has contributed to hostility or to manipulative approaches to extra-class movements such as those responding to the oppression of women, racism, or national oppression.

Marx, himself, was not in my view a class reductionist; though when an abridgement of this paper was read at the recent World Congress of

Philosophy meetings, I was strongly attacked by some participants who thought I was alleging him to be a reductionist. No doubt this criticism in part reflected a standard practice of replacing arguments with charges of deviation, but it may also have been a reaction against the claim that while Marx was not a reductionist, neither do his writings contain adequate conceptual machinery for relating such things as feminism and nationalism to class struggle. For someone who thought Marxism to be a completed system of thought, acknowledgement of this problem would constitute a rejection of Marxism. In any case, in what follows I offer, not a solution to what I take to be the problem of class reductionism, but an hypothesized way of regarding Marxism to situate the problem.

First let me briefly discuss what I take to be three main sorts of attempts to avoid class reductionism: a traditional approach in which the "base/super-structure" model crucially figures, structuralism, and one focussing on the political efforts to give popular movements revolutionary "class articula-tions." The first sort of approach locates economic class relations within the base of society and political struggles and movements within the super-structure. Then, sometimes invoking Engels' comment about the base being determinant only "in the last instance," various theories about causal (or functional)[3] lines of determination are adduced such that the base is causally primary, while there is still room for a measure of autonomy (somehow characterized) for what is included in the superstructure and/or power of reaction of the superstructure back on the base. This type of approach I shall call the "scientific," since despite differences all variants share the effort to explain social facts by reference to hypothesized law-like regular-ities. Recent attempts to explicate this approach are those of Gerry Cohen and John McMurtry. Also included are those socialist-feminists who include in the base not just productive relations, but also "relations of reproduction" between men and women.[4]

Structuralist approaches, exemplified by Louis Althusser and Juliet Mitchell,[5] among many others, locate extra economic class phenomena within structures appropriate to them, for instance, of nationhood or sexuality, and strive to describe the unique features of these various structures as well as the general interrelations among structures. In spite of the claim of most structuralist Marxists to be engaging in truly scientific explanation, I choose to call this sort of approach a species of "social ontology."[6] A social ontology, as I think of it, is in one way a pre-explanatory, primarily classificatory enterprise. A social ontology identifies the subject-matter to be explained and perhaps also specifies the sort of explanation that will count as satis-factory.

No doubt any description involved in such an identification will presup-pose some explanatory hypotheses, as descriptive terms are likely all of them theory laden, and explanatory activity based on an explicitly held or presup-posed social ontology typically leads to refinements, modifications or perhaps objective rejection of one's social ontology. But, nonetheless, I think that holding and defending social ontological views and social explanations are analytically distinct activities. Though it does not matter for the purposes of this paper, it seems to me charitable to regard the structuralists as social ontologists rather than social scientists, since I think that their claims to offer non-causal modes of explanation fail. Such things as "structural transformations" in my view are either hopelessly vague, or refer after all to traditional causal or functional relations.

A central problem for the base/superstructure Marxists, and for the structuralist Marxists insofar as they purport to be explaining things, is to define terms like "primary," "relatively autonomous," or "dominance" (as in the locution "structure in dominance") in ways that make useful sense from the point of view of social-scientific explanation and that allow for giving the crucial place to class struggle that they and I believe it to hold, while not prejudicing their theory in a class reductionistic direction. Conviction that the "scientific" approaches cannot solve this problem has been one motivation behind a third Marxist response exemplified by some neo-Gramscians (I am thinking of the early writings available in English of Ernesto Laclau, for instance[7]) that I shall call the "democratic-pragmatic" approach.

While the difference between this view and the structuralist one is sometimes obscured by the adaptation of Althusserian terminology by some of its proponents, it is a departure from either approach thus far discussed. On the view of Laclau and others social movements ("popular democratic movements") are taken as either already existing or in potential existence, each with its own unique aspirations and practices. The problem is not to explain how these movements are causally or structurally related to economic classes, but rather to try bringing it to pass that those engaged in the movements come to regard their aspirations as served by integrating the movements with revolutionary working-class ones, to "articulate" them in a prorevolutionary working class way as opposed to receiving pro-capitalist articulation. I refer to this sort of approach as "pragmatic," since it strives to avoid explanatory social science — indeed, its proponents typically deride theories of social causation and social-scientific realism as endemically fatalistic and antidemocratic — in favour of seeking ways of bringing about desired changes in a given situation. The problem with any such pragmatic approach is that in making estimations of the relative likely success of alternative strategies for arriving at a desired goal, social-scientific explanations are indispensable.[8]

Even though representatives of the three approaches devote not a little rhetoric to assailing each other, it seems to me that any adequate social theory requires a scientific, a social-ontological, and a pragmatic dimension. In the rest of this paper I shall suggest features of each that might help to make progress in the solution to the paper's general problem. I shall be primarily concerned with social ontology; though I shall also be concerned to suggest an approach that does not pit a practical concern with democracy against a scientific approach to human society and history. One of the many detrimental legacies of Stalinism has been to identify social-scientific realism and the quest to discover causal laws in society (the generic characteristics in my view of a scientific approach) with totalitarian socialism. This is not the place to pursue this topic, except to note that one can be a social-scientific realist without justifying denial of individual rights in the name of putative class needs, and determinism does not entail fatalism in which authoritarian rulers can blame impersonal historical forces for their antidemocratic activities.[9]

Democracy

Social ontologies are all of them pragmatically motivated. Behaviourists identified individuals interacting with external stimuli as their subject matter and classified behaviour in accord with its different modes of conditioning because they had a vision that reforms could be effected by manipulating the proximate environment of individuals. Supply and demand economic theorists focus on markets of (ideal) buyers and sellers, since they are concerned to be of service to those striving to survive and/or profit through buying and selling commodities. Within obvious limits (one could not identify the proper subject matter of a human study to be reptiles in interaction with ghosts, for example) social ontologies have a stipulative character to be judged by the importance or moral worth of the goals that generate them and by their success or otherwise in promoting social inquiry that furthers the goals.

Writing in the *Rheinische Zeitung* in 1842 Marx opined of the press:

> The censored press remains bad even when it turns out good products, for these products are good only insofar as they represent the free press within the censored press... The free press remains good even when it produces bad products, for the latter are deviations from the essential nature of the free press.[10]

While this view is not without ambiguity, and while Marx was to abandon the Feuerbachian framework within which it is expressed, there is no reason to think that the democratic motivation exhibited in the view ever ceased to be central to Marx's life project.[11] Those who think that this represents a young and naive Marx, who later changed his focus from democracy to working-class struggle, confuse means and ends in Marx's thought. What Marx came to realize in my view was the necessity of working-class revolution for democracy. He was the opposite of those who are sometimes called "instrumentalist" Marxists regarding democracy, that is, those who see democracy as something to be valued only insofar as it promotes working-class advance in class struggle. I am not alone in insisting that this goal, the goal of furthering democracy, is the one that should continue to motivate Marxists, and it is also by reference to democracy that an explicit social ontology should be worked out.

Democracy is a matter of degree. It is the phrase "more democratic" that theorists of democracy should strive to define, rather than thinking of democracy as a quality that something simply either has or lacks. Roughly put, some social unit (i.e., an on-going collection of people whose activities affect each other such as a nation, a state, a university, a family or some analogous living arrangement, the workers in an office or factory, and so on) is more democratic than some comparable unit, such as itself at an earlier time, to the extent that more people in the former have more effective and on-going control over relevant characteristics of the unit than is the case in the latter. Democracy might, then, be informally characterized in terms of the extent to which people collectively determine a shared social environment. The overriding practical task of the pro-democrat is as far as possible to maximize democracy in each of the many overlapping social environments that constitute the lives of individual human beings.

By way of relating this practical concern to social ontology, let me quote two famous comments of Marx:

> Men make their own history, but they do not make it just as they please; they do not make it under circumstances chosen by themselves, but under circumstances directly encountered given and transmitted from the past.
>
> ... mankind always sets itself only such tasks as it can solve; since ... it will always be found that the task itself arises only when the material conditions for its solution already exist or are at least in the process of formation. [12]

Critics of Marx have sometimes interpreted the second passage as an expression of historical fatalism: the view that historical forces, operating apart from human will, guarantee solutions to problems. I believe, on the contrary, that this passage — one, incidentally, thought by Gramsci "underestimated by some of [Marx's] successors" [13] — is an expression of Marx's optimistic humanism. Social tasks, tasks the successful completion of which affects and requires the conjoined efforts of many, typically do not get put on the agenda, so to speak, unless there is some realistic possibility of carrying them out; only the lone crackpot can be persuaded to take a shot in the dark. On the other hand, tasks would not need to be undertaken at all if there were no problems. These problems and the physical, social, and intellectual material available for confronting them are historically given. This is the realistic message of the first passage that tempers the optimism of the second. Together the two points of view describe most generally Marx's materialism: people find themselves in problematic situations not of their making and must go about solving their problems with the materials available to them. This much humans share with other animals. Where they differ is in using available materials among other ways to create *new* materials in virtue of which they come to have increasing control over human situations themselves. It is thus that through time people can, in fact, come to make history increasingly, if not absolutely, as they please.

This "human problem-solving" perspective of Marx suggests that, as a first step in explicating a social ontology, one isolate universal types of problematic situations. I think of five:

1. the problem of maintaining the existence of the species itself in the face of natural and artificial threats to its continued existence;

2. the problem of caring for the old and the infirm;

3. the problem of producing means of sustenance and other valued goods (including cultural goods);

4. the problem of reproducing both the next generation of producers/repro-ducers and each day's ability to continue producing/reproducing; and

5. the problem of administration where society-wide co-ordination is required.

These are not the only problems that humans face, but they are evidently among those that must continually be solved in any society. The problem situations they determine share the characteristics that people all find them-selves in them and that they find both possibilities and limitations in the way of solving the problems. The situations share other characteristics as well: each of the types of situation involves divisions between people (or, in the case of the situation of the species, between humans and their non-human environment) which may be more or less harmonious, more or less painful and destructive.

The "division" between humans and their non-human environment is not a social one, except in the senses that the latter is manufactured or affected by human social activity and that there are degrees of likeness to humans and hence of social interaction between us and various of the other species.[14] But our relation to the environment can be less than harmonious as people in my city and elsewhere are all too aware whenever they venture to take a deep breath. Those who are more capable of some sort of work support those who are less capable. All too often the aged and the ill are poorly cared for, or if they are well cared for this is due to prohibitively costly effort of a few close relatives. Social services for the old and infirm vary greatly from time to time and place to place. Divisions among those doing "productive" labour, in the technical sense that comprehends extrac-tive, manufacturing, and service work, include those between skilled and unskilled workers, mental and manual labour, and so on; and it also involves class divisions between those who own means of production and those who do not. "Reproduction" (again in a technical sense including such things as housework, education and recreation)[15] similarly involves divisions, most notably in our society between those who do the bulk of reproductive work, women, and those who do little of it, men.

The problem of administration typically involves two sorts of divisions. First, there is the division between what might be called the "government" and the people governed, where some devote more time, others less or none at all, to administrating common affairs. It is subject to variation whether some do this professionally or the task is shared and whether "governors" are chosen by the people, or forced on them, or passively accepted in accord with tradition. Second, some measure of geo-cultural homogeneity has so far been the norm for dividing the world's population into "administratable" units. Contact among various geo-cultural administrative units (tribes, nation-states, sub- and super-state entities) is unavoidable and usually desirable, but alas not always or even often harmonious. Insofar as these geo-cultural units typically historically originate as racially and ethnically homogeneous ones, discordant relations among such units often also involve racism and ethnic chauvinism.

Another characteristic of these broad human problem domains is that solutions can be more or less democratically sought and acted on. Why ought approaches to the problems be more rather than less democratic? It would take us too far afield to attempt arguments here that might convince the anti-democrat, but, by way of sharpening the concept of democracy being employed, it may be useful briefly to summarize four of them:

1.   Solutions to the sorts of perennial problems in question are not just difficult to find, but even the most ingenuous require commitment and even sacrifice to put into practice. Problems approached democratically are better able to gain this sort of support; since people are as a rule more likely to take responsibility for a programme of action they have had a hand in adopting than for ones dictated to them.

2.   Contrary to the opinion of those who counterpose democracy and efficiency, democratic approaches to major social problems are more efficient. Liberal theorists have rightly argued that democratic participation in the governing of one's affairs is educative.[16] The more participation, the more competent at self-government, the more tolerant, and the more realistic about how to govern one becomes. Liberals have also argued, again with reason, that engaging more people in decision-making broadens the range of knowledge and experience required for making wise decisions. (It is also worth questioning how efficient decisions typically made undemocratically in our world have been — e.g., about protecting the environment or avoiding war.)

3.   The pain producing and antagonistic features of the various social divisions referred to above are best counteracted by democracy. The explanation for this has to do with well-known characteristics of democratic processes. The more firmly entrenched and generally accepted democratic decision-making processes, the less likely people are to turn to violence to solve problems, the more secure and securely respected are minority rights of dissent, and the more inclination there is to strive for consensus and to seek common ground. All of this clearly works against divisive things like sexism, racism, ageism, national oppression, and authoritarianism.

4.   Finally, there is an argument from human nature. Against those who think that democracy is a matter of people with fixed and selfish values and beliefs adopting majority rule or some other democratic mechanism as the safest if not the surest way of getting what they want, the last two arguments suppose that people's values and beliefs typically change as a result of democratic activity. This, in turn, rests on a view of human nature that sees people as deeply social beings. What a person is depends crucially on his or her interactions with other humans. This granted, then why should the nature of these interactions be subject to control by only a few? Debates over political values have long been plagued by two mythical creatures: the super-individual collective and the extra-social individual. Neither can be

found in reality, where it is only individuals who take actions and suffer or enjoy the consequences of their actions and those of other individuals, but where these individuals are what they are in virtue of their social inter-relations. This accepted, then individual self-determination should be seen to require participation in collective self-determination.

A democratically motivated social ontology, then, might identify universal domains of the human conditions — I have suggested five of them — and then seek law-like dynamics (a) within each domain and (b) among the domains for the purpose of helping to figure out how the problems by reference to which the domains are defined might be increasingly democratically solved. This ontology unquestionably supposes social-scientific theory, and it probably at least disposes one toward some sorts of hypotheses regarding the aforementioned dynamics. On the other hand, it is compatible with a variety of kinds of hypothesized theories — sociological, psychological, biological, or combinations of these; and a realist claim of this paper is that the characterization of the domains can be objectively changed as a result of social-scientific inquiry.[17] The ontology is also neutral as regards the historicity or otherwise of the domains themselves. Thus it is compatible with a view that sees it as possible and desirable that the very natures of production, reproduction, administration or even the species/environment relation become subject to democratic control and alteration.[18]

Explanations of the internal dynamics of the domains and of their inter-relations may be themselves related in a variety of ways; though it seems to me a mistake to build some view about the degree or nature of autonomy of the domains into a social ontology, as this ought to be considered a social-scientific question. Marx's achievement illustrates this. His social theory can be viewed against the background of this social ontology as containing three sorts of components: a "macro-historical" theory; an analysis of the domain of production chiefly under capitalism; and some hypotheses about the relation of this domain to some of the others. The historical theory maintains that as a response to the survival needs of the species there evolved divisions of labour within the domains of production and of reproduction, which led to oppressive class divisions. The class divisions within the domain of production in turn created both problems and possibilities for their solution, among which is the revolutionary organization of the working class, which, if it succeeds in abolishing class divisions, lays the groundwork for making major advances in the democratization of the entire domain.

Marx did not pursue this historical theory in any depth, and with the exception of Engels' later speculations on reproduction, treatment of this domain was also largely left. The main work of Marx was to explicate the workings of the capitalist mode of production. In his economic writings Marx can be seen as having striven to show how and why in a capitalist economy there are both insurmountable obstacles facing the democratization of production, but also the creation of economic and social conditions necessary for the solution of this problem.

Of the other problem domains, Marx only treated the state (one dimension of administration) in more than a passing way. It is mainly in his comments about the state that later Marxists have found a thesis about the explanatory primacy of economics over politics in Marx's views. As the "Preface" to *A Contribution to the Critique of Political Economy* shows, it seems that this is a legitimate interpretation. However, despite the many attempts to produce a rational reconstruction of Marx's views, his texts are underdetermined with respect to the nature of the relation between these domains. Early essays on the state and civil society and later ones such as the *Critique of the Gotha Programme* clearly show that Marx thought it a mistake to strive to understand or to change either domain independently of the other, and his analysis of the fall of the French Second Republic brilliantly intertwines reference to political and to economic-class factors. But aside from the terse comments of the "Preface" there is no general theory defining the "primacy" of (aspects of) the domain of production over (aspects of) other domains.

Moreover, Marx's discussions about the relative weight of productive forces and relations are carried on within the context of the base/super-structure model. This model is treated by many students of Marx as if it were part of what is here called a social ontology. However, it seems to me better thought of as part of an hypothesized social-scientific theory relating a society's mode of production to dominant ideological and political institutions and practices. I now hypothesize that depending on the notion of "primacy" one employs, this model can be a scientifically useful one. Indeed, it is largely because of the widespread influence of Marx's views on this subject that we forget how revolutionary his theory was that the historiography of ideas and of political forms could include economic phenomena as important independent variables. However quite aside from work that must continue to be done to understand the relation of ideology and politics to production, there is room for debate over whether all aspects of ideologies and/or of states can be explained by the use of such a model and whether the model can also be fruitfully used to explicate the relation between these things and the dynamics of other human problem domains (e.g., of patriarchal relations thought of as a base with reference to aspects of ideology and the state). Moreover, it seems at least a dubious practice to regard all the problem domains save production as somehow "superstructural" relative to this latter domain. Perhaps one reason that many socialists can embrace a class reductionist attitude is that they unwittingly extend a model that is useful, though properly limited in scope, to all social phenomena.

Primacy

From the perspective of what is here called a "scientific" enterprise, to say that 'A' (the existence of some state of affairs and/or a change in some state) is primary *vis-à-vis* 'B' (another state or change) is to say that in circumstances 'C', 'A' is a necessary and/or sufficient precondition for 'B'. Depending on one's social theory, 'A' and 'B' might be taken to range over domains or aspects of domains (or changes in these things). Or either of them might stand for states of affairs (or changes) that exist in each domain, as, for example, putatively invariant psychological or biological characteristics of individuals or sociological characteristics of groups. 'A' might be thought necessary for 'B', or sufficient, or necessary and sufficient, and it might be thought to be any of these in all circumstances or in only some circumstances. Thus 'A' might be said to be more or less *strongly* primary *vis-à-vis* 'B'. For the uni-causal variety of class reductionism, a change in or continuing existence of any sociologically important state of affairs in the circumstances of class-divided society has as a necessary and sufficient empirical precondition some change or state, proximately, in an appropriate class struggle, and remotely, in forces of production. For the class reductionist who sees apparently extra-class phenomena as forms of class struggle the sufficiency and necessity, insofar as this way of thinking makes sense, are conceptual.[19]

In the writings of Marx himself, as in the writings of all but the most dogmatic Marxists who devote themselves to actual social-scientific inquiry, one finds much less class-reductionistic explanation than critics of Marxism allege. One finds, instead, explanations that show how class-oppressive systems are *reinforced* by such things as national oppression, ageism, authoritarian administration, sexism, and racism; how, in addition, class oppression *promotes* (though seldom, if ever, uniquely causing) these sorts of things; and how class-oppressive needs *accommodate* to the requirements of administrating social affairs, caring for the ill and aged, reproducing the species, and maintaining the life of the species.[20] A full social-scientific theory motivated by a concern to democratize the various domains of human existence would allow one to trace out all the lines of primacy, in the various ways things can be primary, among and within the domains.

It is hardly likely that anything more than asymptotic approach to such a full social-scientific theory is ever possible, due in part to the mass of detail that would have to be taken account of, much of it now lost in history, and in part to the historicity of the subject whereby, especially with increased democratization of the domains, their very natures and boundaries are subject to change. But Marx and Engels, consistent with the latter's celebrated conception of "absolute and relative knowledge," were not dissuaded by this from striving to put as many pieces of the puzzle together as possible, nor should anybody else.

One thing that work by Marxists and other pro-democrats has shown in my view is that in today's world major advances[21] in the democratization of the domains of human life require, as a necessary condition, social control of the main means of production and distribution. The arguments for this claim, as the arguments in favour of democracy, cannot be done justice to within the scope of this paper, which will accordingly be confined just to listing them:

1. *Freedom and Equality.* Democracy is only secure if individuals enjoy at least sufficient civil liberties and equality of opportunity to participate in the conduct of their collective affairs.[22] The argument for socialism from freedom and equality is that the capitalist alternative to social control of production and distribution unavoidably produces economic disparities and

power imbalances (between those who can hire and fire and those who depend on them for their livelihood) which are so severe that whatever their formal legal status, democratic liberties and equalities are too limited in actual practice to allow for society-wide democratic participation.[23]

2. *Planning.* Contrary to a wide-spread opinion, large-scale planning is not inherently anti-democratic. Planning can be democratic if there is effective popular input to plans and to the ways plans are generated, if planners and implementors of plans are democratically accountable, and if plans are sufficiently flexible to be changed in accord with popular will. Moreover, far from being contrary to democracy, planning on a scale not possible in a capitalist system is required for major advances in the democratization of the main human problem domains. One reason this is so is that planning is necessary to ensure freedom and equality, for instance, by the systematic transfer of wealth from affluent to impoverished portions of the world's population. Another reason has to do with the motivation for democratic participation.

One might distinguish among *weak* representative democracy, wherein people periodically get to choose from time to time and from a field determined by someone else who will make decisions for them, *strong* representative democracy, in which there is choice over candidates and representatives are bound subject to recall to promote certain goals, and *participatory* democracy, where, through a large variety of means, there is direct public input into social decisions. A blend of the latter two forms of democracy would constitute an advance on democracy as yet unrealized in any but very small scale social units, but they both require much on-going effort on the part of a population. Without planning so that one can anticipate some lasting effects of the effort and some co-ordination with other projects into which effort is put there would be little incentive to go to the trouble.

3. *Capitalism.* In a capitalist system some people, the capitalists, are constrained to do whatever they can to maximize profit. Weak representative democracy, as Marx argued in the aforementioned analysis of the Second Republic,[24] is usually conducive to this pursuit. But beyond this, democracy is a hindrance to capitalism. Capitalism puts severe economic constraints on freedom and equality, and it is incompatible with long-range social planning. There is no invisible hand making the needs of capitalists to maintain profits coincide with world-wide human needs. Democratization on a world scale of attempts to preserve the life of the species would almost certainly result in the limitation and finally ceasing of arms production; yet today this would be the economic ruin of many capitalists. Similar points relate to care of the aged, reproduction, public administration, and, of course, production.

4. *The Working Class.* Unlike capitalists, members of the working class have a stake in more than weak representative democracy. Though not the only non-capitalist class in an industrial society, it is typically the largest. Effective freedom and substantive equality, planning, and input into conditions of work are in its members' interests.[25] One view of socialism is that it is nothing but a social system in which the working class holds political

power. This view seems to me too narrow, but even on a broader conception,[26] the working class can be expected, for reasons Marx laid out, to play a crucial role in securing and administrating socialism. Since capitalists have a stake in limiting democracy, anybody who wants radical advances in democracy should favour a revolutionary working class. In an industrialized country this class, with its size, organization, and access to means of production, is vital to the anticipated task of counteracting capitalist attempts to thwart socialism and democracy. While I believe that a socialist transformation of a society such as my own is possible democratically and without civil war, this will succeed only if anti-democratic forces fear failure in any attempt to sabotage it. Working-class power is essential for this purpose.

5. *Political Culture.* A society's political culture embraces the dominant values and visions of its members regarding political institutions and norms it is realistic to expect and worth striving for or defending. Radical advance in democracy would require a political culture in which people are thought capable of and entitled to on-going participation in collective self-determination. Two sorts of attitudes are incompatible with such a democratic culture, both of them, it is maintained, typical of the political culture of capitalism. One of these is an attitude of cynical passivity regarding politics, and especially regarding democracy. This attitude is not accidentally widely held in a society where the role models are themselves cynical and selfish in their main economic and political dealings, where democracy regarding state and local government is in the main limited to weak representative democracy, and where even this measure of democracy has an aspect of hypocrisy to it when freedoms and equality are little more than formal. The second attitude I have in mind is what C.B. Macpherson aptly labelled "possessive individualism." His well-known argument is that this anti-collectivist, narrowly self-centered view of the political world is also endemic to a system in which people are primarily treated as producers for their own profit or consumers for someone else's.[27] It seems hard to deny that there is a certain "fit" between a political culture comprising cynical passivity and possessive individualism on the one hand and capitalism on the other.

Theory and Practice

If Marxist social science can demonstrate that socialism is necessary for advances in democracy, then it has demonstrated quite a lot. Indeed, from the point of view of the project of democratizing the domains of central human problems, one might think that this constitutes a strong enough sense in which class struggle can be said to be "primary." But this is a terminological matter that does not resolve the practical problems of the democratic socialist. These are the problems referred to earlier about extending democracy in socialist societies and mobilizing mass support for socialist transformations of capitalist ones. One surely wants to know what, in addition to socialist transformation, would be *sufficient* to make major advances in democracy in all domains of human life and what needs to be done to make this a realistic possibility.

There are, of course, class-reductionistic responses to these questions. On the variety of class reductionism wherein class and other struggles are conceptually linked, the first problem is solved quite easily: socialism turns out to be democratic by definition. On a weaker variety, what is required in addition to social ownership of the means of production for a society to approach full democracy is time and good leadership. Here the main impediments to democracy are thought to be an underdeveloped socialist economy, the lingering traces of bourgeois ideology in a socialist country's population, and the threats and meddling of external capitalism. Analogously from this perspective it is bourgeois ideology among workers and the threats and interference of pro-capitalists that mainly impedes socialist mobilization in capitalist countries. The inherent strengths of socialism and the weaknesses of capitalism will, in time, work to remove these impediments provided leadership of socialist societies and of organizations of revolutionary workers is undertaken by people who understand the nature of these strengths and weaknesses and are skillful at organization and at education. Now while the limitations underdevelopment places on democracy and the hostility of capitalism toward it should not be underestimated, increasing numbers of socialists are sceptical of this sort of approach. Democracy, once put on the shelf, is likely to remain there longer than anticipated as anti-democratic attitudes and structures become entrenched, and the ill effects of paternalist leadership on democracy are well known.

The reductionist approach might be summarized within the framework of this paper in one of three ways. There is some reason to doubt that the class reductionist supposes a democratic social ontological orientation. That is, unlike Marx I maintain, the class reductionist may be exclusively or primarily concerned just to advance the economic interests of the working class. Thus motivated, the division of society into economic classes constitutes the social ontology of the reductionist, and the task of social science is to discover laws impeding or promoting advance of the working class in struggle. More charitably, the class reductionist might be thought of as sharing a democratic social ontology, but prescribing courses of action based on a false theory about the relation of class struggle to human problem domains, a theory in which the "primacy" of class struggle is interpreted in the strong way sketched earlier. Yet more charitably, the question of whether any such theory is false might be regarded agnostically, and the reductionist thought to be overly hasty in acting on an, as yet, unproven social-scientific theory. Even this third version is not very charitable, since the costs of being wrong (failure in mobilizing people or Stalinism, for instance) are too high.

By contrast with reductionist orientations, the approaches earlier called "democratic-pragmatic" see democracy as the key to both problems under consideration. On these approaches a post-capitalist society can be democratic if it is brought into being with the active support of the large majority of the society's population which is, moreover, importantly motivated by the desire to gain and protect democracy and which has gained training in a measure of self-government by the success of democratic campaigns in the wide variety of arenas comprising community, workplace, and movement politics. In this approach it is also this sort of involvement that mobilizes people for radical social change.[28]

To sharpen this last point, let me return briefly to the notion of a popular democratic political culture. At least the following elements, each admitting of degree, seem to me essential to such a culture: recognition by individuals that they are social and historical beings — that is, that neither the problems they face nor the success or failure at solving these problems are a result of some strength or weakness of their "individuality" or of an unchanging "human nature"; recognition of the desirability and possibility of taking control of their life fortunes by means of collective activity with others sharing the same circumstances; and respect and tolerance for those engaged in analogous, but different democratic struggles. The consciousness involved in these recognitions does not come from detached reflection, but out of social practice. Trade union organization and struggle is an obvious example, but there are increasingly large and active movements of people confronting problems in each of what are here taken as basic human domains. Examples are the peace and ecology movements, women's movements, gay and lesbian liberation movements, movements against racism or national oppression, movements against age discrimination or discrimination against the handicapped, student and youth movements, attempts to democratize local, regional, or country-wide government, and so on.

Ideally, each of these, starting as primarily defensive and addressed to immediate and localized concerns, will, in an upward spiral, change and be changed by the consciousness of their participants to become increasingly political and interactive. This is not the place to speculate on how the politicization and interaction might take place. On the classic Marxist model, members of the working class form socialist political organizations with intellectuals, and as other movements become more politically conscious they join these organizations and/or look to them for guidance and co-ordination with other movements for the purpose of social revolution. History since Marx has exhibited some measure of successful approximation to this model and some serious problems in it.

Suffice it here to note that any form of political organization self-consciously aiming at a socialist transformation of society requires a popular democratic culture as a base. But the development of such a culture is precarious; it can break down at any of several points. A movement, though collective, can reinforce an individualistic and short-sighted point of view, as is the case with economistic trade unionism. Movements may remain entirely defensive, thus dampening a vision on their member's part that they can take control of their own fates. Mutual respect and tolerance for people involved in struggles other than one's own — for instance, the women's movement *vis-à-vis* movements against racism (or vice versa), the trade union movement *vis-à-vis* municipal and community movements (or vice versa), and so on — are all too often replaced by sectarianism and competition. Finally, problems that require movements of people for a democratic solution do not automatically produce such movements, and existing movements are all of them under-populated.

In order for the democratic-pragmatic approach to bear fruit, I see the need for an immense amount of intellectual work, both empirical and theoretical, specialized and interdisciplinary, macro and micro, to understand the various ways that people are likely to act and interact in the face of the several and overlapping problems endemic to the human condition. I have appended a list of sample questions that I believe need to be ever more deeply addressed. All of these involve difficult methodological, social-theoretical, and philosophic questions, which I am sure readers will have noted. My point is that there is much work — social-theoretical, empirical, and philosophic — to be done by those who favour radically more democracy in the world than now exists. Moreover, it is only in and through such work, integrated with actual practice in democratic movements themselves, that Marxist theorists can directly contribute to one much needed aspect of the construction of a political culture. This is to reidentify in the public mind socialism and democracy.

APPENDIX

Sample Research Questions

1. In each "problem domain" what, society by society, are the means employed to solve these problems? Given that it can be shown that "what," "how", "when," and "why" questions and answers are in some respect mutually presupposing, theoretical generality will be involved in the most circumscribed empirical description.[29] While recognizing this fact, an argument can be made that the democratic project is best furthered today by close analyses employing guarded generalities and initially addressing "what" and "how" questions. For instance, How did movement X in society S at time T come into being (or make such and such gains, or fizzle out, etc.)?

2. What limitations do the requirements of solving the problems of some domains put on the solutions attempted in others? (For instance, what can and cannot be interfered with by capitalists in the way of state administration?)

3. When are people responsive/unresponsive to explanations for problems they confront? Why do they accept the sorts of explanations (religious, biological, political, etc.) when and where they do? Any answer to such a question will require making appropriate differentiations among the people in question.

4. What actual and nascent political cultures exist in a society? How and when does one become dominant? How and when is it challenged?

5. What are the respective effects on people's political values of their "home" life, their "work" life outside the home, and their "leisure" life outside the home? How is preservation/change of the quality of life in these domains prioritized by people?

6. When does a movement of people come into existence?

7. Who gets involved in a movement and why? On some definition of "involvement," what sorts and degrees of involvement in a movement are there?

8. When do movements take up "sectarian" stances toward other movements and when do they strive for unity? When does a movement become a political force?

9. When and how do erstwhile scattered ideological views "jell" into a political force (e.g. Thatcherism)?

10. How do those who actively strive for a theory and a practice of democratic socialism come thus to strive when others in their societies do not? (That is, are people who agree with the values motivating this paper freaks or what?)

NOTES

1. Engels' letter to J. Bloch, September 21, 1890, pp. 692-3 of the *Karl Marx and Frederick Engels Selected Works*, in One Volume, New York, International Publishers, 1968.

2. A major treatment of class reductionism is in Ernesto Laclau's essays, "Fascism and Ideology" and "Towards a Theory of Populism," in his *Politics and Ideology in Marxist Theory* London, Verso, 1979.

    An example of strong class reductionism regarding nations is:
    > "Should one say, then, that the nation is defined as a community possessing homogeneous cultural characteristics that vindicate its political autonomy?.......It seems to us, rather, that national oppression should be defined as an aspect of capitalist relations of exploitation and oppression in such a way that the national struggle, while completely retaining its specificity, should be considered a form of class struggle. Thus nation and class no longer constitute juxtaposed principles of analysis, but they are integrated in a common problematic." (p. 125, my translation)

    In Paul Bélanger and Céline St. Pierre, "Dépendance économique, subordination politique et oppression nationale: le Québec 1960-1977," *Sociologie et Sociétés*. For a criticism of reductionism regarding Québec see Stanley Ryerson, "Quebec: Concepts of Class and Nation," in Gary Teeple, ed., *Capitalism and the National Question in Canada*, Toronto, University of Toronto Press, 1972, pp. 211-227. From a somewhat different perspective see the criticism of Gilles Bourque by Nicole Laurin-Frenette, *Production de l'État et Formes de la Nation*, Montréal, Nouvelle Optique, 1978.

    Good criticisms of class reductionism regarding the oppression of women written from a point of view sympathetic to Marxism may be found in Michele Barrett's *Women's Oppression Today*, London, New Left Books, 1980.

3. I use the word "cause" to refer, roughly, to an empirically necessary and/or sufficient pre-condition for an "effect." This notion can, I believe, be refined to meet objections to its coherence and usefulness, for instance, as in J.L. Mackie's defence of causation thus regarded in his *The Cement of the Universe*, Oxford,

Clarendon Press, 1974. Some Marxists and other social theorists employ the weaker concept of a function or, as in the case of G.A. Cohen (see below), they view Marxist explanations as irreducibly functionalistic. I believe that these and other attempts to avoid causal language and concepts in what I take to be the standard sense fail. But the arguments of this paper can be interpreted in a way that is compatible with most other putative conceptions of how different states or events are related to one another in non-trivial and extra-accidental ways.

4. G.A. Cohen, *Karl Marx's Theory of History: A Defence*, Oxford, The Clarendon Press, 1978; John McMurtry, *The Structure of Marx's World-View*, Princeton, Princeton University Press, 1978; Lydia Sargent, ed., *Women and Revolution*, Boston, South End Press, 1981. The lead essay in this anthology (by Heidi Hartmann) articulates a version of this "dual systems" approach, and the remaining essays discuss it.

A critique of the base/superstructure model is in Stuart Hall "Re-Thinking the 'Base-and-Superstructure' Metaphor," in John Bloomfield, ed., *Class, Hegemony, and Party*, London, Lawrence & Wishart, 1977, pp. 43-72.

5. There are debates over whether Louis Althusser should be classified a structuralist; though many of his followers are, and his famous early collection of essays, *For Marx*, London, the Penguin Press, 1968, contains many structuralist strains. Juliet Mitchell's work is unambiguously structuralist. See her *Women's Estate*, London, Penguin Books, 1971. E.P. Thompson argues that structuralist Marxism is endemically class reductionist in his *The Poverty of Theory and Other Essays*, New York, Monthly Review Press, 1978, see for example pp. 147ff. See also Perry Anderson's defence of Althusser against Thompson in *Arguments Within English Marxism*, London, Verso, 1981 and Bryan Palmer's rejoinder to Anderson, *The Making of E.P. Thompson*, Toronto, New Hogtown Press, 1981.

6. The phrase "Social ontology" with reference to Marx was introduced, as far as I know, by Carol Gould in her *Marx's Social Ontology*, Cambridge, Mass., MIT Press, 1981. Also, as is clear in this book and in her article, "Socialism and Democracy," *Praxis International* Vol. 1, No. 1, April 1981, pp. 49-63, she regards socialism primarily as a means to democracy. However, "social ontology" in the present paper is used in a much less ambitious way than in Gould's book. For her it refers to "the fundamental constituents of a systematic philosophical theory of the nature of social reality." (p. xv) On my usage, a social ontology just includes the heuristic division of a subject matter for the purpose of orienting social-scientific inquiry to attempt solving some problem.

On some definition of "fundamental" there may be fundamental constituents of social reality, and perhaps the philosophical and social-scientific views that are both presupposed and facilitated by social ontological categories will, through time and in mutual adjustment to one another, come to approach a systematic understanding of it; but the aim of this paper is far short of this one. The sort of problem it addresses is similar to that of Milton Fisk in an interesting paper on "Feminism, Socialism, and Historical Materialism," *Praxis International* Vol. 2, No. 2, July 1982, pp. 117-140. Fisk attempts to avoid class reductionism through a (somewhat opaque) distinction between "stimulus causes" and "frameworks" within which they operate. I am inclined to think that if the distinction between causes and frameworks can be maintained, then non-economic/class frameworks will be found in the various problem domains, and it will be necessary to find some quality marking off the economic frameworks as "primary."

7. Laclau, *op. cit.;* Chantal Mouffe, Hegemony and Ideology in Gramsci," in Chantal Mouffe, ed., *Gramsci and Marxist Theory*, London, Routledge and Kegan Paul 1979, pp. 168-204; the joint article by Mouffe and Laclau, "Socialist Strategy: Where Next?," *Marxism Today*, Vol. 25 No. 1, January 1981, pp. 17-22; Anne Showstack Sassoon, "Gramsci: Politics and the Expansion of Democracy," in Alan Hunt, ed., *op. cit.*, pp. 81-99. Other references may be found in the aforementioned anthologies. More recently Laclau has been integrating his views with contemporary discourse theory, which he would likely consider explanatory. I am not equiped to form an opinion on this or to judge whether discourse explanations are compatible with causal ones as per note 3. We await the forthcoming book by Laclau and Mouffe, *Hegemony and Socialist Strategy*, London, New Left Books.

8. I have argued this in the section "The 'New Objectivities' " in my *Objectivity in Social Science*, Toronto, University of Toronto Press, 1973. In this book, and in "In Defence of Objectivity," *Philosophy of the Social Sciences*, Vol. 10, No. 4, June 1980, pp. 417-426, I have argued in favour of social-scientific realism.

9. Nearly all the "democratic-pragmatists" share this antipathy toward realism and causal determinism. I have defended the view that a scientific approach to the study of society does not entail fatalism and totalitarianism in the book cited above and in "Marxism and Epistemological Relativism," co-authored with my colleague Daniel Goldstick in *Social Praxis*, Vol. 6, Nos. 3-4, 1979, pp. 237-253. Professor Goldstick and I have also argued against those who see Marx as an anti-objectivist and an anti-determinist in our "Activism and Scientism in the Interpretation of Karl Marx's First and Third Theses on Feuerbach," *Philosophical Forum*, Vol. 8, Nos. 2-4, 1978, pp. 269-288.

10. In *Karl Marx and Frederick Engels Collected Works*, Vol. 1, New York, International Publishers, 1975, p. 158.

11. Hal Draper, in his *Karl Marx's Theory of Revolution, Volume 1*, New York, Monthly Review Press, 1977, illustrates the democratic motivation of Marx's work.

12. The first passage is from *The Eighteenth Brumaire of Louis Bonaparte*, in the *Selected Works, op. cit.*, p. 97. The second passage is from the "Preface" to *A Contribution to the Critique of Political Economy, ibid.*, p. 183.

13. James Joll, *Gramsci*, Glasgow, Fontana, 1977, p. 84.

14. On one theory, most recently expressed by Isaac Balbus in his *Marxism and Domination*, Princeton, Princeton University Press, 1982, this does not go far enough, as it is compatible with what is seen as a technological and/or patriarchal bias Marxists share with pro-capitalists. Insofar as this theory alerts one to the importance of regarding humans as natural beings in potential harmony with their non-human environment, it is not at all incompatible with Marx's way of thinking. Indeed, one form of alienation that Marx decried in his Paris Manuscripts was that between humans and nature. Evaluating the domination of nature theory, however, is complicated by the fact that it is typically advanced along with a highly dubious and ill-argued epistemological theory of anti-realism.

15. The term is used in this extended sense to include not just, or even primarily, the biological production of human beings, but also the care and education of children and the reproduction of the ability of adults to continue working, by Engels and by contemporary socialist feminists.

16. A good summary and defence of this position with references to classic sources is Carole Pateman, *Participation and Democratic Theory*, Cambridge, Cambridge University Press, 1970.

17. That a tool of thought explicitly used or presupposed in pursuing inquiry cannot itself be objectively changed or abandoned altogether is an undefended premise of many, if not all, anti-objectivist. In my opinion it cannot be defended by anyone unwilling to accept thorough-going scepticism.

18. Another way of putting this is to say that the approach here suggested is compatible with the view that there are no such things as human needs if these are taken to be motivating requirements of human existence unamenable to change by human control (deliberate and democratic or otherwise). The plausible view that there are no such things is advanced by Agnes Heller among other places in her *The Theory of Need in Marx*, London, Allison & Busby, 1974 and, if I am not mistaken, it is a theme of Marx's study for *Capital*, the *Grundrisse;* see, for example, pp. 408-9, 527-8 of the Martin Nicholaus translation, New York, Vintage Books, 1973.

19. It might be thought possible to make sense of this by appeal to a doctrine of "internal relations."

    Some Marxists think that this is central to a dialectical approach, drawing as it does on Hegel's views, including that of dialectical contradiction. My own view is that there is a central role for dialectical contradiction in Marxist theory, but that this concept can be analyzed in standard causal terms. See my "Dialectical Contradiction: Some Conjectures," in Erwin Marquit, *et. al.*, eds., *Dialectical Contradictions: Contemporary Marxist Discussions*, Minneapolis, Marxist Educational Press, 1982.

20. The best way to test this assertion is to read actual works of applied Marxist social science and history, perhaps starting with works of Marx and Engels themselves. In chapters 7 and 8 of the book by John McMurtry *(op. cit.)*, various ways that economic relations and technology "determine" other things in Marx's theory are interestingly sketched in ways largely compatible with this summary and incompatible with reductionist interpretations of Marxism.

21. I think that we all know in an intuitive sort of way what counts as a major advance in democracy. We would count as vastly more important than the ability of a few, lucky slaves to purchase their freedom or of a few serfs to acquire some unencumbered property the abolition of slavery, the ending of birthright, or the gaining of universal suffrage, for instance. Nonetheless, I confess that the notion of a "major advance" in democracy is problematic. One way is to view such an advance as a qualitative change in the socio-political history of a social unit and define a "qualitative change" in something as one such that different categories and laws are required to explain states and events making up the continuing history of that thing after the qualitative change than sufficed before it.

    Alternatively, one could confine oneself to changes in the history of democracy, and employ the concept of a spiral. The collective self-determination of the individuals making up a social unit might be such that there is a dynamic in which each exercise of control increases the likelihood of there being more (as participationists argue regarding direct citizen participation in policy formation); this is an upward spiral. Or, there could be a downward spiral, as when relatively ineffective use of a franchise leads to increasing apathy. Or else, there could be a state of relative stasis, wherein there are neither upward nor downward spirals.

A major advance in democracy, then, would be one that broke a situation of stasis or reversed a downward spiral to create an upward one.

22. Felix Oppenheim (employing a concept of "democracy" compatible with, but narrower than, the one in this paper) argues that most civil liberties and a good measure of equality can be shown to be necessary conditions for the effective exercise of a minority to try to change the minds of the majority, in his "Democracy: Characteristics Included and Excluded," *The Monist*, Vol. 55, No. 1, January 1971, pp. 29-50.

23. A standard argument of pro-capitalists is that there is an unavoidable trade-off between equality and freedom, that the latter should be favoured over the former, and that private and unequal possession of property does not limit freedom. While the first two parts of this argument are subject to criticism, it seems to me that the last part is the most blatantly wrong. I have never seen it defended without making some distinction between freedom and the "worth" of freedom, or between freedom and one's ability to enjoy freedom. But this distinction does not seem to me to withstand examination. See Norman Daniels' criticism of John Rawls on this score, "Equal Liberty and Unequal Worth of Liberty," in Norman Daniels, ed., *Reading Rawls*, Oxford, Basil Blackwell, 1975, pp. 253-281.

Beyond this political-theoretical debate there are the facts. Those who maintain that capitalism is not a major obstacle to progress in democracy have an obligation to answer claims supported by facts that *their own* societies are evidence to the contrary. A few examples, picked from a large number of works in my university's bookstore, are: Michael Parenti, *Democracy for the Few*, New York, St. Martin's Press, 4th ed., 1983; regarding Canada, Wallace Clement, *Class, Power, and Property;* New York, Methuen, 1983 and John Harp and Jack Hafley, eds., *Structured Inequality in Canada*, Scarborough, Prentice-Hall Canada 1980; Kay Lehman Schlozman and Sidney Verba, *Injury to Insult: Unemployment, Class and Political Response*, Cambridge Mass, Harvard University Press, 1979; regarding women many of the contributions to Bonnie Fox, ed., *Hidden in the Household*, Toronto, The Women's Press, 1980 and Zillah Eisenstein, ed. *Capitalist Patriarchy and the Case for Socialist Feminism*, New York, Monthly Review Press, 1979; regarding the aged, Laura Katz Olson, *The Political Economy of Aging*, New York, Columbia University Press, 1982.

24. *The Eighteenth Brumaire of Louis Bonaparte*, in *Selected Works*, *op. cit.*

25. I have summarized some ways that capitalism requires limiting democracy and socialism requires expanding it in my introductory *Understanding Marxism: A Canadian Introduction*, Toronto, Progress Books, 1978, chapter 9. If the speculations of this paper stand, then some of the views about historical materialism expressed in that book will require rethinking; however, I consider the present exercise an extension of the views on democracy in the book.

26. I define a "socialist" society as one in which those able to make decisions of broad social import are principally constrained to strive to promote the progressively equal well-being of everybody in the society. (Whereas, by contrast, in a capitalist society such people are constrained to strive to maintain and increase the profit of that minority which legally owns the society's main means of production and distribution.) Whether the decision makers in question *want* to be thus constrained or whether they make decisions *wisely* are important questions, but their answers are not built into the definition of "socialism." One of the important *causes* of socialist decision-makers (whether themselves of working-class background or not, whether a minority or a majority) being thus constrained is the

strength of a working class freed from the economic and legal constraints of capitalism and educated and united by the experiences of social revolution and the history preceding it.

27. C.B. Macpherson used the phrase in the title of his work on British political philosophy, *The Political Theory of Possessive Individualism*, Oxford, Clarendon Press, 1962 and developed his argument with reference to contemporary political theory in *Democratic Theory: Essays in Retrieval*, Oxford, Oxford University Press, 1973.

28. It is this approach that is urged by the Gramscians and which, in my opinion, is in various ways being put into effect in some parts of the world, most notably in Italy by the Italian Communist Party. The line from Gramsci is no more straight than any historically mediated process, but can be traced through Palmiro Togliatti and Enrico Berlinguer. See *On Gramsci and Other Writings* by Togliatti, edited by Donald Sassoon, London, Lawrence and Wishart, 1979, and the review of this book by Ernesto Laclau, in *Politics and Power: 2*, London, Routledge and Kegan Paul, 1980 pp. 251-258. Berlinguer's "Reflections after the Events in Chile," in *Marxism Today* Vol. 18, No. 2, February, 1974, pp. 39-50, is also of interest, as is a compilation of the PCI's views on the military coup in Poland, *After Poland: Towards a New Internationalism*, Antonio Bronda and Stephen Bodington, eds., Nottingham, Spokesman Press, 1982. A treatment of the debated wisdom of the "historic compromise" that bears on the general point here is of Mimmo Carrieri and Lucio Lombardo Radice, "Italy Today: A crisis of a New Type of Democracy," *Praxis International* Vol. 1, No. 3, October 1981, pp. 258-271.

29. I have discussed some aspects of this in my "Inductivism and the Libertarian-Ideographic Tradition," *Journal for the Theory of Social Behaviour*, Vol. 8, No. 2, July 1978, pp. 137-147.

L'ORIGINALITÉ DE LA PHILOSOPHIE DE MARX

JACQUES D'HONDT, POITIERS

Si l'on prend Marx pour objet d'étude, dans un tel congrès, alors il n'est certainement pas intempestif de s'intéresser plus particulièrement à sa philosophie. Cela ne signifie pas que l'on tienne cette philosophie pour légitimement séparable de la totalité de la pensée et de l'activité de Marx, — de son économie, de sa doctrine politique, de sa vie militante. Un isolement artificiel et momentané ne se justifie que par les besoins de l'étude et les exigences de l'horaire. En arrière-fond de cette séparation, il convient donc de maintenir toujours la nécessité d'une réunion en un tout vivant des divers aspects d'une pensée et d'une oeuvre que nous ne sommes capables d'examiner que par fragments.

De la philosophie de Marx elle-même, d'ailleurs, et après l'avoir isolée, nous ne pourrons prélever que quelques caractéristiques, sans prétendre à une analyse exhaustive. Nous voulons surtout mettre en évidence quelques traits remarquables dont la réunion rend compte de l'originalité de cette philosophie.

Marx philosophe?

Cette originalité est si frappante que certains philosophes ou certains historiens actuels de la philosophie vont jusqu'à contester, à cause d'elle, le caractère proprement philosophique de l'oeuvre et jusqu'à refuser à Marx l'attribution du titre de philosophe. Ce destin n'apparaît pas unique, ni nouveau. Il est souvent arrivé, au cours des temps, qu'un grand philosophe dénie à certains de ses contemporains ou de ses successeurs, et même à certains de ses précurseurs, le droit de s'appeler philosophe. La plupart des grands philosophes ont même cédé à la tentation de croire que leur philosophie était la seule véritable. Parlant de leur philosophie personnelle, ils disaient: la philosophie! Après quoi, le même désaveu, proféré par d'autres, les a accablés à leur tour.

On ne saurait donc s'étonner que beaucoup de nos philosophes professionnels contemporains, ne reconnaissant pas en l'oeuvre de Marx un exemplaire du prototype traditionnel, décident de tenir cet auteur à l'écart de la corporation. Cette exclusion n'aurait sans doute fait à Marx lui-même ni chaud ni froid. Il ne se préoccupait pas outre mesure, semble-t-il, d'une telle consécration et, en tout cas, il devait penser qu'une tout autre puissance est seule habilitée à la donner.

Ce qui surprend davantage, dans son cas, c'est que sa qualité de philosophe se trouve contestée par certains de ses adeptes, de ses partisans, de ses amis. Il leur arrive de prétendre que Marx a mis la philosophie à mort, sans même l'avoir accomplie.

Le lieu d'une philosophie

Peut-être se voient-ils d'abord poussés à cette dénégation par le fait que Marx n'a jamais rédigé ni publié comme eux de manuel de philosophie ou de traité qui puisse en tenir lieu à un niveau supérieur. Il n'a même jamais réussi à réaliser son projet, maintes fois exprimé, de composer un petit traité de dialectique. Pas d'oeuvre philosophique, donc pas de philosophe!

Une telle inférence conclut trop vite. Mieux vaut goûter le contenu du flacon, même s'il ne porte pas d'étiquette. Toutes les oeuvres de Marx portent une philosophie que l'on discerne facilement et dont leur auteur ne se prive pas de proclamer très hautement la nature.

D'autre part, il ne faut pas placer une rupture radicale entre les oeuvres de jeunesse de Marx et celles de sa maturité, comme certains de ses interprètes s'enhardissent, de nos jours, à le faire. De toute évidence, ces oeuvres de jeunesse consistent, pour l'essentiel, en un règlement de comptes de Marx avec sa pensée philosophique originaire, en une ample polémique théorique. Et quand Marx, grâce à cette discussion avec les autres et avec lui-même, a enfin atteint une position philosophique satisfaisante à ses yeux, il a considéré qu'elle était établie une fois pour toutes et il s'y est tenu. Elle lui permettait de mener à bien ses investigations dans tous les domaines spéciaux. S'il n'a pas cru indispensable de la décrire et d'en exposer les détails longuement et fréquemment, cela s'explique par la nature même de cette position philosophique.

Le rejet de l'autonomie absolue

L'originalité philosophique de Marx consiste essentiellement dans la négation d'une autonomie absolue de la pensée humaine.

Non que d'autres philosophes ne l'aient précédé dans cette voie de la négation. Mais, d'une part, ils ne s'y avancèrent pas, comme lui, jusqu'au bout. D'autre part, et surtout, ils ne tirèrent pas comme lui tous les bénéfices de cette audace. Ils ne se montrèrent pas conséquents, dans ce domaine. Ayant admis théoriquement la dépendance relative et le conditionnement de la pensée — témérité déjà grande! — ils se sont eux-mêmes exemptés, implicitement ou explicitement, de cette dépendance et de ce conditionnement. En particulier, ils ont fait comme si le constat de cette dépendance et le jugement sur elle, échappaient aux conditions de cette dépendance et, croyant se situer intellectuellement en dehors et au-dessus de celles-ci, ils ont cru en juger absolument.

Tandis que Marx a présenté lui-même sa pensée comme le résultat d'un long et nécessaire développement humain historique et qu'il s'est efforcé d'en mettre en évidence les causes et les conditions immédiates. Certes, Hegel avait déjà proclamé que "le philosophe est fils de son temps". Mais Marx a plus précisément analysé ce "temps" où surgit chaque philosophe. Le jugement du philosophe sur son temps, même s'il comporte une autonomisation relative et s'il se forme dans des conditions complexes à l'extrême, relève en dernière instance de ce temps lui-même, il s'inclut dans la totalité des interactions constitutives d'une époque, il est la réflexion de cette époque sur elle-même, sa prise de conscience soigneusement élaborée.

Une telle inclusion (l'hétéronomie!) passe, aux yeux de la plupart des philosophes de type classique, pour une cause rédhibitoire d'invalidation du jugement: celui-ci ne vaudrait que dans l'autonomie, ce qui implique un dualisme philosophique.

Que l'historicité de soi-même constitue une prémisse importante de la pensée de Marx, on le voit à ce qu'elle gêne un certain nombre de ses disciples. Ils tentent même de la gommer et ils mettent sous le boisseau des textes d'Engels qui l'avouent sans vergogne.

L'historicité du matérialisme

Dans ces conditions, le matérialisme historique de Marx se présente doublement comme historique.

Il est "historique" parce qu'il soutient, comme cela est bien connu, que "ce n'est pas la conscience des hommes qui détermine leur être et que c'est inversement leur être social qui détermine leur conscience". Or l'être social résulte du développement historique.

Il est "historique" aussi, et peut-être surtout, parce qu'il se reconnaît lui-même comme un produit de l'histoire. L'être social, à un moment particulier de son développement, détermine une conscience matérialiste, et plus précisément: matérialiste historique.

Hegel avait déclaré déjà que "ce que l'homme est, il l'est historiquement". Husserl suggérera, dans la *Krisis*, que "nous sommes des êtres historiquement devenus" *(geschichtlich Gewordene)*. Mais ils intègrent cette perspective historique, l'un à une vue des choses fondamentalement spéculative, l'autre aux visées d'une intentionnalité transcendantale.

Marx prend l'histoire terriblement au sérieux. Il s'identifie lui-même comme un être objectif doué d'une subjectivité dont la singularité provient d'une histoire et, plus précisément, en sa personne, de l'histoire sociale du XIXᵉ siècle: elle a fait de lui le porte-parole et le théoricien d'une classe sociale, le fonctionnaire théorique du prolétariat allemand de cette époque.

Il montre en même temps que cette classe sociale représente, à cette époque et dans les conditions concrètes de cette époque, l'universalité du genre humain — ce qui lui permet de conférer une telle universalité à sa propre doctrine. Ainsi devient-il, à ses propres yeux, ce qu'un autre philosophe aura aussi plus tard l'ambition de devenir: le *fonctionnaire* spirituel du genre humain.

La dialectique

La prise de conscience d'une telle situation implique des conditions intellectuelles dont on peut certes contester l'existence et la validité, mais dont on ne peut douter que Marx, quant à lui, les admette et les exploite. Elle implique, en un mot, la dialectique.

Cette conception matérialiste-historique des choses réclame en effet, pour s'établir, une fusion de l'objet et du sujet, un dépassement de leur distinction provisoire. Auguste Comte disait: "On ne peut pas se regarder soi-même passer dans la rue". Marx, prétend se voir advenir lui-même dans l'histoire, et y passer. Il faut pour cela que l'homme soit ce sujet-objet auquel Hegel songeait à sa manière: Marx lui reprend l'idée en la modifiant. Et voilà, pour beaucoup de philosophes, le modèle d'une performance intellectuelle irréalisable: un sujet qui, sans cesser d'être sujet, se saisit lui-même comme objet, sans cesser d'être objet. Ce retournement du tout sur lui-même, cette réflexion, suppose qu'un moment du tout prend conscience du tout, en une étape du développement de celui-ci. Cela ne se peut penser que dans un jeu vivant et subtil des catégories que la pensée dualiste avait soigneusement et rigoureusement — mais trop absolument distinguées et opposées les unes aux autres: l'identité, la différence, la contradiction; la conservation, la suppression, l'élévation, etc.

Il est bien regrettable que Marx ne nous ait pas lui-même offert cette dialectique. Certains commentateurs laissent entendre que s'il ne l'a pas fait, c'est qu'il n'en a pas été capable. D'autres lui cherchent des excuses, ou des justifications: ayant réglé définitivement ses comptes philosophiques, Marx s'absorba ensuite entièrement dans les tâches plus concrètes que ce règlement de comptes lui permettait précisément d'entreprendre. D'ailleurs, les implications dialectiques du monisme philosophique restent les mêmes, qu'il s'agisse d'un monisme idéaliste ou matérialiste, en ce qui concerne la logique et l'heuristique. Marx aurait espéré que le lecteur, suffisamment informé de ses options fondamentales, et convenablement orienté, compléterait lui-même le propos explicite en se référant à Hegel, pour ce qui touche à la dialectique. Ne trouve-t-on pas chez Hegel, comme dit Engels, "le compendium de la dialectique"? Et puis, Marx a approuvé cet *Anti-Dühring* d'Engels où se trouvent présentées, d'une manière certes schématique et polémique, les propositions principales de la dialectique marxienne.

La simplicité

Cette manière de procéder autorisait un retour à la simplicité philosophique. Les grands systèmes classiques ne sont si compliqués et subtils que parce qu'il leur faut concilier entre elles des hypothèses fausses et contradictoires, unilatérales. Ils se prétendent fondateurs de toute connaissance et de toute action, et même de toute réalité quelle qu'elle soit, mais ils ne parviennent pas à se fonder eux-mêmes. La philosophie de Marx se réduit, si on le souhaite, à quelques principes simples dans leur généralité. Ces principes se diversifient et se singularisent à l'infini dans leur application à des situations et à des objets si divers que leur connaissance et leur usage restent inépuisables.

Une philosophie qui se veut aussi simple et aussi générale ne se destine pas exclusivement à des spécialistes et à des professionnels. Elle réalise ce dessein d'une philosophie populaire qui, de temps en temps, a séduit de grands esprits. Chacun peut s'initier à elle facilement, et, pour certains, presque instinctivement, ce qui n'exclut nullement une étude érudite de ses sources, de ses implications dernières, un effort pour la préciser, la compléter, la continuer.

La réunion du matérialisme et de la dialectique

Cette philosophie marxienne provient de la confluence de deux courants intellectuels d'abord séparés. Il convient de le rappeler, au nom d'une authentique histoire de la philosophie et face à des contradicteurs obstinés. À tort ou à raison, Marx a pensé et a constamment affirmé qu'il effectuait la fusion du courant de pensée dialectique, spécialement animé par des philosophes idéalistes et mis au point ultimement par eux, et du courant de pensée matérialiste, souvent ignorant de toute dialectique consciente et volontaire.

Devant un tel constat, on peut certes se récrier! Ne voilà-t-il pas le comble! Comment peut-on parler honnêtement de monisme à propos d'une philosophie dont on s'acharne d'ailleurs à démontrer qu'elle résulte de la réunion de deux développements spirituels opposés l'un à l'autre?

Marx ne semble pas voir là de paradoxe. C'est que, pour lui, l'idéalisme d'un côté et le matérialisme de l'autre, de même que la dialectique d'un côté et le dogmatisme de l'autre, sont d'abord eux-mêmes résultés d'une division, archaïque sans doute, mais tout de même secondaire, de la pensée humaine primitive, globale, totalisante. Il laisse d'ailleurs souvent entendre que son matérialisme dérive tout autant du renversement dialectique de l'idéalisme hégélien que du développement positif de la doctrine des anciens matérialistes.

Comme on le voit, ou comme on le sait déjà, les conditions de la vie spirituelle actuelle font que la philosophie de Marx, malgré sa simplicité, ou peut-être même à cause d'elle, laisse encore ouverts un grand nombre de problèmes: elle se trouve confrontée à de nombreux contradicteurs. Bien qu'elle se veuille philosophie populaire, elle ne condamne pas les spécialistes et les professionnels au chômage. Ils ont encore fort à faire avec elle, car son originalité continue de les troubler.

MARX ET NOTRE ÉPOQUE

FERENC TÖKEI, BUDAPEST

Le centenaire de la mort de Karl Marx suscite un grand nombre d'études et de sessions commémoratives, unanimes dans l'éloge des mérites scientifiques du philosophe, mais divisées dès qu'il s'agit d'apprécier la valeur actuelle de son oeuvre. Nous voyons se répandre, influençant même les marxistes, une tendance qui discute ou même conteste la validité actuelle de sa philosophie, de ses analyses du capitalisme et de sa vision du socialisme ou communisme, leur déniant même une fonction d'orientation générale. Évidemment, il serait vain de chercher dans telle ou telle formule de Marx une réponse directe aux problèmes de l'évolution actuelle du capitalisme, comme il serait superficiel, en général, de vouloir donner une réponse imminente aux questions formulées dans l'immédiat quotidien. Nous savons que chaque époque fournit le plus grand effort intellectuel pour saisir sa problématique propre, en partant, naturellement, du quotidien, mais s'en éloignant nécessairement dès qu'il s'agit de formuler scientifiquement les questions les plus élémentaires. Il nous faut envisager avec le plus grand sérieux l'oeuvre de Marx pour décider quelles sont ses formules et analyses de détail qui sont dépassées aujourd'hui, et quelles sont celles qui restent valables, et dans quel sens. C'est ainsi que nous devons comprendre le mot de György Lukács: "Revenons d'abord à Marx pour avancer vers les problèmes actuels". En effet, dans notre époque déchirée, la tâche la plus importante que les sciences sociales peuvent s'assigner est de définir les lois internes de l'évolution actuelle du capitalisme et, en fonction de celles-ci, les possibilités du socialisme, avec la même rigueur scientifique qui était celle de Marx dans la recherche et la compréhension de la problématique de son temps. Il est d'ailleurs naturel que dans cette tâche nous ayons recours à toutes grandes acquisitions intellectuelles du passé, surtout quand celles-ci sont de nature philosophique.

La compréhension de l'oeuvre de Marx, dont la recherche de notre époque pourrait tirer profit, est sérieusement entravée aujourd'hui par une vague de mythes dont les littératures marxiste, non-marxiste et anti-marxiste sont également inondées, et que la presse quotidienne diffuse volontiers, ne serait-ce que pour leur caractère vulgaire. Ces mythes se signalent, indépendamment de leur couleur politique, par une interprétation, primitive et indigne de la pensée de Marx, de certaines de ses considérations, formules ou analyses de détail. Les erreurs ainsi répandues vont s'associer aux notions de base de la théorie marxiste, d'autant plus que c'est justement l'interprétation confuse ou vulgaire de celles-ci qui leur donne souvent naissance.

Ce que Marx lui-même a considéré comme sa véritable acquisition, n'était pas la création d'un nouveau système philosophique, mais l'esquisse, dépassant l'ancienne philosophie, d'une théorie multidisciplinaire philosophiquement fondée, apte à saisir les problèmes spécifiques de l'époque. Pour lui, les définitions générales n'étaient que des points de départ pour la concrétisation des problèmes; il jugeait que la plupart des questions n'avaient pas de réponse au niveau général, et que seule la spécification pouvait conduire à une réponse adéquate. Je ne veux pas contester par là l'importance des catégories générales dans la théorie marxiste, mais je pense que l'originalité de cette théorie réside justement dans ce que Marx a construit sur les bases épistémologiques, ontologiques, dialectiques, etc., dans ce qu'il a fait de la problématique traditionnelle: une théorie dialectique, historique et, naturellement matérialiste de l'ensemble indivisé de la nature et de la société. Et bien qu'une dialectique de la nature, abstraction faite de l'homme, une "ontologie générale" selon Lukács, soit une condition préalable naturelle de la dialectique du mode d'existence social de son "ontologie", je pense que la théorie historique de l'unité dialectique de la nature et de la société est quand même l'échine, l'ossature sur laquelle repose l'oeuvre marxienne. Ce fut cette caractéristique de son oeuvre qui m'a saisi dès ma jeunesse et qui fait que je reste son lecteur assidu, satisfaisant l'intérêt inné que je porte à l'histoire.

Vers le milieu des années cinquante, je m'occupais, jeune sinologue, de la société de la Chine ancienne, et je cherchais surtout le moyen de dépasser, dans ce domaine, les catégories alors exclusives du marxisme vulgaire. C'est vers cette époque que les *Grundrisse* de Marx, première esquisse du *Capital*, devinrent de nouveau accessibles dans l'édition de Berlin, 1953. À la lumière de leur lecture s'éclairait l'arrière-fond philosophique des principes de base de la théorie marxienne de la société et de l'histoire, et cette découverte m'a poussé, avec plusieurs de mes contemporains, à des efforts incessants qui durent toujours, pour mettre à jour toute la richesse originale de la pensée marxienne, dépouillée des vulgarisations. Restant dans mon domaine de recherche, je me suis efforcé surtout de reconstruire la théorie marxiste des formes sociales. En interprétant, à l'aide des *Grundrisse*, la notion marxiste du "mode de production asiatique", j'ai compris qu'elle ne pouvait et ne pourrait avoir sa place dans une interprétation vulgaire de la théorie marxiste de la société et de l'histoire, les concepts mêmes de Marx différant de ceux que manipulent toutes les conceptions vulgaires. Ce sont les *Grundrisse* bien plus que les *Manuscrits de 1844* ou *L'Idéologie alle-*

mande qui m'ont convaincu que la théorie marxienne de la société et de l'histoire, et donc celle de l'économie qui en fait partie, n'est pas une simple superposition scientifique, ni une application spécifique de la philosophie marxiste, mais elle est l'acquisition philosophique originale même de Marx, et ses concepts de base doivent être traités comme des catégories philosophiques. L'introduction de la notion marxienne du "mode de production asiatique" doit donc conduire nécessairement à une réinterprétation des notions d'antiquité et de féodalisme européens, qui nous mènent à leur tour au problème de la naissance du capitalisme, à celui de l'"accumulation primitive" et de la reproduction du capital et, en relation avec l'expansion mondiale du capitalisme, au problème des possibilités du socialisme aussi.

Le problème clé de la théorie marxiste des formes sociales est l'interprétation du concept du "mode de production". Selon Marx, le mode de production est une totalité indivisible du contenu et de la forme, soit de la force productive et des rapports de production; nous comprendrons mieux cette totalité et surtout ses formes historiques en définissant ses éléments principaux — individu, communauté, moyen de production — dans le contexte de la totalité. Les *Grundrisse*, comme déjà *L'Idéologie allemande*, distinguent entre eux les modes de production particuliers comme formes de propriété particulières, le terme de propriété étant pris non pas au sens juridique, bien sûr, mais signifiant l'appropriation de la nature par l'homme, par des communautés d'hommes, c'est-à-dire par la production. Le second livre du *Capital* est extrêmement clair à ce sujet: "Quelles que soient les formes sociales de la production, les travailleurs et les moyens de production en restent toujours les facteurs. Mais les uns et les autres ne le sont qu'à l'état virtuel tant qu'ils se trouvent séparés. Pour une production quelconque, il faut leur combinaison. C'est la manière spéciale d'opérer cette combinaison qui distingue les différentes époques économiques par lesquelles la structure sociale est passée." Livre 2, tome I, Éditions Sociales, 1960, p. 38. Or, selon la théorie esquissée dans les *Grundrisse*, la combinaison des individus et des moyens de production se fait, dans toutes les formes de la propriété et dans tous les modes de production, par une communauté, "entité communautaire" ou *Gemeinwesen* comme dit Marx. Dans sa première forme, cette communauté est la tribu, et dans le "mode de production asiatique", variante de la première forme, elle s'incarne, d'une part, dans la communauté villageoise et de l'autre dans l'État percepteur d'impôts. La seconde forme de cette communauté est la cité antique, et la troisième toute une série et toute une hiérarchie de différentes communautés de l'Europe médiévale, de la communauté agraire de type nouveau jusqu'à la papauté par exemple. Dans toutes ces formes qui précèdent le capitalisme, la combinaison des individus et des moyens de production s'opère donc par une communauté, dont le caractère spécifique détermine les formes particulières de la dépendance et de l'exploitation.

Selon les *Grundrisse*, ces communautés d'avant le capitalisme se détruisent par leur propre dynamisme interne, par l'évolution de la propriété privée et de la production marchande basée sur celle-là, et apparaît l'"accumulation primitive", produit du féodalisme européen, le dépouillement des masses travailleuses de leurs moyens de production, la séparation extrême du travail et de la propriété et, naturellement, leur nouvelle combinaison, par un nouveau type de communauté, qui est le rapport de marchandise, soit l'argent, forme matérielle de celui-ci. Le capitalisme commence donc là où le rapport de marchandise réunit, en tant que *Gemeinwesen*, les conditions subjectives et objectives de la production, c'est-à-dire là où la force de travail devient marchandise, et apparaît le travail salarié; l'échange réciproque de marchandise, le rapport bilatéral vendeur-acheteur entre ouvrier et capitaliste est naturellement inégal, et c'est là que réside, justement, le secret de l'exploitation spécifiquement capitaliste.

Il est significatif, du point de vue méthodologique, que Marx ait défini l'échelle du mode de production capitaliste comme radicalement différente de toutes celles des formes précapitalistes. Pour expliquer les événements de l'histoire mondiale, il a mis l'accent sur le caractère universel du capital, signe distinctif de ce mode de production. Il s'agit de ce mouvement irrésistible de la production par excellence marchande qui pousse le capitalisme à travers le monde, détruisant tout obstacle, toute "frontière sacrée" ancienne ou marxiste, et toute formation ou évolution locale pour les assujettir à son système universel. Pour saisir l'importance de l'échelle des échelles de la théorie marxienne des formes sociales, il faut nous rendre compte que le capitalisme, bien que produit des formes sociales précédentes, représente un tel changement dans la vie de l'humanité, qu'on ne peut guère le confronter qu'avec l'ensemble des formes précédentes: son appréciation historique exige une perspective globale et mondiale. Voici ce qu'en disent les *Grundrisse:* «Les rapports de dépendance personnelle sont d'abord d'une manière tout à fait *naturwüchsig* les premières formes sociales dans lesquelles la productivité humaine ne se développe que dans une faible mesure et en des points isolés. L'indépendance personnelle fondée sur une dépendance *matérielle sachliche* est la deuxième grande forme dans laquelle se développe pour la première fois un système de métabolisme social général, de rapports universels, de besoins multiples et de facultés universelles. La troisième étape, c'est la libre individualité basée sur le progrès universel des individus et la subordination de leur productivité collective, sociale, en tant que faculté sociale. C'est la seconde étape qui engendre les conditions de la troisième." *Grundrisse des Kritik der politischen Ökonomie*, Dietz Verlag, Berlin, 1974, pp. 75-76. Pour approcher la problématique de notre époque, celle du capitalisme et du socialisme, en partant de Marx, il nous faut adopter l'échelle de l'histoire mondiale, celle même des précapitalisme-capitalisme-postcapitalisme.

Évidemment, le capitalisme a subi plus d'une modification importante depuis le siècle dernier, mais le lecteur attentif de Marx ne pourrait prétendre que cette évolution diffère essentiellement de celle esquissée par Marx. Ce mode de production, universel dès ses débuts, basé toujours sur le marché mondial, visant le développement illimité des forces productives, a déployé toutes ses caractéristiques à un niveau toujours plus élevé, mais, suivant en cela aussi la loi fondamentale de l'ancien capitalisme, il évoluait toujours parmi des contradictions qui ont trouvé une "solution" provisoire dans des crises et des guerres mondiales, pour accabler encore l'humanité d'aujourd'hui d'une crise mondiale persistante. Celle-là n'a pas encore reçu l'explication théorique capable d'analyser tous les phénomènes de détail, à tous les niveaux et dans toutes les structures, et de faire la synthèse des causes diverses; nous n'en sommes qu'aux premières tentatives d'explication de cette totalité de la production qu'est le marché mondial selon Marx. Cependant, si nous considérons, suivant Marx, comme spécificité du mode de production capitaliste le rapport universel de marchandise, la "communauté" de l'argent, donc le travail salarié, l'échange privé de l'ouvrier et du capitaliste, succédant à l'ancien type de *Gemeinwesen*, nous ne pouvons pas avoir d'autre point de départ pour l'explication de la crise actuelle que celui qu'a eu Marx à son époque: soit le problème de marché de la production marchande capitaliste. Il est vrai que jusqu'ici le capitalisme a toujours détruit les barrières du marché, mais celles-ci renaissaient sous des formes nouvelles, et les crises répétées ont toujours été, en définitive, des crises de surproduction capitaliste. Vu les proportions colossales et les conséquences universelles de celle d'aujourd'hui, nous pouvons supposer à juste titre qu'il s'agit d'une "crise générale" de la production et de l'économie mondiale capitalistes, les barrières du marché s'étant enfin révélées des limites définitives. La gravité de cette crise met en question les perspectives du capitalisme.

C'est aujourd'hui, justement, que la théorie marxienne de l'histoire et du capitalisme ne seraient pas valables? Aujourd'hui, quand les contradictions des forces productives et des rapports de production du capitalisme sont plus dramatiques que jamais? Les *Grundrisse* avancent aussi la théorie de la transformation de la science en force productive directe; sans cela il serait difficile de comprendre ce que nous appelons aujourd'hui révolution technico-scientifique. Marx l'a bien prévu: pour cette évolution colossale de la force productive sociale, le rapport de capital est une forme trop étroite. Malgré tout changement des rapports de production, la base du capitalisme, la production par excellence marchande reste toujours la même. C'est ce qui fait que la force productive moderne trouve trop étroites même les formes du monopolisme d'État ou multinational. La force productive est devenue "planétaire", tandis que les rapports de production ne présentent du caractère "global" que des formes rudimentaires produisant anarchie et inégalité. Sur les bases de l'échange inégal de l'ouvrier et du capitaliste, du *Gemeinwesen* de marchandise, cette contradiction dramatique deviendra tôt ou tard insoluble; ce que l'humanité deviendra alors, cela dépendra de nous aussi. Si nous voulons survivre au capitalisme, nous devrons, réunis dans une véritable communauté globale, prendre en main notre destin. Citons ici une réflexion de Marx sur la propriété foncière: "Du point de vue d'une organisation économique supérieure de la société, le droit de propriété de certains individus sur des parties du globe paraîtra tout aussi absurde que le droit de propriété d'un individu sur son prochain. Une société entière, une nation et même toutes les sociétés contemporaines réunies ne sont pas propriétaires de la terre. Elles n'en sont que les possesseurs, elles n'en ont que la jouissance et doivent la léguer aux générations futures après l'avoir améliorée en *boni patres familias*." *Le Capital*, Livre 3, tome III, Éditions Sociales, 1960, p. 159. Créer une véritable communauté des hommes à l'échelle mondiale et un mode de production basée sur celle-là, c'est là probablement la seule possibilité de survie pour l'humanité et pour sa civilisation. La théorie marxienne de l'histoire ne serait plus valable?

Pour terminer, j'aimerais dire quelques mots du socialisme, installé déjà dans une partie considérable du monde, visant la construction et le développement d'une nouvelle société, basée sur un nouveau mode de production. À l'échelle de l'histoire mondiale qui est celle de Marx, cette nouvelle société est encore à ses débuts. Vu sa situation dans l'économie mondiale, elle dut d'abord construire et développer ses propres bases locales, et les garantir par un pouvoir politique. Mais la crise de l'économie mondiale capitaliste n'épargne pas ces pays non plus, et ce fait, mettant en relief les problèmes internes de leur propre développement, les oblige à expérimenter, d'un commun effort, si possible, de nouvelles formes d'évolution. Si l'on prend en considération que le capitalisme mondial ne pourra être vraiment remplacé, selon Marx, que par le socialisme mondial — et je n'ai pas le moindre doute sur la valeur de cette échelle —, on ne peut objectivement mésestimer les résultats de ces pays. Je suis convaincu en plus que l'importance de leur fonction dans l'évolution de l'histoire mondiale augmentera encore dans l'avenir, puisqu'ils devront pouvoir répondre aux nouveaux "défis" de leur propre développement et du système mondial du capitalisme.

LOUIS LAVELLE
1883-1951

COLLOQUE

COLLOQUIUM

KOLLOQUIUM

COLOQUIO

INTRODUCTION

MARC RENAULT, TROIS-RIVIÈRES

Ce colloque pourrait porter le titre de *Commémoration Lavelle* et nous pouvons ainsi le comprendre comme un exercice de la mémoire. Mais notre célébration du centenaire de Louis Lavelle aurait déplu au philosophe, si elle n'avait eu pour fin que d'élever un monument littéraire à la mémoire du grand disparu. Et d'abord, j'entends Lavelle lui-même protester contre son statut de disparu. Rien ne disparaît si tout existe dans l'actualité de la présence totale. Seule disparaît la dialectique temporelle de l'accès à la présence. Ensuite, j'entends Lavelle faire une mise au point au sujet de la mémoire. C'est bien mal mériter de la mémoire que de lui réserver le disparu et le désormais irréel. Dans un livre subtil et vigoureux qui date de la fin de sa vie, de sa vie temporelle, et intitulé: *Quatre saints*, Louis Lavelle soutient que les saints nous sont présents parce qu'ils sont morts alors que nous, nous ne sommes pas encore tout à fait présents aux saints parce que vivants. Rien n'est davantage présent que ce qui est soustrait à la dialectique du temps et cela confère à la mémoire sa dignité. Dans la mémoire, ne se soustrait que notre absence au réel.

Laissons à Louis Lavelle lui-même le soin de nous dire dans quel esprit il convient de célébrer sa mémoire. Je vous lis une demi-page de *Quatre saints:*

> "On voit par là comment il est possible de dire à la fois que les saints sont au milieu de nous bien que nous ne sachions pas les reconnaître; et que pourtant ils ne deviennent pour nous des saints que lorsque leur vie est révolue et qu'ils sont changés pour nous en esprits. Il semble qu'il faudrait par conséquent, transformer profondément l'idée que l'on se fait en général du rôle de la mémoire: on croit qu'elle est une sorte de suppléance de la réalité lorsque celle-ci vient à nous

manquer, qu'elle ne nous apporte jamais qu'une sorte d'ombre incon-
sistante de ce qui a été, et qu'on n'y fait jamais appel que comme à
un secours auxiliaire destiné à remplir les lacunes de l'existence
actuelle. Mais la mémoire a une fonction beaucoup plus belle: c'est
elle qui unit en nous le temporel à l'éternel, qui éternise, si l'on peut
dire, le temporel, c'est elle qui le purifie et qui l'illumine, c'est en elle,
dès que nous fermons les yeux, que nous percevons la signification
de tout événement auquel nous avons assisté et de toute action que
nous avons accomplie, c'est elle qui incorpore le passé à notre âme
pour en faire notre présent spirituel. C'est en elle enfin que notre moi
se recueille et découvre sa propre intériorité à lui-même; c'est en elle
que, sans que nous ayons besoin de le vouloir, les saints nous décou-
vrent leur sainteté et sont honorés comme ils le méritent."

Nous avons l'honneur de célébrer cette commémoration en la présence
de deux des filles de Louis Lavelle et je cède immédiatement la parole à
notre présidente d'honneur, Mlle Claire Lavelle.

Claire Lavelle, Paris

Je suis très heureuse que l'Université de Montréal ait voulu rendre hommage
dans ce congrès à la philosophie de mon père à l'occasion du centenaire de
sa naissance. À elle va ma vive gratitude, à M. Klimov aussi qui s'est chargé
d'organiser la séance et à ceux qui aujourd'hui participent à cet hommage.

LUIS LAVELLE 1883-1983
EN EL CENTENARIO DE SU NACIMIENTO. DEVOTO HOMENAJE

JUDITH G. GARCÍA CAFFARENA, ROSARIO, ARGENTINA

Cuando, en 1934, L. Lavelle fundó con R. Le Senne la colección Filosofía del Espíritu, había formulado ya a partir de ese título, una declaración de principios.

Toda esta línea filosófica que él poseyó ciertamente a fondo y que ha constituido su herencia cultural, fue el humus en donde se desenvolvió una personalidad increiblemente contemporánea y original, sea en la selección de los temas, sea en su análisis de profundidad, lo que hace necesario y de gran valor el trabajo de separarlos y evaluarlos.

El aporte del filósofo, destinado no solamente a enriquecer el patrimonio humano de su tiempo, sino aún a esclarecer los secretos recónditos de la personalidad en el propio conocimiento y en el restablecimiento o la iniciación de los auténticos medios de comunicación con el mundo, designa al hombre no sólo en sus limitaciones, sus ilusiones y espejismos, sino también en la nobleza y la altura de su dignidad única y maravillosa, de su contribución a la solución de sus problemas.

El hecho de haberse presentado en aquellos años ante Francia y ante la filosofía mundial como reivindicador del primado de la Metafísica — cuando los ecos del positivismo y del kantismo se escuchaban aún, así como los del Círculo de Viena y de la Filosofía del lenguaje, tanto como del neo-realismo inglés y de todo lo relacionado con la crisis de la Ciencia al comienzo del siglo — habría podido merecerle la superficial calificación de anacrónico. En tales circunstancias, defendiendo los derechos propios de esta disciplina — que para él significaba defender los de la Filosofía — nos muestra el valor de su posición, que él sostendría a través de toda su obra. Para lograrlo, puso al servicio de cuanto escribió, su propria vida y el contagio de su armoniosa personalidad, síntesis y prueba dinámica de sus meditaciones fundamentales.

El propósito nunca desmentido, por cuya realización luchó toda su vida, fue la de defender radicalmente los derechos de la filosofía pura, contra todas las tentativas de ser absorbido por la discutible solución de una ciencia unificada. Se esforzó primordialmente por interrogarse por el sentido de la existencia humana, sobre la naturaleza de las relaciones de cada hombre con sus semejantes, con el mundo material y con el Ser Absoluto. Esta concepción indivisiblemente psicológico-metafísico-moral, es característica en Lavelle, tal como se desprende de la "Clase inaugural", en el Colegio de Francia.[1] Apoyándonos sobre dicha concepción hemos estructurado los lineamientos de la presente comunicación.

Vamos a ocuparnos desde ya, del tema del hombre, para ligarlo luego con los otros: *metafísica y cultura*, que hemos elegido de acuerdo con la problemática del Congreso, a fin de ser estudiados a la luz del pensamiento lavelliano.

Precisamente en ocasión del XVII° Congreso mundial de Filosofía convendría releer la V parte de la obra *La Filosofía francesa entre las dos guerras*, que Lavelle tituló: "Las corrientes del pensamiento" y que comprende cuatro estudios dedicados respectivamente a los Congresos Internacionales de Filosofía y a la investigación filosófica, donde la suya toma su lugar presentándose como Filosofía del Espíritu, como ya hemos anticipado. Allí recuerda a Xavier Leon, fundador de la *Revista de Metafísica y Moral* y de la *Revista francesa de Filosofía* y que creára (1900) los Congresos Internacionales de Filosofía — y aplica toda su atención al IX°, congreso muy próximo que tendría lugar en París (1937) bajo la invocación de Descartes. Lavelle aplaude los méritos y la clarividencia de X. Leon al haber podido reunir de este modo, hombres e ideas, dando lugar a un tipo especial de amistad desinteresada y profunda a nivel mundial. Los comentarios que se leen en esta Crónica — siempre en el clima del por entonces futuro Congreso Descartes — nos parecen extrañamente actuales. También en ese momento (1937) las comunicaciones presentadas giraban alrededor de las tendencias filosóficas del XX° siglo y no obstante su referencia a su mitad, sus declaraciones pueden ser transpuestas casi exactamente en nuestros días.

"De nada sirve decir que no conocemos nada más que lo relativo, si la suerte, de nuestro propio ser se cumple en el Absoluto. La preocupación de la filosofía de hoy nos hace regresar a este objeto único, al que se aplica la meditación de todo hombre — por extranjero que sea a la filosofía — cuando llega a despojarse de todas las preocupaciones de simple opinión y se interroga con sinceridad sobre su propio destino." Lavelle continúa su reflexión sobre el naciente y ya operante neo-positivismo:

"Ellos no pueden dejar de llamar nuestra atención por la intransigencia de sus fórmulas, por su pretensión de limitarse a interpretar con fidelidad los resultados de la física moderna, por el ardor polémico frente a los problemas sin solución que — según afirman — constituyen el objeto propio de la

Metafísica. Se encuentra entre ellos la unión de un empirismo científico que se prohibe prever — antes de la prueba de la experiencia — cuáles son las hipótesis que serán confirmadas y cuáles las rechazadas y un formulismo — como ellos dicen — con una sintaxis lógica que nos da la posibilidad o el sentido, pero que no afecta un sentido de verdad sino por su correspondencia con lo real."[2]

"...estos pensadores se defienden de la Metafísica con tanta fuerza, porque hoy día ésta tiende a invadir la propia ciencia".

"No cabe admitir — sin resistencia — que la lógica pueda convertirse en un puro mecanismo, donde la propia actividad de un sujeto inteligente que busque comprender lo real, pueda ser proscripta. No es temerario afirmar que una filosofía que resta confianza a la razón, es una filosofía del desaliento". (p. 247 ibid)

"L. Lavelle es sin duda más conocido como moralista que como metafísico, sólo porque sus obras morales, siendo más fáciles para abordar, son más leídas que sus obras metafísicas, sino también porque en estas últimas, la consideración de los problemas más arduos no le hizo jamás perder de vista que el tema central, en filosofía, es el hombre. Además se desprende de todas sus obras un acento profundamente humano que despierta vivos ecos en lo más íntimo de nuestro ser ... Se siente de inmediato, al leerlo, que las soluciones aportadas por él a los problemas que propone la vida — nuestra vida —, y que están tan llenas de sabiduría, lejos de proceder de una meditación puramente dialéctica, se enraizan en una experiencia personal que habrá realizado y vivido por sí mismo, antes de proponerlas a los otros. El tono con que lo hace es demasiado auténtico para que uno pueda equivocarse"[3]. Tales las palabras de su mejor crítico, Jean Ecole en su extraordinario estudio *La Metafísica del Ser en la filosofía de L. Lavelle.*

Esta apreciación se mantiene viva en la memoria de quienes lo conocieron directamente y fueron sus discípulos inmediatos, a muchos de los cuales tuve yo misma ocasión de tratar personalmente. Ellos repiten lo que se puede también leer en casi todas las crónicas con ocasión de su muerte en 1951: "Jamás la menor separación entre su vida y su filosofía". "Su misma presencia física parecía caracterizar a la Metafísica en su más alta majestad".

El centro de su antropología es la conciencia de sí mismo en todo hombre, descubierta en la más profunda experiencia personal que él llama "la experiencia metafísica." A través de ella capta como tal al yo profundo, singular, temporal, en su participación con el Ser Absoluto, que es su fundamento y lo admite y sostiene como inscripto en Él, Actividad Pura. La vida del hombre tiene un sentido de verdad y de fidelidad a ese yo jamás repetible, que participa de la Verdad y del Ser Absoluto. Es ahí donde los imperativos de la acción libre encuentran su fuente metafísica en la capacidad de poder otorgar significación y verdadero sentido a las cosas.

Es solamente al hombre a quien conviene la gloriosa y azarosa tarea de problematizarlo todo, índice de la alianza paradojal que se encuentra en él mismo, entre su ignorancia inicial y la curiosidad, inherente e insoslayable de su espíritu, que lo impele a poblarlo gradualmente de incontables experiencias, a partir de crecientes contactos con su medio circundante, al que descubre también íntimamente en una dimensión existencial, a nivel de sus poderes de captación y de comunicación.

Todo ese itinerario que, partiendo de los tanteos incipientes que el hombre hace desde que se sitúa y adapta al mundo exterior, tuvo Lavelle una singular oportunidad de revivirlo voluntariamente, de un modo reflexivo, durante su larga cautividad de cuatro años en campo de concentración, después de la batalla de Verdún (1916). De esta época datan dos de sus obras que él privilegió toda su vida: *Dialéctica del mundo sensible* — increíblemente escrita durante su duro cautiverio y presentada inmediatamente, al concluirlo, sin enmienda alguna, como tesis doctoral, en Estrasburgo — y *Perfección visual de la profundidad*. En ambas se coloca frente al mundo exterior tratando de realizar el difícil trabajo de hacer abstracción de sus prejuicios culturales, a fin de recuperar la inocencia de la visión inicial, pero aprovechando todas sus capacidades de investigación, para hacerla concluir en el plano metafísico, lo que debía necesariamente conferir a esta experiencia una perspicacia singular — mutatis mutandis, se podría decir que esta experiencia integral de Lavelle es paralela a la de Descartes. Fue allí donde se le plantearon de modo exigente a las cuestiones vitales que oprimen al hombre, sujeto de cultura: color, sabor, luz, tiempo, espacio, conciencia, sentido del mundo sensible, Absoluto.

Toda la obra del filósofo que nos ocupa es un exponente de su profundo interés por las ciencias y sus conquistas. Tal vez los textos más expresivos puedan ser leídos en *La Filosofía Francesa entre las dos guerras* y en el volumen de crónicas póstumas publicadas en 1967 tituladas *Ciencia, Estética y Metafísica*, donde leemos: "La ciencia traduce el logro de nuestro pensamiento en la representación del mundo material: ella es producto de la razón y la experiencia conjugadas. Su progreso nos lleva a tener una conciencia más lúcida de las relaciones del espíritu con lo real. Pero las relaciones científicas son como una tela de araña muy sutil, tejida por nuestro espíritu. Los progresos de la ciencia han sido siempre "espiados" por la reflexión flosófica, mientras que las especulaciones de los filósofos dejan indiferente a la mayor parte de los científicos. Los científicos están habituados a resolver problemas particulares mediante métodos positivos y a obtener resultados verificables: la propia ciencia se presenta como una fenomenología. Ahora bien, la libertad no puede existir en el fenómeno, sino en la conciencia que lo piensa y lo utiliza".[4] El determinismo es el rastro de la ciencia adquirida; nada hay rigurosamente determinado sino el pasado, es por ello que la ciencia es una descripción y no una previsión. La penetrante inteligencia de Lavelle se mueve dentro de una auténtica armonía de valores y se pone a prueba analizando meticulosamente las últimas conquistas científicas, a partir de las crisis de la Física y de las Matemáticas a comienzos del siglo. Él las interpreta como necesarias, dados los nuevos puntos de partida para la observación y comprensión del universo, sin perder de vista no sólo que sus relativas prioridades jerárquicas están ligadas al objeto inmediato particular del que se trata, sino también a su realidad metafísica. Un científico puede modificar su evaluación e interpretación de esta realidad, si un nuevo orden de relaciones entre conciencia y naturaleza es posible. Verificando a través de la Historia de las Ciencias, que sus constantes de crecimiento provienen precisamente de crisis diversas, no se deja ofuscar por ellas. Sabe que las crisis de las ciencias constituyen un tema privilegiado para los filósofos. Al aporte abigarrado de las investigaciones particulares, que describen perspectivamente la realidad problematizada — que por no estar aún integrada, admite elementos inconciliables — sobrevendrá necesariamente la visión equilibrante del filósofo, quien tiene la obligación de rectificar y jerarquizar las perspectivas, a fin de que la manifestación de esa realidad, se descubra totalmente. Dice Lavelle: "La ciencia da al espíritu una especie de embriaguez. Parece poner en manos de los hombres algo de la potencia creadora. Es por ello que da una especie de temor aún entre los que más la admiran y aman, al verla como un arma prodigiosa cuyo valor depende del uso que de ella se haga"[5]. Siempre atento a todo lo concerniente al hombre, Lavelle no desconoció el lugar que ocupa en la cultura el problema de la *técnica*. Cual fuera su actitud personal a este respecto, lo observamos en el hecho de que el término *técnica* sólo aparece mencionado 3 veces en su obra publicada hasta nuestros días. Evidentemente, de hecho se sitúa en las antípodas de la corriente que aplaude su absolutización. "Uno se pregunta si la Ciencia, que asienta sobre el mundo material la doble dominación del pensamiento y de la técnica, puede ser suficiente para dar a la conducta humana un ideal y una disciplina". Lavelle insiste en considerar al hombre como persona, metafísicamente. Hace suya la concepción de Bergson sobre el hombre total: homo faber — homo sapiens e insiste también en que es indispensable a este hombre — si quiere ser él mismo en el más alto grado — adquirir una sabiduría. Infelizmente ésta no le es innata. Dentro de un vasto espectro de posibilidades, el rostro del homo sapiens no surge sino gradualmente del seno de una conciencia polimorfa donde otros rostros se perfilan y desaparecen sucesivamente. El más grosero — casi totalmente animal — es el del homo faber, "que para muchos de nuestros contemporáneos — dice Lavelle — es el verdadero: el que subordina la ciencia a la utilidad, el que multiplica sin cesar los modos de *hacer*, pero sin buscar ni comprender *lo que es*, ni descubrir, ni realizar su propio destino espiritual." Cuando al desplegar las otras facetas posibles del hombre, señala al homo religiosus como el que sabe distinguir en el mundo lo profano de lo sagrado, lo asocia — oponiéndolo — al *homo mágicus*, que mediante prácticas misteriosas, quiere entrar en contacto con los poderes ocultos, para obligarlos a satisfacer inmediatamente sus deseos, considerando a la magia como una receta técnica, falsificación del rito religioso. Pero "la tarea de la Filosofía consiste en vencer la retórica y descubrir tras las palabras, el sentido de lo real, gracias al acto de pensar, que esta retórica intenta disimular y cuyas palabras procuran suplantar". Lavelle está profundamente convencido de que existen obstáculos para la "verdadera sabiduría", si bien ellos no llegan a constituirse en obstáculos insuperables, pues en la verdadera sabiduría reside suficiente poder de regeneración, capaz de rescatar los niveles empobrecidos — que convierten al hombre en esclavo del orden material — y cambiarlos en "medios de liberación interior." Tal es la conversión operada por la filosofía y la metafísica, vistas como camino de sabiduría. Por su influencia, la exacta consideración del hombre es reencontrada a través de su profunda relación con el otro y con el universo. No es inútil, por otra parte, anotar que es en el arte en lo que confía Lavelle como medio propio de la verdadera y profunda realización del hombre, en tanto que creador y en tanto que ser libre. Y ciertamente no se podría acusarlo de falta de experiencia en ese dominio. La tarea poética es para Lavelle fuente de disciplina y canal de orden para todo lo que sea "apasionadamente desordenado", especie de catarsis benefactora, luz saludable, capaz de aguijonear iniciativas y de hacer surgir en el hombre "la libertad de ser libre".

Resulta, pues, que, paradojalmente, la Metafísica es para Lavelle, la única "técnica" auténtica, ella misma liberadora, que, de esta manera, invalida para el hombre toda posibilidad de alienación.

NOTES

1. Louis Lavelle et René Le Senne, Une nouvelle collection d'ouvrages philosophiques "Philosophie de l'Esprit" (manifeste destiné à lancer la collection). Avant-propos du numéro spécial de "Philosophie de l'Esprit", 15 octobre 1939, pp. 3-7.

2. Louis Lavelle, *La Philosophie française entre les deux guerres*, Aubier, 1942, pp. 246-247.

3. Jean École, *La Métaphysique de l'Être dans la philosophie de Louis Lavelle*.

4. Louis Lavelle, *Science, Esthétique et Métaphysique*, Éd. A. Michel, 1967, p. 62.

5. *Ibid.*, p. 12.

ACTUALITÉ DE LOUIS LAVELLE

ALEXIS KLIMOV, TROIS-RIVIÈRES

J'ai l'impression que Louis Lavelle aurait éprouvé, en m'entendant parler de lui, une réaction comparable à celle qu'il crut déceler au sein du public parisien assistant à des conférences de Keyserling au Trocadero: "une sorte de désappointement à ne discerner dans ses paroles qu'une lumière diffuse" *(Morale et Religion)*. Et encore, je m'offre ici le luxe d'être bien indulgent envers moi-même. Qu'aurait dit, en effet, Lavelle de mes idées, lui qui n'hésitait pas à soutenir que celles de Keyserling "ont un contour bien incertain"? Par ailleurs, j'ai le sentiment que, dans quelques instants, je vais tenter une démarche — pas trop longue, pour ne pas abuser de votre patience —, que les disciples et les fidèles de Louis Lavelle jugeront vraisemblablement un tantinet osée... Et cela, pour une raison fort simple: je ne suis en aucune façon un spécialiste de l'oeuvre de Lavelle. D'autre part, au risque d'aggraver mon cas, je vous dois un aveu: je me sens beaucoup plus à l'aise avec un Keyserling, un Berdiaeff, un Léon Chestov, un Gabriel Marcel qu'avec un penseur comme Louis Lavelle. Plus à l'aise avec tous ces philosophes qui cherchent — et je reprends ici les thèmes mêmes de Lavelle — "à éveiller, à ébranler, à féconder les âmes plutôt qu'à leur distribuer un enseignement ou une nourriture".

Alors, pourquoi venir parler de Lavelle dans le cadre de cette commémoration du centenaire de la naissance du philosophe français? La réponse est triple. D'abord, parce que, en dépit de tout, mon admiration pour lui est immense. Ensuite, parce que je crois que Lavelle, sans trop en avoir l'air, est néanmoins un étonnant *éveilleur*. Et, enfin, parce que je pense qu'il est important que son oeuvre soit tirée non du purgatoire — le terme est, me semble-t-il, impropre — mais du semi-oubli dans lequel elle se trouve enfermée du fait de certaines modes philosophiques. Ces dernières, nous ne le savons que trop bien, véhiculent généralement plus d'indifférence que de volonté — de cette volonté de parvenir à la vérité, à la réalité, de poser, d'exprimer, pour reprendre les termes de Lavelle dans *Présence totale,* "un acte de confiance dans la pensée et dans la vie".

Pour paraphraser notre philosophe faisant l'éloge de Malebranche, nous pouvons dire de Lavelle qu'il n'a "presque jamais obtenu toute l'admiration qu'il mérite". Il n'est peut-être pas sans intérêt de suivre ici Lavelle dans ses remarques concernant Malebranche: "L'admiration qu'il produit chez un petit nombre de ceux qui le lisent est à la mesure de son oeuvre: elle est pleine de force, de calme et de sécurité. Elle ne s'accompagne pas de ces ébranlements intérieurs que l'on a coutume de rechercher, alors que le propre d'une telle pensée c'est de les apaiser". Et, un peu plus loin, Lavelle ajoute: "c'est l'activité d'une sagesse souveraine avec laquelle il nous demande de coopérer" *(Panorama des doctrines philosophiques).* Ainsi se dessine toute la distance existant entre Malebranche, d'une part, et, gardons-le comme exemple, Keyserling, d'autre part. Redisons-le tout en le soulignant: alors que le premier s'efforce précisément de livrer un enseignement, le second cherche plutôt à provoquer, parfois de brutale façon, l'éveil, la fécondation de l'âme.

Avec la lucidité remarquable qui le caractérise, Lavelle savait que, en ces temps troublés que sont les nôtres, "après toutes les grandes commotions qui ébranlent la paix sociale, retirent à l'individu sa sécurité et l'alarment sur sa destinée", bien des hommes préfèrent se tourner vers des prophètes comme Keyserling — Berdiaeff ne disait-il pas que l'activité philosophique est essentiellement prophétique? — plutôt que vers ceux qui, ayant dirigé leur regard "vers la racine même de notre être", élaborent une métaphysique exprimée dans une oeuvre profondément structurée et difficile d'accès. Mais n'est-il pas toujours malaisé d'entrer dans le domaine "invisible et secret" de la philosophie, où nul ne pénètre, ainsi que l'exprime Lavelle, "tant qu'il garde encore dans l'esprit quelque préoccupation temporelle, le regret du monde ou le désir du succès" *(Panorama...).* Explication de l'insuccès de l'auteur de la monumentale *Dialectique de l'éternel présent?* Peut-être. Et si d'aucuns trouvent ce terme *insuccès* — pourtant suggéré par Lavelle lui-même — un peu trop fort, rabattons-nous sur le semi-oubli dont il a été fait mention précédemment. Ne jouons pas sur les mots: cela ne change rien au fond de notre affaire. Et ce fond, le voici: il importe que l'on découvre ou que l'on redécouvre l'oeuvre de Louis Lavelle. De nos jours, la complémentarité entre les conceptions de Keyserling, de Berdiaeff, de Chestov, de Cioran et celles de Bergson, de Blondel, de Lavelle est essentielle. Que l'éveil engendré par les uns se renforce à travers la rigueur de la réflexion développée par les autres, afin de constituer non seulement une nourriture spirituelle, mais encore un antidote permettant de passer sain et sauf à travers les intoxications idéologiques les plus dangereuses.

Si, au lieu des quelques remarques que je me permets de vous livrer ici, un peu en vrac, je vous avais présenté une communication portant sur un aspect de l'oeuvre de Louis Lavelle, j'aurais paradoxalement intitulé celle-ci "Louis Lavelle et le terrorisme"! J'entends déjà les objections: Lavelle n'a jamais parlé du terrorisme; il n'a cessé de nous mettre en garde contre le mélange du temporel et du spirituel, ce mélange ayant pour conséquence, comme il l'a rendu dans un raccourci saisissant, que "le temporel s'énerve et que le spirituel se corrompt", etc. Tout cela est vrai. Mais je constate aussi le profond désarroi de mes contemporains — celui des philosophes, en particulier — devant un phénomène comme celui du terrorisme. Je ne peux pas, lorsque je réfléchis sur ce dernier, ne pas penser à ces lignes extraites du tome I du *Traité des Valeurs:* "on peut bien dire sans doute que le mal est une option en faveur du néant, mais il ne faut pas oublier qu'il est dans l'être qui se met au service du néant, l'intention positive de préférer le néant à l'être. Il n'est donc pas le néant qui n'est proprement l'objet d'aucun jugement, mais l'être se retournant contre lui-même et se posant lui-même dans l'acte par lequel il se nie. Et c'est pour cela que le mal réside moins encore dans la volonté du néant que *dans la volonté d'être pour anéantir*". Texte admirable, est-il besoin de le dire, qui jette une lumière précieuse sur l'ensemble des ténébreuses implications engendrées par cette sorte "d'exaspération de l'existence" qui est, je crois, le déclencheur même de l'acte terroriste. Bien sûr, dans l'analyse du terrorisme, cela ne constitue qu'un premier pas. Mais, reconnaissons-le, quel pas! D'emblée, nous atteignons une profondeur de pensée qui laisse loin derrière elle nombre de questionnements — pour utiliser ce terme à la mode dans certains milieux (mais la mode, hélas, n'est pas toujours très heureuse...) —, de spéculations, d'hypothèses sociologiques, économiques, politiques, etc., et qui, en tous cas, nous permet de nous débarrasser de ce moralisme inquiétant dans lequel nous croyons trouver des éléments de solutions sociales, alors que, en fait, il n'est que le miroir reflétant quelques-uns des masques de notre impuissance.

Et ce premier pas accompli, pourquoi ne pas continuer? Pourquoi ne pas suivre Lavelle lorsqu'il nous fait passer par l'intervalle qui sépare la nécessité de la liberté? "La nécessité, écrit-il, ne peut être définie que par négation, comme ce qui ne peut être, ni être conçu autrement qu'il n'est. La liberté au contraire se trouve toujours liée à l'option et à la possibilité. Or c'est dans l'intervalle qui sépare les deux termes de ce couple que s'exerce l'activité qui nous est propre" *(De l'Acte)*. Les plus grandes philosophies se sont nourries d'une réflexion sur les contraires — songeons simplement à la *docte ignorance* de Nicolas de Cues — et, dans ce contexte, l'originalité de Lavelle saute aux yeux. Là où tant de penseurs ont trébuché sur les difficultés inhérentes à toute réflexion centrée sur les contraires, sur ces couples d'opposés que sont le plaisir et la douleur, le bien et le mal, la vie et la mort, etc., Lavelle retourne, avec la sensibilité extraordinaire qui lui est propre, ce qui confère à cette réflexion son éternelle actualité, son sens et sa grandeur: l'expérience de la primauté et de l'universalité de l'être comme affirmation suprême de la vie.

En tant qu'organisateur de cette cérémonie commémorative en l'honneur de Louis Lavelle, je ne puis terminer autrement que sur un souhait, formulé du fond du coeur, et qui — et c'est la raison pour laquelle j'en ai glissé quelques mots lorsque j'ai commencé à prendre la parole —, dans la mesure où il n'est pas dicté par le respect, l'admiration, la reconnaissance d'un disciple envers son maître, peut revêtir un peu plus de poids... Et ce souhait, le voici — pardonnez-moi la simplicité avec laquelle je le traduis: que l'on prenne davantage la peine de découvrir les écrits de Louis Lavelle. Il y a en eux quelque chose qui tient du trésor spirituel. Une commémoration comme celle que nous achevons de célébrer maintenant n'est qu'une façon de dire: ne passons pas à côté de ce trésor. Que le langage de Louis Lavelle nous soit plus ou moins accessible, peu importe. Car, avec ce grand penseur, la philosophie reste vraiment "ce qu'elle n'aurait jamais dû cesser d'être". Qu'est-ce à dire? Permettez-moi de laisser la parole à Louis Lavelle (Y-a-t-il meilleure façon de prendre provisoirement congé de lui?): la philosophie, c'est une "médiation sur la signification de cette vie dont chacun porte en soi à la fois la responsabilité et le mystère: là est pour tous les hommes la préoccupation essentielle devant laquelle toutes les autres pâlissent."

EXISTENCE ET PARTICIPATION

TARCISIO MEIRELLES PADILHA, RIO DE JANEIRO

C'est pour moi un grand honneur que de vous parler dans cette séance dans laquelle on célèbre le centenaire de la naissance d'un des plus grands philosophes de notre siècle, Louis Lavelle. Pour célébrer le centenaire de Lavelle, la Société brésilienne des philosophes catholiques, dont je suis le président, a préparé un volume spécial. Cette préparation est due à la générosité de la famille Lavelle. Mme Claire Lavelle m'a envoyé deux textes inédits de Louis Lavelle sur la participation créatrice et la participation morale. Dans ce volume nous publions, en français et en portugais, les deux textes avec une introduction. Dans une autre revue, la revue *Présence philosophique*, la revue *A Ordem* du centre Dom Vital qui est le plus traditionnel centre de culture catholique du Brésil, les mêmes deux textes seront publiés le mois prochain.

Cette façon de rappeler ce qu'il y a de plus important dans une pensée qui vraiment se situe au centre de la grande tradition métaphysique de l'Occident, s'impose justement en ce moment où il semble que l'homme a vraiment perdu l'espérance. J'ai dit "il semble", parce qu'il n'a pas perdu l'espérance. Dans ce sens, en continuant la tradition lavellienne, je viens de publier un volume *Une philosophie de l'espérance* dont j'espère qu'il sera vraiment une continuation de cette pensée dans les limites naturelles et de l'auteur et de la langue, la langue portugaise, dans laquelle ce livre a été écrit.

Ma communication est intitulée "Existence et participation". Parler sur Louis Lavelle est en même temps une tâche extrêmement facile et, paradoxalement, très complexe. En effet son oeuvre présente une extraordinaire cohérence interne, une telle harmonie que la pensée semble couler d'une source limpide et qu'à chaque instant jaillit la force paisible qui vient d'en haut et appelle vers le haut tous ceux qui s'en approchent. Cela est confirmé par Jean Baruzi selon lequel, chez Lavelle, il y a la sérénité des sommets. La beauté de la présentation des idées atteint chez Louis Lavelle les sommets de la possibilité humaine de l'expression, de telle sorte que l'esprit critique parfois peut même se tenir timidement à distance de crainte de troubler la pureté des idées dans la perception de la forme. De ce point de vue, peu de philosophes contemporains peuvent être comparés à Lavelle dont nous célébrons cette année le centenaire de la naissance. J'oserais même dire que la prose philosophique française a perdu avec Lavelle un de ses derniers représentants géniaux, à tel point qu'aujourd'hui le *modus dicendi* semble impliquer ou même constituer une forme d'agression du langage, et pourquoi ne pas le dire, de la personne humaine.

Deux questions s'imposent aussitôt à notre réflexion. Pourquoi ne trouve-t-on pas beaucoup de disciples de Lavelle? Pourquoi sa philosophie n'occupe-t-elle pas non plus la place prééminente qu'elle mérite? Nous soulignons ici la séduction esthétique exercée par la pensée lavellienne comme une donnée à considérer. D'autre part, Gaston Berger a signalé que la densité même de l'expression rend la pensée de Louis Lavelle d'une extrême difficulté. Il ne faut pas que la perfection du style et l'élégance de l'exposition fassent ici illusion. La densité de la pensée est liée de telle manière à la perfection du style, comme le dit Leroy, à l'oeuvre de Lavelle, qu'il nous procure une satisfaction esthétique, a-t-il dit, qui endort peut-être l'esprit critique. Les oeuvres morales de Lavelle révèlent une vocation que Le Senne a très bien qualifiée d'oecuménique. C'est cet effort de toujours regarder dans la direction de l'autre. Et Le Senne a également fait ressortir que Lavelle était soucieux de conserver à la pensée cette vocation oecuménique.

Chez Lavelle, comme chez les plus nobles des esprits aristocratiques, on trouve une modestie intime. Ils semblent parfois s'écarter des autres, mais c'est seulement parce qu'ils veulent écarter de leurs rapports avec les autres ce qui ne leur manifesterait qu'eux-mêmes. Il est important de faire ressortir que la vertu est envisagée dans une perspective méta-éthique. C'est ainsi que, parlant de l'humilité, Lavelle la situe dans le monde qui marque l'intervalle qui nous sépare du Tout. Notre propre pensée, au lieu de chercher à accroître indéfiniment notre nature individuelle, reconnaît que celle-ci n'exprime qu'une perspective particulière et limitée sur le monde, que cette limitation est une condition de la pensée, de la conscience et de la personnalité elle-même, que l'accroissement des richesses par lequel nous voudrions remplir l'intervalle qui nous sépare du Tout laisse toujours subsister un "infini au-delà" qui ne peut donc pas être une fin, mais seulement un moyen, qu'il convient de rappeler toujours notre nature à l'humilité et que sa véritable fin doit être de reconnaître sa place et sa fonction dans un monde auquel toutes les autres individualités collaborent.

La philosophie de Lavelle a connu une période d'hibernation même après la mort du philosophe. On doit enregistrer le paradoxe suivant. Les quatre premiers livres dédiés à l'étude de sa pensée ont été écrits par deux professeurs italiens Nobile et Pier Giovanni Grasso, un Hollandais, Bernard Delfgaauw, et un Brésilien, moi-même. Les ouvrages d'auteurs français ne seront publiés qu'après la mort de Lavelle. Cette période de purgatoire, comme dit très bien Henri Gouhier, ne traduit pas un oubli. Paul Ricoeur est beaucoup plus optimiste en soulignant que, autour de l'oeuvre de Louis Lavelle, de son style parfait, de sa sérénité presque spinoziste, une sorte de silence respectueux et gêné s'est fait en France. Les jeunes gens ne le lisent guère et leurs aînés discutent de préférence des oeuvres moins parfaites, mais plus incisives à leur gré, qui les ont rendus souvent inattentifs à l'entreprise immense du philosophe de l'Être.

Cela était naturel. Cela n'est sans doute pas durable. Lorsque le temps aura laminé les réputations, les vraies grandeurs se reclasseront. Je suis convaincu que Louis Lavelle au terme de cette épreuve sera pleinement reconnu. S'ouvre alors la perspective d'un retour du lavellisme sur l'arène des grands débats philosophiques. Il faut cependant remarquer que Lavelle ne se soucie pas d'avoir des continuateurs, des disciples. Pour lui la lecture des grands philosophes doit seulement amorcer nos réflexions personnelles et ne jamais constituer un itinéraire préétabli pour notre pensée.

La philosophie est au fond une pensée disponible, susceptible de s'unir éventuellement à une réflexion en marche, donnant lieu ainsi à une nouvelle ouverture sur l'Être. Du reste, la densité de la métaphysique lavellienne n'encourage pas les esprits avides de simples nouveautés. Le lavellisme est comme un estuaire où se rencontrent les grands thèmes de la philosophie classique avec les défis de la modernité. L'Être, l'acte, la valeur, la participation, l'existence, le temps et l'éternité, la sagesse, tous ces thèmes reçoivent un traitement conforme à la tradition métaphysique de l'Occident et affrontent les situations limites nées dans les laboratoires brutaux des deux grandes guerres mondiales.

Lavelle est un philosophe qui a vécu les horreurs de ces deux hécatombes et en a absorbé les leçons. De là vient l'immense valeur de ses méditations sur le mal et la souffrance, le narcissisme, la conscience de soi, la sainteté. On ne perçoit jamais en lui le professeur indifférent et lointain, mais au contraire l'attention qu'il voue à son prochain est la caractéristique frappante de sa personnalité accueillante. La pensée de Lavelle est le résultat d'un contact permanent avec le problème de l'homme moderne qu'il se propose de résoudre à la lumière de son réalisme spiritualiste. Je dirais que Lavelle a été en même temps un philosophe moderne et un philosophe éternel. L'existentialisme a particulièrement attiré l'attention du philosophe, aucun autre système ne traduisant de manière aussi expressive l'état de crise du monde actuel. Témoin cruel de notre époque, l'existentialisme accentue les traits amers de la misère humaine, dépeint l'homme comme un être prisonnier d'une vie dépourvue de sens, la mort étant un point final dans la chaîne d'absurdités d'une existence écoeurante. L'existentialisme ne se présente donc pas comme une thérapeutique capable de réintégrer l'homme dans les coordonnées d'une destinée transcendante, mais il se limite à une analyse phénoménologique de l'homme déchu sans que soient indiqués les antidotes contre le désespoir. Voilà pourquoi cette philosophie n'obtient pas de succès, sinon auprès des âmes déjà désespérées ou qui veulent l'être.

Lavelle a donc raison d'affirmer que l'existentialisme s'est limité à une physique de l'existence, substituant l'empirisme de l'objet à l'empirisme du sujet. Le mal de l'existentialisme a été de se structurer plutôt comme phénoménologie et non comme métaphysique. Il a produit un humanisme entièrement centré sur l'homme, mais un homme dont les amarres ont été rompues et qui, par conséquent, navigue sans boussole dans les eaux profondes de son monde intérieur. Lavelle observe que l'homme ainsi conçu rompt tous les liens avec l'Être où se trouve sa propre raison d'être, la lumière qui l'illumine, l'éternité qui le soutient et la clé de sa propre vocation temporelle. Peut-être convient-il ici de rappeler la thèse de Hegel selon laquelle nier l'Absolu constitue une posture irrationnelle. L'homme qui se dresse contre sa nature en se coupant de la source dont il provient perd le sens de sa propre existence.

Dans cette direction, le professeur Paul Albert Simon de l'Université Gama Filho de Rio de Janeiro développe en ce moment une patiente recherche sur la technologie et son impact dans l'existence humaine, notamment dans le champ du langage. Le succès scientifico-technologique ébranle les cultures et les valeurs traditionnelles, parce que la société actuelle se caractérise par une série de concentrations qui déracinent l'homme et éliminent la réciprocité, — on pourrait dire, la réciprocité des consciences, avec Maurice Nédoncelle. Les concentrations urbaines, économiques, politiques correspondent à une tendance occidentale à rechercher toujours un centre: théocentrisme, anthropocentrisme, géocentrisme, héliocentrisme, etc.

Cette préoccupation "centriste" s'est reflétée dans la phrase fameuse de Pascal: "c'est une sphère infinie dont le centre est partout, la circonférence nulle part". La réaction au centrisme a été radicale et le mouvement de réhabilitation des minorités, des marginaux, la proclamation du nihilisme ont été de purs corollaires.

On dit que Hegel a été le dernier philosophe systématique. Lavelle dément cette assertion *in acto exercito*. Sa philosophie constitue une synthèse structurée de manière cohérente, obéissant totalement aux exigences de la parfaite rationalité. Appréciant l'ouvrage de Lavelle *De l'acte*, le deuxième volume d'une série qui en prévoyait cinq, *La dialectique de l'éternel présent*, Gabriel Marcel reconnaît dans la philosophie lavellienne la force et l'originalité de l'une des pensées les plus cohérentes et les plus profondes de notre temps. L'enchaînement logique des thèses, l'articulation de la pensée, des médiations offrent un spectacle à la fois d'harmonie rationnelle et d'émotion esthétique, grâce aux condiments de la forme qui arrache le commentaire enthousiaste du maître de l'esthétique italienne contemporaine: "...E la immediatezza viva del suo pensare, era pari alla spontaneità quasi fluida del suo stile. Che per tale sua qualità era un dono contemporaneamente fatto alla letteratura e alla filosofia". Cette modalité d'ataraxie créée par Lavelle dérive exclusivement de la sagesse et de la sainteté qui dessinent le profil de ce saint laïc. Le saint se trouve au carrefour de deux mondes: le visible témoignant de l'invisible. Dans le monde des problèmes, le saint, par sa conduite, nous apporte les solutions. Le rôle des saints consiste à montrer ce que chacun peut faire de soi-même. Il est la transposition au plan spirituel de la pensée de Nicolaï Hartmann qui dit: "La foi que nous manifestons dans la valeur d'une autre personne possède un pouvoir créateur capable de la doter de toutes les qualités que nous lui attribuerons".

Il convient de distinguer dans la production intellectuelle de Lavelle les ouvrages métaphysiques, disons, de ceux de morale. Les premiers obéissent totalement au soin bénédictin de suivre un chemin conforme aux exigences de la logicité, aux contraintes méthodologiques les plus rigides, à la crainte révérentielle à l'égard des pas nécessaires des médiations irréductibles. Les oeuvres morales révèlent une sensibilité peu commune en face de la complexité de l'homme vu à la suite de Pascal comme "grandeur et misère". Les modulations du comportement, le sens de l'action, l'harmonie de la volonté et de l'amour, la recherche d'intégration des divers plans et niveaux de l'existence, l'équilibre entre le sensible et l'intelligible font de ses écrits des joyaux littéraires, et, certainement, devront apporter à ceux qui les connaîtront les baumes qui réalimentent les puissances du moi.

Les oeuvres métaphysiques assureront à Lavelle la condition éternelle d'un classique de la philosophie. Les livres de morale, par la profonde connaissance de l'âme humaine qu'ils révèlent, situeront le philosophe dans la galerie des moralistes de tous les temps.

La philosophie de Lavelle est avant tout une philosophie de l'Être. Dans sa thèse de doctorat, Lavelle signale que nous avons mis à la base de toute notre analyse la notion de l'Être, non pas seulement parce que toutes les autres la supposent, mais parce qu'elle est en principe d'une fécondité indéfinie. Au lieu d'être, comme on le croit, un genre abstrait et inerte, elle réside dans l'unité parfaite d'un acte qui s'exprime par une distinction sans cesse renouvelée et engendre une diversité réglée, semblable à la voix qui est une et émet une inépuisable variété de sons, et qui reste une, bien qu'une multiplicité d'individus l'entendent.

La métaphysique lavellienne, en fuyant le schéma géométrique des métaphysiques statiques, s'ouvre au dynamisme de l'être acte. Ici nous touchons le noyau du lavellisme, c'est-à-dire son participationnisme. Il s'agit ici de montrer que, selon Lavelle, découvrir l'existence du moi, ce n'est pas découvrir la présence de l'Être à l'intérieur du moi, mais la présence du moi à l'intérieur de l'Être. D'où l'on peut conclure que le mystère de l'Être ne fait qu'un avec le mystère de notre être propre. Et celui-ci ne peut être percé que lorsque la pensée devient assez lucide et assez aiguë pour atteindre notre point d'attache avec l'Absolu, c'est-à-dire ce point d'intérêt suprême où nous voulons ce que nous sommes d'une volonté éternelle qui éclaire chacun de nos actes particuliers et à laquelle nous sommes prêts à faire avec joie tous les sacrifices. L'expérience fondamentale se définit comme participation, comme l'a remarqué Johannes Hans Mayer. Il a dit: "Cette participation à l'Être est, pour Lavelle, une expérience primitive dont la certitude ne peut être mise en doute". On ne peut pas voiler l'importance du thème, car, quand nous disons que l'Être est présent au moi et que le moi lui-même participe à l'Être, nous énonçons le thème unique de toute méditation humaine, dit Lavelle. Mais, au lieu de reconnaître la présence de l'Être comme objet d'une déduction, il est évident qu'elle doit être l'objet d'une intuition. Cette participation à l'Être correspond à une exigence d'absolu qui habite notre propre être. M. Jurino le reconnaît en disant que "l'exigence de l'Absolu est fondamentale dans la philosophie de Lavelle". Lavelle conçoit par conséquent l'Être comme la source de tous les modes possibles de participation, l'existence comme l'acte de participation à l'Être en tant qu'il s'effectue dans un être capable de dire "je" et "moi", et la réalité comme l'Être encore en tant que présent tout entier au "je" et au "moi"; il les surpasse pourtant et affecte pour lui la forme d'un être donné.

Ainsi nous arrivons à cette délimitation du thème. L'existence ne peut vraiment être appréhendée elle-même que dans une expérience. Or l'Être ne se découvre à nous que dans l'expérience de l'existence. Mais l'expérience de l'existence, c'est l'expérience même de la participation. Il faut être conscient que la participation n'est au fond rien de plus qu'un consentement à l'Être. D'autre part, le propre de la participation, c'est de transformer sans cesse notre existence en essence.

Mais pour Lavelle quand on parle de l'Être, c'est à l'intériorité qu'on pense. La métaphysique devient par conséquent une science de l'intimité parce qu'il y a deux mondes qu'il faut dès l'abord distinguer: le monde de l'extériorité et le monde de l'intériorité. Lavelle nous apprend que l'intériorité n'est plus enveloppée par l'extériorité, mais, au contraire, qu'elle l'enveloppe. Mais il doit être clair que nous considérons l'opposition de l'intériorité et de l'extériorité comme étant un effet de la participation, bien que ce soit l'intériorité qui soit le fondement de l'extériorité. Lavelle nous révèle que le moi ne fait pas partie du monde, il n'est pas intérieur au monde. Le moi se constitue comme être, mais l'expérience primitive par laquelle le moi se constitue est une expérience de participation à un Être qui le dépasse. Par conséquent, c'est du côté de l'intériorité que se produit nécessairement la participation. Mais le moi n'est point une intériorité parfaite, c'est pour cela que la participation est toujours créatrice; et le mystère de la participation ne peut pas être distingué du mystère de la liberté.

Ici nous pouvons revenir sur nos pas et rappeler que l'Être est don de soi-même, raison par laquelle il s'offre à la participation afin que les autres êtres, en se constituant comme essences, soient des êtres-actes, c'est-à-dire des actes participés. Cette formation de l'essence suppose la liberté dont l'exercice est invariablement arrêtée par la résistance systématique des circonstances qui nous transforment en êtres de participation. Le monde matériel est de cette manière le médiateur entre l'Être et les êtres, entre l'acte pur et les actes participés. La réalité objective mesure l'intervalle qui les sépare et aussi le chemin qui les rapproche. L'existence participée doit choisir ainsi dans l'océan des possibilités d'agir tout ce que permet l'identité entre ce que nous voulons et ce que nous sommes, comme si nous-mêmes avions choisi les circonstances dans lesquelles nous vivons.

Une telle existence cependant se développe dans le temps sans que celui-ci s'immobilise dans le passé, vu que l'image du passé, le souvenir, porte la marque ineffaçable du présent. Toutefois, ni le passé ni l'avenir ne nous parlent de l'éternité que nous cherchons inlassablement. Seul l'instant, croisée du temps et de l'éternité, fournit à notre existence la matière première de l'agir libre avec lequel se tisse la trame de notre destinée. Celui-ci est cependant au-delà du temps parce que notre existence est un sillon dans l'éternité, et d'un autre côté, dans le temps parce que nous vivons emmurés dans le monde phénoménal de la temporalité.

C'est dans l'histoire de la philosophie que l'on perçoit le mieux le point de rencontre du relatif et de l'absolu dans ce qui touche la recherche de l'esprit humain. Le relatif exprime la dette de chaque penseur envers son époque et l'absolu ce que ses idées représentent pour la *philosophia perennis*. Par conséquent, l'ambition d'un philosophe doit être de dire la vérité éternelle à l'intérieur de la problématique de son temps, donnant ainsi la solution aux problèmes particuliers à la conjoncture spatio-temporelle de sa vie. Lavelle l'a bien compris quand il signala le caractère privilégié de chaque existence humaine et la perspective personnelle qui en découle en face de l'Absolu.

Philosophie d'aujourd'hui par l'enveloppe extérieure de sa présentation, philosophie éternelle par sa profonde conception de l'Être, le lavellisme est une invitation à suivre nous-mêmes l'itinéraire métaphysique qui va de l'intimité individuelle à l'intimité universelle.

LAVELLE ET LA MYSTIQUE

KARL ALBERT, KÖLN

En portant son regard en arrière sur la philosophie grecque préplato-nicienne, mais aussi en le portant en avant sur toute la pensée philosophique qui a suivi, Nietzsche écrit que l'affirmation "tout est un" prend sa source dans une "intuition mystique" et que cette affirmation se trouve "dans toutes les philosophies, avec des tentatives toujours renouvelées pour lui donner une meilleure expression". Selon Nietzsche toutes les prises de position philosophiques portent sur l'unité de l'être. Cette unité cependant n'est pas une conclusion obtenue par abstraction, mais elle est donnée par "intuition", c'est-à-dire par une connaissance immédiate, connaissance certes intellec-tuelle, car la connaissance sensible ne perçoit l'être que dans sa multiplicité. Or Nietzsche qualifie en outre cette intuition, qui est le fondement de la pensée philosophique, de "mystique". Cela signifie avant tout que dans la connaissance de l'unité de l'être, le connaissant s'unit au connu de sorte qu'une "unio mystica" a lieu. Les considérations qui suivent sur la philosophie de Lavelle sont consacrées aux rapports entre l'origine de la pensée philo-sophique dans une connaissance immédiate intellectuelle et la doctrine philo-sophique de l'unité de l'être.

I

Le livre de Lavelle *De l'Être* a paru dans sa première édition en 1928, à peu près en même temps que *Sein und Zeit* de Heidegger. Mais dans sa thèse de doctorat Lavelle avait déjà déclaré que "la notion de l'être pur est l'objet primitif de la méditation philosophique" (*La dialectique du monde sensible*, p. 1). La notion d'être remonte au commencement de la pensée philosophique chez les Grecs. C'est chez Parménide que "paraît pour la première fois la notion que tous ses prédécesseurs avaient en vue, et sans laquelle après lui personne ne pourra jamais philosopher, la notion de l'être" (O. Gigon: *Der Ursprung der griechischen Philosophie*, p. 10). Parménide est aussi un penseur dont la doctrine est fondée sur une expérience de caractère religieux et très proche de l'expérience mystique. Un signe en est le prologue du poème parménidien où le chemin du philosophe jusqu'à la connaissance de l'être est décrit comme un voyage vers l'au-delà, chez une déesse qui révèle la vérité (28 B 1). Cette vérité est simple et lapidaire: "l'être est, le non-être n'est pas" (B 6,1 s.). La déesse dit aussi de l'être "qu'il n'a ni commencement, ni fin, parce qu'il est maintenant comme un et tout" (B 8,44 s.). Et Lavelle le commente ainsi: "Parménide peut être regardé comme le fondateur de l'ontologie, qui est une mystique, et la plus austère de toutes" (*Panorama des doctrines philosophiques*, p. 42). La double affirmation sur l'être et le non-être est considérée par Lavelle comme "l'acte de conscience métaphysique, sans lequel tout autre acte de pensée perdrait son support et sa validité" (*Introduction à l'Ontologie*, p. 9). C'est un acte primordial.

Lavelle insiste sur le fait que ses propres affirmations sur l'être se rapportent à une expérience: "l'expérience de l'être" qui est en même temps une expérience de la présence et une expérience du tout de l'être. On peut dire de cette expérience qu'elle est "une expérience initiale qui est impliquée dans toutes les autres et qui donne à chacune d'elles sa gravité et sa profondeur: c'est l'expérience de la présence de l'être" (*La présence totale*, p. 27). Nous faisons donc constamment l'expérience de l'être, mais en général nous ne faisons pas attention à lui parce que nous sommes distraits par la multiplicité confuse des choses et par les nombreux événements à l'intérieur de cette multiplicité. Mais: "Le propre de la pensée philosophique est de s'attacher à cette expérience, d'en affiner l'acuité, de la retenir quand elle est près d'échapper, d'y retourner quand tout s'obscurcit et que l'on a besoin d'une borne et d'une pierre de touche, d'analyser son contenu et de montrer que toutes nos opérations en dépendent" (o.c., p. 28). La philosophie serait donc l'épanouissement de cette expérience fondamentale: que l'être est présent au moi et que le moi est présent à l'être (ce qui peut aussi être compris comme une participation du moi à l'être). Dans cette expérience, l'être apparaît comme une présence totale (comme déjà chez Parménide).

L'expérience de l'être n'est pas seulement le point de départ de la pensée philosophique, mais aussi son but. Pour répondre à l'aspiration des philosophes, il n'y a pas un autre but à poursuivre au-delà de l'expérience de l'être: "Que l'on ne dise pas que cette expérience est évidente et qu'elle doit être faite, mais qu'elle est stérile si on ne la dépasse pas aussitôt: elle contient en elle tout ce que nous pouvons connaître" (o.c., p. 29). L'expérience de l'être nous montre l'être dans son unité, dans sa totalité, dans sa plénitude. "Quand cette présence est donnée, c'est l'effort de la connaissance qui a atteint son dernier point" (o.c., p. 58). L'expérience de la présence de l'être est une expérience définitive, indépassable, parfaite.

Ainsi on trouve "l'intuition mystique", — qui est, selon Nietzsche, la source de toute pensée philosophique, — ainsi que la recherche d'une meilleure expression à donner à l'affirmation de l'unité de l'être, non seulement chez l'Éléate Parménide, mais aussi chez le philosophe du vingtième siècle.

II

Lavelle a caractérisé sa philosophie comme "une méditation personnelle dont la matière est fournie par cette *philosophia perennis* qui est l'oeuvre commune de l'humanité" (o.c., p. 20). À partir de cette "philosophia perennis", deux courants apparentés ont eu une influence singulière sur la pensée lavellienne: le platonisme et le spiritualisme français.

La philosophie platonicienne est regardée par Lavelle comme "la plus grande sans doute de toutes les doctrines philosophiques, celle qui n'a cessé d'inspirer et nourrir la spéculation métaphysique et religieuse depuis plus de vingt siècles" (*Panorama des doctrines philosophiques*, p. 74). À propos d'un livre récent sur Platon Lavelle publiait un article sous le titre significatif "L'actualité de Platon", dans lequel il disait que "nul ne philosophe s'il ne platonise" ("Psychologie et spiritualité", p. 23).

Il faut dire que la philosophie platonicienne ne semble pas être très éloignée de la mystique. En particulier, depuis les travaux des savants H.J. Krämer et K. Gaiser, la différence entre Platon et Plotin est considérée comme beaucoup plus mince que les philologues, qui n'ont étudié que les dialogues, ne l'ont supposé. Et Plotin appartient sans doute aux mystiques.

Chez Lavelle le côté mystique de la philosophie platonicienne apparaît particulièrement dans les développements sur la notion de contemplation, qui veut rendre la notion grecque de *theoria*. À ce propos Lavelle fait d'abord ressortir qu'il n'y a pas de contemplation sans pureté de l'esprit: "Il y a une vie contemplative qui suppose une disposition permanente de l'âme à laquelle nous devons nous préparer par une purification intérieure" (*Panorama des doctrines philosophiques*, p. 82). Car: "une pensée sans mélange peut seule appréhender l'être sans mélange" (o.c., p. 79). Dans la contemplation donc l'esprit pur rencontre l'être pur. Elle transcende la connaissance quotidienne en abolissant la distinction du sujet et de l'objet et en réalisant "cette parfaite unité de notre âme que seule peut nous donner la présence même de l'Un" (o.c., p. 80). L'acte de la pensée contemplative atteint son but au foyer commun de toutes les idées "que Platon appelle l'Un ou le Bien" (o.c., p. 79). Le Bien et l'Un sont, chez Platon, identiques aussi au Beau. Dans la contemplation du Beau lui-même se réalise, selon l'interprétation que Lavelle donne de Platon, "le mariage de l'âme et de l'Un" (o.c., p. 80 s.). Ce qui signifie que Lavelle explique ici Platon par la pensée mystique de Plotin.

Nous abordons maintenant le deuxième courant de la tradition philosophique qui a influencé la doctrine lavellienne: le spiritualisme français. Lavelle le fait remonter à Descartes. Le "Cogito" cartésien est pour Lavelle une découverte dont la portée est "moins de donner à notre être propre un caractère purement subjectif, que de lui ouvrir une place, grâce à cette forme subjective, à l'intérieur de l'être absolu" (*La Présence totale*, p. 70).

La tradition cartésienne fut continuée par Maine de Biran. Celui-ci a remplacé le "cogito, ergo sum" par le "volo, ergo sum". Chez Biran on peut trouver des passages qui sont à classer dans la littérature mystique. Mais avant tout il est spiritualiste. Lavelle l'a interprété dans le sens de la philosophie lavellienne en disant: "Maine de Biran a admirablement senti que l'on ne pouvait participer à l'être qu'en créant son être propre, c'est-à-dire par l'activité" (*La philosophie française entre les deux guerres*, p. 73).

À la tradition spiritualiste appartient aussi Henri Bergson dont la philosophie, selon Lavelle, a provoqué une révolution semblable à celle de Descartes en tant que "comme toutes les révolutions philosophiques, elle est un retour vers cette intériorité de l'être à lui-même où le moi cherche un contact personnel avec l'absolu" (Leçon inaugurale, p. 17). Lavelle approuve la doctrine bergsonienne de l'intuition grâce à laquelle on peut triompher du positivisme. Il approuve aussi la philosophie bergsonienne de la religion, dont la mystique chrétienne selon Bergson est la forme supérieure, et cela parce que, dans la mystique chrétienne, il y a abolition de l'opposition entre la théorie et la pratique: "Le sommet du mysticisme dans l'antiquité a été atteint par Plotin, qui est allé jusqu'à l'extase contemplative, mais non pas jusqu'à ce point extrême où le mysticisme devient agissant, où la volonté humaine se confond en lui avec la volonté divine. Pour Plotin l'action est un affaiblissement de la contemplation... Mais le véritable mysticisme est celui des grands mystiques chrétiens" (*La philosophie française entre les deux guerres*, p. 109).

Lavelle aussi est spiritualiste. C'est avec raison qu'on a appelé sa doctrine une "philosophie de l'esprit" (et c'est le nom qu'il a lui-même donné à la collection qu'il dirigea avec René Le Senne). Mais le spiritualisme lavellien a un caractère mystique et c'est pour cela que Le Senne a interprété la pensée de Lavelle comme un "mysticisme philosophique" (*Giornale di metafisica* 7, 1952, p. 420).

III

Dans une lettre à F.M. Sciacca, Lavelle écrit: "Nous nous efforçons de maintenir ou de ranimer une philosophie qui peut être considérée comme d'inspiration platonicienne et cartésienne et dans laquelle l'apport du christianisme est capital" (o.c., p. 487). Nous avons déjà parlé du platonisme et du cartésianisme lavellien, qui en vérité est un spiritualisme. Nous parlerons maintenant de l'empreinte du christianisme sur la philosophie de Lavelle.

Le christianisme de Louis Lavelle a un caractère mystique. La théologie officielle cependant a en général une certaine méfiance à l'égard de la mystique. Mais il est évident qu'il y a dans le Nouveau Testament et chez les Pères de l'Église déjà des pensées mystiques. Celles-ci sont le plus souvent rejetées à l'arrière-plan, en particulier dans la théologie protestante. Luther, qui encore en 1516 avait édité la *Theologia deutsch*, un livre de mysticisme allemand, s'est plus tard détourné de la mystique, et pendant les siècles suivants, le protestantisme s'est tellement éloigné de l'opinion originaire de

Luther qu'Emil Brunner, dans son livre *Die Mystik und das Wort (La Mystique et la Parole)*, a pu établir une opposition entre l'Évangile et la mystique.

Chez Lavelle on trouve peu de remarques sur la mystique en général. Sans doute se sentait-il trop lié au mysticisme pour vouloir ou pouvoir faire des développements à ce sujet. Mais il est manifeste qu'il s'est occupé de la mystique chrétienne dans le livre où il expose la vie et la doctrine mystique de François d'Assise, de Jean de la Croix, de Thérèse d'Avila et de François de Sales (*Quatre saints*, p. 57-212). Nous savons en outre que Lavelle a beaucoup estimé son compatriote Fénelon, le théologien mystique. Il semble cependant que Lavelle a moins bien connu la mystique philosophique du moyen âge, quoiqu'il y ait, dans la collection "Philosophie de l'Esprit", un ouvrage contenant des sermons et des traités de Maître Eckhart, traduits du moyen haut allemand en français (les écrits latins d'Eckhart, dans lesquels se trouve une mystique de l'expérience de l'être, étaient peut-être peu connu en France à l'époque).

Dans un livre qui se distingue par la beauté de son style, Lavelle fait mention du silence dans l'école de Pythagore; il cite le mot attribué à Apollodore "que le silence mystique honore les dieux en imitant leur nature" et ajoute: "Le silence nous met en rapport avec Dieu comme la parole avec les autres hommes" (*La parole et l'écriture*, p. 152). Et: "Dieu est connu dans le silence" (o.c., p. 153). Car: "Il ne se découvre à nous que dans la solitude, et dans le secret le plus profond de notre coeur" (o.c.). C'est une mystique, et plus précisément une mystique qui retourne aux sources grecques de la philosophie (Cf. O. Casel: *De philosophorum Graecorum silentio mystico*).

LOUIS LAVELLE

JUILLET 1883 — SEPTEMBRE 1951

ANTOINETTE VIRIEUX-REYMOND, LAUSANNE

Le centenaire de la naissance de Louis Lavelle tombe le 15 juillet 1983. S'il est très important de célébrer ce centenaire, c'est pour la raison suivante: il a revalorisé le rôle de la métaphysique conçue comme *philosophie de l'esprit*. C'est le titre qu'il a donné à une collection fondée par lui et son ami, le philosophe René Le Senne, chez Aubier en 1934, "afin de s'opposer au matérialisme régnant et de montrer, malgré le témoignage des sens et le préjugé de la conscience commune, d'abord que la matière n'est rien sans l'esprit qui la pense, qui définit l'usage qu'on doit en faire et la signification qu'on peut lui donner, ensuite, que c'est l'esprit lui-même qui constitue la réalité véritable, alors que la matière est seulement le moyen par lequel il s'exprime et, si l'on veut, sa manifestation ou son phénomène."[1]

C'est au congrès de Bordeaux des Sociétés de philosophie de langue française (septembre 1950) que j'ai eu le privilège de faire sa connaissance. J'avais résumé ainsi la leçon que j'avais tirée de notre entretien: "sacrifier ce que l'on a (matériellement) pour être plus pleinement". C'est d'ailleurs la communication de Louis Lavelle à ce congrès que les éditeurs (René Le Senne et Mlles Lavelle) ont utilisée comme conclusion du bel ouvrage posthume: *De l'intimité spirituelle*. De cette conclusion, j'aimerais citer les lignes suivantes définissant la sagesse: "La sagesse, c'est la conscience que nous prenons de la valeur: et il est impossible de distinguer sa présence de son efficacité...". Les dernières lignes insistent sur le fait que "la vie spirituelle paraît toujours une vie intérieure et secrète, distincte de notre vie manifestée, mais telle pourtant que la sagesse n'accepte leur dualité qu'afin de la surmonter..."[2]

L'oeuvre fondamentale de Louis Lavelle est la *Dialectique de l'Éternel Présent*, dont seuls ont paru les premiers volumes: tout d'abord sa thèse sur *l'Être*, suivie par *De l'Acte, Du Temps et de l'Éternité, De l'Âme humaine*. Elle devait être suivie par une étude sur la Sagesse dont on devine les grandes lignes grâce à la communication de Bordeaux qui vient d'être citée.

Frédéric Lefevre disait, dans un radio-dialogue avec Louis Lavelle, l'effroi qu'il ressentait à traduire, en quelques instants, l'essentiel de l'oeuvre de Lavelle. Il en est de même aujourd'hui pour moi. Dans cet interview, Lavelle souligne l'importance qu'a eue Bergson pour le convaincre "que la philosophie ne vaut qu'à condition d'exprimer un contact direct, sincère, immédiat et profond avec la vie concrète..."

À cette influence se joint celle de Kant et ici, je me permets de citer les lignes suivantes: "...le plus grand mérite de Kant, c'est d'avoir ruiné la métaphysique de l'objet"[3]. La métaphysique, selon Lavelle, est conçue comme "la découverte et l'approfondissement de l'intimité, comment elle se fonde sur une expérience qui, il est vrai, n'est jamais celle de l'objet donné, mais celle d'un accomplissement avec lequel l'être qui s'accomplit ne peut jamais manquer de s'identifier"[4].

Bien souvent, en relisant les oeuvres de Louis Lavelle, j'ai songé à une note, au crayon, tracée dans un des calepins où Arnold Reymond, frappé de mutité, les dix-huit dernières années de sa vie, écrivait ses réflexions: le spiritualisme provient de l'idéalisme (probablement platonicien), influencé par le christianisme.

Parmi les nombreux passages que j'aimerais citer, je voudrais, au moins, mentionner celui-ci: "La personne, c'est l'esprit même considéré en tant que liberté, ou puisque c'est la liberté qui le fait être, elle est l'esprit en tant que possibilité, en tant que conversion éternelle de la possibilité en actualité. La valeur réside au point même ou cette conversion se réalise. Elle est la suprême raison d'être et créatrice de toutes les raisons d'être. Par là elle s'oppose à la cause qui règne dans le monde des choses, dans un monde gouverné par la loi de l'inertie où toute détermination est d'origine extérieure et ne peut être que subie. Au contraire la valeur n'a d'existence qu'en nous et pour nous..."[5].

De l'avertissement rédigé par sa fille Marie Lavelle à un autre ouvrage posthume *Conduite à l'égard d'autrui*, j'aimerais détacher les lignes suivantes: "...de l'usage que nous faisons de notre liberté dépend tout le bien et tout le mal. L'homme qui oscille sans cesse entre l'enfer et le paradis porte en lui le pouvoir de se dégager de l'enfer: la voie de l'espérance est toujours ouverte à qui vit avec courage. Un tel optimisme n'est ni faiblesse ni abandon. Il est effort et volonté".

Tous ceux qui ont connu Louis Lavelle trouveront dans ce livre posthume la vivante évocation de ce qu'était sa conduite à l'égard des autres hommes: sa discrétion et son exigence, la qualité de son accueil, une confiance qui écartait la confidence et l'attente anxieuse d'une rencontre où chacun se trouvât enrichi, compris, confirmé dans les parties les plus hautes de lui-même. Car il ne séparait pas la philosophie de la vie. Ce passage indique bien les raisons pour lesquelles le centenaire de Louis Lavelle doit être célébré.

NOTES

1. Louis Lavelle, *De l'intimité spirituelle*, (Oeuvre posthume), Paris, Aubier, 1955, p. 270.

2. *Ibidem*, p. 255.

3. *Ibidem*, p. 97.

4. *Ibidem*, p. 109.

5. Louis Lavelle, *Traité des valeurs*, Tome II, Paris, P.U.F., 1955, pp. 460-461.

JOSE ORTEGA Y GASSET
1883-1955

COLLOQUE

COLLOQUIUM

KOLLOQUIUM

COLOQUIO

ORTEGA AND HUMAN LIFE: AN EXPLORATORY ESSAY

WILLIAM J. KILGORE, WACO

In words directed to the "Reader" at the beginning of the *Mediations on the Quijote*, Ortega emphasizes that the meditations anticipated by the title are "essays motivated by intellectual love." (*Obras*, I, 311.)* This intellectual love will take him "along the shortest path to the full meaning of whatever is loved or examined — whether it be a man, a book, a painting, a landscape, an error or pain." (Ibid.) The desire to come to the full meaning of whatever is examined is a desire that permeates all the work of this great writer and philosopher.

In the few moments that life has allotted to this explanatory essay, I would like to begin the journey along the path to a full statement of what Ortega had to say about human life. Whether this is the shortest path or whether the understanding we attain is acceptable can be decided when we come to the end of the essay.

Human life as a philosophical theme was of great interest to the modern age, that is, the era dominated by the Cartesian perspective. And, to be sure, the new age which Ortega helped shape has no little interest in the topic. However, as Richard Bernstein points out in *Praxis and Action*, the approach to the topic taking shape in the twentieth century is significantly different from the approach taken in the Cartesian period. From the prospective of the twentieth century, the concept of man woven into the thought of the modern age is distorted. "It has been distorted not only by the preoccupation with man as knower, but by a certain view of what knowledge is

---

* References to Ortega's works are taken from *Obras Completas*, Revista de Occidente, Madrid, 1966.

or ought to be — one that is 'incorrigibly contemplative.' To correct this distortion, to achieve a better understanding of just what sort of creature man is and can be, we need to understand him as an agent, as an active being engaged in various forms of practice." (Richard Bernstein, *Praxis and Action*, University of Pennsylvania Press, 1971, p. 7.)

This is the same perspective that Ortega has toward human life, a very complex reality that can be understood only as we recognize it as a reality that is being made, a reality that is a process, that has a history. Ortega stresses that human life is a reality in which my "self" and "world" never occur separately. This emphasis has interesting parallels in the work of Martin Buber, C. S. Peirce and many others. (Obras, IV, 400.)

The similarity with Buber is that "self" and "world" are a single reality. One could even say that they are a relation and that apart from the relation, there is neither self nor world. Thus, for Ortega as for Buber the basic or radical realities are relations and not substances or entities that exist in a manner that is essentially separate from other entities or substances.

The parallel with Peirce and other American pragmatists is found in the weight given to the circumstance or world, for it comes to be a force against which the self presses and as it presses, the self takes on new dimensions. For Ortega, this surrounding circumstance, never separated from the self, takes on a different form for each individual, although it will have characteristics common to many 'others.' In this respect, he differs from Peirce, who emphasizes the common traits in the circumstance, since he held that by means of the sciences we would eventually come to the truth about the circumstance or world.

However, while these parallels are helpful, Ortega's original perspective is what comes to our attention. Ortega approached the theme of human life from several different starting points. In *History as System* we find that human life receives attention due to the dimension of life that is not a part of nature. Nature, within the context of this book, is what is eternal, that in our circumstance that is unchanging and therefore can be studied by the sciences. Modern philosophy and the sciences that emerged from it accepted reality as a thing, as something fixed, eternal, immutable. The concept of nature, of reality of the Cartesian *res* was precisely that. Even if our attention shifts from the changeless thing to unchanging laws, the transition is of no consequence because the thing as well as the law lead to the same inertia.

With Kant, modern philosophy begins "its second apprenticeship" in recognizing that thought imposes certain forms on the real, on what is outside the self. So, in order to understand the real as it actually is, one needs to pull back out what the mind puts into reality. That is, "we must learn to deintellectualize the real in order to be true to it." (*Obras*, VII, 30.) Hence we must give up "the comfort of presuming that the real is logical and [acknowledge] that thought only is logical." (*Obras* VI, 30.) By accepting this interpretation, we recognize that "things are the ideas that emerge from our head and we take them as realities." (*Obras*, VI, 31.)

Given this orientation, the world begins to suffer radical changes, for we can no longer turn to it and find structures that endure or an unchanging environment to study, understand and admire or even a place to build a secure nest for our life. Because "nature is an ephemeral interpretation that man has bestowed on what his life encounters." (*Obras*, VI, 31-2.) In placing nature to one side and depriving it of importance as a basic reality, Ortega introduces human life as the radical reality, that is, as the reality to which "we must refer all the others." (*Obras*, VI, 13.) Thus, "human life, as lived by each individual [is] the fact prior to all facts in which all the others are sustained and from which they emanate." (*Obras*, VI, 32.) In the light of its importance, the need to see human life "as given in its elementary naked-ness, [to see it] through concepts geared only to describing life, accepting no directive whatever from traditional ontology." (*Obras*, VI, 32.)

On the basis of this approach, the place where we will seek to open a breach in reality is human life, for there we will find out that reality is and how it is structured in all its marvelous variety, harmony and contradiction. Ortega insists, however, that he is not concerned with human life in general, but in particular. His focus is on the life of the specific individual, since the individual is the only radical reality. As to all the rest, if anything is to be understood about it, it will be understood because it is rooted in or is shaped by a specific life. Which, then, are the concepts appropriate for describing the human life of each individual?

This aspect of the thought of Ortega is the most important and also the most controversial, since it has to do with the claim that "I am I and my circumstance." The difficulty lies in that far from being a simple affirmation, the meaning is rather complex and at times difficult to grasp. As Dr. Julian Marias points out, "Ortega's writings should always be taken as icebergs" in the sense that what was written or published must be understood in the context of much more that was not published but is implicitly contained in what was published. (J. Marias, *Jose Ortega y Gasset: Circumstance and Vocation*, p. 235.)

Let us turn to the task of identifying more specifically what human life is. The first matter to notice is that such life is always concrete. It is the life of some specific human being and consists of a self, an I, that is, of a 'being aware', of a finding out that is transparent; it is a finding oneself concerned with something or other. The self or I is given as a being for something, as the I that makes decisions about what is at hand to do. However, recognizing that the I is given in this way forces us to recognize that the I is never given alone but always comes surrounded by its circumstance. The ways of acting of the I are creations of that I which emerges as actions that have meaning for that I and for which that I is responsible. The fact that these actions are always actions of a specific somebody and have meaning for that somebody who is responsible for them, makes of the I a solitary I. This means the I has an integrity that it shares with no other I. (*Obras*, VII, 75.)

Solitude receives a lot of attention in *Man and People*, but it is solitude in the sense that there are certain actions such as acquiring evidence, making decisions, feeling, exercising one's will that each somebody must do for him or her self. These actions are not transferable from one somebody to the next, hence human life "is essentially solitary, radically solitary." (*Obras*, VII, 105.)

The solitude of the I does not annul the possibility of relationships between persons, although it places restrictions on these relationships. What it does insure is that each somebody has an integrity or identity that distinguishes him or her from every other somebody. Solitude also includes dimensions characteristic of sharp separateness and isolation usually associated with Existentialist thinkers, Sartre in particular. (J. Marias, *Jose Ortega y Gasset: Circumstance and Vocation*, p. 410-11.)

We have seen a brief review of the vital, active dimension of human life. Now we must clarify the structure of the circumstance, which enables the I to be concerned with something. The circumstance is made up of things or pragmata, of "instruments, tools, household goods or means that are useful (to the I)." (*Obras*, VII, 117.) Surrounding these things or pragmata that are immediately and actually present, there are others that make up the horizon or background against which the actual things stand out. These things are given habitually instead of actually. In addition, we have what lies beyond the horizon.

The manner in which the I carries out its happening in the world has a certain depth or thickness created by the turning into oneself (ensimismamiento) and engagement with others (alteracion) that characterize the I in its circumstance. Were it not for the turning into oneself (ensimismamiento) and the corresponding engaging with others (alteracion), the relationship of the I with others that surround him or her probably would not be of interest.

For Ortega, the 'other' is the part of my circumstance with which there is a "cor-respondence" or "reciprocity" in which not only am I a center radiating acts toward the other being, but that other being is also radiating acts toward me; therefore, his actions must be anticipated in mine. I anticipate his actions because he anticipates my actions in his. (*Obras*, VII, 135.) My interaction with the other when proximity leads to intimacy enables "the other to become close and unique,...a you." (*Obras* VII, 152-3)

Thus far we have seen a brief description of the principal aspects of human life. In the final part of this essay, I would like to comment on the radius of action inherent in Ortega's claim, "I am I and my circumstance."

Ortega insists that human life is the radical reality. The character or structure of this life is seen in the statement "I am I and my circumstance." In clarifying the structure of human life, the following question comes to mind: How do I work with that phase of my circumstance in which the action of the one next to me is as radical a reality to him as my action is a radical reality to me? Or, as Ortega points out, how do I recognize that the other "has an I that is in him what my I is in me." (*Obras*, VII, 148.) This recognition leaves us with problems because my access is only to the gestures and glances of the other. My only contact is with masks, although it is true that "little by little, I come to know him better and I can decipher his face, his gestures, his acts in more detail." (*Obras*, VII, 150.) Further, I recognize "that my relation to him becomes more active, that I act on him and he acts on me." (Ibid.) This action, however, is always through our circumstance which, I begin to understand, has dimensions that are common to us. However, even though "being open to the other, to others, is a permanent and constitutive state in Man," (*Obras*, VII 150.) it does not seem to include a dimension in which one could speak of some other as a person or an I who would have the same integrity or solitude that would be true of me.

It is interesting to note that Ortega shares Buber's perspective along several lines, especially with regard to man's primary condition, in which he finds himself with other men and that through activity and interaction with others relationships are established and that through proximity and intimacy the other can become you and that at last, the I appears. (Cf. Buber, *I and Thou*, pp. 77-9, *Obras*, VII, 152-3.) The development of human life can create relationships between the I and its circumstance such that the circumstance becomes a thing and the relationship is one of convenience or utility. In Ortega's words, every circumstance becomes part of a pragmatic field. The second possibility for Buber is that human life can respond to relationships between the I and its circumstance such that the circumstance is recognized as you and the relationship is not tainted with nor is it part of a pragmatic field. (Buber, *I and Thou*, p. 55.) For Ortega, the you cannot escape being part of a pragmatic field, because he is the other and part of my circumstance although he is "the Other in a unique way." (*Obras*, VII, 143, 153.)

The difference between Ortega's perspective and that of Buber is found in what the circumstance includes. For Ortega, my circumstance includes every result of my action but does not seem to allow for the 'you' to whom Buber refers. Buber's 'you' is not the result of my doing rather it is an invasion of my doing, it is a gift or grace for which there is no antecedent or explanation in my doing. If it is true that the radius of action of my self and its circumstance excludes the possibility of 'you' as understood by Buber, one would have to determine if Ortega's perspective has the potential for changing so as to recognize the 'you' Buber speaks of.

Another topic related to this one that needs exploring is the way Ortega's perspective compares with that of the classical American pragmatists. Ortega's affirmation about the relationship between praxis and I and my circumstance is intriguing. He even indicates that what we call a thing is best understood as a pragma, a way of functioning or doing rather than a substantive entity. (*Obras*, VII, 117.) However, Ortega develops his perspective giving more weight to the resistance of the circumstance or what Peirce would call Secondness. Further, for Ortega, Science does not have the importance it had for Peirce. In this respect Ortega's perspective is more in keeping with XXth Century beliefs. The ramifications of this theme are complex and will need to wait for another essay.

Here, then, let us rest from this walk down the path to full meaning, even though the intellectual love that brought us here is more intense than when we first began. But such yearning is to be expected, for it is the heritage Ortega left for us.

THE CENTENNIAL OF ORTEGA Y GASSET

ANTONIO ELIAS, AMBASSADOR OF SPAIN TO CANADA

It is appropriate that the World Congress of Philosophy should devote some of its time to Ortega y Gasset, not only because this is the centennial year of his birth, but also because the main theme of this Congress (Philosophy and Culture) was very much *his* theme. Ortega's philosophy was in good measure directed to a redefinition of culture that would root it again in its proper soil, where it should flourish and where it can only flourish properly, that is in life itself.

At one hundred years of distance of his birth and seventy of the initiation of his creative period, a reevaluation of Ortega is in order, both in terms of his general impact and of his influence in shaping the mind of his fellow Spaniards. On closer approach, and using his own method, both dimensions of his work appear inseparable. His significance for the general evolution of philosophy consists in a contribution that only a Spanish mind of his time could offer, but on the other hand his profound and lasting influence within Spain rests on the realization that for the first time since the XVIth century a Spanish product of the intellect was gaining universal recognition and general relevance in the realm of pure thought. Spain began to feel solidary again with Europe, thanks in good measure to Ortega y Gasset. A new mentality arose, of which he was both the forerunner and the most distinguished specimen. It seems today obvious for Spaniards to feel like Europeans, and I think, we should put on record on this occasion how much we owe to Ortega for this present dimension of our social life.

Let us recall the situation in our country when Ortega initiated his work. At the beginning of this century Spain was embarked in a great task of reconstruction consequent to the disastrous outcome of the colonial wars and the confrontation with the United States. The country was at its lowest point, both materially and morally. As usual, the first to react collectively in a coherent way was a group of intellectuals, the movement known as "Generation of 1898", among them Miguel de Unamuno. Their literary and occasionally political activity was an agonizing reappraisal of national life, of its meaning and objectives. It was a tremendous effort to give an answer to the question: what is wrong with us? The general sense of their answer was that although Spain had lost its strength and had been defeated, its essence was intact and still valid. In other words, the ills of Spain were accidental. Unamuno went as far as advocating the Hispanization of Europe as opposed to the Europeanization of Spain. He also stressed the superiority of spiritual values, supposedly incarnated by Spain, and deprecated material progress in his famous exclamation "Let them invent!".

A few years elapsed and a new generation appeared around 1914, of which Ortega was the most remarkable figure. Their diagnostic is quite different. The problems of Spain are not just accidental, and according to Ortega they are consubstantial to the Spanish ways as they were shaped by the German invaders in the Vth century. What was accidental was the Spanish expansion in the XVth and XVIth centuries, due to the strategic and technical advantages derived from an early national unification, achieved by Fernando of Aragón and Isabel of Castilia.

Naturally, the therapy proposed by the Generation of 98 had been for Spain to persist in its ways and try to make them prevail. The treatment suggested by Ortega is different, although not contrary to that. He did not fall into the trap of saying just the opposite. He did not advocate the Europeanization of Spain, but more profoundly "the Europeanization of Europe, Spain included". The basic problem of Spain was the lack of leadership by a select minority followed by a majority, not blindly but actively. This is the thesis of "Invertebrate Spain" published in 1921. Nine years later, in *The Revolt of the Masses* he transposed the same phenomenon to a wider context. The inhibition of the elite and the inertia of the gregarious man, the "mass-man", which had prevented Spain from reaching a mature and creative development, was seen by Ortega as a general phenomenon afflicting the European nations. The remedy to that situation cannot be just to persist in something or to revert to a previous way of living, but to create something new, although politicians don't seem to be conscious of it. And this something new is precisely Europe as a whole replacing Europe as a collection of separate nations. Only in that endeavour will the best minds of Europe be able to inspire the masses towards a positive collaboration. The dilemma for Europe is to unite or to cease to exist as an active partner in shaping the world of tomorrow.

Ortega was nevertheless careful to point out that the union of European nations must be realized in full respect of the peculiarities of each one of them, as their variety constitutes the true richness of the whole. The arrogance of judging without understanding the events that occur in some other nation is to be especially avoided. In the "Epilogue for Britons" appended to his book *The Revolt of the Masses* in its 1937 edition, during the Spanish civil war, he alerted the British public to their propensity to take for granted that they were well informed on foreign problems. And he was indignant when Albert Einstein, a scientist whom Ortega admired profoundly as such, was bold enough to publicize his opinions on the Spanish political situation, of which according to Ortega he didn't know the first thing.

In 1949 he delivered at the Free University of West Berlin a lecture entitled "De Europa meditatio quaedam", in which he insisted on the necessity for the European leaders to grasp the historic opportunity to create a new community that should be "transnational", not merely "international", as a condition for common survival. The German public welcomed Ortega on that occasion as one of the leading minds in postwar Europe.

Coming now to the general significance of his philosophy, Ortega had a method all his own, which corresponded exactly to the basic tenet of his thinking. It consisted essentially in approaching the subject obliquely, in dealing with it not by a frontal attack but by circling it, tightening progressively his grip while gaining new points of view until the object surrendered and delivered its secret. His theory of knowledge, which his German contemporaries rather than himself designated as "perspectivism", maintains that truth is the sum of all the possible points of view on something and is nothing apart from them. In "The Mission of our Time" he said: "Each individual, each generation or epoch appears as an irreplaceable mechanism of knowledge. Integral truth is obtainable only by articulating what is seen by others with what is seen by me and so on. Such absolute true reason is the sublime role that we attribute to God".

This is why, with the possible exception of his latest and posthumous book *The Idea of Principle in Leibniz and the Evolution of Deductive Theory*, none of his major works was devoted directly to the traditional philosophical problems. *Meditations on Don Quixote, Invertebrate Spain, The Mission of our Time* and *The Revolt of the Masses* are series of observations, apparently extemporaneous, although remarkably coherent, about facts and events of daily life, sociological changes or the evolution of culture. He used the triple channel of books, teaching and newspaper articles. The publication of newspaper articles on philosophical problems is a Spanish tradition of which Ortega made abundant use. It is a kind of short cut for intellectuals to reach circles of opinion more ample than those constituted by a minority of scholars. To some extent this kind of approach also reflects the proverbial mistrust of Spaniards vis-à-vis the professional philosophers. Ortega was a professional philosopher but he respected anything that was traditional if it was also authentic. So he wrote articles and they had a great and lasting influence in Spain while his books had a similar or perhaps even greater impact outside of Spain.

In 1905, as a young man in his early twenties, Ortega went to Germany to pursue his graduate studies at the University of Marburg, the Mecca of neoKantian idealism. He soon found himself feeling acutely the shortcomings of a philosophy that was going to maintain its official preeminence for yet another score or so, before being replaced by the new trends of philosophical vitalism in its double version, the Bergsonian and the phenomenological, the latter as developed mainly by Scheler and Heidegger. That was undoubtedly a sign of the times, but Ortega had arrived early and independently to his own brand of "vital reason" philosophy. A brand which was perhaps less systematized than those of his German counterparts (incidentally neither Scheler nor Heidegger was a model of systematic precision), but was also, and perhaps for the same reason, free from the "doctrinaire" excesses that led other vitalist philosophies to dead ends.

Still in his student years Ortega wrote a motto that was to be his lifelong program of philosophical and vital endeavour: "Let's go to things for salvation". It must be stressed that the word "thing", especially in the plural, has a peculiar meaning in Ortega's language. It designates the elements, components or segments of objective reality correlative to the occupation, or rather "preoccupation" with them in which life consists, life being the basic and fundamental "datum" of the Universe, of the totality of what "there is" (it should be noted that the main elements of his doctrine were written by Ortega before Heidegger had his *Sein und Zeit* published).

Now, life is in itself a problem, because at any moment it consists in deciding about our future actions, be they minor everyday routines or momentous options. But in the particular form of living that is philosophizing, we want to start from the non-problematic, from a sure foundation. Ortega surpassed the rationalistic concept of being, of reality, but he remained loyal to the rationalist dogma of the superiority — or at least priority — of the incontrovertible type of knowledge. He thus established a firm starting point for what he expected to be a major and radically new development in philosophy. The problem of identifying the indubitable, the first datum of the Universe, is only the preamble or the first chapter. All the rest will come in a subsequent "system". "Later on, in a system of philosophy, we would show how, supported by the reality of our life, with no contradiction whatsoever to our concept of living, there are also organic bodies, physical laws, ethics and even theology" ("¿Qué es Filosofía?"; *Revista de Occidente*, Madrid, 1969, pag. 241-242).

The Spanish civil war and World War II, the bloody decade 1936-1945, shook so severely the individual lives on which (corroborating Ortega's views) the life of thought flourished, that we will never know what Western culture would have been today without that orgy of destruction. We will never know if the group of thinkers, Ortega among them, whose lives suffered the traumatic shock at the most critical time in their creative maturity, would have been able — had they been blessed with a more inspiring atmosphere — to construct complete systems of philosophy grounded on human life, by elaborating and expanding the marvelous descriptions and orientations with which they had opened such a promising vista to the work of the intellect.

CONCEPTO DE RAZON EN ORTEGA

FRANCISCO MIRÓ QUESADA, PERÚ

La filosofía como búsqueda del conocimiento absoluto

La filosofía es el intento de conocer racionalmente el mundo, entendiendo por mundo la totalidad dentro de la que estamos inmersos más nosotros mismos. Para que un conocimiento sea racional tiene que ser necesario pues, si no lo es, no tiene fundamento y conocer racionalmente es alcanzar un conocimiento fundado; es decir, estable, inconmovible.

Por cierto, desde que el ideal de conocimiento racional comienza a plantearse en Grecia[1] se descubre que una cosa es el intento y otra el resultado. Pero sea cual sea la posición filosófica que se adopte, el carácter de necesidad se introduce en todos los planteamientos. Todos los argumentos contra la razón suponen la validez inconmovible de principios racionales, todos los ataques contra la necesidad y universalidad de los principios lógicos, presuponen la validez universal y necesaria de un complejo sistema de principios lógicos. Si se renuncia al conocimiento seguro de los hechos y se reduce la pretensión cognoscitiva al mero conocimiento probabilístico, el sistema utilizado se desarrolla mediante teoremas de universal validez, derivados gracias a una lógica de cuya necesidad no puede dudarse.

Por lo mismo que la necesidad es el rasgo más característico de la racionalidad y que la filosofía es intento de conocimiento racional, el gran filósofo se distingue por la grandiosidad de su esfuerzo para encontrar un fundamento absoluto del conocimiento. Sólo que, a veces, su manera de buscarlo hace difícil darse cuenta de cual es el camino que realmente ha recorrido. Algunos grandes filósofos han seguido una vía directa y clara. Descartes, Spinoza, Leibniz, Husserl, son ejemplos clásicos. Pero otros han seguido una vía muy alejada de lo inmediato y sorprende la manera como, después de una larga búsqueda, alcanzan repentinamente la refulgente meta del conocimiento absoluto. Ortega es, probablemente, uno de los casos más extremos de este desenlace inesperado. Porque su filosofía ha sido considerada como uno de los ejemplos más radicales del historicismo moderno y, en consecuencia, del relativismo filosófico. Sin embargo, el recorrido de Ortega es una marcha hacia el absoluto. En este sentido nos atrevemos a afirmar que el pensamiento de Ortega no sólo es diferente de lo que comúnmente se cree sino, más aún, es todo lo contrario. Es, por eso, muy importante poner en claro el aspecto absolutista del pensamiento de Ortega pues, de otra manera, se corre el riesgo de no entender el auténtico sentido de su filosofar[2].

La destrucción del concepto de razón pura

Son muchos los textos de Ortega que convergen hacia el tema del conocimiento absoluto, en el sentido de que forman líneas o cadenas que, partiendo de una posición perspectivista e historicista, desembocan en el hallazgo de un tipo de conocimiento que se libera de la perspectiva individual y que puede considerarse como absoluto.

Sería demasiado largo seguir estos diferentes lineamientos. Nos limitamos, por eso, a seguir la linea que creemos más significativa: la crítica orteguiana del concepto de *razón pura*. Es precisamente esta crítica la que produce una mayor impresión de perspectivismo, de historicismo y de relativismo (a pesar de las protestas de Ortega de que no es relativista) para desembocar, sorpresivamente, en el absolutismo. La crítica de Ortega parte de una confrontación de los resultados de la ciencia moderna con la tradicional creencia europea en la existencia de una razón consistente en un sistema de principios necesarios de valor universal, razón que hace posible el conocimiento de la realidad[3]. Esta concepción de la razón que tiene su origen en la filosofía helénica, especialmente en Parménides y Platón, alcanza su plenitud en el gran racionalismo europeo que comienza en Descartes (el canto de alborada del gallo del racionalismo) y culmina en Kant.

Los resultados de la ciencia moderna que constituyen el punto de partida de la crítica orteguiana se deben al desarrollo de la lógica, de la matemática y de la física. Veamos, en forma resumida, el camino que recorre Ortega. En relación a la lógica, Ortega se basa principalmente en el famoso teorema de Gödel sobre la incompleción de la aritmética formalizada y en el rechazo del principio del tercio excluído en la lógica intuicionista. Vale la pena citar algunos textos sobre este punto, que pueden considerarse como manifestaciones especialmente reveladoras de la vía que está siguiendo su pensamiento.

> "Se identificó a lo lógico con lo racional hasta hacer sinónimos lógica y razón. Todo esto era inevitable y estaba justificado porque se creía que hay, en efecto, un pensamiento que es lógico plenamente y sin reservas... Pero he aquí que hoy empezamos a caer en la cuenta de que no hay tal pensamiento lógico. Mientras bastó la tosca teoría que desde hace veintitrés siglos se llama Lógica, pudo vivirse en la susodicha ilusión. Pero desde hace tres generaciones ha acontecido con la

logicidad lo que con otros grandes temas de la ciencia: que se les ha ido, de verdad, al cuerpo. Y cuando se ha querido en serio construir lógicamente la lógica — en la logística, la lógica simbólica y la lógica matemática — se ha visto que era imposible, se ha descubierto, con espanto, que no hay concepto última y rigurosamente idéntico, que no hay juicio del que se pueda asegurar que no implica contradicción, que hay juicios los cuales no son ni verdaderos ni falsos, que hay verdades de las cuales se puede demostrar que son indemostrables, por tanto que hay verdades ilógicas"[4].

En este párrafo hay una clara referencia implícita a Gödel cuando nos dice que se ha demostrado que hay verdades indemostrables (incompleción de la aritmética formalizada); y a la lógica intuicionista cuando afirma que hay juicios los cuales no son ni verdaderos ni falsos. Pero en otra parte de su obra los menciona explícitamente. Así: "El teorema de Gödel significa que, hablando estrictamente, no hay lógica, que lo que se llamaba así no era más que una utopía..."[5]

De este hecho, que considera pavoroso porque significa una crisis tan honda de nuestra civilización occidental que señala claramente un cambio radical de sus creencias, Ortega deriva la relatividad histórica del conocimiento. La idea tradicional del *conocimiento* se transforma radicalmente: "De ser una facultad congénita al hombre y, por lo mismo, inalienable y permanente, pasa a ser vista como una forma histórica a que la vida humana llegó en virtud de ciertas *peripecias* que antes había sufrido"[6].

Planteamientos semejantes hace en relacíon a la matemática y a la física. Para Ortega el *principio de indeterminación* de Heisenberg es prueba plena de que la física, *por lo que concierne al conocimiento*, en el sentido tradicional de este vocablo, ha dejado de existir[7]. Por otra parte su transformación de ciencia suprema de la realidad natural en mero sistema simbólico, muestra claramente que se trata de una ciencia cuya verdad es histórica y carece de la necesidad y universalidad que le confirieron sus fundadores en los siglos XVI y XVII[8].

En cuanto a la matemática, Ortega hace referencia a dos acontecimientos fundamentales: el surgimiento de las geometrías no euclideanas y la aseveración de Brouwer de que el axioma lógico llamado "del tercero excluído" no vale para las entidades matemáticas y que es preciso hacer una matemática sin lógica[9]. Kant representante señero de la tradición absolutista del pensamiento occidental, supone que sólo puede haber un tipo de geometría, la euclideana, pero el advenimiento de las geometrías no euclideanas muestra que la verdad es histórica y que no hay verdad que pueda considerarse inmutable. Asimismo, la posibilidad de hacer matemáticas sin lógica, el rechazo del principio del tercio excluído por un importante grupo de matemáticos (Brouwer y su escuela, es decir los hoy llamados "intuicionistas") muestran que el edificio de la matemática clásica, que se consideró como un monumento definitivo y grandioso del conocimiento humano, es histórico y depende de las circunstancias en que se produjo.

La razón histórica y el conocimiento absoluto

Después de estos análisis parece que la conclusión a que debe llegarse es el relativismo histórico. Pero Ortega no se detiene en esta hondonada sino que sigue avanzando. Porque el hecho de que la *razón pura* de los racionalistas no haya resultado ser sino una creación de un grupo de hombres en una etapa determinada de su historia, no significa que el hombre carezca de razón. El hombre es un ser que tiene que utilizar su razón para vivir, su razón es una manifestación constitutiva de su vida. Sólo que la razón pura no es ni necesaria ni universal, sino una manera de acercarse a la realidad material para poder manejarla y ponerla al servicio de la vida. La razón pura es una manifestación sumamente importante de la razón humana que es mucho más que aquella. La razón es la facultad que nos permite comprender la realidad y esta comprensión puede lograrse únicamente a través de la historia. Por eso Ortega la llama *razón narrativa o razón histórica*[10] y, también, en numerosos textos, *razón vital*[11]. La coincidencia y la diferencia de significación entre estos términos es difícil de deslindar con claridad porque Ortega utiliza con frecuencia textos ambiguos en los que, a veces, las tres expresiones parecen significar lo mismo pero, a veces, parecen significar algo diferente. Mas antes de entrar en estas diferencias conceptuales, muy importantes para comprender el camino que sigue Ortega hacia el conocimiento absoluto, debemos señalar los trazos generales de su teoría de la razón.

Si las ciencias lógicas, matemáticas y físicas sólo pueden llegar a verdades históricas es porque son producto de la vida humana que es la realidad radical; y esta vida es constitutivamente histórica. Pero si la vida humana es histórica la única manera de comprenderla, es decir, la única manera de comprender el comportamiento de los hombres, es narrando los hechos. Sólo podemos comprender lo que somos hoy, porque ayer hemos sido de tal y cual manera. Por eso, la verdadera comprensión de los hechos humanos consiste en la *narración* y la historia se nos presenta como la ciencia fundamental. Porque las ciencias elaboradas de acuerdo a los principios de la razón pura no son sino productos de la vida humana, es decir, de hechos históricos, por eso, la única manera de comprenderlas es darse cuenta de como surgieron y como evolucionaron bajo la presión de las vicisitudes históricas. La *razón histórica es aún más racional que la razón física*[12].

Ortega llama este tipo fundamental de razón, *razón narrativa o razón histórica* y la considera como una racionalidad más profunda, más rigurosa y exacta que la razón pura[13]. La razón histórica nos permite comprender lo que aparentemente no tiene sentido. Nos permite dilatar extraordinariamente el ámbito de nuestra comprensión porque al situar en su correspondiente situación histórica a los hombres y los grupos y narrar la manera como llegaron a ser lo que fueron, se entiende claramente porque actuaron como actuaron[14].

Pero llegada a este punto, la teoría de la razón de Ortega se complica porque sobre la razón narrativa o histórica, considera que hay un tipo aún más alto de racionalidad: *la razón vital*. Aunque hay algunos textos (nosotros hemos encontrado uno) en que parece utilizar *razón histórica* y *razón vital* como sinónimos[15], hay un texto que es tan explícito y tan enfático que no deja lugar a dudas de que diferencia ambos conceptos. Así, nos dice:

> La idea de la razón vital representa, en el problema de la vida, un nivel más elevado que la idea de la razón histórica, donde Dilthey se quedó[16].

Sin embargo, esta superioridad de nivel no es desarrollada por Ortega de manera sistemática. Para saber en que consiste deben hacerse conjeturas sobre el contenido de ciertos textos. El más significativo es el que expone su concepto de *historiología*. Porque es en esta parte en la que desarrolla con mayor profundidad y precisión las condiciones que debe cumplir todo conocimiento histórico para ser tal. Si la historia es la ciencia fundamental, la que permite comprender no sólo las situaciones y los comportamientos humanos sino, incluso, el verdadero sentido de las demás ciencias, incluyendo la matemática y la lógica, debe entonces, ser la ciencia más rigurosa pues si no es rigurosa la comprensión que nos brinda no podrá ser una verdadera comprensión. Numerosas veces, conforme avanza en sus trabajos, Ortega nos dice que la verdadera historia aún no existe porque no es una ciencia rigurosa y que uno de sus proyectos es comenzar a hacer de ella una disciplina exacta. Este intento alcanza su máximo esfuerzo en su ensayo sobre *"La Filosofía de la Historia" de Hegel y la historiología*[17]. La *historiología* es, para Ortega, la *historia científica*, la historia que supera el craso empirismo que ha imperado hasta el momento en que él desarrolla estas ideas.

La historia es narrativa, por cierto, y es esta narración de lo que ha sucedido lo que nos permite comprender el presente, pero esta narración no se logra de manera ingenua, mediante la sola acumulación de datos como creen muchos historiadores, algunos incluso de los más grandes. La historia, como toda ciencia auténtica es *constructiva*[18]. Tiene un núcleo apriori, la analítica del género de realidad que se quiere investigar: la materia en física, lo "histórico" en Historia; se utilizan en ella, además, hipótesis que enlazan dicho núcleo apriori con los hechos observables, presenta, asimismo, una zona de inducciones dirigidas por dichas hipótesis. Por último una vasta zona empírica, descripción de hechos o datos. No cabe duda de que Ortega introduce el elemento explicativo en la historia en el sentido de que son las hipótesis que enlazan el núcleo apriorístico con los hechos observables[19].

Todo esto tiene de común la historia con la física. Pero se diferencia radicalmente en que la física es una disciplina manipuladora, su finalidad es ofrecer la posibilidad de operaciones mecánicas para utilizar los hechos naturales en provecho propio. Estas operaciones mecánicas sustituyen nuestra comprensión y la física no puede, por eso, sustantivar sus métodos que son, siempre, manipulaciones. La historia, en cambio, no es manipulación sino descubrimiento de realidades.

Observemos la enorme distancia que ha avanzado Ortega en el camino que comienza en la disolución del concepto de *razón pura*. No hay sino una sola razón con diferentes manifestaciones. Una de sus manifestaciones más importantes es lo que Kant llamó *razón pura* es decir la razón en tanto que es capaz de manejar ideas en su máximo grado de abstracción. La razón pura se desenvuelve en las cumbres nevadas de la lógica, de la matemática y de la física matemática. Por una serie de circunstancias históricas que Ortega analiza con brillo, el hombre de Occidente *creyó* (recordemos la diferencia entre ideas y creencias que hace Ortega) que la razón pura era un sistema de principios necesarios y universales, invariantes en relación al tiempo y a la geografía y que era el único tipo de razón posible. Pero la crisis de las ciencias que se construyen por medio de la *razón pura* muestra claramente, así lo piensa Ortega, que este excelso tipo de razón no es sino un producto de las circunstancias históricas y que así como un día surgió y se enseñoreó de la ciencia, otro día podrá desaparecer. La única manera de comprender por qué se ha producido esta crisis es utilizando adecuadamente la ciencia histórica, porque la historia, al relatar lo acontecido enlaza el pasado con el presente y permite comprender por qué el presente es como es; la historia es lo único que permite comprender por qué una creencia, es decir, algo en lo que se cree con tanta evidencia que forma parte de nuestro ser, deja de ser creencia y se transforma en opinión criticable.

Pero si la historia permite comprender lo que sucede al ser humano a través del tiempo, es porque se fundamenta en otro tipo de racionalidad más profundo, del que brotan los demás tipos: esta racionalidad es la famosa razón narrativa o razón histórica, que Ortega llama, también, razón vital (esta última denominación, como hemos dicho, probablemente señala el funcionamiento más profundo y elaborado de la razón histórica). La *razón vital*, como es obvio tiene que ser más rigurosa que la *razón pura*. Pero no sólo más rigurosa, debe, también, ser más estable, los conocimientos que nos brinda deben ser más sólidos. Pues, si no fuera así, la comprensión histórica de la variación de principios de la *razón pura*, variación que a veces termina en disolución, no podría ser bien fundada. Sólo si una disciplina nos ofrece permanencia en sus principios y en los conocimientos fundados por aquellos puede ofrecernos una verdadera comprensión de la realidad.

Se abre, así, una ventana al conocimiento absoluto. Porque si el conocimiento histórico no tuviera validez absoluta, toda la comprensión que ofrece perdería sentido. Ortega ha desembocado, de manera inevitable, en el ámbito del conocimiento absoluto. Al comprobar la relatividad histórica de la *razón pura* intenta encontrar un nuevo fundamento para el conocimiento. Tiene conciencia de que todo nuevo fundamento parece absoluto a quien lo descubre y que la filosofía no puede parar nunca en su búsqueda afanosa de fundamentos. A pesar de ello, el fundamento que él propone, le parece absoluto. Y le parece absoluto porque no hay manera de que no pueda parecerlo. O se rechaza toda fundamentación posible o la que se propone tiene que ser absoluta, de otra manera no es fundamento.

Ortega ataca el tema del conocimiento absoluto desde diversos ángulos y, a veces, en forma inesperada, en un texto que no tiene mucho que ver con el asunto, haciéndolo como de refilón. Pero otras veces lo ataca directamente. A continuación hacemos algunas citas que nos parecen reveladoras y que no dejan lugar a dudas sobre la lúcida conciencia que tiene Ortega de que la razón histórica como fundamento de todas las demás ciencias, es la facultad del conocimiento absoluto.

> Ahora bien: esta realidad histórica se halla en cada momento constituída por un número de ingredientes variables y un núcleo de ingredientes invariables-relativa o *absolutamente constantes*[20]. Estas constantes del hecho o realidad histórica son su estructura radical, categórica, apriori. Y como es apriori no depende, en principio, de la variación de los datos históricos.

> La razón que suele movilizarse contra el apriori histórico es inoperante. Consiste en hacer constar que la realidad histórica es individual, innovación, etc. Pero decir esto es ya practicar el apriori historiológico. ¿Cómo sabe eso el que lo dice, si no es *de una vez para siempre, por tanto, apriori?*[21]

El texto es contundente. Lo que Ortega rehusa a la *razón pura lo concede a la razón vital*. El "para siempre" apunta directamente al absoluto y se contrapone a la inevitable variación de los principios de la *razón pura*. Ortega es explícito y enfático, el texto no deja la menor duda de que se está refiriendo a un fundamento definitivo, es decir, absoluto, del conocimiento. Esta seguridad es refrendada por los siguientes textos:

> ... Estas constantes son relativas. Pero en César y Pompeyo hay, cuando menos, un sistema común de *constantes absolutas* — su condición de hombres, de entes históricos. Sólo sobre el fondo de esas invariantes es posible — su diferencialidad[22].

Pero la referencia al conocimiento absoluto es aún más contundente y sistemática en los siguientes textos:

> ... Perdura en ellos activa la mejor tradición racionalista en que el hombre se compromete consigo mismo a buscar cosas absolutas; pero a diferencia del racionalismo linfático de enciclopedistas y revolucionarios, que encuentra lo absoluto en abstracciones *bon marché*, descubren ellos lo histórico como el verdadero absoluto[23].

Y, en forma aún más explícita:

> La historia al reconocer la relatividad de las formas humanas, inicia *una forma exenta de relatividad*[24]. Que esta forma aparezca dentro de una cultura determinada y sea una manera de ver el mundo surgida en el hombre occidental, *no impide su carácter absoluto*[25-26].

> Esta reflexión que nos liberta de la limitación histórica es precisamente la historia. Por esto, decimos que la razón, órgano de lo absoluto, sólo es completa si se integra a sí misma haciéndose, además de razón pura, clara razón histórica[27].

Hacia una teoría de la razón

Sería demasiado largo analizar en detalle la complicada marcha de Ortega en búsqueda de un fundamento absoluto, es decir, de un nuevo comienzo del filosofar. Bástenos decir que desde las *Meditaciones del Quijote* se nota su preocupación por el problema fundamental de la filosofía: *encontrar un fundamento absoluto para el conocimiento*. Su preocupación es tanto más grande cuando más comprende que el fundamento absoluto que la filosofía occidental creyó haber encontrado, es decir, la razón pura, no puede ya mantenerse. No porque la crítica empirista o los planteamientos pragmatistas sean ciertos, sino porque la razón sólo tiene sentido en función de la historia[28].

Ortega despacha con rapidez, elegancia y rigor ambas posiciones filosóficas. Lo que le preocupa es que, a pesar de que el empirismo y el pragmatismo (en el sentido clásico) son falsos, el racionalismo no puede mantenerse debido a la propia evolución de las ciencias que nacieron porque pudieron fundarse en él. El resultado de este colapso del racionalismo parece desembocar inexorablemente en el relativismo histórico, es decir, en un inevitable escepticismo. Pero si esto es así, la filosofía pierde sentido, la razón no puede ya utilizarse para fundar el conocimiento y el ser humano no podría vivir. Porque el ser humano es ante todo, un ser que utiliza su razón para poder orientarse en su circunstancia. Hay que encontrar, pues, un nuevo fundamento, un fundamento que sea compatible con la historicidad de todo conocimiento pero que sea capaz de brindarnos la seguridad que buscamos. Ortega considera que este intento de conciliación, esta búsqueda de un fundamento absoluto que no sea inconsistente con la relatividad histórica de todo lo humano es el *tema de nuestro tiempo*[29].

¿Hasta dónde pudo Ortega realizar su programa? La tiranía del espacio nos impide hacer una crítica ceñida de sus planteamientos. Tenemos, pues, que resumir. Lo primero que debe decirse es que su tesis de que sólo la historia rigorizada científicamente por medio de la razón histórica puede ofrecernos un fundamento absoluto del conocimiento, es profundamente original. Con una extraordinaria audacia, afirma que la historia, disciplina que tradicionalmente ha sido considerada como una ciencia sumamente laxa, como la menos rigurosa de las ciencias, es la única que puede ofrecernos un fundamento absoluto de conocimiento. Pero los argumentos que da para mostrar que la historia de ciencia semiliteraria que ha sido en el pasado puede convertirse en una ciencia rigurosa no son suficientemente sistemáticos. Hay, desde luego, un argumento que es cierto: el físico tiene que fabricar una realidad que trasciende los sentidos y que, por eso, jamás puede saber cómo es. En cambio la historia estudia el pasado que es *realidad humana fijada para siempre* y, en este sentido, se puede afirmar que el historiador tiene un acceso mucho mayor que el físico a la realidad que estudia. La única dificultad que tiene el historiador es la reconstrucción del pasado. Esta reconstrucción tiene que basarse en vestigios (documentos, enseres, monumentos) que tienen que ser interpretados. Pero hay que reconocer que en muchísimos casos las interpretaciones son correctas y los hechos son hechos absolutos. Es verdad que César cruzó el Rubicón, mucho más verdad que el hecho de que el espacio sea curvo.

Creemos que el problema de la absolutez del conocimiento histórico es un importante filón para ser investigado. No creemos que esta investigación se haya aún hecho de manera suficientemente sistemática. Por otra parte, no parece que la interpretación que hace Ortega del racionalismo y de la pérdida de fe en la razón pura es demasiado limitado. Es un enorme mérito haber intentado utilizar los resultados de la lógica y de la filosofía matemática para fundamentar sus tesis. Pero debido a que, en la época en que él escribe, ningún o casi ningún filósofo en el medio hispanoparlante tenía una adecuada formación lógica y matemática, no logra comprender a fondo lo que realmente significan el teorema de Gödel o la lógica intuicionista. Porque el teorema de Gödel no significa de ninguna manera que la lógica no sea posible. Al revés, Gödel antes de demostrar el teorema de la incompleción de la aritmética al que se refiere Ortega, había demostrado que la lógica clásica era consistente y completa. Lo que demuestra Gödel no es que la lógica sea imposible sino que es imposible formalizar por completo la matemática, es decir derivar todas las verdades matemáticas, partiendo de axiomas y utilizando la lógica formal. Esto abre, desde luego, problemas abismáticos, pero no son precisamente los que señala Ortega.

En cuanto al rechazo del principio del tercio excluído hecho por los intuicionistas, se ha discutido mucho si se puede considerar como una prueba o no, de la invalidación de dicho principio. Nosotros creemos que no se puede porque el concepto de verdad matemática propuesto por Brouwer y su escuela intuicionista es completamente distinto del concepto clásico de verdad matemática y este concepto es una tesis filosófica que no puede probarse de manera que no invalida el concepto clásico[30].

Pero, aunque los argumentos de Ortega para mostrar la relatividad histórica de la *razón pura* no con todo lo rigurosos que sería de desear, no cabe duda de que da en el clavo: se da cuenta de que algo está pasando en la lógica, en la matemática y en la física que invalida el racionalismo clásico. Pero no sólo el racionalismo, sino también las otras teorías que sobre la razón había elaborado la filosofía tradicional: empirismo, pragmatismo, relativismo histórico, filosofía dialéctica. Aunque esto no lo dice con toda la explicitud con que, dentro de su propio contexto teórico, pudo haberlo dicho, implícitamente está contenido en sus tesis principales. Ortega llega a la conclusión fundamental de que la filosofía ha llegado a una etapa de su desarrollo en la que necesita, con urgencia y sin concesiones, elaborar una teoría de la razón. Si no lo hace será imposible comprender lo que está sucediendo en la ciencia, producto supremo de la razón humana y creación específica y constitutiva de la civilización occidental. Si no logra elaborar esta nueva teoría, la filosofía no podrá seguir adelante. Con toda lucidez, en plena II Guerra Mundial, cuando aún nadie se había planteado el problema de manera suficientemente clara y sistemática, Ortega escribe este formidable párrafo:

> ... Por tanto, cuando estos conflictos trascurran y vuelva a existir esa calma que Aristóteles llamaba σχολή y Descartes *loisir*, pero que ambos coinciden en considerar inexcusable para el trabajo científico, no habrá más remedio que sumergirse denodadamente en el abismo que la cuestionabilidad de la lógica anuncia. El problema es pavoroso, pero si la filosofía ha de continuar como humana ocupación, no tendrá más remedio que afrontarlo...[31].

Ortega habló proféticamente; hoy día el principal esfuerzo que estamos haciendo todos los que tomamos la filosofía en serio y creemos que vale la pena dedicarse a ella es enfrentarnos, denodadamente, a este pavoroso problema...

. NOTES

1. En todo lo que sigue se supone que la filosofía como intento de *conocimiento racional* nace en Grecia y pasa, luego, a Occidente. Es importante señalar que los hindúes y los chinos tuvieron creaciones que, desde el punto de vista helénico-occidental, pueden considerarse como auténticas manifestaciones de filosofía. Pero dejamos de lado las relaciones entre *nuestra* filosofía y las filosofías hindú y sínica (no sólo sus coincidencias son interesantes sino también sus diferencias) pues, por más que estas creaciones se acercaron al tipo de filosofía helénica y occidental, nunca llegaron a coincidir, en lo esencial, de manera completa con él.

2. Creemos que este aspecto de la filosofía de Ortega no ha sido indicado con verdadera claridad. No hemos encontrado referencias a su búsqueda del conocimiento absoluto ni siquiera entre los discípulos, cuyos textos hemos leído. Así, en el libro de Julián Marías sobre Ortega (Julián Marías, 1960b) no se hace ninguna mención de esta búsqueda. En *La Escuela de Madrid*, Marías roza el tema, casi lo menciona pero se le escapa (Julián Marías, 1960b) p. 359). En general cuando se aborda el tema del conocimiento en Ortega se sigue la dirección opuesta, el perspectivismo, la crítica de la creencia en la razón pura, el historicismo, etc. Así, Granell (1958) (1980); Rodríguez Huéscar (1964) (1982); López Quintas (1972); José Hierro Pescador (1965); y otros. Ferrater Mora, desde una posición orteguiana, en su importante artículo sobre Ortega en su Diccionario Filosófico (1971) tampoco aborda el tema; García Bacca (1947), que tampoco es Orteguiano aunque asume en gran parte las principales tesis orteguianas, utilizando las mismas citas que Marías (del ensayo Las Atlántidas) roza, asímismo el tema, pero no lo plantea de manera explícita. McInnes dice cosas interesantes sobre Ortega en The Encyclopedia of Philosophy (1967), sobre todo su afirmación de que Ortega es más racionalista que vitalista; pero insiste en el perspectivismo y relativismo. Desde luego, confesamos que no somos eruditos en la filosofía de Ortega y que más que leer libros sobre Ortega hemos leído a Ortega. La cantidad de libros y, sobre todo, artículos que se han escrito sobre el gran filósofo español es tan grande que es muy posible que la tesis que desarrollamos en el presente ensayo haya sido expuesta y desarrollada por alguien. Lo único que afirmamos es que no hemos encontrado en los textos sobre Ortega que hemos leído.

3. Son muchos los textos de Ortega en los que hace esta confrontación en espléndido estilo, con mucho vigor y demostrando una notable información sobre temas que apenas comenzaban a difundirse en aquella época (por ejemplo el famoso teorema de Gödel, la lógica intuicionista, etc.). Citamos los siguientes: Ideas y creencias (*Obras Completas*, V), *Apuntes sobre el pensamiento su teurgia y su demiurgia* (uno de los ensayos más admirables de todos los escritos por Ortega, Ibid.), *Historia como sistema* (*Obras Completas* VI), *Dilthey y la idea de la vida* (*Obras Completas*, VI), *La filosofía de la historia de Hegel y la historiología* (*Obras Completas*, IV), *La rebelión de las masas* (*Obras Completas* IV), *Las Atlántidas* (*Obras Completas* III), *Padaso y porvenir para el hombre actual* (*Obras Completas* IX), "Sobre la razón histórica" (*Revista de Occidente* en Alianza Editorial, 1980).

4. *Apuntes sobre el pensamiento, su teurgia y su demiurgia. Obras completas*, V, p. 528.

5. *Pasado y porvenir para el hombre actual. Obras Completas*, IX, p. 663. Ver más adelante la referencia al intuicionismo.

6. V, p. 533.

7. IX, p. 663.

8. Ibid.

9. *¿Por qué se vuelve a la filosofía?* IV, p. 104. *Las Atlántidas, III*, p. 303.

10. *Historia como sistema*, VI, p. 40; En la Institución Cultural Española de Buenos Aires, VI, pp. 36-37.

11. *Dilthey y la idea de la vida*, VI, p. 175; *El tema de nuestro tiempo*, III, p. 178.

12. *Historia como sistema*, VI, pp. 40 y siguientes.

13. *Historia como sistema*, VI, p. 50.

14. *Las Atlántidas*, III, p. 310.

15. *Historia como sistema*, VI, p. 23.

16. *Dilthey y la idea de la vida*, VI, pp. 175, 197.

17. *Obras Completas*, IV.

18. *La "Filosofía de la Historia" de Hegel y la historiología*, IV, p. 530.

19. *Ibid.* p. 531.

20. Somos nosotros los que subrayamos.

21. Somos nosotros los que subrayamos, IV, p. 534.

22. Ibid, 534.

23. *La rebelión de las masas.* III, p. 125.

24. Somos nosotros los que subrayamos.

25. *Las Atlántidas*, III, pp. 312, 313.

26. Somos nosotros los que subrayamos.

27. *Las Atlántidas*, III, pp. 313, 314.

28. Sobre la posición antipositivista de Ortega, ver *Pleamar filosófica*, IV, pp. 347, 348; *Max Scheler*, IV, p. 507 y siguientes; *Guillermo Dilthey y la idea de la vida*, VI, p. 184. Sobre su posición antipragmatista, ver *¿Por qué se vuelve a la filosofía?*, IV, p. 97; *Los "nuevos" Estados Unidos*, IV, p. 357, *Meditación del pueblo joven*, IX.

29. *El tema de nuestro tiempo*, III, p. 162, 163.

30. Sobre este punto ver: Francisco Miró Quesada, *El mito de la invalidación intuicionista del tertium non datur.* Instituto de Investigaciones Filosóficas. Universidad de Lima, 1982.

31. *La idea de principio de Leibniz y la evolución de la teoría deductiva.*

BIBLIOGRAFIA

1. *Ortega y Gasset, José*
   1953, Obras Completas, Revista de Occidente, Madrid.
   1962, Obras Completas, Revista de Occidente, Madrid.
   1980, Sobre la Razón Histórica, Revista de Occidente en Alianza-Editorial, Madrid.

2. *Brouwer, L.E.J.*
   1975, Collected works 1, North-Holland Publishing Company, Amsterdam.

3. *Ferrater Mora, José*
   1971, Diccionario de Filosofía, Editorial Sud Americana, Buenos Aires.

4. *García Bacca, David*
   1947, Nueve Grandes Filósofos Contemporáneos y sus Temas, Publicaciones del Ministerio de Educación Nacional de Venezuela, Caracas.

5. *Granell, Manuel*
   1949, Lógica, Biblioteca de Occidente, Madrid.
   1958, El Sistema de Ortega, Instituto de Filosofía, Facultad de Humanidades y Educación. Universidad Central de Venezuela, Caracas.
   1980, Ortega y su Filosofía, Equinoccio, Editorial de la Universidad Simón Bolivar, Caracas.

6. *Heyting, Arald*
   1956, Intuionism — An Introduction, North-Holland Publishing Company, Amsterdam.

7. *Hierro Pescador, José*
   1965, El Derecho en Ortega, Revista de Occidente, Madrid.

8. *Godel, Kurt*
   1930, Die Vollstandigkeit der Axiome des Logischen Funktionenkalkuls, Monatshefte fur Mathematik und Physik, XXXVII Band, pp. 349-360.
   1931, Ueber formal unentscheidbare Sätze der Principia Mathematica und verwandter Systeme, Monatshefte fur Mathematik und Physik, XXXVIII Band, pp. 173-198.

9. *López Quintas, Alfonso*
   1972, El Pensamiento Filosófico de Ortega y D'Ors, Punto Omega, Ediciones Guadarrama, Madrid.

10. *Marías, Julián*
    1960, a) Obras Completas, Revista de Occidente, Madrid.
    b) Ortega I, Circunstancia y Vocación, Biblioteca de Occidente, Madrid.

11. *McInnes, Neil*
    1967, Encyclopedia of Philosophy, Volume 5 and 6, Macmillan Publishing Company and The Free Press, New York.

12. *Miró Quesada, Francisco*
    1982, El mito de la invalidación intuicionista del tertium non datur, Instituto de Investigaciones Filosóficas, Universidad de Lima, Lima.

13. *Rodríguez Huéscar, Antonio*
    1964, Con Ortega y otros escritos, Raurus, Madrid.
    1982, La Innovación Metafísica de Ortega, Crítica y Superación — del Idealismo, Ministerio de Educación y Cienca, Madrid.

ORTEGA, TODAY, AS SEEN FROM CATALONIA

XAVIER RUPERT DE VENTÓS, BARCELONA

Ever since history decided to progress faster than man himself, all of our works smell of dates and ooze place. Our thoughts and forms limp after processes that, as Hegel saw, we only manage to define or sketch out at twilight; that is, when they no longer blind us, and allow us — even us — to look them in the eye. For a few moments, our theoretical constructions still seem descriptive or able to explain reality, but very soon they can only be seen as a memento of that which was. How distant the "realism" of the fifties, the "cultural revolutions" of the sixties, the "alternatives" of the seventies seem to us now...! We now see those theories more as symptoms than as explanations. The only time we really show interest in them is when their pretensions to universality and truth have been so clearly debunked by events that the only thing left of them is pure form, the very tone or atmosphere by which we now attempt to satisfy a nostalgia — that passion which is our constant companion in too vivid times — not lacking in condescension.

And it is clear that, nowadays, from this standpoint, not only the Ortega cliché but the Ortega rhetoric must seem like "period pieces" to us: historical his historicism, dutiful and academic his vitalism, even his perspectivism is "in perspective." The man in the street will always be able to respond to Ortega's affirmation that "truth can only be seen from a historical or individual perspective" by prescribing the philosopher's own medicine: "that all depends on your point of view." Hadn't Hume already warned that one could not maintain that "All generalities are false" without hastening to add, "including this one"?

Ortega's "perspective", part phenomenology, part existentialism, was followed by newer, more systematic and analytical, philosophical perspectives. From the cult of Life, one moved on to the cult of Structures; intuitive "vivencias" gave way to "infrastructures", now psychic (Freud), now social (Marx); the poetics of the continuous gave way to the grammar of the discontinuous; the description of "sequences" was followed by the analysis of historical, theoretical and epistemological "segments"... And on more than one occasion it was Ortega himself who pointed out the shift. "In my opinion," he writes in 1921, "in the face of the excesses of evolutionism committed by the twentieth century in all the sciences, history included, the present generation of scientists will find itself having to accentuate the difference existing in certain phenomena, clearly emphasizing that their unification had been illusory. An era of the discontinuous is now, I believe, upon us." We are, most certainly, in this new era, and it is from this new era that we evaluate the work of Ortega today. What criteria must we use?

There are two foolproof tests of great works of art, literature or philosophy. The first is their ability to continue speaking to us and attracting us when the cultural environment and intellectual climate in which they were realized have disappeared. The second is their linguistic legacy, over and above the theoretical: their renovation not only of ideas, but of the very code by which they were transmitted. Twenty-five years after his death, it seems that Ortega's work has passed both tests. Many of his suggestions and observations are still timely despite the disappearance of the social and cultural atmosphere from which they emerged: his illuminations thus outlive his method and his obsessions; something of his "style" outlives his "fashion", something of his ideas, his mere ideology. Furthermore, his influence lives on in those who theorize in, or simply speak Spanish, whether they know Ortega's work or not. "It seems that there are certain words in the dictionary," Rivarol once wrote, "that are just waiting for a great author to appear in order to regain their strength." Words like *"vivencia,"* "circumstance," or "belief *(creencia)*" acquired a fresh meaning after Ortega by which it became possible to name, to think, in Spanish a series of new experiences and sensations. I would go so far as to say that Ortega has survived more in his language than in his thought, the latter so often inflated and hashed over by his disciples; that Ortega left, as a result, a greater social influence than philosophic imprint: more school than rule.

Is Ortega original? Clearly traces of Dilthey and Scheler, of Heidegger and Simmel can be found in Ortega's thought. But beyond the discussion of his originality is the undeniable fact that Ortega broke the ground that made it possible for the Spanish language to make theory, a task still to be accomplished in Catalan. Closer to Europe in one sense, the Catalonians of the period were able to assimilate and articulate European thought without need of an Ortega to translate and acclimate it. And whatever the reason — one speaks of the "triple fatality" of contemporary Catalan philosophy: the desertion of Ors, the premature death of Crexells, the exile of Xirau and Ferrater Mora — the fact is that philosophy swept through modern Catalan without leaving a trace behind.

Xirau's "emotional reason" or Ors' "figurative reason" certainly expressed a peculiar and distinctive experience, but they did not reach the point of configuring the philosophic language which developed from Ortega's "vital reason." With Riba, Crexells, Oliver and Balcells, we translated classical thought better than anyone, but we did not know how to translate ourselves into the theoretical language of modernity. In this way, Catalan has not yet managed to emerge completely from the intimate, poetic and domestic world of the Erinyes to take its place with vigor in the realm of Athenea: in the arena of abstract thought and public action. And in times like these, in which our revived institutions attempt to give efficacy and *political* weight to our language, Ortega's cultural operation is a precedent and an unavoidable inspiration for those of us who wish, in addition, to give Catalan a *theoretical* efficacy and currency.

Quite another thing is Ortega's not knowing how to or not wishing to understand Catalonia as anything but a country "always at odds with everyone else and with herself;" as that people which, like Ireland, "is an almost incessant moan;" as that "perpetual problem" of Spain "which cannot be resolved, but merely withstood." "The only possibility, then," Fernando Morán comments critically, "is to withstand each other, pained but patiently. The instrument for better withstanding, that is, at least expense to both sides, consists of setting up the general system of autonomies so that the Catalan issue can find therein an alveolus." And it must be recognized that, in this sense at least, many are the Spanish Orteguians who confuse what is, perhaps, a *necessary* condition for Catalan autonomy with its *sufficient* condition.

Castilianism, the idea that Spanish history culminates in Castilia, which is an essential nucleus, thus appears in Ortega in the most uncritical and brutal way. And it is not enough to explain this, much less justify it, by reason of his historical or geographic circumstance. From this same circumstance, Unamuno and Azaña were able to comprehend that the autonomy of Catalonia or Euskadi (the Basque Country) was not simply some kind of vitamin to be prescribed and administered by the central power in order to achieve the "revitalization of the provinces," but rather something that had arisen as a historic pact with a people who bring to the State their own language, culture and history. A people, moreover, quite distinct from that somewhat moribund, whiny and resentful people Ortega was describing. "For Ortega," Azaña writes in 1932, "Catalonia is a people frustrated in its principal destiny (...) and the Catalan people is a character on a pilgrimage along the road of History in search of a Canaan which it has only promised to itself." It is to this image of Catalonia that Azaña opposes one of "a physiognomy plethoric with life, with self-satisfaction, with the desire to live, with a sensual concept of existence, not very compatible with the tragic destiny assigned to Catalonia in the fundamental concept of Ortega."

Weber said that there is no way to uproot the most deepseated prejudices, but they can be neutralized by virtue of taking cognizance of them. And this is what Azaña, as opposed to Ortega, attempts to do: "he recognizes his own Castilianism without raising it to doctrine." Not to go about raising oneself to doctrine, as Fernando Morán says, nor to go about making theory of one's most trivial experience — this is a wise maxim which moreover expresses and represents to perfection that Spain with which the Catalans will never cease to have an understanding — at least those of us who make an effort not to go about raising ourselves to doctrine.

KARL JASPERS
1883-1969

COLLOQUE

COLLOQUIUM

KOLLOQUIUM

COLOQUIO

KARL JASPERS AND THE PROSPECT OF
A WORLD PHILOSPHY

LEONARD H. EHRLICH, AMHERST, MASS.

The rising interest in the philosophical and scientific work of Jaspers in the last few years stands in marked contrast to the period of silence that followed his death in 1969. This growing interest — which has proved to be world-wide — and the occasion of the centenary of Jaspers's birth provide us with the opportunity of assessing his stature in the philosophical situation of the times.

Jaspers regarded himself as German, and yet in his orientation he was cosmopolitan. Jaspers the philosopher did his thinking within the heritage of Western philosophy; yet his thinking is structured in such a way that it is open to all manner of realizations of truth. Both, the cosmopolitanism and the universal openness are reflected in some phrases with which he summed up his life and his work. Of his being German he says that the loss of his political fatherland was like falling into an abyss, where however he found footing in ever primal humanity, in friendship and in the dream of a world citizenry to come. Of his philosophy he says that by means of it he "wanted to take part in the task of the age — anticipating rather than knowing, attempting, not possessing — the task of finding the way from the end of Western philosophy to a world philosophy to come."

How can Jaspers's philosophy be understood in this light, and how can it be assessed?

The end of Western philosophy is both conceived and effected by Jaspers in a way that must be qualified. What is at an end, in Jaspers's sense, is philosophical thought that conforms to criteria of the scientific thought which had its origin in ancient Greece. Jaspers considers modern empirical and formal science to have preempted the realm of such truth, which is equally valid for all, where one knowing subject is, at least in principle, replaceable by any other. Philosophical truth, however, is truth by which a human being lives, and requires the validation of his commitment and the testimony of his action.

In Jaspers's sense, then, the end of Western philosophy does not mean its end in a comprehensive sense. It is erroneous to identify Western philosophy or even ancient philosophy simply with the enactment of the ideal of Greek science. By bracketing Greek scientific thought we can focus on the other, equally fundamental, constituents of Western philosophy that are the substance of philosophical truth. By focussing on these other constituents it is possible to find the way out of that whereby Western philosophy is said to be at an end, moreover toward a world philosophy to come, and to do so within Western philosophy.

Jaspers expresses this in many ways. E.g., in the preface to *Philosophie*, he characterizes the tradition of Western philosophy as three-fold, i.e., as the clarity of the Greek philosophers, as the bearing of the Nordic heroic mind, and as the depth of the Jewish soul. What is meant by the Nordic heroic mind is the fierce sense of freedom that was the legacy Jaspers received from his Friesian background. No less an element of Western philosophy than clear thinking and freedom is the capacity of living out of an unconditional faith as an individual within one's community and before God; it is this that Jaspers saw introduced into the main stream of Western thought by the Jewish soul.

By focussing on these components of Western philosophy and by participating in the fundamental clarification of them, Jaspers disclosed the concern over truth and its realization that is ever primal in man. He says in *Von der Wahrheit* that "it belongs to the human being as human being to direct his gaze into the ground of truth. Truth is there for him at all times, and it is within him by means of some language, even if it be rough or opaque." In this way, by drawing on its resources, Western philosophy, now reoriented, is open to truth wherever and by whomever it may be realized, and thus the possibilities arise of a world philosophy to come.

And yet this project is fraught with a seemingly insurmountable difficulty. One motive of the age-old concern over truth has survived the end of Western philosophy in the indicated sense. It is the motive of the ultimate unity of truth that informed Western thought — from the one God of the Hebrew Bible, of Xenophanes and Plato, to the all-embracing community of believers of the medieval Church, to Hegel's world spirit embarked on an infinite career of attaining self-consciousness. If it now belongs to the human being as this historic human being to direct his gaze into the ground of truth, how can the unity of truth be realized whereby all human beings are united? Is the world philosophy to come to be a disparateness or a unity of mankind?

For Jaspers, truth in its ultimate unity and the unification of all men in their truths transcend human realization. Truth on which human beings base themselves, and its unity, are tied to the historicity of the singular human being and, as the case may be, the historicity of the heritage of which he or she may partake. Jaspers's later philosophy may be understood as an effort at conceiving the unity of truth and Being in a manner that accords with the concepts of historicity and communication which he had developed in his earlier philosophy.

Accordingly, for man the unity of truth functions as a measure against which human realizations of truth can be seen in their limitations. Supposing we conceive the unity of truth as wholeness of truth. Whatever functions for human being as truth in its wholeness, Jaspers suggests, does not ever do so through insight into its wholeness but through the exercise of authority. And such wholeness can always — and most likely will be — broken through in one form or another, e.g., by revelation, by revolution, by criticism, by a defiant conscience.

Supposing we conceive the unity of truth as the completion of truth. Completion is seen, by Jaspers, as impossible for man in time; completion of truth in time is rather a task realized through exercising a will to total communication, which he sees as the ultimate vehicle of the concretion of truth in time. Truth in time is, then, not something we can realize in its completeness, but its completion is our perennial task. Man's actuality, being placed within truth, is of the essence of truth in its becoming: the challenges of our limited situations are the vehicle for the becoming of truth; the finitude of our chosen actions is its fallible instrument. Above all is the significance of communication: in the activity of communicative reason we testify to the circumstance that in our finitude we realize less than truth; at the same time we mitigate this finitude by being informed by and informing other finitudes and thereby enlarging the scope of realized unity. Communicative reason is present wherever there is testimony to one's own finitude in the face of encompassing truth, testimony that consists in communicative openness to the other no matter how strange or how far removed from the sophistication of the philosophical craftsman. According to Jaspers the project of truth for man in time, even as it is informed by the testimony of man's experience with the question, is turned, for its realization, to the enactments of human life, the everyday life as well as the bigger scenes such as politics, religion, the life of the spirit.

To elaborate on the prospect of a world philosophy to come based on communicative reason, let us begin by recalling certain criticisms which have been levelled against Jaspers. Jaspers has been faulted for failing to incorporate the Christian view of man as in need of forgiveness and of God as condescending to redeem man in forgiveness. Jaspers has also positively challenged certain central Christian beliefs, such as the divinity of Jesus. Jaspers has been faulted by others for being hopelessly Christian in his fundamental affirmation of individual freedom in place of a fundamental social conception of man. One could, and should, also point out that Jaspers's loving regard for Judaism did not prevent him from misunderstanding and discounting some aspects of Judaism which would seem to be of its essence, such as the enactments of the law in life's daily rhythms. In a like vein are the accusations one can hear from some quarters that Jaspers practiced Euro-centrism, and neither knew nor incorporated the rich kaleidoscope of truths and beliefs of the third world. It is noteworthy that the seeming opposite to the sort of criticisms that have been cited so far has also been claimed. Ricoeur, in the book he coauthored with Dufrenne, and in his contribution to the Schilpp volume on Jaspers, states his well-known criticism of Jaspers's Don Juanism. The offence to Ricoeur is not that Jaspers does not accept the validity of the Christian doctrines, but that he assigns like validity to other doctrines, i.e., the validity of what Jaspers calls ciphers. According to Ricoeur this flies in the face of the exclusiveness of the Christian revelation, for if faith in this revelation permitted recognition of the validity of other funda-mental beliefs, then it would permit paying court to *all* the gods, like a Don Juan of religion, as Ricoeur phrases it.

I referred to Ricoeur's criticism as seemingly opposite to the ones I mentioned at first. They are in fact the same. In the one case one looks to Jaspers for a confirmation of one's fundamental certainties — in vain, as it happens; in the other case one wonders whether one's certainties can still be maintained if they are viewed in the sense in which Jaspers would have us view them. But in either case, one's critical reception of the sort of think-ing worked out and displayed by Jaspers is undertaken using the criterion of correspondence with one's own sustaining certainties. And, of course, on many points of fundamental doctrine on the part of the great traditions of faith Jaspers does not offer confirmation. And more: he challenges them and provokes debate about these challenges. What is the point of this?

No doubt to be human means to stand for something, means to adhere to truths that are fundamental and have the status of absolutes. The most discernible examples are fundamental truths that are drawn from the legacy of a revelation, or from a comprehensive ideology, truths that are regarded as excluding or superseding others. They may be interpretable but they are not debatable. And this can mean nothing other than that whatever does not accord with one's truth in its absoluteness is in some sense untrue. Yet the situation of thusly believing is such that one believes face to face with others whose fundamental beliefs and heritages are other than one's own. It is really here that the sort of thinking that Jaspers displays begins, and it results in considerations such as the following.

The truths which sustain one and out of which one lives, though they may be drawn from a legacy, are verified solely by the testimony of one's choice, action and responsibility, that is to say by the risk of one's life in the concrete sense. The claim to universal assent is not a mode of verification that pertains to such truth. One cannot require as a confirmation for one's truth that the other assent to it as well; if one did make this requirement, it would mean that the risk of one's life is not enough. And if one prevailed in that requirement it would lead to risking the lives of others.

We might say that two forces, seemingly conflicting, are at work in the actuality of man's commitment to fundamental truths. The one is the attrac-tion of unity. The other is the scattering of fundamental truth into the infinite disparity of historic, free individuals and their heritages. Reason is thought that is directed toward unity. Jaspers sees it as a prime task of philosophy to work out and to effect a concept of reason that is responsive to both forces, the force of unity and the force of historic freedom. Reason in this sense does not aspire after nor usurp the modes of universal assent, neither the forms of universal validity whose proper employment is science, nor the means of spiritual or temporal power. Directedness toward unity for man in time means that unity is not as yet achieved; rather it is a goal whose realization is the task of human beings involved in the here-and-now of their concerns, encounters and conflicts. Reason in this sense is the communicative, ongoing realization of truth in its unity, rather than an all-embracing realization which includes what it upholds and excludes what it denies. Communication is not only a tolerance of the other, but a vying for the truth of one's ultimate commitments face to face with that of the other. The realization of truth through communicative reason is a struggle, and it is truth to the degree to which the struggle is a loving one and not destructive of the other grounded in *his* truth.

At this juncture a question arises. If the vision of what is absolutely and ultimately true is differentiated over the endless historicities, what is the common ground on which they can meet in communicative confrontation? Jaspers suggests an ongoing project of identifying the spaces within the open horizon of Being wherein human realization of truth takes place. The project is not a matter of transcending the specific historicities of human beings and their fundamental certainties, since there is no position outside such certainties. The project is rather a matter of finding within the actuality of one's own truth the resources for recognizing that one's truth, even in its absoluteness, is confined within its historicity, and thereby for leaving space for the other. Whether this is possible remains to be seen. One instance known to me is Heschel's response to the Vatican Council's Declaration on non-Christian Religions; out of the resources of his Judaism he declared that it is God's will that He be worshiped in many ways.

Hence the touchstone of Jaspers's outlook toward a world philosophy to come is not whether it includes one's basic certainties, nor whether it includes one's certainties to the exclusion of others; but rather whether one can tolerate the historic finitude of one's realization of that portion of truth which one has been given, and can realize it in response to the challenge that consists of the other in *his* truth.

Perhaps the import of communicative reason to the prospect of a world philosophy to come can, in conclusion, be illustrated by a personal statement. The post war student will not forget the ambience of Jaspers's seminars in his first few years in Basel. Students were sitting side by side who had been separated by the abyss of the recent past. It was not only a matter of being veterans of the two sides of the late battle fronts. The rifts were more profound, especially that between German and Austrian students and Jewish students, including such as had survived or escaped the catastrophe. The wounds were ever present, the anguish not yet defined, the anger as yet undirected. In this situation they ostensibly engaged in the critical study at hand, propelled by seething questions which were never far from the surface, and thusly engaged they were prodded to learn the arduous combat for the truth by means of the arsenal of communicative reason, foregoing the destruction of the other, and requiring the clarification, the commitment and the testimony of one's own substance. The heroes there were neither the ones who agreed too readily nor the dogmatic proponents of their certainties; the villains were those who were present as critics only without presenting themselves for criticism. Many students on both sides of the abyss, having been set adrift from the main stream of their respective heritages, regained their bearings and their affirmations within them through the orienting discipline of communicative reason.

ACCEPTABILITY OF JASPERS IN EASTERN TRADITIONS

R.C. PANDEYA, DELHI

That Jaspers could not receive as much attention as did some of his contemporaries in the circle of European and American philosophers and intellectuals is a fact which needs no proof. Martin Heidegger and Sartre, the two philosophers engaged in the same kind of philosophising as Jaspers was doing, became legends in their life-time not only in their own countries but throughout the intellectual world wherever the culture of European origin held sway. These two philosophers, together, implanted Existentialism in the intellectual soil and nourished it to the extent that it developed strong roots in the life and thinking of the intellectuals. Jaspers could draw attention only to the extent that he too was concerned with the problem of Existence. His greatness as a philosopher in his own right could not make any imprint on the mind of the people in general.

On the contrary his position as a philosopher of great value has been recognized in the East, particular in Japan, and his works are being studied vigorously. What could be the reason for his popularity among the people belonging to non-European culture? one may ask. This question is also linked with another question of no less significance: why could Jaspers not get the same amount of recognition, at least by way of study and discussion of his works, as his two contemporaries, Heidegger and Sartre? To my mind these two questions are interlinked and the answer to one would shape the answer to the other.

Jaspers mentions his growing interest in Chinese and Indian Philosophy. His intimate friendship with the renowned Indologist Heinrich Zimmer at Heidelberg who "brought much literature and translations from the Chinese and Indian world", was responsible for the transformation of his historical interest. He records that spiritually he "gladly tarried in China, feeling there a common origin of being-human as over against the barbarism of my own surroundings. I turned in loving admiration toward Chinese humaneness". This transformation of interest in favour of Oriental thought arises from his interest "in humanity as a whole, where the foundation as well as the standard was to become perceptible in order to hold its own in today's world". This ultimately results in his design for a world history of philosophy with which he was vigorously occupied till the end of his life. He formulated the vision which led him to this preoccupation thus: "We are on the road from the evening glow of European philosophy to the dawn of world philosophy. On this road all of us individuals will be left. But it will go on into a future which, in addition to the most terrible, also shows the brightest possibilities". It is thus clear that unlike other European philosophers Jaspers conceived the act of philosophising as consisting, not in elucidation, ramification and recreation of ideas and concepts taken from the European cultural milieu, and for that matter taken from any particular given cultural situation, but in making it a universal concern for man in general. This would mean the birth of a new philosophical enterprise aimed at liberating man from his narrow confines of culture and tradition and placing him at a point where, having cast aside objectifying categories, he is made capable of asserting his own existence authentically.

Jaspers achieves this by keeping man at the focal point of his philosophising. While drawing the portrait of his age, the age in which we are all of us living today, he says: "We are all living in an atmosphere of forces of belief which are no longer our own. Against them we hear the claim of Nothingness which declares itself in favour of freedom and creativity. The bright atmosphere of freedom, which makes everything possible, becomes the poisoned atmosphere which dissolves everything into nothing. Man as man degenerates, because he believes less and less. His essence seems to be getting ready to become the material of still unrealized terroristic totalitarianism." The great anguish that has led Jaspers to view his contemporary world in such a gloomy light arises not from any set philosophical doctrine, like the position of Nothingness he refers to, but from a deeper conviction. One can see this conviction at work when Jaspers struggles to liberate man's Existence from the state of Dasein. To the intentional consciousness Being must appear in the form of objectivity but this consciousness cannot and should not be reduced to objectivity. The temptation of objectivity is so great that man's intentional character is sought to be explained away as if this too were an object among other objects. All sciences and philosophies which support, sustain or follow sciences have confined man to the subject-object dichotomy and have sought to resolve that dichotomy with the help of a programme of reduction. Any attempt, in the opinion of Jaspers, to reduce man to the category of objects as sciences do, would not only be wrong but it would also lead to a highly dangerous intellectual totalitarianism. It would be wrong because it ignores the role of subject in the knowledge situation. Things *are there* without knowing it. I am there too, but I can also know that I am there. This fact alone would be sufficient to demarcate the subject, the 'I', from the rest. Man can say: "I am"; things or objects cannot. In this sense man transcends; he goes out beyond objectiveness into the non-objective, which is not nothing or void as many philosophers and even scientists would prefer to say. It is, for Jaspers, Being, the sovereign image of which is marked by spontaneity and liberty. Absolute Being is grasped by absolute consciousness. Existence too is absolute; it is "that which is in rapport with itself". Such being the authentic character of man he cannot be placed on a par with objects and should not be treated as a thing.

Any attempt to dislodge man from his true conscious nature would amount to legislating in violation of the spontaneity and liberty of man. Jaspers said that if "ever a totalitarianism were to dominate the planet and would enforce a single historical tradition as the only valid authority, the freedom of the language of Transcendence would become ever less audible, seriousness would be replaced by fanaticism or by blind, thoughtless obedience". That philosophy which is based upon certain assumptions which are taken to be final and closed to any questioning would yield a body of dead doctrines which cannot do justice to ever expressing Being. Hence Jaspers in his faithfulness to freedom of man refrained from fabricating a set of philosophical doctrine, any 'ism', of his own. He instead believed in philosophising as an ongoing process whereby Reason could unfold, unfettered by any extraneous consideration, its infinite freedom. This also was the reason why Jaspers did not think in terms of any ultimate philosophy in relation to which the worth of other philosophies could be evaluated as superior or inferior. Explaining his basic philosophical attitude Jaspers says: "The philosophical intent in my writings, therefore, is: I would like to cooperate in producing the purity of the spiritual air we breathe when, thoughtfully, we come to what concerns us, to decision, to our selves. I would not like obedient or oppositionless repeating of propositions, but I would like to incite the thought-acts which teach one to see and to converse with one's self". This would imply that totalitarianism of thought not only prevents Reason from having its full play but it also closes a person to any thought that other persons may have to communicate. The rupture of communication from one person to another person means, as Jaspers said, "the end of man's being himself". It is, he further said: "not merely threat to personal existence and the real danger of losing oneself, but that this alternative finds its expression in the great powers of history". This powerful advocacy of freedom not only kept Jaspers open to all thoughts that could ever be expressed but it also, in his humility, accorded respectability to them, though, as one could clearly see, at the cost of placing his own philosophy on a par with any other philosophy that mankind might have anywhere evolved.

Jaspers's advocacy of communication as a necessity arising out of Existence's realizing itself is the basis of his inevitable openness. He said he would like to "speak as a man on the street to the man on the street". This places Jaspers's philosophy at once on the opposite side of the general philosophical temper of the Western tradition. Kurt Hoffman points out that "whereas other thinkers in the great philosophical tradition of the West, in propounding their ideas, believed somehow in their universal validity and, in spite of an awareness of the limitation imposed on human knowledge, in their truth; and whereas they refuted other contradictory systems in order to establish their own, Jaspers at once accepts the core of truth, the "cipher," in all of the great philosophies with an unequalled openness and critical penetration, while at the same time rejecting their claim to universality... With Jaspers, philosophy has reached its self-consciousness. That Jaspers would consistently regard his own thought as *one* philosophical metaphor among others is both his weakness and his strength.

My aim in giving this very brief and highly simplified account of some of the aspects of Jaspers's philosophising has been to just draw your attention to some of the reasons why Jaspers could not fit into the dominant current of the European philosophical stream. His insistence on subjectivity and opposition to any attempt to reduce the subject to the status of object cut at the very roots of science and all other thoughts and philosophies that have contributed to the growth of science. His insistence, on the other hand, on the irreducibility of objects to subject made him unfriendly with all the idealists. Likewise, his denial of any special claim for his philosophical position together with the idea of communication as a necessity for Being rendered his philosophy to a relativistic position. This has led people to believe that Jaspers has no philosophy of his own to offer — at best he has given simple elucidation of some of the ideas that have been deliberated upon with a finality of approach by great philosophers like Plato, Aristotle, Kant or Hegel. This to my mind is a misunderstanding of the philosophical enterprise undertaken by Jaspers; but all the same this misunderstanding has been responsible for the near neglect of Jaspers in the Western intellectual circle.

That very reason which has been responsible for the lack of popularity of Jaspers's philosophy in the West is a powerful source of its admiration and appreciation in the East. Let me rapidly recall some of the points wherein Chinese and Indian traditions agree, with a view to show that Jaspers's position would be accorded a place of pride in those traditions. To begin with the basic irreducibility of subject to object and *vice versa*, both traditions unanimously uphold that each is in essence distinct from the other. The aim of philosophy should be to extricate the subject from the object so that the subject attains unfettered emancipation, marching towards complete spiritual freedom, call it *nirvana* or *moksa*. In this march of freedom the other, the object, is not neglected or ignored but is adapted appropriately to make the progress towards freedom smooth. The road to Nirvana, so is a Buddhist saying, passes through the world we live in. The soul and the non-soul are to be viewed in their 'thatness' or 'suchness' which comes to us through 'wisdom' or *'prajna'* which Jaspers would call Reason. All the Eastern traditions would insist on the fact that philosophising is an activity which leads to the cultivation of this wisdom. Dialogue or communication both with the tradition of the past as enshrined in sacred texts and in the mind of the teacher, the *guru*, and also with friendly or hostile contemporaries is an inner compulsion of the soul for the progress towards emancipation. All the Eastern traditions would be unanimous in upholding that philosophising must end in an achievement i.e. in fully discovering and identifying the self. This being the general picture of the Eastern thinking Jaspers's philosophy would receive in it a warm and friendly welcome. This would explain the reason for his popularity in the East.

Thus, though Jaspers in an important sense does not think real philosophical activity gains universality and finality, yet in another sense his own philosophy assumed universal significance, if not universal popularity, arising as it did from the cultural soil of Europe which was battered by two world wars and plagued by all kinds of totalitarianism, and gained respectability in non-European circles. A philosophy can be universal not only by virtue of its fabricating a system of very wide applicability but it can be truly great and universal by making people 'see' what they truly are in their authentic Existence.*

Notes

* All quotations are taken from the following writings of Jaspers
    I. "Jaspers's Autobiography"
    II. "The philosopher Replies"
published in Schilpp, Paul Arthur (ed.), *The Philosophy of Karl* Jaspers. New York, 1957.

KARL JASPERS EN QUÊTE DE L'ÊTRE: FONCTION CRÉATRICE DE L'ÉCHEC

JEANNE HERSCH, GENÈVE

Lorsque parut en 1936 mon premier petit livre, *L'illusion philosophique*, Jean Wahl publia dans les "Recherches philosophiques" un compte rendu assez long et particulièrement amical. À vrai dire, c'était davantage qu'un compte rendu: l'auteur s'interrogeait, à cette occasion, sur la nature même du "philosopher" de Jaspers. Il écrivait: J.H. "nous fait saisir, de façon bien précise et bien pénétrante, l'essence de cette philosophie quand elle nous dit: 'Éclairer la fuite de l'essentiel devant l'emprise de notre recherche, c'est là sans doute le geste intérieur, sans cesse répété, de la philosophie de Jaspers'. Elle étudie… aussi le rôle des idées de limitation, de situation, d'inachèvement, de cercle et de transcendance dans cette philosophie." À la suite de quoi, Jean Wahl se pose une question curieuse: Est-ce que Jaspers ne substituerait pas à la philosophie une activité légèrement différente d'elle, et qui serait, au fond, "réflexion sur l'histoire de la philosophie"? Il cite encore une phrase de moi: "Aucune philosophie n'a été pour elle-même d'une telle transparence". "Mais, commente Jean Wahl, c'est qu'elle n'a pas d'autre objet que la destruction de son objet. (Et peut-on appeler objet cette destruction de l'objet?)" — Jean Wahl formule encore autrement le problème posé: "Quelle est la valeur philosophique de la phrase: on ne peut philosopher sans s'enfoncer dans une réalité telle qu'on ne puisse prononcer des phrases du genre de: on ne peut philosopher sans s'enfoncer dans une réalité telle qu'on ne puisse prononcer des phrases du genre de, etc.? (Autrement dit, n'y a-t-il pas contradiction à dire qu'il ne peut y avoir de philosophie que particulière, cette proposition même ne pouvant, en effet, avoir de sens que s'il y avait une philosophie générale?"

Jean Wahl suppose que je répondrais en parlant du "cercle" logique, dont la présence, selon Jaspers inévitable en métaphysique, indique qu'il s'agit de la transcendance. Mais il poursuit ainsi: "Reste à savoir si Jaspers n'a pas fait *une logique de la philosophie en général* plutôt qu'une philosophie. Logique qui ne peut atteindre tout à fait à la réalité de la philosophie telle qu'elle a été conçue jusqu'ici... Son effort... consiste à exprimer sans chiffre la nécessité du chiffre, et même ce qui est inexprimable autrement que par un chiffre".

Ce texte, je le rappelle, a paru en 1936. Si j'y reviens aujourd'hui près d'un demi-siècle plus tard, c'est que Jean Wahl y témoigne, non seulement d'une attention et d'une pénétration exceptionnelles, mais encore d'une surprenante prescience. En effet, Karl Jaspers devait publier après la fin de la deuxième guerre mondiale, en 1947, son plus gros ouvrage, écrit pendant sa retraite forcée des années noires, intitulé *Von Der Wahrheit, De la Vérité*, premier volume d'une *Logique philosophique*, dont les deux volumes suivants n'existent qu'à l'état d'ébauche dans les papiers posthumes.

"Logique de la philosophie en général", écrivait Jean Wahl en 1936. *Logique philosophique* s'intitule le vaste projet de Jaspers en 1947.

Quelques questions se posent: ce qu'entrevoyait Jean Wahl dès les publications d'avant 1936, principalement la *Psychologie der Weltanschauungen* (1919) et la grande *Philosophie* (1932), était-ce déjà la *Logique philosophique?* Est-il vrai que cette "Logique de la philosophie en général" se substitue à une "philosophie" proprement dite? Qu'est-ce qu'une philosophie proprement dite? S'agit-il d'une véritable "logique"? Qu'y a-t-il dans cette "logique" de proprement "philosophique"?

Je voudrais examiner ces questions à la lumière des deux principaux ouvrages de Jaspers, ceux qui explicitent "sa philosophie", ou du moins "son philosopher": *Philosophie* d'abord, puis *Von der Wahrheit*.

La *Philosophie* comporte trois grandes parties, qui correspondent à trois "visées": la première concerne *le monde* dans lequel se trouve le sujet pensant, la deuxième concerne *l'existence* du sujet parmi les autres sujets, la troisième concerne *la transcendance*.

On reconnaît les trois articulations fondamentales de la pensée kantienne: la connaissance de l'objet; la fonction du sujet; la visée de ce qui n'est ni objet ni sujet, ou qui est "l'englobant" des deux, "l'en-soi", ou bien, comme dit aussi Kant, usant d'une expression aux termes contradictoires, "la chose-en-soi" (das Ding an sich).

Chez Kant — comme chez Jaspers — "la chose-en-soi" est refusée à la connaissance. Mais ce qu'il est possible de reconnaître, c'est la phénoménalité de ce que nous pouvons connaître, et par conséquent, au moins, la non-phénoménalité de la chose en soi. C'est cette non-phénoménalité — et par conséquent cette exclusion du champ de toute connaissance *théorique* possible — qu'exprime, de façon claire et efficace la contradiction dans les termes de la chose-en-soi.

L'expérience d'une limite absolue et définitive *du pouvoir de connaître*, chez Kant, n'empêche nullement la connaissance des phénomènes de progresser à l'infini, au contraire: cette même expérience assure la validité des conditions de la phénoménalité, et donc de la connaissance, partout où, dans le monde, un sujet s'efforce de penser.

Mais du même coup, connaître étant aussi un acte, cette expérience de la limite est en prise *sur la raison pratique*, à laquelle elle ouvre, sans conflit avec la raison théorique, les possibles, — et bientôt les presque-nécessités — de la morale et de la croyance.

Jaspers reste profondément fidèle à cette expérience kantienne. Mais ce qui change, c'est que chez lui elle "démultiplie" en quelque sorte ses effets, ou, si l'on veut, elle se démultiplie elle-même, aussi bien en direction de la connaissance qu'en direction de la conduite pratique. Nous voici contraints — c'est l'une des difficultés majeures de la philosophie, dont il importe de comprendre la nécessité — de changer de terminologie en changeant de "pensée": le monde phénoménal s'appellera le plus souvent "réalité empirique" ou "totalité empirique"; la connaissance que le sujet peut en avoir s'appellera "science" ou "savoir apodictique" ou "contraignant" (allgemeingültiges, zwingendes Wissen); le sujet pratique s'appellera "existence", ou plus prudemment "existence possible", (mögliche Existenz); l'inaccessible "chose-en-soi", "englobant" sujet et objet, s'appellera, en tant qu'origine ou visée de l'existence, "transcendance" ou "Dieu" — en tant qu'englobant absolu ou auto-suffisance, "l'être".

Aucun de ces termes, bien sûr, ne reste chez Jaspers l'équivalent exact du terme kantien. Si tel était le cas, la différence de terminologie serait inutile.

J'ai parlé de *démultiplication*, chez Jaspers, de l'expérience faite par Kant d'une limite absolue du connaître. En effet, pour Kant, cette limite tenait uniquement à l'insurmontable scission sujet-objet. Chez Jaspers, on la rencontre sous bien d'autres formes. Le sujet connaissant ne se heurte pas seulement à l'inaccessibilité de l'en-soi. Quand il cherche à connaître "le monde", il entend par là "une totalité" et aussi "une unité", ou plutôt: *la* totalité, *l'*unité. Or le développement des sciences a imposé la nécessité de critères spécifiques, précis pour tout savoir. Ces critères dépendent des méthodes et des points de vue adoptés par chacune des sciences, et les résultats de la recherche sont dès lors valables, non pas absolument, mais relativement à ces méthodes, à ces points de vue. Plus l'exigence de certitude apodictique est forte, et plus le savoir scientifique apparaît donc *discontinu*, lié à la spécificité de chaque science, condamné à des résultats *partiels*.

L'homme cherchant l'être dans la totalité du monde a été tenté d'élire, dans le monde, une réalité particulière (l'eau, l'air, l'énergie, la matière, la vie, l'esprit…) pour en faire l'unique substance du monde, — ou de privilégier *un* type d'explication ou de dérivation (causalité, animisme finaliste, évolution sélective, création divine, programmation…) pour l'appliquer à l'histoire du monde dans sa totalité. Mais il se heurte à la discontinuité, à l'hétérogénéité des approches, à la pluralité des perspectives, dont aucune ne s'achève ni ne saurait englober les autres. Il n'a aucune issue pour sortir de sa finitude, au milieu d'un monde pour lui sans totalité, qui reste de toute part béant.

La grande différence, entre l'échec d'une cosmologie rationnelle chez Kant et celui d'une visée de l'unité et de la totalité du monde chez Jaspers, c'est que chez Kant la phénoménalité du monde peut être reconnue, en quelque sorte, une fois pour toutes, tandis que chez Jaspers la finitude de toute recherche scientifique ne sera authentiquement rencontrée que spécifiquement, à toutes ses étapes, à travers la rigueur même de ses exigences méthodologiques. Le savant se heurte aux limites, au fil de sa recherche qui vise la totalité et qui continue sans fin, partout où surgissent les discontinuités, par exemple, entre l'inerte et le vivant, ou entre le vivant et l'esprit.

Pas de "monde en soi", pas de "monde total", pas d'unité: le sujet se trouve renvoyé à la tâche d'élucider *ce qu'il est lui-même*, et *sa propre situation*, par rapport à laquelle se constitue l'objectivité toujours relative du monde.

Il ne s'agit pas ici, pour le sujet, de s'examiner en tant qu'il est lui-même, dans le monde, un petit morceau de ce monde, à explorer comme le reste, selon l'une ou l'autre perspective scientifique. Certes, son corps y est situé comme n'importe quel corps, sa naissance peut figurer dans une chronologie générale des événements, humains ou cosmiques, sa conscience subit les effets de conditions physiques, biologiques, psychologiques ou sociales. Mais ce n'est pas à de telles études que renvoient la discontinuité et l'inachèvement du monde.

Au contraire: le sujet se cherche lui-même en tant que s'articulent et se structurent *en lui* les multiples perspectives du monde, perspectives dont la cohérence *en lui* fait que l'idée de l'unité du monde, même inaccessible à la connaissance, garde un sens. Bien qu'il se trouve soumis aux lois générales et abstraites des sciences, il n'en est plus, lorsqu'il se cherche ainsi lui-même, un cas particulier. Renvoyé à soi par un monde déchiré, il est l'unique concret qui éclaire sa propre existence.

L'existence, chez Jaspers, n'est pas de l'ordre du fait, mais de la *liberté*. C'est pourquoi, quand on essaie d'en faire la théorie, on ne peut que parler d'"existence *possible*". "L'éclairer", ce n'est pas en acquérir un savoir, c'est en accroître les chances, lui adresser un appel. C'est limiter l'emprise des dogmatismes de tout genre, leur prétention à l'univocité et à la validité permanente. C'est rappeler l'existence à sa vraie nature: concrètement et historiquement située *hic et nunc* et face à la transcendance; échappant, par son exigence absolue, à toute prescription universelle impersonnelle comme aussi aux caprices de l'arbitraire.

Pour parler de l'existence, les méthodes ne peuvent être qu'indirectes puisque les conditions de l'objectivité font défaut. Le philosophe opère avec des pseudo-objets, des pseudo-concepts, il multiplie les approches afin qu'aucune ne s'impose et ne fige une objectivité illusoire. Il recherche les voies négatives et provoque des expériences d'échec.

Cet "éclairement" tend, non à un savoir, mais à l'"acte de présence" de la liberté.

Je rappelle ici la question de Jean Wahl: Jaspers n'a-t-il pas renoncé à une philosophie, au sens propre et traditionnel du mot, pour faire une "logique de la philosophie en général"? A-t-il tenté d'"exprimer sans chiffre la nécessité du chiffre"? A-t-il ainsi, finalement, "rendu de plus en plus difficiles ces chiffres dont il nous montre en même temps la nécessité"?

Dans la *Philosophie*, surtout dans la troisième partie "Métaphysique" où il s'agit de la transcendance, Jaspers insiste de cent façons pour montrer que la transcendance est radicalement impensable, puisqu'elle échappe précisément aux conditions de la pensée humaine. Il en va d'ailleurs de même chez Kant: du côté de la "pensée", de la raison théorique, Dieu n'est qu'une "Idée", aussi inévitable d'ailleurs qu'impensable. Chez Jaspers, la transcendance est, pour la pensée théorique, plus cachée que le Dieu caché. Seul le recours aux "chiffres", à "l'écriture chiffrée", permet d'en parler, — encore faut-il que l'interlocuteur possède d'avance en lui, fût-ce sans le savoir, la clé de cette écriture.

Parmi ces chiffres, dont on peut donner des exemples, mais jamais établir ni une liste exhaustive, ni des caractéristiques générales, il en est deux qui jouent chez Jaspers un rôle privilégié: c'est *l'échec* et c'est *le silence*.

Étrange "logique de la philosophie en général", tout de même. Interrogeons maintenant le livre *De la Vérité*, seul volume paru de la *Logique philosophique*. Il ne s'agit pas d'un ouvrage de logique au sens ordinaire du mot. Jaspers n'étudie pas les conditions d'une pensée correcte du point de vue de l'entendement (Verstand). Il explore "les conditions de pensabilité" auxquelles se trouve soumis un sujet qui s'interroge sur le vrai. Il dévoile, ce faisant, la pluralité des modes selon lesquels la vérité, d'un même mouvement, impose l'exigence de son unité, se multiplie, se dérobe, et ne cesse, pour la raison (Vernunft) et pour l'existence, d'*être*.

Jaspers met en question le sentiment que nous avons de savoir immédiatement ce que "vrai" veut dire.

Remarquons-le en passant: une telle question n'est pas *logique*, mais foncièrement *philosophique*. Peut-être en viendrons-nous, à propos de la question de Jean Wahl, à inverser sa supposition? Peut-être serons-nous amenés à dire qu'il a fait "une philosophie de la logique plutôt qu'une logique"? — Nous y reviendrons.

Que peut être "le vrai", demande Jaspers, pour des êtres comme nous, qui vivons dans le temps? Le vrai ne peut être que notre chemin. Le sens du vrai en nous vient d'une source plus profonde que l'entendement, où s'emmêlent la pensée et la vie. Si elles se séparent, le sens du vrai s'altère et il ne reste que, d'une part, le vide de l'entendement, de l'autre, l'aveugle impulsion vitale. L'homme est sur le chemin du vrai lorsqu'il resserre sa propre cohérence, *hic et nunc*, dans l'histoire, et non dans l'intemporalité.

> La philosophie peut contribuer à éclairer la nature du vrai. Tel est le sens de la logique philosophique.

Ce qu'elle vise, c'est l'unité du tout, qui est pour elle, au sens kantien, une Idée, inaccessible et indispensable. Grâce à cette Idée, aucune théorie totalisatrice ne passera pour définitive.

Nous retrouvons ici un thème de la *Philosophie*. Dans sa *Logique philosophique*, Jaspers va multiplier les discontinuités — limites, ruptures, et donc échecs. Il ne s'agit plus seulement de celles qu'engendre la pluralité des sciences et des "perspectives" spécifiques qu'elles déterminent dans un monde impossible à "totaliser". Jaspers recourt au schéma méthodologique de *"la pluralité des modes de l'englobant que je suis":* en tant que "sujet vital" (Dasein), en tant que "conscience en général" (Bewusstsein überhaupt), en tant qu'"esprit" (Geist). N'importe quel rapport immanent du sujet au monde relève de ces "modes de l'englobant qu'il est" en tant que sujet. Aucun de ces modes ne peut englober les autres.

"Le monde", ce terme englobant de l'immanence, reste scindé modalement. Nous sommes de toutes parts reconduits à des origines indépendantes l'une de l'autre, alors que d'emblée, c'est l'origine unique que nous cherchons. En séparant radicalement chaque origine des autres, on rend d'autant plus pressante l'exigence de leur interdépendance dans l'unité.

La difficulté d'un tel exposé, c'est qu'il recourt inévitablement à des termes objectifs, empiriques, alors qu'il vise autre chose. La pensée s'engage dans l'objectivité, mais elle doit l'évacuer au fur et à mesure afin de suggérer ce par quoi la réalité objective *est*.

La pluralité irréductible, multipliée elle-même par la théorie des englobants, multiplie aussi les *limites* entre les modes et les "expériences" inévitables de *l'échec*, dans la quête de l'unité totale à laquelle "la raison", qui veut lier tout à tout, ne saurait renoncer. On dirait que Jaspers ne fait que tracer en tous sens des pistes d'échec, comme autant d'"exercices existentiels" en vue d'un impossible et nécessaire dépassement vers la transcendance. Dans ce sens inattendu, cette "logique philosophique" est bien un *organon*.

Le bilan théorique auquel aboutit cette analyse de la présence de "l'englobant que nous sommes" dans tout le champ de notre savoir consiste en une série de négations et de refus:

1.   Le monde ne repose pas en lui-même comme s'il était l'en-soi. Il est "en suspens" (in der Schwebe). Toute conception totale, exclusive, du monde se trouve exclue, comme aussi toute métaphysique, à prétentions scientifiques, avec ses extrapolations et ses conclusions, analogiques ou probables, concernant l'être en soi. Toute représentation totale de l'univers est dénoncée.

2.   La "théorie totale" est remplacée par une pluralité de théories, dont on testera la fécondité heuristique. On continue à confronter théorie et expérience, on se situe modestement *à un moment* de devenir scientifique, sans anticiper aucun savoir définitif.

3.   On renonce à toute méthode universelle de la science, on accepte une pluralité de méthodes sans unité.

4.   On admet qu'au lieu de connaître l'être, on n'a jamais affaire qu'à *des niveaux* ou *des modalités* de l'être.

5.   Le savoir n'a aucun cadre définitif, il reste disponible pour toute expérience nouvelle, selon chacun des modes de l'englobant.

6.   Les querelles concernant la totalité, ou le premier commencement, ou la fin ultime, sont éliminées. Aux limites du savoir s'imposent, non les alternatives radicales (ou bien..., ou bien...), mais des antinomies, qu'il importe de comprendre.

Mais ce bilan théorique négatif, on le voit bien, constitue aussi un *exercice pratique*, existentiel, un exercice pour la liberté. On observe de singuliers entrecroisements.

Il y a une éthique dans cette réflexion sur la recherche théorique, que l'on poursuit jusqu'à son échec. Mais la recherche théorique elle-même constitue un exercice, par delà le savoir qu'elle concerne ou qu'elle nie: un exercice éthique? philosophieux? existentiel? religieux?

Je pense que chez Jaspers elle est tout cela à la fois, et c'est justement ce qui fait qu'elle est elle-même un chiffre. Peut-être Jean Wahl n'a-t-il pas perçu le chiffre dans le discours tenu sur "la philosophie en général". La philosophie de Jaspers est une sorte de "philosophie négative", comparable à la *via negationis* de la théologie. L'échec d'une ontologie conduit à l'"expérience" éthique et métaphysique de la transcendance.

Cette "logique philosophique" est elle-même philosophique, non par ce qu'elle enseigne, mais par l'exercice qu'elle impose à qui la pense.

Mais diffère-t-elle par là des grandes philosophies de la tradition? Un dialogue de Platon transforme son lecteur attentif par l'exercice qu'il impose. Il en va de même quand chez Spinoza liberté doit devenir synonyme de nécessité, — ou quand chez Kant l'acte le plus libre — peut-être jamais accompli — doit coïncider avec le devoir à l'état pur.

Nul ne saurait comprendre de telles pensées sans le consentement de sa propre liberté.

SÉANCE DE CLÔTURE

CLOSING SESSION

SCHLUSSSITZUNG

SESION DE CLAUSURA

Sous la présidence d'honneur de Son Excellence le très honorable Edward Schreyer, C.C., C.C., C.M.M., C.D., Gouverneur général du Canada

ALLOCUTION

EDWARD SCHREYER

Gouverneur général du Canada   Governor General of Canada

Je suis heureux d'offrir personnellement mes meilleurs voeux à tous les participants au Congrès mondial de philosophie et de leur transmettre ceux du peuple canadien.

To all distinguished visitors from other countries, I am pleased to convey a message of welcome from the people of Canada.

Notre pays et la ville de Montréal sont très honorés d'être le théâtre de cette prestigieuse rencontre rassemblant d'éminents philosophes du monde entier.

À travers les siècles, l'humanité a relevé toutes sortes de défis et toujours, les philosophes nous ont tracé des lignes de conduite pour faciliter notre adaptation aux changements qui en résultaient.

Perhaps more simply put, philosophy and philosophers provide a continuing and necessary contribution in the exercise of both discovering and ordering, in an intelligent and methodical way, the principles necessary for life.

Ce compliment que Marc Aurèle fait en parlant de Sextus, a des résonances particulières: pour moi qui étais spécialiste des sciences politiques et de l'économie politique, de même qu'ancien chef de gouvernement.

I was, therefore, and continue to be, very cognizant and appreciative of the contributions of philosophy and philosophers in assisting governments and government leaders to maintain, and to improve, the application of universally-held principles in a consistent way despite the onslaught of events.

Aristote, dans son *Éthique à Nicomaque*, parlait d'ailleurs de "...la science souveraine et au plus haut point organisatrice... la science politique (qui) détermine quelles sont les sciences indispensables dans les États... légifère sur ce qu'il faut faire et éviter..."

Aristotle went on to say that therefore "the end of this science (politics) must include those of the others, so that this end must be the good for man."

Si Aristote trouvait le conseil pertinent de son temps, on peut imaginer à quel point il insisterait, de nos jours, sur la nécessité de pratiquer, en politique, la philosophie et les autres sciences.

As aware as we are of the evolution of the interrelationship of government and the governed, and the fact of the current general acknowledgement of the sovereign importance of man and mankind to any system of government, it is not overstating the case to say that the contributions of philosophy and philosophers at this time in history are indispensable in the pursuit of world peace and order, and toward assuring the active universal recognition of humanity in itself as the ultimate value of mankind.

Jusqu'à la révolution industrielle, dirigeants et peuples pouvaient à peu près prévoir les changements à venir. C'est d'autant plus vrai quand on considère tout ce qui s'est produit depuis 200 ans.

And yet, it is said that, in the perspective of history, we are now facing, over the next few years, an avalanche of change that may eclipse in its concentrated entirety all previous change in all of the previous ages up to the present.

I am referring to what we call the "new technology" and, especially, what we know as "Hi-Tech".

On nous dit de plus en plus que l'ère dans laquelle nous entrons, celle de l'informatique, est à ce qui nous attend ce que le "modèle T" a pu être à l'industrie automobile. En clair, cela veut dire que nous sommes au seuil d'une ère nouvelle qui entraînera des changements et des conséquences que nous pouvons à peine entrevoir.

We have been aware for some years, particularly in the industrial world, that we had entered the post-industrial period. We in what is known as the developed nations are experiencing the socio-economic consequences, and these consequences are reverberating across the world. These consequences are well known: record unemployment, the demise or displacement of traditional industries, bankruptcy situations facing a number of countries etc. Hindsight may even indicate decolonialism as an earlier harbinger of the new era.

Mais, pour ce qui est du progrès de l'humanité, nous avons au moins deux raisons de croire que nous nous dirigeons vers un monde meilleur.

The first is that as the world says good-bye to the industrial age, it finds itself in better condition than that which marked the early years of the industrial revolution. For example, over the past two hundred years, the distribution of the massive productive wealth of the industrial age has been shared among the peoples of the industrial world on an increasingly equitable basis, not only in wages, salaries and benefits to the working peoples, but also in the guarantee of essential services such as health to all peoples. Indeed, it is the guaranteed provision of basic services such as housing, health, education and social programs such as unemployment insurance which are helping us through the current transition.

La notion de "fraternité internationale" est maintenant mieux comprise; les pays riches aident davantage ceux qui sont moins fortunés: pas encore autant qu'il le faudrait, mais la communauté internationale fait des progrès constants, même en ces temps difficiles.

The commitment to greater international responsibility to world order, and to world peace, seems entrenched even if actions are not always commensurate to rhetorical commitment. And there are other world concerns involving the environment etc.

Deuxièmement, je vois des raisons d'espérer dans les progrès évidents que l'humanité a réalisés, ces deux derniers siècles en particulier.

It may well be that the new technological age, while different in what may be termed its productive mechanism compared to that of the industrial era, may propel the world in another great leap forward in those areas of economic, social, environmental and political stability and order toward which we have been striving.

Appliquer aux changements à venir les principes qui témoignent de notre désir d'en arriver à une véritable fraternité internationale est sans doute la responsabilité directe de ceux qui pratiquent "la science souveraine et au plus haut point organisatrice", celle qui "légifère" comme dit Aristote, mais votre défi à vous, les philosophes, sera de nous montrer la voie de la sagesse, le moyen d'intégrer, avec intelligence, méthode et compassion ces principes à notre vie et d'en faire la base de toutes nos entreprises dans l'ère nouvelle.

It is in that context that I earlier described this gathering as a "most significant" event.

Cela me remet en mémoire ce que disait Ralph Waldo Emerson: "Contente-toi de toujours être philosophe".

Although the direction may not yet be too apparent, the world, and the peoples of the world, may now be entering the truly Golden Age in which sharing and brotherhood will be universally equitable, in which the Global Village brought about by electronic technology will be equally identifiable by universal peace and prosperity.

Peut-être verra-t-on enfin, pour paraphraser Martin Luther King, tous les peuples de la terre atteindre enfin le sommet de la montagne.

I commend you, as philosophers, to that journey.

CONFÉRENCE

PIÈGES DE LA DIFFÉRENCE

PAULIN J. HOUNTONDJI, COTONOU

> "…Car il n'est point vrai
> que l'oeuvre de l'homme est finie
> que nous n'avons rien à faire au monde
> que nous parasitons le monde
> qu'il suffit que nous nous mettions au pas du monde
>
> mais l'oeuvre de l'homme vient seulement de commencer
> et il reste à l'homme à conquérir
> toute interdiction immobilisée au coin de sa ferveur
> et aucune race ne possède le monopole
> de la beauté, de l'intelligence, de la force
> et il est place pour tous au rendez-vous
> de la conquête
> et nous savons maintenant que le soleil tourne
> autour de la terre
> éclairant la parcelle qu'a fixée notre volonté seule
> et que toute étoile chute de ciel en terre
> à notre commandement sans limites".

C'est avec ces paroles viriles du poète martiniquais Aimé Césaire, expression de l'assurance retrouvée, témoins d'une confiance en soi naguère volée, mais finalement reconquise, que je voudrais ouvrir mon propos. Nous souhaitions que l'Afrique fût présente à ce rendez-vous mondial. Elle l'est, même si c'est encore dans une mesure essentiellement symbolique, en raison de circonstances qui ne sont la faute de personne. Je voudrais cependant montrer le sens de cette présence, dire pourquoi nous la souhaitions, afin d'éviter, ici, des contresens faciles, qui pourraient être lourds de conséquences.

Nous ne sommes pas, ou pas vraiment, en quête d'une consécration internationale, car nous avons appris, au cours des siècles, combien il pouvait être dangereux pour l'homme d'attendre d'un autre homme qu'il lui délivre un certificat d'humanité. Nous ne cherchons pas non plus à rivaliser, sur leur propre terrain, avec l'Europe, la vieille Europe, et son excroissance historique, l'Amérique moderne; car malgré notre romantisme, réel ou supposé, malgré notre acharnement, pendant une longue période de l'histoire récente, à réhabiliter, défendre et illustrer nos cultures injustement dénigrées, nous sommes assez lucides pour savoir que sur le terrain précis de la performance scientifique et technologique, l'Europe historique, au sens large que nous venons d'indiquer, est aujourd'hui, et jusqu'à nouvel ordre, à peu près imbattable. Nous sommes conscients, notamment, que dans le domaine particulier de la philosophie, entendue comme discipline théorique solidaire d'autres disciplines comme l'astronomie, les mathématiques, la physique, la chimie, la biologie, et ce qu'il est convenu d'appeler les sciences sociales et humaines, l'Afrique contemporaine ne pourrait à la limite offrir, à qui voudrait établir un palmarès mondial des oeuvres et des auteurs significatifs, que peu de chose: rien pour ainsi dire.

"Combien de philosophes y a-t-il en Afrique?" me suis-je parfois entendu demander, d'un ton plus ironique que réellement interrogateur. J'ai toujours invariablement répondu: "Aucun", me mettant ainsi de plain-pied avec mes interlocuteurs. Je crois qu'il faut aller jusqu'au bout de cette réponse, refuser obstinément un certain type de questions, qui tiendrait à mettre en parallèle, du point de vue de leurs réalisations respectives dans un secteur particulier de la culture, l'Europe historique et l'Afrique; un type de questions qui, plus généralement nous enfermerait dans une comparaison stérile entre deux totalités culturelles, la fonction de critères appartenant en propre à l'une d'elles. Non, nous ne devons pas nous comparer à l'Europe, encore moins chercher à nous mesurer à elle sur un terrain qu'elle aurait elle-même historiquement établi. "Non", disait dans le même sens, fort pertinemment, Frantz Fanon: "Non, nous ne voulons rattraper personne. Mais nous voulons marcher tout le temps, la nuit et le jour, en compagnie de l'homme, de tous les hommes".

Cela dit, même dans l'hypothèse la plus défavorable, en admettant que nous ne puissions revendiquer en Afrique aucun grand nom, aucune oeuvre décisive dans le domaine de la philosophie académique — ce qui, du reste, comme nous le verrons, n'est pas rigoureusement exact — il se trouve qu'en fait, aujourd'hui, dans nos écoles, dans nos universités, s'enseigne à côté d'autres disciplines, cette discipline particulière qu'on appelle la philosophie. Il se trouve qu'à l'intérieur et en dehors de nos institutions d'enseignement, se poursuit un débat et se développe une recherche qui relèvent précisément de cette discipline et dont témoignent un certain nombre d'articles, de livres, de publications diverses. Une activité philosophique réelle se développe de la sorte, conduite par une masse d'enseignants, de chercheurs, d'étudiants ou autres intellectuels relativement obscurs, mais dont la fécondité théorique ne saurait se mesurer au baromètre, somme toute capricieux, de la notoriété et des succès mondains.

Si donc on peut dire, à la limite, qu'il n'y a aucun philosophe en Afrique, ce ne peut être que par manière de boutade, un peu pour signifier, en réponse à une évidente provocation, qu'on ne trouve en effet dans nos pays aucun "grand philosophe", pour reprendre une expression facile dont personne, à ma connaissance, n'a jamais pu fixer le sens. Mais l'essentiel est ailleurs. L'essentiel, c'est ce débat vivant, cette recherche théorique conduite par des centaines de philosophes mineurs, la littérature philosophique qui en est issue et qui s'enrichit chaque jour d'apports nouveaux. L'essentiel, c'est la place de ce débat dans l'ensemble de notre vie culturelle, dans une Afrique aujourd'hui confrontée à tant de problèmes divers.

Or, il se trouve, comme par hasard, qu'au coeur de ce débat, s'est progressivement imposée, depuis quelques dizaines d'années, la question même qui fait l'objet de ce congrès mondial: celle des rapports entre philosophie et culture, celle de savoir, notamment, si toute culture véhicule une philosophie *sui generis*, si la philosophie doit être, en ce sens, perçue comme un système de croyances consubstantiel à cet héritage collectif qu'on appelle culture, ou s'il faut au contraire la penser comme une forme de rupture avec le legs spirituel de la communauté.

Et voilà précisément qui fixe le sens de notre présence à ce congrès. Nous sommes venus ici, curieux de voir comment ces problèmes, qui se sont posés à nous dans notre sphère particulière d'existence, se posent dans d'autres cultures, quelles positions se sont dégagées au cours des débats qu'ils ont suscités ailleurs, quelles leçons nous pouvons, le cas échéant, en tirer pour nous-mêmes. Nous sommes venus en somme, d'abord, pour apprendre. Mais en même temps, et justement pour cette raison, nous sommes venus, riches de notre propre expérience et disposés à la partager, riches à la fois de nos succès et de nos échecs, de notre savoir et de notre ignorance, de nos richesses accumulées et de notre dénuement, pour informer le plus objectivement possible, répondre le plus sobrement, mais aussi le plus exactement du monde, à la question que se posent forcément un certain nombre d'esprits curieux: que se passe-t-il en Afrique, dans le domaine de la philosophie? Et singulièrement, qu'en est-il, sur ce continent, des rapports entre philosophie et culture?

Il existe une philosophie africaine: voilà la thèse abrupte qui a surgi voici quarante ans, dans notre champ théorique, et qui occupe encore, à ce jour, l'essentiel de ce champ. Ce n'est pas tout à fait un hasard si cette thèse a été "lancée" par un petit livre d'un missionnaire belge, alors totalement inconnu dans les milieux philosophiques et presque aussi inconnu parmi les anthropologues, à qui il ne s'était signalé, jusque là, que par quelques articles d'amateur. Lorsque paraît en 1945 à Élizabethville, l'actuelle Lubumbashi, au Zaïre, *La philosophie bantoue* du père Placide Tempels l'auteur, franciscain flamand séjournant dans la colonie depuis douze ans, n'avait publié que quatre brefs articles ethnographiques sur les noms des nombres, les gestes de numération, les représentations cosmologiques chez deux populations bantoues qu'il commençait lui-même à connaître; puis cinq articles polémiques parus dans un journal local, *L'essor du Congo*, qui firent de lui, aux yeux de l'administration coloniale et de la fraction la plus conservatrice de la communauté belge résidant au Congo, un véritable subversif; ces articles, en effet, sans mettre en cause ce que tous considéraient alors comme la légitimité du fait colonial, plaidaient néanmoins pour une plus grande justice sociale à l'intérieur du système, pour un adoucissement, une humanisation des méthodes de la colonisation. Dans le domaine de la philosophie, Tempels n'avait alors rien publié à part les livraisons successives, en 1944 et 1945, de l'original flamand des premiers chapitres de *La philosophie bantoue* elle-même, dans deux périodiques locaux, *Aequatoria et Band*, paraissant respectivement à Coquilhatville (l'actuelle Mbandaka) et Léopoldville (l'actuelle Kinshasa).

Ce n'est pas un hasard, dis-je, car un professionnel de la philosophie aurait certainement employé le mot "philosophie" avec infiniment plus de précaution. Tempels voulait dire simplement qu'il existe une pensée africaine riche, complexe, différente sans doute de la pensée occidentale, mais non moins cohérente. Il l'a appelée philosophie uniquement pour marquer cette cohérence et indiquer, par la même occasion ce qui lui apparaissait comme la position fondatrice de cette forme de pensée par rapport à toute la vie culturelle bantu.

L'on peut d'ailleurs admettre qu'en toute rigueur, le missionnaire belge n'a jamais vraiment prétendu, comme devaient le faire sans nuance la plupart de ses disciples, qu'il existât une philosophie *des* Bantous au sens du génitif subjectif. Le titre flamand de son essai, *Bantoe-filosofie*, pouvait tout aussi bien se comprendre: "réflexion philosophique *sur* les Bantous", la philosophie n'apparaissant plus alors comme une réalité donnée *dans* la culture étudiée, mais comme une grille de lecture, un modèle d'interprétation librement choisi par l'analyste.

Tempels, il est vrai, n'a jamais été aussi clair. Le modèle d'interprétation choisi devait être justifié, et cela ne pouvait se faire, pensa-t-il, qu'en présupposant de la philosophie dans la pensée bantoue elle-même, en projetant au sein de cette culture des figures qui, réelles ou imaginaires, puissent au moins fonder en raison ses propres options méthodologiques et leur enlever toute apparence de gratuité. D'où l'équivoque, réelle dans le texte flamand, puis néerlandais. La traduction française de *Bantoe-filosofie* tend à supprimer l'équivoque, et ceci dès le titre, en ne retenant que la prétention de l'auteur à l'objectivité et en interprétant dans ce sens des expressions qui, dans le texte original, pouvaient aussi bien signifier autre chose.

Or le hasard a voulu que cette traduction française fût mieux connue que l'original néerlandais, dont la publication complète ne devait se faire que l'année suivante. Le contresens s'est depuis lors, perpétué, d'autant plus sûrement que Tempels, hésitant au début, paraissait finalement heureux, au fond, que son traducteur eût choisi pour lui en opérant à sa place un passage à la limite, un saut que lui-même n'avait pas osé faire. L'ethnophilosophie africaine n'est donc pas seulement héritière de Tempels, elle l'est tout autant du traducteur de *La philosophie bantoue*, cet avocat du nom d'Antoine Rubbens qui, moins avisé encore que Tempels en matière de philosophie, avait d'autant moins de raisons de s'embarrasser de scrupules technologiques.

Depuis lors, la tendance a prévalu, parmi les africanistes, de traiter les modes de pensée africains comme autant de philosophies. Contre cette tendance, s'est fait jour très tôt, dès la publication de *La philosophie bantoue*, une réaction de philosophes qu'on pourrait dire professionnels, appelant à plus de prudence et de rigueur méthodologique dans l'emploi du mot "philosophie". Les textes nombreux, dus au départ, à des Européens, mais de plus en plus aux Africains eux-mêmes, ont ainsi donné naissance à ce qui se présente aujourd'hui comme une critique de l'ethnophilosophie, une critique des travaux d'anthropologie culturelle consacrés à la définition de la "philosophie" des peuples dits primitifs.

Je crois devoir signaler, afin d'éviter toute équivoque et de situer clairement le lieu d'où je parle, que j'ai moi-même produit des textes allant dans le sens d'une telle critique, des textes où je rappelais, comme d'autres collègues africains tels que Kwasi *WIREDU*, du Ghana, Ébénézer *NJOH-MOUELLE*, Marien *TOWA*, Fabien *ÉBOUSSI-BOULAGA*, du Cameroun, et bien d'autres encore, à quel point il serait ruineux pour l'Africain d'aujourd'hui de renoncer à penser sous prétexte que ses ancêtres l'ont fait à sa place et par conséquent, la nécessité pour tous ceux qui se veulent philosophes d'articuler ici et maintenant, face aux problèmes nouveaux que leurs ancêtres ne pouvaient prévoir, une pensée responsable qui intègre, pour les dépasser, aussi bien l'héritage millénaire de nos peuples que ce qu'il est convenu d'appeler, dans la tradition culturelle internationale, la philosophie. Je me suis particulièrement attaché à montrer à l'oeuvre dans l'énorme littérature ethnophilosophique et plus généralement anthropologique, les effets pernicieux du présupposé unanimiste, l'adhésion tenace tendant à attribuer aux sociétés dites primitives une parfaite unité de croyances, une unanimité sans failles, comme si, dans ces sociétés, tout le monde était toujours d'accord avec tout le monde. Contre l'unanimisme et ses avatars théoriques, idéologiques et politiques, contre toute lecture réductrice et exagérément simplificatrice des cultures non occidentales, j'ai appelé l'attention sur la vertu du pluralisme, de la contradiction vivante, comme moteur réel de l'histoire spirituelle de nos peuples et comme valeur à préserver et à promouvoir dans notre vie intellectuelle et politique d'aujourd'hui.

En même temps, et dans la même foulée, j'ai cru devoir dénoncer ce qui m'apparaissait comme l'extraversion de la pensée théorique et, plus généralement, de la littérature scientifique de l'Afrique moderne, le fait que les travaux de nos chercheurs soient si souvent destinés, en priorité, à un public non africain et se laissent de ce fait orienter, positivement ou négativement, jusque dans le choix de leurs thèmes et de leurs problèmes, par les attentes de ce public, essayant de le convaincre, à l'occasion, que nous aussi, nous avons une philosophie. La tâche la plus urgente, de ce point de vue, m'a paru être de libérer la contradiction au sein de nos peuples et, par voie de conséquence, parmi nos intellectuels et nos chercheurs, d'aménager un espace intérieur de discussion libre, rigoureuse, exigeante, loin des coquetteries obligées du dialogue imaginaire avec l'Autre.

Comme on pouvait s'y attendre, la critique de l'ethnophilosophie, ainsi sommairement résumée, devait susciter à son tour une contre-critique vigoureuse, fondée en partie sur de simples malentendus, en partie sur des difficultés réelles qui obligent, somme toute, à rajuster ou, à tout le moins, préciser certains des arguments de la critique initiale. Le temps nous manque ici pour rendre compte, même brièvement, de ce nouveau débat. Constatons seulement que, pour l'essentiel, l'alternative demeure: ou bien notre philosophie est tout entière derrière nous, enfouie dans nos cultures historiques, et notre seule tâche est alors, aujourd'hui, de l'exhumer, de la reconstituer, de la défendre par tous les moyens, ou bien nous assumons notre responsabilité ici et maintenant, face à l'histoire d'aujourd'hui et de demain, et alors nous ne saurions échapper à l'obligation de penser des pensées nouvelles, répondant aux problèmes immenses et, à certains égards, inédits, posés directement ou indirectement, par le drame actuel de nos sociétés.

Dans ce contexte nouveau, la contre-critique de la critique de l'ethnophilosophie, si l'on fait abstraction des fioritures rhétoriques dont elle se pare volontiers, fonctionne comme le rappel nécessaire à une évidence ancienne, à savoir l'impossibilité d'une nouveauté absolue dans le domaine de la pensée, la nécessité pour tout projet humain, même et surtout s'il se veut novateur, de s'enraciner dans le sol concret d'une tradition.

Aimé Césaire disait déjà dans le même sens, voici vingt-sept ans, au premier congrès international des écrivains et artistes noirs: "La voie la plus courte vers l'avenir est celle qui passe par l'approfondissement du passé". Peut-être faudrait-il simplement ajouter: à condition que l'approfondissement du passé ne devienne pas simple rumination, complaisance satisfaite ou dérobade face au présent, mais qu'il soit guidé par un projet actuel, une claire vision du présent et du futur.

De ce point de vue, une fois compris les dangers de l'ethnophilosophie traditionnelle, une fois reconnus la fragilité de ses fondements théoriques et méthodologiques, et ce que j'appellerais les pièges de la différence, une fois notre horizon théorique libéré pour des tâches scientifiques nouvelles, nous pouvons enfin aujourd'hui relire Tempels et avec lui toute la littérature ethnophilosophique, en y cherchant autre chose que ce qu'elle avait cru pouvoir nous offrir: non quelque philosophie enfouie dans notre inconscient collectif, quelque système de croyances par quoi nous devrions à tout prix, et pour toujours, nous identifier, mais des éléments pour une détermination objective des constantes de nos cultures, en vue d'une évaluation critique et libre de cet héritage millénaire.

Nous pouvons lire d'un oeil nouveau et apprécier notre aîné, le regretté Alexis Kagame, l'auteur, entre autres textes de *La philosophie bantu-rwandaise de l'être* (Bruxelles, 1956) et de *La philosophie bantu comparée* (Paris, 1976), décédé, comme on sait, le 2 décembre 1981 à Naïrobi; Kagame qui, accréditant pour sa part l'hypothèse d'une relativité linguistique pour ainsi dire absolue, convaincu que toute langue véhicule une philosophie complète, un système de pensée pleinement articulé, cherchait désespérément à extraire de l'analyse grammaticale des langues bantoues les éléments d'une ontologie particulière à ces langues; mais qui, à travers ces excès mêmes, au fond des impasses théoriques où l'a conduit cet insoutenable relativisme, aura néanmoins ouvert une voie de recherche féconde, en appelant l'attention sur un fait désormais incontestable: les contraintes imposées à tout discours, même le plus ambitieux, par la langue dans laquelle il s'exprime; contraintes que l'abbé rwandais voulait curieusement, ériger en un système philosophique, mais qu'il nous est loisible, aujourd'hui, de penser comme contraintes, c'est-à-dire comme limites à dépasser, après identification précise et méthodique.

Nous pouvons relire Kwame Nkrumah et en particulier, parmi les nombreux ouvrages qui lui sont attribués, ce texte curieux qu'il avait intitulé *le Consciencisme* (Londres, 1964); Nkrumah qui croyait lui aussi à l'existence d'une "philosophie africaine traditionnelle" et cherchait à reconstituer sur cette base, en intégrant des apports islamiques et euro-chrétiens, une nouvelle hypothèse philosophique et idéologique qui pût faire l'unanimité de toutes les filles et de tous les fils de l'Afrique révolutionnaire; Nkrumah qui faisait ainsi dangeureusement de l'unanimisme une valeur à promouvoir dans la vie politique et scientifique de l'Afrique d'aujourd'hui, mais qui, à travers ses erreurs mêmes, aura eu le mérite de poser en termes clairs le problème, aujourd'hui inévitable, de la fonction sociale de la philosophie et, plus généralement, de la pensée théorique, le problème de son rapport, direct ou indirect, à la politique.

Nous pouvons lire d'un oeil nouveau un auteur comme Senghor et apprécier, par delà ses thèses parfois excessives et si souvent contestées, l'apport considérable d'un homme qui aura eu le mérite, dès les années 30, de poser à sa manière le problème, toujours actuel, de notre identité culturelle; Senghor qui, en écrivant en 1939: "L'émotion est nègre comme la raison hellène", en cherchant à définir, à travers d'autres simplifications du même genre, toutes aussi abusives, ce qui lui apparaissait comme la différence nègre, a eu sans doute le tort de vouloir ériger en théorie et transposer dans la prose quotidienne de nos luttes, ce qui n'avait de sens que comme vérité poétique; mais a eu également le mérite d'interroger les constantes de nos civilisations millénaires, ouvrant ainsi un champ de réflexion, toujours actuel, que lui-même, du reste, devait ensuite contribuer à explorer, à travers les études positives que l'on sait, et à travers un long procès d'auto-rectification, une autocritique patiente, encore trop peu remarquée pour être peut-être restée, malheureusement, trop souvent implicite.

Par delà ces auteurs et bien d'autres encore, que nous avons accueillis, au départ, avec tant de réserve, par delà toutes les oeuvres avec lesquelles nous avons entretenu, d'emblée, des rapports plus positifs, nous pouvons aujourd'hui relire nos cultures elles-mêmes les étudier patiemment, méthodiquement, pour y découvrir, d'une part, les contradictions fécondes, les grandes alternatives, les choix historiques qui ont fait d'elles ce qu'elles paraissent aujourd'hui, mais aussi, d'autre part, les permanences, les constantes matérielles et spirituelles, tout cet impensé qui fait notre héritage commun et avec lequel nous devons pouvoir entretenir, ici et maintenant, un rapport critique et libre.

Nous pouvons, du même coup, relire sans complexe l'histoire des autres cultures, et en particulier, puisque nous sommes entre philosophes, l'histoire de la philosophie occidentale elle-même, reconnaître avec précision, par simple souci de vérité, la dette historique de cette culture à l'égard d'une civilisation de notre continent, l'Égypte pharaonique, apprécier à sa juste valeur la contribution de tel ou tel grand Africain, Saint Augustin, par exemple, ou encore Tertullien et quelques autres, la contribution, plus généralement, des peuples africains, et de tous les peuples du monde, puisqu'aucun peuple n'est seul et que tous collaborent, directement ou indirectement, à donner à chacun son visage particulier; réapprendre à penser les succès et les échecs, les drames et les luttes des autres cultures, comme nos propres drames et nos propres luttes, retrouver, en un mot, par delà l'histoire de nos cultures, par delà leur grandeur et leur misère présentes, et par delà nos propres souffrances, l'aventure d'une seule et même humanité qui, depuis toujours, se cherche, et qui, aujourd'hui plus que jamais, doit réapprendre la solidarité.

DISCURSO EN LA CLAUSURA DEL XVII CONGRESO MUNDIAL DE FILOSOFIA

LEOPOLDO ZEA, MÉXICO

Las palabras finales, las de clausura de un congreso como éste, son siempre balance y mirada retrospectiva de lo hecho en reuniones semejantes. El XVII Congreso Mundial de Filosofía ha logrado algo muy novedoso en relación con los que le antecedieron. Algo que estaba ya en germen y se desarrolló a través de ellos, aunque no estuviera centralmente expreso. La filosofía ha recobrado su sentido original, el que le era propio antes de que surgieran escuelas, profesores de filosofía y congresos. El sentido, simple y llano, de un afán de saber que, en general, es siempre angustioso. Saber para actuar, para enfrentar el mundo con sus múltiples problemas. El afán, aunque fuera, por resolver tales problemas de una vez y para siempre. Empezando una vez, para continuar siempre, en este ineludible afán. En este sentido, la filosofía no puede expresar sólo un limitado modo de comprender el mundo y resolver sus problemas. No puede limitarse a una cierta forma de expresión, no puede ser, como lo discute ahora la filosofía, un *logos* magistral. Se puede filosofar, no sólo desde un determinado lenguaje, ya sea este el alemán, el inglés o el francés, lenguas clásicas de la filosofía moderna, como lo fuera en la antigüedad el griego, pero no las únicas lenguas de expresión filosófica. Porque, si como dice Aristóteles, el hombre se distingue de otros entes por tener razón, por razonar y por expresarse, entendiendo el *logos* como razón y palabra, entonces los marginados del *logos* magistral resultarían ser algo menos que hombres, hombrecillos, *homúnculos*, como llamaba a los naturales de esta América el español Juan Ginés de Sepúlveda. Sin abandono de los temas clásicos de la filosofía se han abordado aquí centralmente, bajo el tema de la Filosofía y la Cultura, las expresiones de otros hombres, de otros pueblos a lo largo de la tierra en la búsqueda de soluciones a su problemática; expresiones que no tienen por qué ser minus-valuadas.

Desde hace algún tiempo, estos congresos han dejado de llamarse Congresos Internacionales de Filosofía para designarse como Congresos Mundiales de Filosofía. Un cambio que expresa la actitud que en estos congresos se ha ido adoptando. En el mundo, más que en naciones, se hacen expresas las múltiples y peculiares preocupaciones del hombre, de los hombres. No son sólo naciones, sino hombres y pueblos diversos frente al mundo los que expresan la hondura de sus preocupaciones y la búsqueda y encuentro de soluciones a las mismas, por efímeras que ellas sean. Y es precisamente en esta América, nuestra América, el continente más al occidente del occidente y más al oriente del oriente, en donde se han dado cita las múltiples expresiones del planeta y donde ha tenido que expresarse un nuevo enfoque filosófico. Este es el tercer congreso mundial de filosofía que se realiza en América, primero New York en 1927; después México en 1963 y ahora Montreal. Problema central cada vez más preciso en estos encuentros filosóficos lo ha sido el de esta misma América, del llamado Nuevo Mundo, heredera de múltiples creaciones y de nuevos puntos de vista y de equilibrio en la búsqueda eterna del hombre de un *logos* que dé razón de su ser y la posible solución a sus problemas. No ya un *logos* magistral, sino un *logos* capaz de hacer que los hombres y pueblos se comprendan entre sí y busquen soluciones comunes sin renunciar a sus ineludibles peculiaridades. Decía Descartes que todos los hombres son iguales por la razón; nosotros podemos decir, todos los hombres son iguales por ser distintos, esto es, por ser peculiares; pero no tan distintos y peculiares que dejen de ser hombres, o pueden ser más o menos que otros hombres.

Se me ha honrado al pedirme que hable en esta reunión de clausura del XVII Congreso Mundial de Filosofía. Y lo hago con mi peculiar lengua: el español. Una lengua peculiar de muchos millones de hombres. Una de las lenguas de la Europa al otro lado de los Pirineos y de su prolongación vital y cultural en esta América. Lengua y, por ser lengua, modo de expresión y de razonar que ha sido y es el instrumento de autocomprensión y comprensión de los múltiples hombres y pueblos que se han encontrado en esta región del mundo. Un mundo singular por haberse dado cita en él hombres y pueblos de diversas regiones de la tierra. La singularidad de este mundo la ha expresado magistralmente un americano, un hispanoamericano, al que ahora se recuerda en el mundo por el bicentenario de su nacimiento: Simón Bolívar. De él son las palabras que dan identidad a los pueblos que han encontrado en el español el instrumento de su comprensión. "Tengamos presente — decía — que nuestro pueblo no es el europeo, ni el americano del Norte, que más bien es un compuesto de Africa y de América, que una emanación de la Europa; pues que hasta la España misma deja de ser europea por su sangre africana, por sus instituciones y por su carácter. Es imposible asignar con propiedad a qué familia humana pertenecemos. La mayor parte del indígena se ha aniquilado, el europeo se ha mezclado con el americano y con el africano, y éste se ha mezclado con el indio y con el europeo. Nacidos todos del seno de una misma madre, nuestros padres, diferentes en origen y en sangre,

son extranjeros y todos difieren visiblemente en la epidermis; esta deseme-
janza trae un reato de la mayor trascendencia".

Estas palabras explican, también, el peculiar filosofar de esta región
del mundo y de América. Filosofar, si entendemos la filosofía como algo más
que el simple instrumental de conocimiento; si lo entendemos como el preguntar por el por qué y el para qué del uso de tal instrumental. Preocupación
central por la identidad de hombres y pueblos que, en relación con una vieja
situación de dependencia, se les han inculcado que el mestizaje, lejos de unir,
separa. Para esta América, la preocupación central ha sido la búsqueda de
la unidad de los contrarios, la búsqueda de un logos que de sentido y unidad
a lo que parece diverso y disperso. Identificarse es encontrar el sentido de
esta diversidad. Europa, por supuesto, ha tenido también crisis de identidad,
las crisis de los grandes momentos de su historia. Pero estas han sido crisis
internas, propias; resultado de sus propios y naturales cambios. La nuestra,
la de esta nuestra América, tiene un origen externo, proviene de un regateo
de humanidad externo, que se origina en el descubrimiento, la conquista y
la colonización. Encubrimiento, diría, más que descubrimiento, ya que ha
puesto en entredicho, una y otra vez, la identidad del hombre de esta América.
De allí la preocupación central de ese nuestro filosofar y la pregunta, que
nunca se planteó el europeo y occidental, ¿es posible una filosofía de esta
región? e, igualmente, ¿cómo es posible una cultura y una literatura propiamente dichas? Interrogantes que, llevadas a sus máximas consecuencias,
resultan ser interrogaciones ontológicas. Es un preguntar por el ser, por el
ser a través del único ente que puede dar respuesta a la pregunta, el hombre:
pero el hombre concreto, el hombre de esta región del mundo. Pregunta
ontológica como lo fue la pregunta en los albores de la filosofía en Grecia,
el insistente ¿qué es el ser? El ser como objetividad, pero un preguntar en
el cual se jugaba el propio ser del interrogante. Interrogante ayer frente a
una naturaleza cambiante; como ahora lo es frente a una sociedad igualmente
cambiante, en la cual hombres y pueblos se empeñan en hacer de otros su
instrumento. Por ello la pregunta sobre la posibilidad de una filosofía en esta
región de América, no es un preguntar por nuestra supuesta capacidad para
imitar, sin equívocos, expresiones de un filosofar que no responde a nuestra
relación con el mundo, sino una pregunta que se refiere a nuestra singular
capacidad para expresarnos, sin equívocos, como hombres y pueblos tal y
como se expresan o deben expresarse otros hombres y pueblos de la tierra.
Preguntar por nuestra capacidad para filosofar es preguntarnos por nuestra
capacidad para hablar y pensar como todos los hombres; para razonar en su
doble acepción, preguntar por nuestro ser hombres. Si, como decía Aristóteles, el hombre se distingue de otros entes por la razón, es un preguntar
por la razón, por la que da sentido al ser, a nuestro concreto y peculiar ser.
Pregunta ontológica porque en su respuesta nos va el propio y concreto ser,
nuestra una y otra vez regateada humanidad.

Es obvio que este preguntar y este responder sobre nuestra identidad,
sobre nuestro ser, sobre nuestra humanidad, ha de ser hecha a partir de
nuestra lengua, en la que nos hemos formado y a través de la cual adquiere
sentido el mundo, nuestro mundo. Una lengua que es, al mismo tiempo,
razón que da sentido al mundo que nos rodea y nos sitúa dentro de él. Un

razonar desde nuestra propia lengua que es también razón — no sólo barbarie o balbuceo de otra lengua — y hablar una razón que no expresa el sentido de nuestro propio y peculiar ser. Pensar, en nuestro caso, en español como otros hombres y pueblos en las diversas lenguas que les dan concreción e identidad. No creemos que existan lenguas más filosóficas que otras; quizá, más precisas, en ciertos menesteres de la reflexión; pero no más filosóficas, si entendemos por filosofía algo más que metafísicas de la propia y concreta expresión o simplemente metodologías. Como no aceptamos que existan hombres más hombres que otros. Un hombre es igual a otro, insistimos, por su peculiaridad, su individualidad. Pero siempre una peculiaridad y una individualidad abierta a otras peculiaridades e individualidades enriqueciéndose y enriqueciendo. Abierta a otras lenguas, a otras expresiones del hombre; abierta también a otras expresiones del razonar, para así ampliar, enriquecer, el propio ser y razonar sin por eso renunciar a lo que se es.

Las peculiaridades de nuestro ser que expresaba Bolívar en las palabras antes citadas, no sólo de esta región de lo que llamamos nuestra América, Hispanoamérica, Iberoamérica o Latino-américa, sino también de otras regiones de este continente, ya sea que hablen en inglés o francés. También en estas regiones se han dado cita hombres de múltiples razas y culturas, que buscan amalgamarse, rompiendo con toda clase de discriminaciones étnicas o culturales. Es obvio que, en esta región, los problemas de la filosofía, más allá de las aulas, los seminarios y los claustros, son problema de identidad. A lo largo de la tierra emergen pueblos que han de amalgamar los que les fuera propio con lo que les ha sido impuesto de alguna forma; amalgamar encontradas identidades para forjar una tan amplia que permita la comprensión de todas sus partes. Pero no ampliar en un sentido abstracto, que un gran mal del filosofar llamado universal han sido sus abstracciones; ampliar incorporando la multiplicidad. Lo Universal sí, pero como sentido de lo diverso, como Universo. Es en este sentido en el que la filosofía se justifica y expresa al hombre en sus múltiples y concretas expresiones.

La historia de la filosofía es, precisamente, la historia de los esfuerzos hechos por los filósofos por conciliar lo uno con lo múltiple, el individuo con su mundo, con la naturaleza y la sociedad de las que es parte ineludible. En este sentido, han surgido lógicas para manipular esta relación, o metafísicas justificadoras. Muchas veces, con olvido de lo uno, del individuo como punto de partida de estas reflexiones, se han creado logos y metafísicas magistrales que subordinan a los individuos. Pero, también, una y otra vez los filósofos han vuelto por los fueros del hombre como individuo. Abandonando abstracciones nulificadoras, se han comprometido en las múltiples luchas por las que los individuos, los hombres concretos, buscan su reconocimiento como tales. En los últimos tiempos se ha venido hablando de filosofías comprometidas. Para esta nuestra América el calificativo es tan antiguo como la historia de su pensamiento. Sus pensadores se han caracterizado por empuñar, conjuntamente, la pluma y la espada cuando la una o la otra han sido necesarias. La auténtica filosofía ha sido siempre a lo largo de su historia filosofía comprometida con los problemas de los hombres en su obligada relación con el mundo y la sociedad de su tiempo. Platón, Aristóteles, San Agustín, Santo Tomás, Descartes, Hobbes, Kant, Hegel, Marx y así hasta nuestros días la preocupación por el mundo que ha de ser adaptado al hombre, al individuo, ha sido el tema central.

Es de especial importancia el que insistamos, en este nuestro tiempo, en tal compromiso. Es necesario que la filosofía recupere su función orientadora en un mundo en que se han agudizado, más que nunca, los conflictos de la relación del hombre con su mundo, en concreto con el mundo que los mismos hombres han formado y forman las sociedades. Son éstos días de violencia represiva y contestataria. Violencia para imponer criterios, imponer supuestas verdades universales que ocultan intereses concretos y la natural respuesta de hombres y pueblos que insisten en el respeto a identidad, a su concreta expresión como tales. Días en que grandes potencias, sirviendo a los concretos intereses de sus individuos, hablan de verdades universales pero que justifican sus intereses. Días en que se castigan a hombres y pueblos concretos en nombre de la supuesta y abstracta seguridad del mundo, que no es sino la seguridad de sus propios y concretos intereses. Y como respuesta a toda esta violencia anárquica, indiscriminada, de hombres y pueblos sometidos a tales represiones, la filosofía, insisto, debe recuperar su función conciliadora, y en este sentido universal, de lo uno y lo diverso. Lo universal como unidad de lo diverso sin anulación de la ineludible diversidad. Por ello habrá que insistir en la igualdad de hombres y pueblos por lo que tienen de diverso, por lo que tienen de concreto; pero no tan diverso que dejan de ser hombres. La universalidad como reconocimiento de lo diverso y como consecuencia la exigencia de su respeto. Aquí en esta América, concretamente en México, uno de nuestros hombres, Benito Juárez, decía, "El respeto al derecho ajeno es la paz entre los hombres y los pueblos". Este respeto ha de ser norma de toda auténtica paz y motivo insistente de reflexión de nuestros filósofos a lo largo de este nuestro mundo.

En este sentido el XVII Congreso Mundial de Filosofía ha cumplido con creces su función. En esta ocasión, más que en otras, la preocupación por el conocimiento de las múltiples expresiones del hombre a través de su cultura ha privado, mostrando la extraordinaria riqueza de un filosofar que más que imponer verdades trata de comprender y hacerse comprender. Es ésta una muestra del maravilloso camino del filosofar de nuestro tiempo en un mundo abierto a todas las expresiones del hombre, a todas sus peculiaridades para mejor comprender y hacerse comprender; y, a través de la comprensión, el compromiso de una tarea solidaria. La solidaridad que han de guardar entre sí hombres y pueblos empeñados en libertad y felicidad, sin deterioro o limitación de la libertad y felicidad del resto de los hombres.

ADDRESS

RU XIN, BEIJING

The Chinese Academy of Social Sciences

It is a great honour for me to have an opportunity to speak at the closing session of the XVIIth World Congress of Philosophy on behalf of the delegation of the People's Republic of China. Owing to the reason known to all, philosophers of the People's Republic of China have not attended the World Congresses of Philosophy in the past few decades. This time, we have come to attend the Congress, participate in the discussion of philosophical problems with colleagues from other countries, exchange views with them and thus increase our mutual understanding. This proves most beneficial to us. We would like here to express our heartfelt gratitude to the Congress Organizing Committee and its president Prof. Venant Cauchy, and we would also like to extend our cordial greetings to all participants of the Congress. We hope that after the Congress, the academic exchanges and cooperation between Chinese scholars and the philosophers from other countries will be further developed.

The participants of the Congress come from various countries with different social systems, different ideologies and different cultural and historical backgrounds. It is natural that different viewpoints were expressed in the course of the discussion. We think that the most important thing is not to reach unanimity of views on certain philosophical issues at the Congress but to get together for free discussion and free exchange of ideas. Free discussion and free exchange of ideas are essential to the seeking of philosophical truth, just as air is indispensable to man. As a Chinese, I would like to say a few words about Chinese philosophy.

As is known to all, China is a country with a long history and is known for its glorious civilization in history. Thus people often compare ancient Chinese civilization to that of ancient Greece. Nevertheless, the Chinese philosophy has not won the same recognition among foreign scholars. In fact, during the Warring States period in Chinese history, which is equivalent to the flourishing period of Greek philosophy, China already enjoyed a high degree of development in philosophical thinking. It is true, Chinese philosophy has its peculiarities — its peculiar concepts, categories and way of thinking — which are difficult for Western people to comprehend. As compared with Western philosophy, Chinese philosophy puts more emphasis on human affairs and ethics but less stress on metaphysics and epistemology. But the fundamental issues of philosophical inquiry in China are about the same as those in ancient Greece, and Chinese philosophers delved as deeply into pure philosophical problems as the Greek philosophers. I would particularly like to point out that Chinese philosophical tradition has lasted for as long as over two thousand years without interruption. This philosophical heritage has become the quintessence of Chinese culture and dissolved into the national character of Chinese people. Thanks to this philosophical tradition, the Chinese people in the long process of development has stood the test of all kinds of historical events and successfully maintained their own character. From this, we can see that philosophy is by no means useless.

Chinese philosophy follows its own independent tradition, but it by no means excludes the assimilation of foreign ideas. On the contrary, in the course of history, it has developed and enriched itself by constantly absorbing new ideas from other lands. For example, the introduction of Buddhism into China had its impact on the development of Chinese philosophy and Chinese culture in general. A more recent example is the dissemination of Western thought in modern China. We may say, the birth of new China is closely connected with the propagation of Western thought, expecially Marxism in China. However, foreign thought exercises its influence through its combination with Chinese philosophical tradition. The assimilation of foreign ideas brings about changes in Chinese philosophical thinking, but it does not cause an interruption of Chinese philosophical tradition. It helps to create a new cultural synthesis, preserving all the best of Chinese thought. China is now a socialist country confronted with the task of modernization. Chinese philosophy should also be modernized and it should effect the integration of the principles of Marxist philosophy with Chinese reality. This, too, does not mean a break in Chinese philosophical tradition, but should be considered as a continuation and further development of this tradition.

Of course, we Chinese philosophers cannot concern ourselves only with Chinese affairs and think only in terms of our philosophical tradition. We should also be concerned about the world situation and the development of world philosophy. We fully understand that we Chinese people are a part of the whole mankind and live on the same globe with other peoples. We should not be indifferent about the future of the world and the future of mankind. In the present age, philosophers are entrusted with an important mission.

Speaking about the present age, I cannot help recalling Charles Dickens' description of his epoch in *The Tale of Two Cities:* "It was the best of times, it was the worst of times, it was the age of wisdom, it was the age of foolishness, it was the epoch of belief, it was the epoch of incredulity, it was the season of Light, it was the season of Darkness, it was the spring of hope, it was the winter of despair, we had everything before us, we had nothing before us, we were all going direct to Heaven, we were all going direct the other way."

Is this description of the epoch also applicable to our present age? We are living in a dangerous and turbulent world, where there are still aggression, exploitation, oppression, starvation, poverty, suffering, injustice and all other intolerable vices. All kinds of horrible atrocities in large scale, heinous crimes against humanity and unprecedented depravity of morality simply make people of goodwill lose confidence in the future of the world and of mankind, suspecting that the world is going to destruction and that mankind is being driven to the abyss of degeneration. But if we look at the world and mankind all-sidedly and not from a pessimistic viewpoint, then we will find that although the world is far from perfection, there are still many beautiful and valuable things in the world, as well as a force capable of transforming the world, which is man himself. We should have confidence in the transformation of the world. We should believe that the world can be transformed into a better one and that man can play a dynamic role in transforming the world, and transforms himself at the same time. This is borne out by the entire history of mankind. Now, mankind already possesses unprecedentedly powerful material means and great wisdom, which, if rationally used, will enable mankind to build a new world more suitable for mankind to live in. It will be a world where man can really develop himself fully, freely and in an all-round way so that he may become a man in the true sense of the term. Philosophers should help people to recognize this possibility, and explore ways of realizing this possibility. A philosopher should not content himself merely with interpreting the world in various ways, but take part in the transformation of the world. Some may think that philosophy is incapable of transforming the world. If so, why do we need philosophy then? We say, history is created by the people, and the philosopher is the designer of the emerging world. In our opinion, here lies the lofty task of philosophy.

ADDRESS

JÓZSEF LUKÁCS, BUDAPEST

Minerva's Owl has floated for seven days above the Congress Hall in Montreal. Without judging whether the bird was flying high enough, the goddess would probably have some reasons to be satisfied. Not only because philosophical questions of culture were discussed which belonged in her time, in their undifferentiated unity, to her business, but because a dialogue, the living soul of philosophical inquiry, was mostly to be felt in these rooms.

It must be kept in mind that the first steps of classical Greek philosophy were already characterized by the emergence of Socratic dialogue, as well as tragedy at its beginnings, by the dialogical appearance of the second actor replying to the claims of the first one. These examples were followed by the thinkers of the late Middle Ages and by those of the Renaissance, by the Enlightenment as well. Dialogues which were really expressions of the *maïeutikè*, giving birth, through the confrontation of youths, to new insights which were expressions of central social conflicts. And also the dramatic form of dialogue itself ceased to be the main matter of inquiry. Its engaged and critical spirit is preserved up to now in order to make real alternatives of life conscious, to answer the crisis of individual and social life. That is because it was always the honourable duty of philosophy to give answers to the deepest questions of history and culture. Whoever doesn't take into consideration this inherent tendency of philosophy cannot really understand its substance and greatness either.

Therefore it is and it remains the normal state of our endeavors to look for solutions in a correct and intelligent debate. Even if they are coupled with contrasted social interests, not giving up one's own position but comparing it to the others and enriching ourselves in the course of discussion. By the way we should put the question: Did this week really show both the readiness and the ability of philosophers to reach the level of the age? One could responsibly answer this question although with some restrictions. To be sure, philosophers seem to be with some exceptions ready for discussion on the vital problems of human culture, and one might say that this readiness has been improved in the last years. This is a considerable success in the shadow of the bomb even if we are not only aware of the talks which have taken place now, but also of those which did not. The fact itself that these discussions between communists, socialists, liberals, religious thinkers, representatives of different philosophical traditions coming from all parts of the world, were established to find new ways seems to be an important gesture in a world where a part of mighty forces is only, in limited measure, fit for a common action.

On the other hand, if you ask whether our work was able to satisfy the world's needs, unfortunately, we can answer less positively, I am afraid. Some questions have to be stressed not because we were not concerned with them at all, but because what had been done is still far from enough. Let us sincerely ask: Is philosophy, as traditional bearer of the general, the universal, effective enough in our age when national and racial particularities not only exist, but often oppress the common and so broadly accented criteria of the principles of equality of all human beings, rationality, sociality, crea-tivity? Have we done enough to get rid of Europocentrism and Americo-centrism in favor of better understanding? Did the Mass-Media get rid of prejudices, for instance about Eastern European circumstances? To continue, have we done enough for a real cultural democracy in order to evaluate not only the creative forces of the intelligentsia in culture, but also of workers, peasants, artisans? How far did we create a theoretical basis for uniting higher culture with everyday life? We who are responsible for the living force focused in philosophy are obliged to demonstrate this unifying and supranational tendency of life, and at the very same time, the theoretical reproduction of the concrete in all cultural spheres, in all areas of the globe in order to assist in solving our common difficulties.

In this respect I suppose we cannot be, we should not be satisfied with philosophy, because the world's challenges are too dramatic, too rapid in comparison with the perspectives and categorical armament used by us. And we cannot make the world responsible for not following some of our ideas.

Sometimes we do meet in philosophy a kind of arrogance of reason which neglects the reality itself and is perhaps satisfied with itself, or sometimes despairs, because of its epistemological statements. Diverseness, transi-tional but sometimes very lengthy frustration of reason in solving social problems like starvation, illiteracy, ecological and demographical crises, the feeling of being powerless against business or political manipulations, all these do not give sufficient ground for the destruction of dethronement of reason, to admit irrationalism again.

Among the frightening contradictions of our days, and just because of these, we really have to develop a new type of philosophical culture, to open new democratic and socialist ways. This is a task for all progressive tend-encies, for those which were present at this congress too, first of all, of contemporary Marxism whose influence was felt so remarkably in these discussions, and also beyond the verges of Marxism itself. So to develop philosophy today can't mean to reduce it to fulfilling its mere professional functions, but also to enlightening ways which may lead to reasonable activities, to strengthen the confidence in clear human words, to defend arts and morals from desperation, science both from the illusion of its omnipotence and the feeling of its impotence.

To develop a new culture like this means on the one hand integrating all important values of the development of all countries according to the logic of the new culture; and on the other hand promoting the realization of developed individuals in order to let the most important content of human richness unfold in culturally rich personalities.

You might say all this is not more than a beautiful dream, or at least a postulate. But in many respects I could refuse this argument. Against cultural lyricism and moral apathy, we have to refer insistently to existing healthy tendencies in new scientific syntheses, in engaged Arts, in a more dialectic, realistic and responsible way of thinking in order to overcome the world's present antinomies, even if we know that thereafter we shall be faced with new difficulties again.

Maybe I am mistaken. Still I want to stress that conservative and skeptic pressure has never been strong enough in history to prevent renewal of ideas for a long while, if thinkers were courageous enough to fulfil their given historical task.

Ladies and Gentlemen, we all know that is not very easy today. For philosophical efforts to be successful one inevitable condition must be fulfilled, namely the ontological possibility of choosing, arguing, discussing, in short, conditions of life, on our endangered earth. It was not an accidental fact that so many philosophers have paid here so much attention to the problem of strengthening peace, reducing fear. And besides that, three days ago our General Assembly has elected a Steering Committee in which the Western countries, the socialist countries and those of the third world are now represented in a more balanced way than before. Perhaps it is not an exaggeration to say that the FISP thus presented some modest but very important example to other cultural and political organisations, although it is not at all easier to cooperate in philosophy than elsewhere.

Let me express, dear friends, my deepest hope that these relations will survive and can still be developed even in our difficult age. I assure you that the philosophers of the socialist countries who conferred upon me the honour of addressing you will try to do their best in the service of the future of philosophy, of the peaceful advance of the cultures of all peoples of this globe.

Et pour terminer, permettez-moi d'exprimer notre sincère gratitude pour la bienveillance et l'accueil cordial que nous ont réservés nos amis canadiens et de remercier tous nos collègues qui ont préparé et réalisé ce XVIIe Congrès mondial. Nous n'oublierons pas Montréal, les dialogues, les rencontres avec ces femmes et ces hommes si ouverts et fraternels. Merci!

CONFÉRENCE DE CLÔTURE

CULTURE ET DÉVIANCE HUMAINE

VENANT CAUCHY, MONTRÉAL

Notre époque est propice à une interrogation sur la culture, c'est-à-dire sur ce que l'humanité est devenue individuellement et collectivement, sur l'avenir qui s'annonce et que nous nous préparons. Qu'avons-nous fait de nous-mêmes? Qu'en faisons-nous? Où allons-nous et, en somme, qu'y pouvons-nous?

Ce sont des questions auxquelles les sciences naturelles et humaines, la sociologie, l'ethnologie, la psychologie par exemple, peuvent et doivent apporter des éléments de solution. Mais ces questions, par leur ampleur et leur profondeur même, ressortissent d'abord et avant tout à la philosophie. Celle-ci peut les déclarer trop ardues, mais elle ne saurait les éviter, ni les abandonner à une autre discipline.

Ces questions nous intéressent au plus haut point à cause des "dysfonctions" qui marquent nos vies aux plans personnel et collectif, de l'impact des nouvelles techniques qui envahissent nos milieux de vie, des difficultés croissantes de cohabitation des cultures, sans cesse viciée par l'injustice, la volonté de domination à base d'appartenance ethnique ou linguistique, de sexe, de statut économique ou autre...

Les siècles passés se sont posé la question, mais d'une manière purement théorique. Ils ont bien tenté de définir ce que nous sommes et ce que nous pouvons faire et devenir, mais ils avaient l'impression d'être noyés dans un vaste mouvement qui les emportait, les précédait, les englobait, où ils n'étaient que parcelle, ou poussière négligeable. Rappelons le sentiment d'impuissance, d'insignifiance même de l'être humain prenant conscience des "deux infinis qui l'enferment et le fuient"...

La question se pose différemment aujourd'hui. Nous nous rendons compte que les êtres humains portent une bonne part de responsabilité pour ce qu'ils sont, pour ce qu'ils font et pour ce qu'ils deviennent, aux plans économique, social et purement humain. C'est nous qui polluons au point d'hypothéquer l'avenir de nos enfants, nous qui tolérons, défendons même des structures et comportements économiques générateurs d'inégalités excessives et de marginalisation sociale, nous qui avons créé les instruments de notre propre destruction, qui en décuplons avec ce qui parfois prend l'allure d'une sollicitude perverse la puissance destructrice et l'efficacité, qui inventons avec une ingéniosité dont les ressources ne semblent connaître aucune limite des moyens de plus en plus exacts et précis de les acheminer avec rapidité là où il faut, c'est-à-dire partout où luit une étincelle de conscience humaine.

L'interrogation sur la culture, c'est tout cela. C'est l'interrogation sur ce que nous avons fait de nous-mêmes, sur ce que nous sommes en train de faire, sur notre responsabilité, sur ce que nous devons être et faire pour que l'humanité ait un avenir. La question est plus que théorique, les conséquences pratiques de la réponse et de sa mise en oeuvre sont incalculables. Elle ne relève au premier chef ni des sciences de la nature, ni des sciences humaines, mais plutôt de la philosophie. Et je ne méconnais pas la valeur de ces sciences, ni la collaboration qui doit s'établir entre elles et la philosophie. Il ne s'agit pas de restaurer l'ancien impérialisme de notre discipline. Au contraire nous sommes trop conscients de l'extrême difficulté du questionnement philosophique véritable, des embûches qui se dressent devant nous, pour nous laisser tenter par l'ancienne arrogance. Il ne faut pas pour autant chercher refuge dans l'impuissance béate du scepticisme ou du relativisme, mais prendre conscience de la grandeur, du caractère essentiel et vital de la tâche qui s'offre à nous. En même temps, la conscience de la faiblesse de nos moyens, de notre misère nous ouvre au dialogue, à la diversité des méthodes et points de vue qui s'intéressent aux problèmes de la culture, c'est-à-dire aux problèmes de la vie humaine se déployant dans le monde. Cette conscience de notre misère nous incite à une plus grande rigueur, à la modération, à la prudence, au respect, à l'ouverture aux autres points de vue, au besoin d'intégration réfléchie de la diversité des éléments positifs dans une perspective plus globale...

Le sens des mots nature, culture et personne

Avant d'esquisser une réponse aux questions que je viens de poser, je tenterai d'abord d'établir les bases de ma réflexion. Nous n'aborderons pas ici la question de savoir ce que nous pouvons connaître de la nature. Disons simplement que nous entendons par "nature" ce que sont les choses, leurs propriétés, leurs tendances, abstraction faite de toute élaboration proprement humaine, en un mot, ce qui à la base les rend susceptibles de déterminations dues à la réflexion, à l'initiative et à la créativité des personnes. Le mot personne désigne un type de réalité capable de se penser elle-même, de penser son milieu, de le transformer et de se transformer en vue de fins qu'elle conçoit. La personne est donc essentiellement le facteur actif de la culture. Nul ne contestera, je pense, qu'il y ait un fondement physique et mental prérequis à l'apparition et au développement des cultures. On reconnaîtra aussi que l'élaboration des déterminations culturelles suppose une réalité intelligente et dynamique qui pense et s'interroge, qui invente le langage, les techniques, les formes sociales nécessaires à son mieux-être. C'est précisément ce que j'entends par personne.

Quant à la culture, elle peut se distinguer en aspects interne et externe. Le premier consiste en une structuration de l'ingelligence, de la volonté, de la sensibilité en vue d'un type de comportement, d'intégration, d'interprétation des expériences et de leur expression. La culture externe consiste plutôt en un réseau de rapports établis entre les choses et les personnes, en un ensemble de modifications des corps et du milieu naturel, en relation nécessaire avec la culture interne, ses besoins, ses exigences, ses comportements, ses attentes.

La culture tant interne qu'externe peut s'envisager d'une part comme un ensemble d'acquis ou de réalisations, d'autre part comme un dynamisme structurant et déterminant les tendances naturelles, un prolongement obligé de la nature en vue d'une existence et d'une action plus signifiantes et plus humaines.

Une culture peut s'envisager à la fois comme tradition, c'est-à-dire comme ensemble créé et transmis aux générations subséquentes par les ancêtres, et comme instrument de réflexion, de création de nouvelles formes dans tous les domaines. L'articulation des personnes et des cultures repose sur un certain dosage de stabilité et de changement. Trop fortement intégrée, trop rigide, une culture domine les personnes, restreint leur créativité, met un frein à l'expression de leur individualité au plan social. Par contre l'éclatement des traditions, le refus trop marqué du passé, risquent de mener à l'atomisation, à la désintégration culturelle et sociale en privant les groupes humains de l'enracinement nécessaire à l'éclosion de nouvelles formes vigoureuses qui aient des chances de se maintenir.

Produit donc d'un passé dont les réalisations méritent le respect et la conservation, la culture doit en même temps servir de puissant moyen d'expression et d'innovation pour ceux qui en sont imprégnés. En d'autres termes elle doit comprendre, en même temps que des éléments de stabilité et de continuité favorisant l'insertion des personnes dans le monde, des possibilités réelles d'affirmation personnelle et d'innovation, si tant est que le culturel et le social sont pour les personnes et non l'inverse. La culture n'est pas au premier chef un cadre, un ensemble de déterminations surimposées aux personnes, elle est produite par les personnes, pour les personnes. Elle doit refléter intégralement, et fournir le lieu et le moyen d'expression des composantes et des qualités des personnes: la rationalité, la sensibilité, et la liberté comme modalités de l'action proprement humaine. La culture en somme doit refléter la réalité humaine qui l'a constituée et qui continue de la produire. Et qu'est-ce donc que la réalité humaine, sinon les personnes que nous sommes?

Cela étant posé, comment se fait-il qu'un peu partout dans le monde nous nous opposions les uns aux autres dans la convoitise, l'ignorance et le mépris? Pourquoi les États, qui résultent en somme du besoin humain d'aménager les ressources naturelles et les rapports entre humains de manière à rendre possible le développement raisonnable des personnes et des collectivités, se dressent-ils les uns contre les autres dans une méfiance sans borne qui risque de déboucher sur la destruction mutuelle la plus absurde? Ces silos où logent des ogives pointées vers toutes les grandes agglomérations du monde, ces avions qui sillonnent le ciel pour mieux garantir que la destruction de l'autre sera irréversible et totale, ces sous-marins qui glissent en silence dans les profondeurs des mers pour redoubler une certitude déjà effarante, les coûts inimaginables que tout cela entraîne, en regard du sous-développement, de la maladie, de la misère dont est affligée une bonne partie de l'humanité, qu'est-ce que cela nous signale à propos de nous-mêmes et de nos cultures, c'est-à-dire à propos des moyens, des habitudes, des orientations, des structures issues du dynamisme de notre nature? Pessimisme ou réalisme? Vaines récriminations ou rhétorique facile, sous prétexte que nous n'y sommes pour rien ou pour si peu, ou encore que nous n'y pouvons rien! Mais si le social et le culturel sont autre chose que des formes platoniciennes, ne devons-nous pas reconnaître que ce sont les personnes, nous tous, qui constituons, déterminons et transformons les cultures pour mieux être et agir en tant que personnes? Ce n'est pas d'un problème de rapports entre l'Est et l'Ouest, le Nord et le Sud, entre les diverses conceptions que nous pouvons avoir du monde qu'il s'agit, mais plutôt à mon sens de la perception que nous avons des rapports entre les personnes d'une part et le culturel et le social d'autre part.

Base d'une réflexion: abstraction et raison

La connaissance humaine comporte deux caractéristiques importantes, étroitement liées l'une à l'autre, mais que nous allons traiter séparément. Chacune entraîne un risque de déviation dont nous tenterons d'indiquer les conséquences graves pour le développement des cultures.

La première est le mode universel, général, abstrait de la représentation intellectuelle. Elle fait la supériorité de la connaissance humaine. Comme le notait Socrate jadis, le singulier tombe sous le concept et sous la science, dans la mesure où l'on peut faire abstraction de son caractère périssable et changeant, les sciences ne pouvant s'établir que sur des objets nécessaires, stables, incorruptibles. L'universalisation rend donc possible, dans la mesure de nos moyens, une saisie de ce qui est fondamental et déterminant dans chaque chose, de ce qui est au centre de son individualité, de tout ce qui fonde ses manifestations, son comportement.

Le risque qu'entraîne cette caractéristique, c'est l'oubli ou le refus des individus et des personnes. Rien ne devrait donc nous inciter à négliger ou à nier la source même et la raison d'être de nos représentations abstraites. Pourtant le platonisme, explicite ou implicite, décrie cette même individualité, le monde du devenir qu'est celui où nous vivons, comme manquant de réalité, comme une ombre ou une faible imitation des entités idéales.

En conséquence, les choses et les événements de notre expérience se trouvent déconsidérés en faveur de structures idéales, de représentations considérées comme réelles dans leur généralité même (l'histoire, la science, l'homme, l'État, la technique, l'art et combien d'autres). Bien entendu, la référence à l'individuel ne peut s'escamoter totalement, mais on peut l'occulter suffisamment pour fausser dans une certaine mesure la perception des choses et des événements avec toutes les conséquences que cela peut entraîner aux plans moral et politique.

Les sciences par exemple abordent leurs objets sous un aspect, dans une perspective donnée et surtout dans une optique marquée par la généralité, l'universalité. L'intentionalité de base vise les choses qui existent et dans la mesure où elles existent ou sont susceptibles d'exister. Celles-ci ne peuvent être qu'individuelles, singulières. Leur concrétude est certes compatible avec le mode d'universalité selon lequel elles sont représentées car l'universel n'a d'autre raison d'être que de faire connaître ce qui en définitive ne peut être qu'individuel.

L'enfermement dans l'universel cognitif, la concrétisation de l'abstrait mènent à l'oubli du réel. La société, l'État, l'histoire, la justice apparaissent comme des entités transcendantes dont les choses au mieux sont de faibles similitudes — alors que ce sont elles les seules réalités, sans lesquelles les universaux ne sont guère plus que des représentations vaines parce que sans référence.

Cette déviation de la fonction des idées trouve une motivation plus ou moins consciente dans la recherche du pouvoir, des plaisirs ou des possessions matérielles. Ces choses ne sont certes pas indésirables en elles-mêmes, mais les valoriser sans égard aux souffrances et aux privations que leur possession par quelques-uns entraîne pour de nombreux autres révèle un oubli, un refus même des personnes qui constituent la société réelle, laquelle ne saurait se confondre avec la modalité de la représentation mentale que nous en avons.

Une seconde caractéristique, liée à la première, c'est la présence dans l'être humain d'une capacité cognitive distincte que nous nommons raison. Le risque que nous voulons dénoncer à ce propos, c'est l'isolement relatif ou partiel de la raison par rapport à l'ensemble des moyens dont nous disposons pour cerner les choses du monde qui nous entoure. La raison, l'esprit, remplit certes un rôle essentiel dans la connaissance proprement humaine. Mais tout comme la nature humaine en chacun de nous ne peut se séparer de la corporéité même par laquelle elle s'insère dans le monde, ainsi la raison qui a pour fonction d'atteindre au premier chef à une saisie des choses du monde sensible ne peut s'isoler de la sensibilité! Oubli du singulier, isolement de la raison, autant d'illusions aux conséquences incalculables dans les cultures! Ce que nous déplorons ce n'est pas d'avoir des représentations universelles, ou de disposer d'un mode propre de connaissance qui transcende l'expérience sensible. C'est plutôt de considérer comme réelles, d'une réalité supérieure même, les modalités selon lesquelles l'intelligence se représente les choses, ou de feindre que la raison puisse s'isoler de l'ensemble des moyens dont nous disposons. La tentation est grande, car la possession de l'immuable et du nécessaire procure une délectation et une satisfaction auxquelles l'esprit aspire. La raison qui feint de s'isoler de la sensibilité est une raison simplificatrice qui escamote la complexité des choses et l'infinie diversité des besoins, des motivations, des aspirations humaines. La connaissance humaine donc se fonde sur l'universalité des concepts et le caractère distinctif de la raison qui tend à unifier dans une représentation universelle la multiplicité insaisissable en tant que multiplicité, mais qui doit en même temps maintenir le contact avec la réalité individuelle, avec la complexité de son fonctionnement, de ses désirs etc. Les conséquences de l'isolement de la raison sur les perceptions collectives peuvent être fort graves.

La vie individuelle et sociale se développe selon une gamme d'options qui conditionnent dans une certaine mesure le développement ultérieur; ce sont ces choix qui constituent l'histoire d'un individu ou d'une collectivité. Les choix effectués restreignent les possibilités futures. Ils effectuent une sorte d'abstraction dans une infinité de possibles qui ne peuvent être vécus dans leur totalité. Les diverses cultures apparaissent donc comme ayant à leur base un ensemble de représentations générales abstraites d'expériences particulières, historiques et actuelles, en fonction desquelles s'opèrent sans cesse, parmi l'infinie diversité des possibles, les choix constitutifs de l'avenir des individus et des groupes. Notons bien que comme le concept en soi n'implique pas un refus de l'individuel, comme la fonction propre de la raison n'entraîne pas son isolement de l'ensemble humain, de la sensibilité et de la corporéité, ainsi un ensemble de déterminations culturelles propre à une collectivité ne devrait pas signifier de la part de cette collectivité quelque refus ou mépris que ce soit des autres cultures. Mais dans les faits il est plus facile, plus réconfortant, quoiqu'illusoire, d'ériger sa propre culture ou sa propre société en absolu, ce qui signifie refus ou volonté de domination.

Peut-être même est-ce inévitable dans l'évolution actuelle des cultures, quoique triste et regrettable, que les peuples, et les cultures qui les marquent, s'entrechoquent, se détruisent, se méprisent, se dominent, s'humilient les uns les autres. Ne serait-ce pas la rançon d'une pénible accession à la maturité humaine tant individuelle que collective?

Dans la personne, les composantes que sont l'intelligence et la sensibilité, la volonté, l'affectivité et la motricité fonctionnent comme un tout, un *continuum*. Aucune partie, pas plus l'intelligence que les autres, ne peut s'isoler de l'ensemble sans fausser son opération. De même les représentations conceptuelles, qui cernent sous le mode de l'universalité des aspects qui échappent à la seule sensibilité, ne retrouvent leurs référents que par le moyen de la sensibilité.

Les sciences humaines saisissent leur objet en faisant abstraction de la singularité qui le marque dans l'existence. L'individuel ou le personnel n'interviennent que pour vérifier ou falsifier des hypothèses générales se rapportant au social, au politique, au culturel, au psychisme humain, à l'économie, etc. Il s'agit toujours, même sous le mode universel, de réalités qui n'ont de consistance que dans le singulier. Considérés comme tels dans leur généralité, le social, le culturel ou le psychique n'ont de réalité que dans et pour l'esprit, c'est-à-dire comme êtres de raison. Ce sont des réalités extra-rationnelles en tant qu'elles renouent avec la concrétude des individus et des personnes. En faire des êtres en soi à la façon d'un certain platonisme, constitue à mon sens l'une des plus graves déviations de la pensée. C'est pourtant la tentation qui nous guette dans la mesure même où l'étendue et la profondeur de la responsabilité a pour lieu d'exercice les réalités individuelles et personnelles. Ces idées auxquelles on confère une existence ou une réalité supérieure, sous prétexte qu'elles ne varient pas, qu'elles sont soustraites au temps et à l'altération permettent d'occulter la réalité individuelle; le procédé ne sert que trop bien la soif de pouvoir, l'égoïsme et la rapacité.

La concrétisation des universaux, le fait de conférer la réalité à ces abstractions, constitue non seulement une erreur de la raison, mais un oubli, un refus de la condition humaine, de sa mutabilité essentielle, de son historicité, de la liberté même. C'est justement l'articulation du caractère général, abstrait, universel des représentations conceptuelles sur l'individualité du réel, l'articulation en somme du logique et de l'existant qui pose à l'esprit son défi fondamental. Les idées de nature et de vie, de culture et de société, de science, d'évolution, d'histoire, d'art, de loi n'ont de légitimité que par le rapport qu'elles ont avec les individus et les personnes, les changements qui s'y produisent, les réseaux de rapports qui s'établissent entre eux, les choses concrètes qu'ils créent, etc. Qu'on me comprenne bien! Ce n'est pas le caractère général ou abstrait de la représentation qui signale la déviation, mais bien plutôt l'oubli ou le refus de son enracinement dans l'expérience de l'individu, sans laquelle la représentation ne peut même pas naître à l'esprit.

On pourrait cependant soutenir ce qui semble être la contrepartie des thèses que je viens de proposer. Les difficultés que nous éprouvons à nous laisser vivre et nous développer mutuellement aux plans personnel et collectif ne viennent-elles pas de notre incapacité à saisir l'universel, à transcender le niveau de l'individuel qui est celui de la mutabilité, de l'imprévisibilité, de l'égoïsme et du passionnel? De même si nous arrivons mal à cerner nos responsabilités dans un cadre mondial, n'est-ce pas parce que la sensibilité intervient trop brutalement, qu'elle se substitue à la raison et l'empêche de juger en toute indépendance des situations qui se présentent aux personnes et aux collectivités?

Ces objections nous amènent à préciser notre thèse. Nous n'entendons pas récuser l'universel comme moment nécessaire de notre intelligence des choses et des événements, en faveur d'un nominalisme quelconque. Au contraire, nous soutenons que l'intelligence se représente d'abord le réel en faisant abstraction du caractère individuel, que la représentation qu'elle s'en fait est affectée de généralité et d'universalité. Il reste cependant que le concept prend son origine dans l'individuel et que, même envisagé dans sa généralité, sa première raison d'être consiste à signifier des entités qui n'existent que comme individus. Récuser le refus ou l'oubli de l'individualité n'implique pas le rejet de l'universalité comme modalité obligée de la représentation intellectuelle humaine. Ce qu'on rejette c'est l'universel érigé en réalité et qui relègue les entités individuelles au néant ou à l'insignifiance des ombres platoniciennes.

De même le refus de l'isolement de la raison n'implique nullement la diminution ou la négation du rôle de la raison. La raison en effet reste en nous cette capacité supérieure d'appréhension du réel sans laquelle le langage, les sciences, les techniques ne nous seraient pas accessibles. Sans elle, l'autonomie, la liberté, la créativité seraient absentes de notre agir. Nous affirmons donc l'importance et la primauté de la raison, mais comme partie directrice d'un continuum cognitif dont la sensibilité, sous toutes ses formes, reste une composante essentielle, celle même qui raccorde l'universel à l'individuel et au personnel dont il est issu et qu'il a pour fonction de nous faire connaître (selon la modalité propre d'une intelligence dépendant dans son acte même de l'expérience sensible). Pascal signalait dans ses *Pensées* ce qu'il appelait "deux excès: exclure la raison, n'admettre que la raison" (*Pensées*, sect. IV, 253). Le *coeur*, qu'il privilégiait, n'est rien d'autre que l'intelligence liée à la sensibilité, donc apte non seulement à concevoir les choses sous le mode universel, mais surtout à rapporter ses concepts aux réalités individuelles qu'ils ont pour fonction de faire saisir.

Dissipons une autre équivoque qui consisterait à croire que toute forme de pensée qui confère une réalité supérieure aux universaux au détriment des individus et des personnes, toute forme de pensée qui privilégie l'isolement de la raison et la méfiance à l'endroit de la sensibilité seraient en quelque sorte immorale. Il n'en est rien. Tant qu'on reste au plan de la pensée, on peut évidemment défendre ces thèses avec sincérité. On peut même fonder sur de telles considérations des systèmes d'éthique remarquables. Cependant dans la pratique culturelle, sociale et politique, il me semble évident que l'appât du pouvoir, les avantages énormes dont les sociétés disposent pour satisfaire l'ambition et les appétits égoïstes d'un petit nombre de postulants au détriment de l'ensemble des personnes ont tôt fait de dissocier l'idée de société ou l'idée de l'État de l'ensemble des personnes qui en constituent la réalité. Il est étonnant de constater avec quelle facilité le bien commun, les impératifs sociaux sont invoqués pour justifier des mesures qui marginalisent les personnes et les relèguent à une existence diminuée.

Conclusion

La fonction inaliénable de la philosophie consiste, contrairement à d'autres disciplines qui se taillent des domaines de plus en plus restreints et des méthodes de plus en plus exactes, mathématiques même, pour les scruter, à porter son regard sur ce qui existe, c'est-à-dire sur la réalité concrète, à critiquer infatigablement les durcissements dogmatiques, à garder ouvertes les brèches dont peuvent surgir de nouvelles visions. Ces visions doivent sans doute mobiliser des écoles et des générations pour élaborer leurs implications, mais elles finissent par durcir et fausser à leur tour, par leur exclusivisme et leur intransigeance, les contours du réel qu'elles cherchent à capter. D'où la fonction primordiale d'une critique radicale et sans cesse renouvelée dans l'histoire de la pensée philosophique. Non pas que le scepticisme ait raison en fin de compte, pas plus que les monuments qu'il s'applique à saper! Mais en définitive, la vérité c'est celle, plus ou moins partielle, que vous et moi arrivons à cerner au cours d'une vie de réflexion. Elle n'est que personnelle; elle n'existe d'aucune façon dans un ciel d'idées ou de formes.

On a souvent parlé de la culture et de la société comme d'un ensemble de déterminismes qui contraignent et moulent les personnes. Si toutefois le culturel et le social sont produits par les personnes en vue de leur mieux-être comme personnes, ils ne peuvent avoir de légitimité en regard d'autres personnes que dans la mesure où ces dernières peuvent les intérioriser et se les approprier comme moyens de développement personnel. Une société qui brime ou nie l'exercice de la liberté comme modalité propre de l'agir humain ne peut être que viciée à sa base. Car elle vient en contradiction avec le bien même des personnes qu'elle a pour fin de promouvoir.

Quelle fonction la philosophie peut-elle et doit-elle exercer dans la rectification des orientations culturelles et dans l'instauration de formes culturelles qui répondent davantage aux aspirations des personnes? D'abord il me semble que la philosophie doit renouer avec l'innocence de ses origines, retrouver sa capacité d'interrogation radicale, d'étonnement, son attachement au concret, à l'existentiel. Elle doit s'affranchir de sa trop fréquente sujétion aux méthodes et aux hypothèses de sciences particulières. Elle doit éviter de s'inféoder sans retour à une méthode ou à une terminologie qui risquent de freiner son questionnement.

Une fédération comme la nôtre réunit une grande diversité de tendances et de doctrines philosophiques. Ce pluralisme reflète certes la pluralité des intelligences qui s'interrogent sur les choses, la diversité de leurs antécédents, de leurs expériences et de leurs milieux culturels. Deux attitudes sont possibles dans une telle situation: l'attitude de confrontation qui ne fait que reproduire au plan philosophique les relations périlleuses des États entre eux, et l'attitude dialogale qui accueille l'autre comme apportant une nouvelle perspective, un complément possible à une vision trop partielle.

Il y a donc au départ une totalité expérientielle et existentielle dont la complexité ne peut être cernée qu'en partie, dont l'intelligence ne fait émerger à la conscience que certaines propriétés, certains rapports et dont de multiples aspects et implications ne sont pas saisis. Le même type d'expérience, globale et infiniment complexe, donne prise à des conceptualisations plutôt étroites et partielles. Reflétées dans le monde extérieur par l'intelligence pratique et poïétique, elles doivent satisfaire aux exigences objectives en s'harmonisant à la complexité et à la totalité du monde réel, aux plans éthique, technique ou esthétique. Le pluralisme facilite cette harmonisation par sa capacité d'ouverture à des perspectives théoriques différentes qui dévoilent des implications non perçues ou mal perçues dans d'autres perspectives.

Il ne s'agit pas de prôner l'éclectisme, mais l'enrichissement mutuel par le dialogue dans le respect et l'accueil des différences. Plutôt que de reproduire en son sein la mesquinerie, l'entêtement, l'arrogance, la vanité qui font le malheur des États contemporains, n'est-ce pas là ce que la FISP peut apporter de mieux à la rectification des visées sociales et culturelles des peuples du monde, ce qu'elle a l'impérieuse obligation de contribuer à l'établissement d'une paix authentique sans laquelle, nous le savons maintenant, les cultures et les personnes n'auront pas d'avenir?

INDEX

TABLE DES MATIÈRES

Symposium
PROBLÈMES DE LA RÉFÉRENCE

Colloque MARX

Colloque LAVELLE

Colloque ORTEGA Y GASSET

Colloque JASPERS

Séance de clôture

Achevé   Imprimerie
d'imprimer Gagné Ltée
au Canada Louiseville